den

Neusiedl

Weiden

Nickelsdorf

Gols

Mönchhof

Halbturn

Podersdorf

Frauen-
kirchen

Zicksee

St. Andrä

*Lange
Lacke*

Andau

Illmitz

Apetlon

Wallern

Pamhagen

dler See

Hegykö

Fertöd

Fertöszentmiklos

N

© MAPS 4U Prod.Nr.23

W0012301

Der Neusiedler See

Sebauer/Vesely/Weisgram

Der Neusiedler See

**Geschichte, Kultur, Natur,
Ausflüge, Wanderungen und angenehme
Plätze rund um den See**

**Mit Fotos von
Michael Rathmayer
und
Uta Köstler**

Falter Verlag

ISBN 3-85439-126-9
© 1994 Falter Verlagsgesellschaft m.b.H.
1011 Wien, Marc-Aurel-Straße 9
Telefon 0222/533 46 37-0
Alle Rechte vorbehalten

Fotonachweis:
Burgenland Tourismus/Gert Chesi (S. 110, 275 rechts oben, 279 oben)
Österreich Werbung/Archiv (S. 75, 147), Beckel (S. 353),
Berger (S. 84 unten, 178 unten), Egger (S. 95),
Jezierzanski (S. 87 unten), Maxum (S. 278 unten),
H. Wiesenhofer (S. 274 unten, 356 unten, 357 oben)
G. Paldan/WWF-A (S. 82/83 unten)
Alle übrigen Fotos von Michael Rathmayer und Uta Köstler.
Umschlagfotos: Österreich Werbung/Herzberger/Berger;
Michael Rathmayer

Karten: Franz K. Theininger
Zeichnungen: Atelier Stolz
Umschlaggestaltung: Rainer Dempf
Typographie: Christof Janitschek
Lektorat: Walter Schübler
Produktion: Susanne Schwameis
Satz: Falter Satz, 1011 Wien
Druck: Landesverlag, 4020 Linz

Inhalt

BILDER VON DER GRENZE

EINE KLEINE ETHNOGRAPHIE
DES BURGENLANDES

ESSEN & TRINKEN

DIE NATUR UND IHR SCHUTZ

DAS MEER DER WIENER –

Praktischer Reiseteil

Zur Benützung dieses Buches

Natürlich gilt die Region um den Neusiedler See im Burgenland ebenso wie in Ungarn in erster Linie als große Ferienlandschaft. Aber das Land rund um den großen Steppensee ist auch um nichts weniger eine abwechslungsreiche und interessante Kulturlandschaft. Beide Seiten werden in diesem Buch ausführlich vorgestellt. Mehr Raum als in anderen Reiseführern wurde der Geschichte gewidmet – aus gutem Grund. Die Geschichte des Landes rund um den Neusiedler See ist, wie die Geschichte jedes geographischen und politischen Grenzgebietes, eine überaus bewegte und spannende, eine des Aufeinandertreffens und der Konfrontationen verschiedener Kulturen, deren Spuren bis heute sichtbar sind und die bis heute Leben und Menschen prägen.

Ein allgemeines und vier, etwa den Ufern des Sees entsprechende, Kapitel gliedern den Text übersichtlich und machen es dem Leser leicht, sich in der Region zurechtzufinden.

Die Rad- bzw. Fußwanderungen führen in jedem Kapitel von Ort zu Ort rund um den See, manche auch ein wenig abseits, dorthin, wo die meisten Urlauber, von den Freuden des Ufers und des Wassers gebannt, nur selten hinkommen.

Die Service-Hinweise wurden zu einem Teil im Text plaziert, die meisten aber jeweils am Ende der Ortsbeschreibungen zusammengefaßt.

Das Buch verfügt über zwei Stichwortverzeichnisse. Das erste wiederholt und ergänzt die in den Serviceteilen gebotenen Freizeit-Adressen, diesmal in alphabetischer Ordnung; das zweite ist ein Ortsregister.

Die Auswahl der Restaurants und Gasthöfe ist, wie könnte es anders sein, eine weitgehend subjektive. Naturgemäß wurde auf die oft hervorragende Qualität der Speisen und Weine besonderes Augenmerk gerichtet. Aber für eine Familien-Urlaubsregion wie die hier beschriebene sind auch andere Kriterien, etwa Kinderfreundlichkeit und Erreichbarkeit, wichtig.

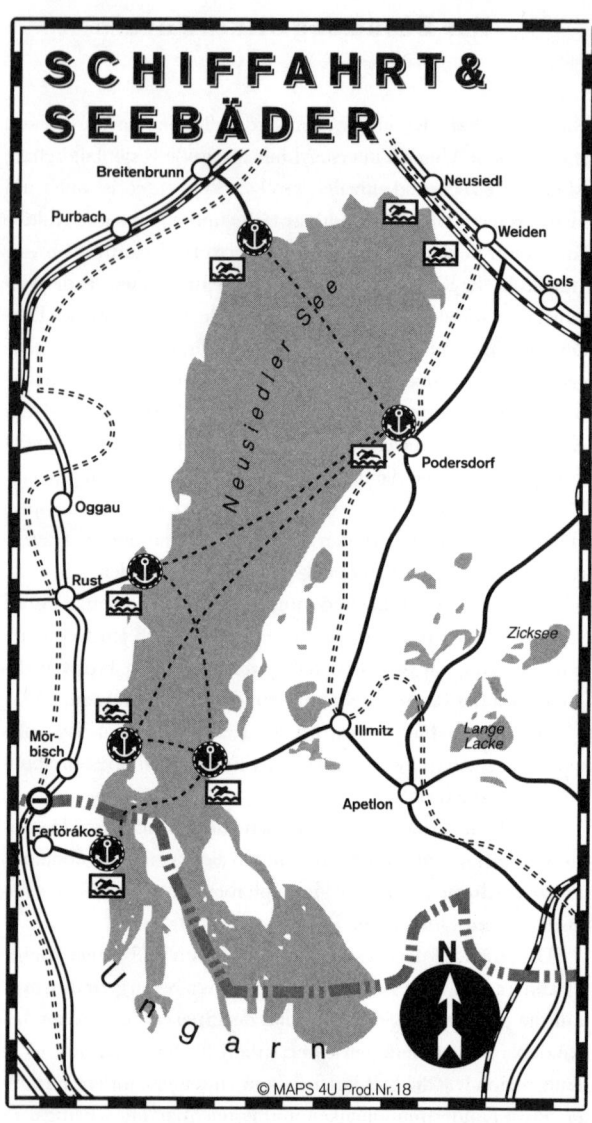

© MAPS 4U Prod.Nr.18

DER NEUSIEDLER SEE/
FERTÖ TO

«Und das, meint ihr also, soll ein See sein?» –
«Naja: ja! Beziehungsweise: nein!»

Es ist immer das gleiche mit den Besuchern, die das erste Mal
am Ufer des großen Steppensees stehen, und vom Ufer ist weit
und breit keine Spur. Das Bild, das sich gemeinhin mit dem
Wort «See» verbindet, unterscheidet sich in sehr wesentlichen
Details von dem, das sich hier darbietet: das Ufer ein kilome-
terbreites, sumpfiges Schilfland, der Blick aufs Wasser zumeist
nur von einer erhöhten Position aus möglich, und wo es
tatsächlich einen Uferstreifen gibt, in den künstlich angelegten
Strandbädern oder in Podersdorf, erschrickt der Steppensee-
Unkundige über das Wasser – das ist nicht klar und sauber,
sondern grau-braun, wie schmutzig. Wenn er dann hört, daß
der «See» im Durchschnitt keine anderthalb Meter tief ist,
fängt er erst einmal zu lachen an, als wäre dies einer dieser
Burgenländerwitze. Oder doch zumindest die Einleitung dazu.

Der Neusiedler See – so könnte man es neutraler formulie-
ren – irritiert. Er entspricht so gar nicht dem von Atter-, Wör-
ther- und Bodensee geprägten Vorurteil, wie ein See auszu-
schauen habe, will er touristisch wenigstens ein bißchen reüs-
sieren. Und das will er, fraglos. Manche Merkwürdigkeiten in
den Ufergemeinden sind die direkte Folge daraus. Mit den gän-
gigen Bildern läßt sich der See nur schwer – also nur an relativ
wenige – verkaufen. Die Bemühungen mancher Tourismusma-
nager wirken deshalb ein wenig karikaturistisch: zu protzig, zu
alpin, zu sehr orientiert an der D-Mark. In den letzten Jahren –
nicht nur parallel mit, sondern durchaus auch konsekutiv zur
weltpolitischen Entwicklung – hat zum Glück eine behutsame
Umpolung stattgefunden. Nicht nur bei den Organisatoren,
sondern auch bei den Besuchern, denen auf einmal die magyarische Exotik mitten im eigenen Land zu behagen scheint. Der

Versuch eines brachialen Fremdenverkehrs nach tirolerischem Muster wich – der Not gehorchend, sicherlich – einer Art sanftem Tourismus. Es wird viel radlgefahren, geritten, gesegelt, geplanscht, nicht mit dem Motorboot gefahren, kaum in großen Hotels übernachtet und fast nicht geschunkelt an den elendiglichen Gästeabenden mit der Original-Volksmusik.

Und trotzdem – für manche Besucher wahrscheinlich auch deshalb – wird immer wieder die eingangs formulierte Frage gestellt. Und immer wieder muß man darauf antworten, daß sich dies nicht so genau sagen läßt. Beziehungsweise, daß man, um es genau sagen zu können, weiter ausholen werden müsse. Und die meisten nehmen sich tatsächlich Zeit, setzen sich hin, bestellen einen halben Liter Weiß – ein Viertel nämlich auch für den Erzähler – und hören zu.

Der Neusiedler See ist, nach seiner Oberfläche berechnet, der drittgrößte See Mitteleuropas. Seine geographische Zuordnung ist freilich nur der eine Aspekt. Denn zugleich ist er der westlichste des eurasischen Salzsteppengebietes. Geologisch, in Fauna und Flora verläuft hier die Grenze zwischen Mittel- und Osteuropa. Und das macht den See in vielerlei Hinsicht zu einem sehr exotischen Ausflugsziel.

Der Neusiedler See ist also ein typischer Steppensee: sehr flach, sehr verschilft, recht salzig. Das Seebecken hat eine Fläche von rund 320 Quadratkilometern. Der See selbst nimmt zur Zeit allerdings nur etwa 230 Quadratkilometer ein, von denen nur etwa die Hälfte freie Wasserfläche ist. Der Rest ist Schilf. Die Ungarn, auf deren Staatsgebiet seit der Ödenburger Volksabstimmung nur noch rund ein Viertel des Sees, 87 Quadratkilometer, liegt, nennen ihn deshalb auch Fertö tó, Sumpfsee.

Die eben genannten Kennzahlen sind Durchschnittswerte, aus einem langjährigen Mittel errechnet. Angenommen wurde dabei eine Spiegelhöhe des Sees von 115 Metern über der Adria, welche umgekehrt bedeuten, daß der See im Durchschnitt zwischen anderthalb und 1,7 Metern tief ist. Bis zur Er-

richtung des sogenannten Einser Kanals waren solche Zahlenangaben recht gewagt. Der Wasserspiegel schwankte stark. Es gab, der Flachheit des Landes im Osten wegen, verheerende Hochwässer. Andererseits genügten ein paar heiße Sommer, um den See austrocknen zu lassen.

Dieses Phänomen liegt am ganz besonderen Wasserhaushalt. Das Einzugsgebiet des Sees umfaßt etwa 1000 Quadratkilometer und ist somit nur 3,3mal so groß wie er selbst. Im Vergleich zu anderen – alpinen – Seen ist das praktisch gar nichts: Das Einzugsgebiet des Zeller Sees ist zwölfmal, das des Bodensees 20mal und das des Traunsees sogar 55mal größer als die jeweilige Seefläche.

Nur zwei Flüsse – naja: Gewässer – münden in den Neusiedler See. Die Wulka führt ihm ungefähr 1,7 Kubikmeter in der Sekunde zu, der Kroisbach bei Fertörákos etwa 0,2 Kubikmeter. Insgesamt sind dies rund 60 Millionen Kubikmeter im Jahr. Im gleichen Zeitraum fließen 30 Millionen Kubikmeter durch den Einser Kanal ab, und rund 270 Millionen lösen sich in Luft auf, sie verdunsten. Wulka und Kroisbach sind also nicht imstande, den See auf Dauer zu nähren. Im Jahresdurchschnitt fallen zwar etwa 195 Millionen Kubikmeter Regen direkt in den See, aber auch da ergibt sich noch eine Differenz von 45 Millionen Kubikmeter. Da der See in den letzten Jahrzehnten nicht trockengefallen ist, nimmt man an, daß ihn bedeutende unterirdische Zuflüsse speisen. Sollten diese freilich einmal ausbleiben, na dann: Servas Kaiser, sozusagen.

Verschwände der See, hätte das recht katastrophale Auswirkungen. Viele dem Fortschritt Verpflichtete wollten das ursprünglich nicht glauben. In Budapest versuchte man immer wieder, den See auszutrocknen und den Boden landwirtschaftlich zu nutzen. Bis dann, im Jahr 1865, der Fertö tatsächlich trockenfiel. Die Konsequenzen waren verheerend. Nicht nur, daß der Seeboden sich nicht zum Anbau eignete, verschwand mit dem Wasser auch der günstige mikroklimatische Einfluß, und der Wind wirbelte zusätzlich noch den ätzenden Salzstaub auf, der den Bewohnern der Ufergemeinden Atembeschwerden und tränende Augen verschaffte.

«Im Sommer des vorigen Jahres», so beschrieb es ein Augenzeuge, «machte diese Abtrocknung sehr rasche Fortschritte; man sah am Uferrande von Neusiedl selten mehr und nur in großer Entfernung das Wasser. Ungefähr Mitte Juli erschien bei starkem Südwinde gegen Abend das Wasser zum letzten Male im nördlichen Theile des Beckens, am folgenden Morgen war es verschwunden, ohne wiederzukehren.» Erst ab 1868 füllte sich der See wieder.

Der trockene Seeboden barg eine Menge Gefahren, vor allem für jene, die glaubten, nun eine immense Abkürzung ihres mühsamen Weges rundherum gefunden zu haben: «Der zurückgelassene Schlamm blieb aber längere Zeit, besonders an einzelnen Strecken, derart mit Wasser durchtränkt, daß ein Fortkommen auf demselben überhaupt schwierig und mitunter höchst gefährlich war. Es erschien daher immer als ein Wagnis, von deren mehreren die Tagesblätter im Sommer verflossenen Jahres zu erzählen wußten, wenn Einzelne es unternahmen, das Seegebiet querüber zu durchwandern.»

Das Versinken in den vom Flugsand bedeckten Schlammlöchern war das eine. Dazu konnte sich aber «noch eine andere Gefahr gesellen, der Wind, der möglicherweise das noch vorhandene Wasser hertreiben konnte». Jener Wind, der heutzutage Seglern und Surfern zum Gaudium dient, brachte damals höchste Qual, denn «gewiß mußte er jenen Staub bringen, der, in dicken Säulen aufgewirbelt, über das Seengebiet hinwegge-

Schilfgürtel und Äcker am nördlichen Seeufer

tragen wurde und der bei seiner bösen Wirkung auf die Schleimhäute des Auges und der Respirationsorgane in der ganzen Umgebung, selbst über dem Leithagebirge, gefürchtet war.»

Die Austrocknung des Sees brachte allerdings noch etwas anderes zutage: archäologische Funde, die bezeugen, daß das Trockenfallen bei diesem See eine recht regelmäßige Erscheinung ist. Genauso wie das Gegenteil, die Überschwemmungen. Beiden wurde kurz vorm Ende der Monarchie, 1910, durch den Bau des Einser Kanals ein Ende bereitet. Der Kanal legte nicht nur den Hanság, das Sumpfgebiet im Südosten des Seewinkels, trocken, der See verlor durch diesen künstlichen – und einzigen – Abfluß einen beträchtlichen Teil des Wassers, wodurch sich in der Folge der Schilfgürtel rapid ausbreiten konnte. Erst 1965 gelang es durch bilaterale Abkommen, den See wieder auf einem höheren Spiegelniveau zu stabilisieren. Derzeit beinhaltet der Neusiedler See durchschnittlich 200 Millionen Kubikmeter Wasser. Ein Vergleich macht sicher: Im Bodensee, am anderen Ende des Landes, befinden sich 48.440 Millionen Kubikmeter.

Die Frage drängt sich – für Gastgeber wie Gäste gleichermaßen – natürlich auf: Kann der See wieder austrocknen? Die Antwort der Experten läßt aufatmen: Nein! Der Einser Kanal läßt das Wasser nicht nur abfließen, sondern im Fall des Falles können die Schleusen auch völlig geschlossen werden – weshalb es auch durchaus ernst gemeinte Überlegungen gegeben hat, den Neusiedler See zur Energiegewinnung zu nutzen, was zum Glück an Geldmangel gescheitert ist. Außerdem, so beruhigen die Experten, hat der See auch selbst vorgesorgt. Würde der Wasserspiegel um zehn Zentimeter sinken, würde sich die Wasseroberfläche um rund 18 Quadratkilometer verkleinern, was wiederum die Verdunstungsmenge drastisch reduzieren würde. Der Einser Kanal und die Flachheit des Steppensees sollten es garantieren: Im Gegensatz zu vielen Lacken im Seewinkel dürfte der große See nicht mehr trockenfallen.

Somit können Bewohner und Besucher relativ sicher sein, das Phänomen der permanenten Augen- und Lungenreizung nicht mehr erleben zu müssen. «Dieser Staub», so der Augenzeuge, «den man bei windigem Wetter meilenweit in dicken Wolken wahrnehmen konnte, bestand zumeist aus den auf der Oberfläche des Schlammes fatiscirten Salzen; die Anwohner nannten ihn ‹Zickstaub›, weil sie meinten, daß die auf dem Seeboden vorhandenen Salze identisch seien mit dem ‹Zick›, jenen sodareichen Auswitterungen, die sich an den Rändern und am Boden der kleinen östlich vom eigentlichen See gelegenen, im Sommer häufig austrocknenden Wasserbehälter vorfinden, welche Auswitterungen man schon seit langer Zeit sammelt und an die Seifensieder verwerthet.»

Tatsächlich ist dies eine der auffälligsten Besonderheiten des gesamten Gebietes. Die Lacken des Seewinkels sind – im Kapitel über den Seewinkel wird darauf noch zurückzukommen sein – zum Teil stark salzhaltig. «Zicksee» ist eine dafür häufig verwendete Bezeichnung. Das Wort «Zick» leitet sich vom ungarischen «szik» her, das soviel heißt wie «Soda». Wenn diese Lacken austrocknen, ist der Boden mit weißen Salzausblühungen bedeckt – eben dem «Zickstaub».

Der Schilfgürtel: ein natürlicher Schutz

17

Auch der Neusiedler See enthält «szik» und Glaubersalze. Je nach Wasserführung schwankt die Konzentration zwischen 1000 und 1200 Milligramm pro Liter. Dieser Salzreichtum stellt die Wissenschaft bis heute vor eine ungelöste Frage: Woher kommt dieses Salz? So weit weg vom Meer? Es wurde nachgewiesen, daß es in dieser Gegend riesige Vorkommen an Mineralwässern gibt, was auf salzreiche Schichten tief im Erdinneren schließen läßt. Das freilich beantwortet immer noch nicht die Frage, wie das Salzwasser in den See kommt.

Eine – wenn auch umstrittene – Antwort darauf bietet die Entstehungsgeschichte, die freilich nicht minder umstritten ist. Sicher ist, daß sich in Eurasien einst ein riesiges Meer von der heutigen niederösterreichischen Thermenlinie bis zum sibirischen Aralsee erstreckte. Die geologischen Spuren dieses Meeres finden sich in den Kalksteinbrüchen im Leithagebirge, in St. Margarethen und Fertőrákos, wo zahlreiche maritime Fossilien gefunden wurden. Manche meinen nun – oder besser: Manche haben gemeint –, der Neusiedler See sei ein neuzeitlicher Rest dieser urzeitlichen «Tethys». Heute meint man zu wissen, daß sich schon vor 13 Millionen Jahren dieser Teil des Meeres, die Paratethys, vom Muttermeer getrennt hat, worauf es nach und nach aussüßte und zum größten und ausdauerndsten Brackmeer der Erdgeschichte wurde. Spätestens aber vor drei Millionen Jahren verschwand dieses Wasser in der pannonischen Ebene, sodaß der See kein Meeresrest sein kann. Auch die Theorie, wonach sich der See im ehemaligen Bett der Donau oder einem durch Winderosion entstandenen Becken ausgebreitet habe, überzeugt die Wissenschaftler nicht.

Heute glaubt man, daß der See das Produkt einer geologischen Verschiebung ist. Ursprünglich sei nämlich der Neusiedler See ganz woanders gelegen: im Hanság. Danach erst habe sich das jetzige Seebecken abgesenkt, das Wasser sei nach Westen gewandert, die Waasen, der Hanság daraufhin zu einem riesigen Niedermoorgebiet geworden. Diese Antwort verschiebt aber nur das Problem: Denn woher kam dann das Wasser im Hanság?

´ Wo die exakten Wissenschaften versagen, wird die Mythologie zu Rate gezogen. Schon vor Jahrhunderten hat sie die Antwort auf die Entstehungsfrage gegeben. Und die ist so überzeugend, daß sie hier auch abschließend präsentiert werden soll. Die beiden Protagonisten werden im Verlauf der Rundreise um den See noch einmal eine Rolle spielen.

WIE KAM DER SEE NACH NEUSIEDL?

«Die Mulde, in der sich heute der Neusiedler See ausbreitet, war vor Zeiten ein fruchtbares Tal. In dieser Gegend verirrte sich einmal der Burgherr von Forchtenstein und kam schließlich in das Dorf Mädchenthal. Dort verliebte er sich in Maria, das schönste Mädchen des Dorfes, das ihn für einen einfachen Jäger hielt.

Samuel, sein Diener, verriet dies aber der Burgfrau, die nun auf Rache sann. Als der Fürst bald darauf in den Krieg zog, begab sich die Burgfrau mit Samuel und einem kleinen Gefolge nach Mädchenthal und ließ Maria und ihre Mutter gefangennehmen.

Umsonst beteuerten beide Frauen, nicht gewußt zu haben, daß der Jäger der Burgherr sei. Da aber die von der Burgfrau gedungenen Bauern gegen die beiden Frauen aussagten, sprach Rosalie, die Burgherrin von Forchtenstein, über beide das Todesurteil aus.

Während Maria schicksalsergeben ihr Ende erwartete, stieß die Mutter einen fürchterlichen Fluch aus über die blutdürstige, rachsüchtige Burgfrau und über die bösen Menschen, die falsches Zeugnis abgelegt hatten.

‹Fluch euch allen, noch bevor die Sonne zum zweiten Mal untergeht!› waren ihre letzten Worte in dem Augenblicke, als man sie mit ihrer Tochter in den großen Weiher des Dorfes warf, wo beide ertranken.

Am folgenden Morgen war das Wasser des Weihers auffallend gestiegen. Die beiden Leichen schwammen auf der Oberfläche mit unveränderten Gesichtszügen und gekreuzten Händen. Die Bauern glaubten an ein Wunder und bestatteten reuevoll in feierlicher Weise die beiden Toten.

Das Wasser stieg aber immer höher. Am zweiten Tag mußten die Leute ihr Dorf eiligst verlassen. Der See wurde immer größer und erreichte schließlich seinen gegenwärtigen Umfang. Als man der Burgfrau von Forchtenstein die traurige Botschaft von der großen Überschwemmung überbrachte, wurde sie von Gewissensbissen gequält und verfiel schließlich dem Wahnsinn.

Samuel, der Verräter, empfand hingegen keine Reue. Er vergnügte sich sogar, eines Tages auf dem neuen See mit einem Kahn zu fahren, wo ihn aber sein Schicksal erreichte. Ein Sturmwind brach plötzlich los, der Kahn kippte um, und Samuel fand in den tobenden Wellen sein Ende.

Als der Fürst von Forchtenstein aus dem Kriege zurückkehrte, war er über den Tod Marias untröstlich und ließ zu ihrem Andenken in der Nähe des Sees das Kloster Frauenkirchen bauen. Dann pilgerte er nach Rom, um Vergebung seiner Sünden zu erbitten.

Die aus Mädchenthal geflüchteten Bauern gründeten am nördlichen Ufer des Sees ein Dorf und nannten die neue Ansiedlung Neusiedl.

Mit der Zeit verschwanden die Baumwipfel und Kirchturmspitzen im Wasser, und nichts erinnerte mehr an die acht Gemeinden, die sich einst in diesem Thale befanden. Und nach Jahrhunderten fanden Fischer am südlichen Ufer eine alte Glocke, auf der der Apostel Jakob abgebildet war.»

(Aus: Sagen aus dem Burgenland. Hg. v. Anton Mailly u.a. Wien 1931)

Wer aufmerksam über den See blickt – so geht die Mär –, kann auch heute noch manches Mal eine Kirchturmspitze erblicken, einen traurigen Gesang hören oder die unglückliche Maria übers Wasser wandeln sehen. Das aber – wohlgemerkt – nur in Neumondnächten!

Lappen-Land, Ungarland, Burgenland –
Eine kurze Geschichte Oberpannoniens

Jene Gegend, die seit den zwanziger Jahren allgemein «Burgenland» genannt wird, war stets zweierlei: einladend – und also in einem fort wiederum ausladend. Durch die Geschichte dieses Raumes ziehen sich über alle Jahrhunderte hinweg die Berichte über Ansiedlung und Vertreibung, über Durchzug und Blutbad, über Krieg und Revolte und immer wieder über Zerstörung und Wiederaufbau.

Daß dieses Gebiet eine Grenze sei, wurde früh schon bestimmt, teils vorgegeben durch die Geologie, teils nachdrücklich bestätigt von den Bürokraten der Hauptstädte: Rom, Karakorum, Istanbul, Budapest, Wien. Die Bewohner kamen in diesen Plänen nur am Rande vor. Aber das ist kein Charakteristikum der Gegend rund um den Neusiedler See, welche erst seit kurzer Zeit so etwas ist wie eine eigenständige politische Einheit. Und das ist sehr wohl ein Charakterzug der Region.

Daß das Burgenland erst seit etwas mehr als siebzig Jahren überhaupt existiert, verwechseln manche mit einem Mangel an kontinuierlicher Geschichte. Tatsächlich ergibt sich daraus aber nur eine ganz spezifische historische Entwicklung, welche weder mit der von Österreich noch mit der Ungarns gleichzusetzen wäre. Mit beiden Ländern ist das Burgenland auf vielfache Weise verbunden. Aber eben nur verbunden.

Eine neue Generation von Landespolitikern hat, nachdem die österreichische Integration abgeschlossen war und die europäische nun in Angriff genommen wird, damit begonnen, aus dieser eigenständigen Geschichte spezifisch burgenländische Konsequenzen zu ziehen (genauso wie am anderen Ende des Landes die Vorarlberger). Da die westeuropäische Vereinigung das Burgenland erneut an den Rand, an eine Blockgrenze zu schieben droht – jeder Wanderer wird damit in Form des österreichischen Bundesheeres konfrontiert – beginnt man in Eisenstadt nun langsam, sich wieder auch nach Budapest zu orientieren. In der Erkenntnis, daß die einzig mögliche Chance des Landes darin liegt, wieder Mitte zu werden. Brüssel hat darauf bereits reagiert. Das gesamte Burgenland ist noch vor dem Beitritt Österreichs zum sogenannten Ziel-1-Gebiet erklärt worden, die höchste Stufe in der EU-Förderungshierarchie. Die Frage bleibt, ob das reicht. Ob man die eigene Geschichte tatsächlich verkaufen kann. Oder ob die in den bekannten Burgenländerwitzen durchklingende Starrköpfigkeit nicht letztlich doch die Oberhand behalten wird.

KAMPF UM DIE BOIERWÜSTE

Die ersten – archäologisch verifizierten – Nachrichten über menschliches Leben stammen aus der mittleren Steinzeit, der Periode zwischen dem 8. und 6. Jahrtausend vor Christus. Am Südhang des Leithagebirges – bei Neusiedl, Jois und Breitenbrunn, aber auch am Westufer des Sees, bei Siegendorf und Pöttelsdorf – wurden kleine, geometrisch zugeschlagene Steinwerkzeuge gefunden; Speerspitzen vielleicht, oder Spitzen für Grabstöcke. Die Altsteinzeit ist bislang noch stumm geblieben. Man darf freilich auch für diese frühe Periode menschliches Leben hierzulande vermuten. In Westungarn und in Niederösterreich gab es diesbezügliche Funde, am See sind nur die Reste eiszeitlicher Großsäugetiere entdeckt worden. Der bekannteste und beeindruckendste Fund: der Höhlenbär von Winden.

Aus der Periode der Seßhaftwerdung in der Jungsteinzeit zwischen 5500 und 2200 v. Chr. gibt es bereits zahlreiche Funde aus diesem Raum, keramische Haushaltsgeräte mit eingeritzten Linien zum Beispiel – Namensgeber für die «linearbandkeramische Kultur». Das bedeutendste Fundstück aus dem frühen Neolithikum ist die «Venus von Draßburg», nach der von Willendorf die älteste Frauendarstellung, die in Österreich gefunden wurde.

Im späten Neolithikum, der sogenannten Kupferzeit, tritt erstmals jenes Phänomen zutage, das für die Region jahrtausendelang bestimmend bleiben wird. Da gab es bereits eine alte, seßhafte, ackerbautreibende Bevölkerung. Aber aus jener Zeit finden sich auch Spuren von Hirten- und also Nomadenvölkern. Während dieser «Badener Kultur» hat man die Siedlungen nicht mehr im Ackerland – also unten in der Ebene – errichtet, sondern auf Berghängen. Man wird gewußt haben, warum.

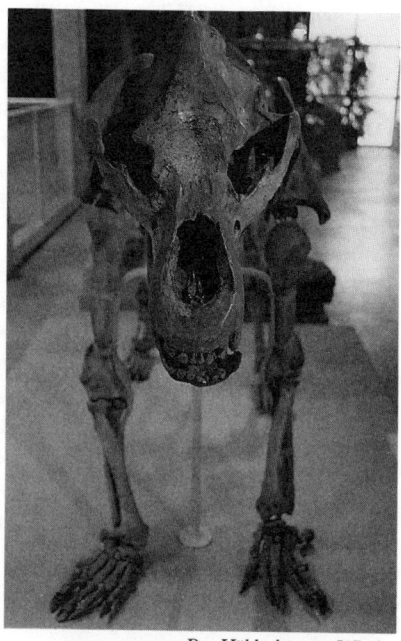

Gegen Ende der Steinzeit ist dieser Raum bereits ein Schnittpunkt der Kulturen. Kreuzfußschüsseln aus der Laibach-Vucedol-Kultur finden sich genauso wie Stücke aus der westeuropäischen

Der Höhlenbär von Winden

Glockenbecherkultur. Das verstärkte sich noch in der anschließenden Bronzezeit, von etwa 2300 bis 700 v. Chr. Die hochgelegenen Siedlungen waren befestigt, die Begräbnisrituale differenziert, es wurde Handel getrieben, auch über große Distanzen hinweg.

In den Jahren zwischen 750 und 400 v. Chr. – in der sogenannten «Hallstattzeit» – hatte sich bereits eine sehr differenzierte Sozialstruktur herausgebildet, wie sich an den unterschiedlichen Grabbeigaben ablesen läßt. Brandbestattung in

23

mächtigen Grabhügeln war üblich, seltsam geformte Tongefäße wurden beigegeben. Der berühmteste Fund aus dieser Epoche ist die «Stierkopfurne» aus Donnerskirchen.

Am Übergang von der älteren Eisenzeit zur jüngeren, der La-Tène-Kultur, gerät der Raum unter den Einfluß eines neuen Volkes, der Kelten. Die Siedlungen werden nun vorwiegend an Flußübergängen oder Flußmündungen angelegt, die Fernverkehrsverbindungen – allen voran die «Bernsteinstraße» –

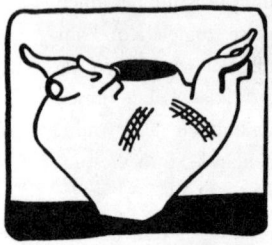

gewinnen an Bedeutung. Das Burgenland wird zum Exportland. Tausende Schmelzplätze und mehr als 30 Öfen wurden gefunden und zeugen von der Bedeutung der Eisenverhüttung. Man schätzt die Jahreskapazität der keltischen Hütten in diesem Raum auf 30 bis 100 Tonnen Roheisen. Aus einer Tonne ließen sich immerhin etwa 6000

Stierkopfurne aus der Hallstattzeit

Lanzenspitzen oder 1900 Äxte fabrizieren, weit mehr also, als in diesem Raum je gebraucht wurden.

In dieser Zeit bildete sich auch die «politische» Charakteristik des Raumes heraus. Die Vielzahl der Eisenhütten darf nicht darüber hinwegtäuschen, daß die Gegend erstmals zu einer – auch durchaus umkämpften – Grenze im altdeutschen Sinn, zu einer Mark wurde. Im Westen hatte sich das gut organisierte keltische Königreich Noricum etabliert, im Osten lebten, ungeeinigt, pannonische Stämme. Das Burgenland und das angrenzende Westungarn lagen dazwischen. Erst die Römer, die um die Zeitenwende an die Donau vorrückten, schlugen diese Gegend Pannonien zu. Dort ist sie bis heute geblieben.

Woher der Name «Pannonien» kommt, ist unklar. Manche vermuten dahinter ein illyrisches «Sumpfland», manche jenes Gebiet, in welchem der illyrische Gott Pan zu Hause ist. Und manche leiten den Namen vom lateinischen Wort «panni» ab, und das bedeutet «Lappen». Ob damit, wie der Historiker August Ernst meint, «der Zuschnitt» der Landeskleidung gemeint war oder etwas Pejoratives, läßt sich nicht mehr feststellen. Feststellen läßt sich nur noch die Abscheu, welche die Römer diesem Land gegenüber hegten.

«Die Pannonier», so hinterließ es der römische Schriftsteller Cassius Dio, «führen das allerkümmerlichste Leben, da sie weder guten Boden noch günstiges Klima haben und kein Öl, keinen Wein (oder nur sehr wenig und von geringer Güte) bauen, da den größten Teil des Jahres die grimmigste Kälte bei ihnen herrscht. Gerste und Hirse ist ihre Speise zugleich und ihr Trank; dagegen sind sie das tapferste Volk, das wir kennen; sie sind sehr jähzornig und mordsüchtig, da das Leben ihnen überhaupt nicht viel Reize bietet.» Unglaublich, aber wahr: Damit ist das Gebiet des heutigen Burgenlandes und Westungarns gemeint. Tempora mutantur – Gott sei Dank.

Im Jahre 15 v. Chr. hatten die Römer das Königreich Noricum annektiert. Vier Jahre später taten sie dasselbe mit Pannonien, sich selbst aber bei weitem schwerer. Von der «Boierwüste» aus – der Gegend um den See und die Parndorfer Platte im Norden – organisierten die Reste des geschlagenen Boierstammes einen erbitterten Partisanenkrieg gegen die Okkupanten, denen das Land so überhaupt nicht zuzusagen schien. Erst 10 Jahre nach Christi Geburt, also 20 Jahre nach dem Angriff, gelang es den Südländern, die Provinz Pannonien einzurichten. Die Nord- und Ostgrenze dieser Provinz war die Donau, die nach und nach mit dem «limes» verstärkt wurde, im Süden reichte sie über die Save hinaus, und im Westen verlief die Grenze in etwa dort, wo sie auch heute noch verläuft. Im Norden lappte sie zwar etwas in die Ebene des Wiener Beckens hinüber, aber im wesentlichen legten die Römer damals die Grenze fest, die auch 2000 Jahre später Cis- von Transleithanien trennt.

Die Eingliederung Pannoniens ins Römische Reich mochte für die unabhängigen Stammesfürsten einige Schmach und Zerknirschung mit sich gebracht haben. Insgesamt freilich läßt sich durch die Römerherrschaft ein beeindruckender kultureller und ökonomischer Aufschwung beobachten. Und vor allem wurde eine jahrhundertelange Periode der friedlichen Entwicklung eingeleitet, welche erst durch die Völkerwanderung beendet wurde. Und zwar auf lange, lange Zeit.

Die Römer errichteten hier die ersten Städte. Carnuntum im Norden an der Donau, Julia Scarbantia, das heutige Sopron, und weiter südlich Claudia Savaria, das heutige Szombathely/Steinamanger. Die Bernsteinstraße wurde nun auch für militärische Zwecke genutzt und deshalb in römischer Manier ausgebaut und durch Poststationen und von Veteranen bewohnte Dörfer verstärkt. Riesige Gutshöfe entstanden, sie sollten die Versorgung der Garnisonen, damit aber auch der Bevölkerung garantieren. Bei Eisenstadt, St. Georgen, Donnerskirchen, Winden und Bruckneudorf hat man solche Anlagen entdeckt. Diese Höfe und Landhäuser verfügten über einen Komfort, der seinesgleichen 2000 Jahre lang suchte: Fließwasser für Bad und Toilette, Fußbodenheizung, Mosaikböden, Wandfresken, Glasfenster. Auf diesen Gutshöfen wurde jene Agrikultur gepflegt, die das Land bis heute bestimmt. In Winden fand man eine römische Weinpresse. Und es erscheint als gesichert, daß die Römer auch die Edelkastanie mitgebracht haben, die heute bei Donnerskirchen ihr nördlichstes Verbreitungsgebiet hat. Die Kalksedimente des Urmeeres nutzten die Römer in den Steinbrüchen von Kaisersteinbruch, St. Margarethen und Fertörákos.

Eine der wichtigsten Funktionen der römischen Okkupation war aber wahrscheinlich die langsame Unterwanderung mit den neuen Ideologien aus dem Osten. Die in Carnuntum stationierten und in den Dörfern dann angesiedelten Legionäre brachten nicht nur die traditionelle lateinische Götterwelt ins Land, sondern später auch den iranischen Mithraskult, von dem heute noch das Mithräum bei Fertörákos zeugt.

Das römische Heer war in weiterer Folge dann auch Mittler für das junge Christentum – und damit auch für die Christenverfolgung. In der spätantiken Basilika bei Donnerskirchen wurde eine runde Marmoraltarplatte gefunden, ähnliche Tische wurden bei Eisenstadt und Deutschkreuz entdeckt. Das Christentum war freilich nur eine unter vielen religiösen Ideen. Daneben gab es immer noch die römische Götterwelt, aber auch keltische und germanische Religionen.

Dieses relativ friedliche Miteinander erfuhr im Jahr 166 eine abrupte Störung. Völlig unerwartet von der römischen Heerführung überschritten die germanischen Markomannen und Quaden die Donau. Der Limes war wegen der gleichzeitigen Perserkriege nur schwach besetzt, und so zogen die Barbaren – sengend und brennend – bis an die italienische Grenze. Kaiser Marc Aurel schlug die Angreifer zurück, besiegte sie in einem Feldzug nördlich der Donau und schloß schließlich einen, wie man sagt: ruhmreichen Friedensvertrag, der die Germanen in Abhängigkeit von Rom brachte.

Das Land hatte nach dieser Verwüstung und der anschließenden Pestilenz fast 200 Jahre lang Ruhe – sieht man einmal von den innenpolitischen Wirren, den zahlreichen Soldatenkaisern und ihren Kriegen untereinander ab. Die Ruhe dauerte bis ins Jahr 375. Schon einige Jahre zuvor hatte Kaiser Valentinian einen verzweifelten Versuch zur Konsolidierung des Reiches gestartet. Der Limes wurde verstärkt, die Verteidigungsanlagen auf das linke – also nördliche und ab dem Donauknie östliche – Donauufer vorgeschoben. Dies war der Auslöser für die wiedererstarkten Quaden, das Reich mit schmerzlichen Nadelstichen zu quälen. Immer wieder überfielen «Renner und Brenner» – wie später die Streifscharen der Türken genannt wurden – Pannonien. Der Kaiser versammelte noch einmal seine Legionen, schlug die Quaden. Aber sein Tod im Jahr 375 bedeutete das Ende der Römerherrschaft in diesem Gebiet. Drei Jahre später, im Jahr 378, fiel Kaiser Valens im Kampf gegen Goten und Alanen, Pannonien war damit ungeschützt, offen für alle, die nur den einen Wunsch hatten: Fort!

Mit dem Tod von Valentinian begann – sozusagen offiziell – die Völkerwanderung, das bestimmendste und prägendste Kapitel in der Geschichte Pannoniens, das nun nur mehr pro forma zum Reich gehörte. Und auch dieser Zustand fand im Jahr 433 sein offizielles Ende. Da legalisierten die Römer den De-facto-Zustand und traten Pannonien an die Hunnen ab, an jenes Volk, das nach relativ kurzer Zeit wieder aus der Geschichte verschwand, aber wie kein zweites zum abendländischen Mythos als «das Andere» dazugehört, hierin vergleichbar nur den Sarazenen und Osmanen.

VOM HUNNENLAND ZU HUNGARIA

Nachdem die Magyaren Pannonien in Besitz genommen hatten, nannten sie es Magyarország, Ungarland. Im restlichen Europa hieß es Hungaria, das Land der Hunnen, obwohl mittlerweile fast ein halbes Jahrtausend vergangen war, seit Attila hier regiert und den größten Umbruch aller Zeiten in Europa initiiert hatte. So sehr erschienen die wilden Magyaren den Abendländern als die Wiedergeburt des Leibhaftigen. Und böswillige Engländer nennen die Deutschen heute noch zuweilen «huns», was nicht nur ein Homophon zu «Hans» ist, sondern zugleich all das ausdrückt, was zumindest Westeuropa nicht sein soll: Ungezügeltheit, Wildheit, Anarchie, Brutalität. Mit einem Wort: Barbarei.

Die Gleichsetzung der Deutschen mit den Hunnen kommt nicht von ungefähr und schon gar nicht allein von den barbarischen Unglaublichkeiten des 20. Jahrhunderts. Die deutsche Geschichte beginnt – sosehr die Schullehrer sich auch um eine andere Interpretation bemühen – tatsächlich erst mit Attila, den die Deutschen Etzl nannten. Das Herzstück des deutschen Mythos – das Nibelungenlied – spielt in der hier beschriebenen Gegend. Und der eigentliche Held – nein: nicht Held, aber die Zentralfigur – ist nicht der tumb-naive Siegfried, dafür stirbt er viel zu früh. Die ganze Geschichte rankt sich um den Hunnenkönig Attila, der im Vergleich zu Figuren wie Hagen und Gunther in Ansätzen so etwas zeigt wie Zivilisiertheit, was die rachsüchtige Kriemhild mit sich selbst belohnt.

Der vielleicht gar nicht so mythologische Zug der Deutschen nach Osten führt über die Donau, über Pöchlarn und Wien und Hainburg und die Porta Hungariae, ins Hunnenland. Am Hof von Attila, Gemahl der Kriemhild, treffen sie auf den nach Siegfried wohl größten Helden des deutschen Mythos: auf Dietrich von Bern. Als dessen historischen Kern – als sein Fünkchen Wahrheit, wenn man so will – identifizieren manche Theoderich, den König der Ostgoten. Er war – im Mythos wie in der Wirklichkeit – ein Gefolgsmann der Hunnen. Er war es, der Hagen und Gunther und all den anderen an Etzls Hof den Garaus machte. Und Etzls Hof mußte sich irgendwo hier befunden haben. Noch heute ziehen Leute durchs Land und suchen Attilas Grab, irgendwo zwischen dem Weinviertel und der Kleinen Puszta. Die Hunnen waren die Auslöser und die markantesten Vertreter der Wanderung der Völker aus dem Osten. Sie, und in ihrem Gefolge alanische und germanische Stämme, erreichten am Ende des dritten Jahrhunderts Pannonien, den Römern blieb zu dieser Zeit nichts anderes mehr übrig, als ihnen Niederlassungsrecht zu gewähren, bis sie sich 433 ohnehin zurückzogen und Hungaria den Hunnen überließen. Diese stießen von hier aus weit nach Westen vor, bis nach Gallien, wo sie auf den Katalaunischen Feldern ihr Waterloo ereilte. 453 starb Attila, die tributpflichtigen Goten lehnten sich auf, gewannen ein paar Schlachten gegen die einstigen Bundesgenossen. Die Hunnen verloren sich in der Weite der eurasischen Steppe. Vielleicht überlebten sie dort tatsächlich unter einem anderen Namen, hießen später dann Awaren oder noch später Magyaren, um immer wieder nach Pannonien vorzustoßen, das Gelobte Land der südrussischen Reiter, um sich endlich doch noch hier niederzulassen und hier zu leben bis heute. Vielleicht.

Nach dem Verschwinden der Hunnen beherrschten jedenfalls die Ostgoten das Land. Ihr berühmtester König, Theoderich – der Dietrich von Bern der Mythologie – war wahrscheinlich tatsächlich auf dem Hof des Etzl. Theoderichs Vater, Thiudimer, errichtete ein von Attila geduldetes, also abhängiges Reich um einen See «Pelsois». Ob damit der Neusiedler See gemeint war oder der Balaton, ist ungewiß. Jedenfalls aber siedelten die Ostgoten im westpannonischen Raum, den sie allerdings bald wieder, aus welchen Gründen auch immer – gedrängt von anderen Stämmen, gezogen von den Verlockungen der südlichen Länder -, verließen. 471 versammelte Theoderich die Seinen und brach auf nach Italien.

Ein halbes Jahrhundert lang ließen die Wirrnisse der durchwandernden Völker die Geschichte verstummen. Erst 526 kommt wieder etwas Licht ins Dunkel Pannoniens. Die Langobarden erreichten das Land, der oströmische Kaiser Justinian besänftigte sie mit Geldgeschenken und der Überlassung von «Kastellen und vielen anderen Festungen bei Pannonien». Gräberfunde bei Sigleß, Steinbrunn, Mattersburg, Jois und anderen Orten bestätigen die langobardische Anwesenheit über einen Zeitraum von gut 40 Jahren. Dann kamen die Awaren, und die Langobarden zogen weiter, auf den Spuren Theoderichs über die Alpen, wo König Alboin ein Reich begründete, das bis zu Karl dem Großen, also etwa 250 Jahre lang, bestand.

Ebensolange – denn auch den Awaren bereitete Charlesmagne ein Ende – herrschten die Neuankömmlinge über das Land. Die Grenze des awarischen Einflußgebietes war wiederum der westpannonische Raum, das Zentrum lag zwischen Donau und Theiß. Mit den Awaren kamen auch slawische Völker hierher, die sich um die Mitte des 7. Jahrhunderts unter der Führung eines gewissen Samo eine Art Selbstverwaltung erstritten. Das Zentrum dieses slawischen Reiches lag in Wien, aber nach dem Tod des Samo 658/659 zerfiel das Gebilde wieder sang- und klanglos.

Die Bewohner freilich blieben, auch unter der nun folgenden Herrschaft der Awaren. Man darf sich ja die Völkerwanderungszeit nicht vorstellen als ein plötzliches Auftauchen und restloses Verschwinden der verschiedenen Völker, wie es früher die sogenannte «Katastrophen-Theorie» angenommen hatte. Natürlich blieben, wenn die Geschichtsschreibung vom Weiterziehen der Völker spricht, immer auch bedeutende Teile der Bevölkerung zurück, arrangierten sich mit den neuen Herren, formten und prägten deren Kultur genauso, wie sie neu geformt und geprägt wurden. Gerade für diesen westlichen Teil Pannoniens, der praktisch für jedes wandernde Volk Auf- und Durchmarschgebiet gewesen ist, folgte daraus eine ständig sich verändernde kulturelle Lage, die nach und nach zu einem ganz speziellen Charakter, einer eigenständigen pannonischen Kultur führte.

Kelten und Römer, Markomannen und Quaden, Vandalen und Ostgoten, Hunnen und Langobarden, Slawen und Awaren, all diese Völker verliehen dem Land eine ganz spezielle kulturelle Kante. Sie alle gehörten zu diesem Land und gehören weiterhin zu seiner Geschichte wie später die Ungarn, die Deutschen und die Kroaten. Multikulti mag als Wort eine Neuerfindung sein. Als Zustand ist es jedenfalls ein sehr altes Phänomen. Und wer offenen Auges – und Ohres – durchs Burgenland streift, wird bemerken, daß dies keineswegs der schlechtestmögliche Zustand ist. Nur die Dummdreistheit sogenannter Nationaler, die so sehr auf ihr Geschichtsbewußtsein klopfen, daß sie gar nicht merken, wie hohl das klingt, hat Probleme damit. Ein Ortsteil von Kittsee, ein paar Kilometer nördlich des hier beschriebenen Gebietes, heißt sogar Chicago. Honny soit, sozusagen, qui mal y pense. Immer wieder, bis heute, trifft man hier auf die doch reibungslose, weil allseits weitgehend akzeptierte Multikulturalität. Man kann sagen – und in diesem Buch wird es so gesagt –, daß dies das Spezifische des Burgenlandes und Westungarns ist. Die Deutsch- wie auch die Ungartümelei war hier nicht viel mehr als eine, wenn auch blutige und schmerzende, Fußnote der Geschichte. Wer diese Eigenart des Landstriches abschaffen wollte, der müßte den Landstrich abschaffen. Und das kann zum Glück niemandem gelingen.

31

«DIE MAGYAREN KOMMEN»

Das Ende der Awaren zog dann letztlich jene Konfrontation nach sich, die Pannonien ein Jahrtausend lang beherrschte. Eine Konfrontation, die zeitweise recht ruppig und blutig war, zumeist aber fruchtbar und belebend. Die Konfrontation zwischen Deutschen und Magyaren.

791 blies Karl der Große – König der Franken und Langobarden und bald auch römischer Kaiser – zum großen Sturm aufs Awarenland. Die Bayern und die Sachsen waren besiegt und somit christianisiert, jetzt schwebte dem Franken ein «Imperium christianum» vor, die Wiedererrichtung des Römischen Reiches auf streng christlicher Grundlage.

Drei große Heerwürmer, von Friaul her, der Donau entlang und durch Böhmen, bewegten sich nach Pannonien auf die awarische Ebene zu. Alle drei Heeresgruppen hatten ihre Erfolge, aber der Gesamterfolg blieb vorerst aus. Die Ritter stießen immer wieder ins Leere, die awarischen Reiter wichen geschickt aus, um im geeigneten Moment den Gegenstoß zu führen. Eine Art von Kriegsführung, die man in den pannonischen Ebenen immer wieder findet, weil sie wohl auch die effizienteste war.

Insgesamt dauerte es sechs Jahre, bis sich die Awaren der Übermacht der Westheere ergeben mußten. 805 wurden die Besiegten umgesiedelt, von ihrem Zentrum zwischen Donau und Theiß in die alte Boierwüste rund um den Neusiedler See, welche man daraufhin «Awarenland» nannte.

Der fränkische Sieg brachte eine Neuorganisation des Landstriches, die sich ausdrücklich auf die römische Verwaltungseinteilung stützte. Das Awarenland wurde, gemeinsam mit dem Wiener Becken, zur Mark Oberpannonien, beherrscht und verwaltet von den Bayern. Der Markgraf von Oberpannonien führte den Titel eines «custos limitis Pannonici», und der kümmerte sich nicht nur um die Verteidigung, sondern auch um den ökonomischen Wiederaufbau der Gegend. Bayerische Siedler kamen ins Land, die Klöster Altaich und Kremsmünster und die Bistümer Regensburg, Eichstätt, Passau und Salzburg schickten Missionare, welche nicht nur Träger des Christentums, sondern mehr noch die Träger einer neuen Ökonomie waren.

Das weitere Schicksal Oberpannoniens entschied sich allerdings nicht hier. Es entschied sich tausende Kilometer weiter östlich, im westlichen Sibirien, wo wiederum ein Volk aufs ärgste drangsaliert wurde, sodaß ihm nichts anderes übrigblieb, als sich auf den Weg nach Westen zu machen. Das Ende des Weges lag in Pannonien. Genauer: an der Leitha.

Die Magyaren waren aus der westsibirischen Steppe ans Asowsche Meer gewandert, fanden dort aber keine Ruhe. Bedrängt von den Petschenegen, waren sie gezwungen, westwärts zu ziehen, überschritten auf dem von Hunnen, Goten und Awaren bereits ziemlich breit getretenen Pfad die Karpaten und stießen mitten hinein ins Herz Pannoniens, zwischen Donau und Theiß.

Ende des 9. Jahrhunderts schloß der römisch-ostfränkische Kaiser Arnulf ein militärisches Bündnis mit den Magyaren, das gegen das Großmährische Reich und dessen Aspirationen auf Pannonien gerichtet war. Tatsächlich gelang es, dieses große slawische Reich zu vernichten, was freilich den Franken nur wenig, den Magyaren allerdings über alles half. Die Franken trieben, wenn dieser ein wenig geschmacklose Vergleich gestattet ist, den Teufel mit dem Beelzebub aus. Die Magyaren «rannten und brannten» in der Folge bis nach Norddeutschland, nach Frankreich und Italien. Am 5. Juli 907 kam es bei Bratislava/Pozsony/Preßburg zur Entscheidungsschlacht zwischen den hier regierenden Bayern und den Magyaren. Die Magyaren obsiegten, nahmen das gesamte Gebiet in Besitz und stürzten das fränkische Reich in eine tiefe Krise.

Fast ein ganzes Jahrhundert lang waren die Magyaren die einzig bestimmende Macht, bis weit nach Westen hinein. Ihre existenzielle Krise begann am 10. August 955 in der Nähe von

Augsburg, als sie sich anschickten, dem nun von Otto I. regierten Frankenreich den Todesstoß zu versetzen. Auf dem Lechfeld wurde das magyarische Heer vernichtend geschlagen. Die Franken stießen nach, die Magyaren fanden sich auf einmal in der ungewohnten Position der Verteidiger wieder und standen vor der Wahl, das Schicksal der Hunnen und Awaren zu teilen oder sich mit den «Wessis» zu arrangieren und Frieden zu schließen.

Man weiß, sie arrangierten sich. Fürst Geisa, ein Nachkomme des landnehmenden Fürsten Arpád, einte, also unterwarf die bislang autonomen magyarischen Stämme und verordnete seinen Landsleuten ein Feudalsystem nach fränkischem Vorbild. Während Otto die Babenberger mit der alten karolingischen Ostmark neu belehnte, entschied sich Geisa dafür, Europäer zu werden. Er und sein Sohn Waik ließen sich taufen. Der christliche Name des Sohnes war Stephan, als solcher ehelichte er die Tochter des bayerischen Herzogs, Gisela, Schwester des späteren Kaisers Heinrich II.

Waik/Stephan, der Heilige, wurde im Jahr 1001 mit Zustimmung von Kaiser Otto III. von Papst Sylvester II. zum König von Ungarn gekrönt. Eine eigene Kirchenprovinz wurde eingerichtet, ihr Zentrum war Esztergom/Gran, wo noch heute der Primas von Ungarn residiert. 1009 wurde die Diözese Györ/Raab gegründet, die bis zum Jahr 1922, als eine «Apostolische Administratur für das Burgenland» – Vorläufer der Diözese Eisenstadt – eingerichtet wurde, den westungarischen Raum seelsorgerisch betreute.

Das Wichtigste an der «Europäisierung» der Magyaren war freilich das vom Papst abgesegnete Arrangement. Das karolingische Oberpannonien gelangte endgültig – für immerhin 900 Jahre – unter magyarischen Einfluß. Und noch etwas war entscheidend für das zweite christliche Jahrtausend. Schon im Gefolge der deutschen Gemahlin des heiligen Stephan kamen zahlreiche «hospites» – Kaufleute, Handwerker, Spielleute, Ritter – ins Land. Sie ließen sich hier nieder und bestimmten ab nun den Charakter von ganz Ungarn, besonders aber den der westlichen Marken entscheidend mit.

Testamentarisch verpflichtete Stephan seinen Sohn Emmerich, diese Gäste zu pflegen und zu beschützen. Eine Passage aus den «Ermahnungen» des ersten ungarischen Königs an seinen Sohn ist so schön, daß sie hier wiedergegeben werden muß. Weil dies so etwas ist wie ein Motto, das über der ganzen hier beschriebenen Region – und weit darüber hinaus – steht. Beziehungsweise – leider – stehen müßte.

«Du sollst die hospites pflegen und in Ehren halten, damit sie lieber bei dir wohnen als anderswo. Denn aus wie vielen Ländern Gäste kommen, so viele verschiedene Sprachen und Gewohnheiten, Lehren und Waffen bringen sie mit, die alle den Königshof schmücken und heben und die Anmaßungen der Fremden in Schrecken setzen; denn ein Reich von nur einer Sprache und nur einer Sitte ist schwach und zerbrechlich.»

MAGYARISCH-DEUTSCHE ETABLIERUNG

Durch die Übernahme abendländischer Strukturen – religiöser wie sozialer – war klar, daß die Magyaren von nun an in diesem Raum, dem Karpatenbecken, zu leben gedachten. Dem deutschen Reich behagte dies nur mäßig, immer wieder kam es zu kriegerischen Auseinandersetzungen. Gestritten wurde in der Hauptsache um die altehrwürdige, antik-römische Grenze zwischen Noricum und Pannonien. Alle Kämpfe endeten – auf längere Sicht – ohne Ergebnis. Und das bis heute. Denn die Grenzziehung von 1921 wird durch die aktuellen politischen Entwicklungen in Europa ebenso relativiert, wie der so fest scheinende Ausgleich von 1867 durch die darauffolgende politische Entwicklung in Europa erschüttert wurde.

Über alle Auseinandersetzungen hinweg bildete sich in den Jahrhunderten nach der Etablierung eines magyarischen Staatswesens so etwas wie eine deutsch-magyarische Gemeinsamkeit heraus. Westungarn war über all die Jahrhunderte mehrheitlich deutsch besiedelt, stand allerdings stets unter magyarischer Verwaltung, ohne daß sich daraus gröbere Probleme ergaben, so sie nicht durch machtpolitische Aspirationen geschürt wurden. Selbst in der Debatte vor dem Anschluß fand sich der Großteil der deutschsprechenden sogenannten Intelligenz – Lehrer, Beamte, Kleriker – nicht auf der Seite der Befürworter eines Anschlusses an Österreich, und das trotz der vorangegangenen, teils recht brachialen Magyarisierungspolitik Budapests. Der Anschluß gelang – wie weiter unten noch auszuführen sein wird – erst mit Hilfe tschechoslowakischer Großmannssucht.

Das zentrale Problem der westungarischen Bevölkerung war – und blieb – nicht das Miteinanderleben. Das gelang aus vielerlei Gründen – allen voran: daß es so etwas wie nationalen Wahn nicht gab – recht gut. Das Hauptproblem war die von deutscher wie von ungarischer Seite betriebene Machtpolitik.

Noch unter Stephan kam es zu kriegerischen Begegnungen zwischen dem jungen Königreich und dem Ostfränkischen Reich. Konrad II. marschierte 1030 gegen die Magyaren, unterlag, was eine Verkleinerung der Ostmark zur Folge hatte. Geschwächt durch Thronfolgewirren nach dem Tod Stephans, mußten die Magyaren das Gebiet zwischen Leitha und Fischa allerdings bald wieder abtreten. Und dieser Vorgang war ein Muster für die folgenden Jahrhunderte. Immer wieder nahmen die Magyaren auch niederösterreichisches und teils auch steirisches Gebiet in Besitz, allerdings nie für lange Zeit. Manche spätere magyarische Übergriffe trugen eher den Charakter des «Rennens und Brennens».

Die deutschen Ansprüche aufs Ungarland waren tiefgreifender, weil ideologisch bedingt. Nach der Taufe Stephans galten die Magyaren nicht mehr als «das Andere» des Abendlandes, sondern als ein Teil von diesem. Jeder deutsche Kaiser zog deshalb Ungarn in seine universalen Überlegungen mit ein. Das Reich, das sich in der Theorie so weit ausdehnen sollte, wie der Segen des Papstes reichte, betrachtete deshalb das Magyarenland immer auch als kaiserliches Lehen. Jeder vom Reich initiierte Kriegszug hatte auch – nicht nur, aber auch – das Ziel, Ungarn zu unterwerfen. Und jeder magyarische Kriegszug verfolgte das Gegenteil, bis hin zu eigenen Aspirationen auf die Kaiserkrone, was eine Zeitlang durchaus im Bereich des Möglichen schien.

Ein halbes Jahrhundert nach Gründung des Königreiches gelang es Kaiser Heinrich III. denn auch, den Anspruch auf Lehenshoheit durchzusetzen. Das Ergebnis des Kriegszugs von 1043 bis 1046 war freilich eher theoretischer Natur. Andreas I. tritt «sechs befestigte Plätze» in Westungarn ans Reich ab, Heinrichs Schwager, der vertriebene König Salomon, wird mit deutscher Hilfe wieder eingesetzt. 1081 wurde Salomon allerdings von Ladislaus I. wieder abgesetzt, die dem Reich überlassenen Gebiete konfisziert, womit der Status quo wieder hergestellt war. Sang- und klanglos, sozusagen.

Die Anerkennung der Lehenshoheit des römisch-deutschen Kaisers war, auch wenn es keine unmittelbar praktischen Auswirkungen hatte, ein bestimmendes Element in der folgenden Geschichte. Die späteren Ansprüche der Habsburger in Ungarn – und deren schließliche Durchsetzung – sind wohl auch unter diesem Gesichtspunkt zu betrachten, wenngleich hier die familiäre Machtpolitik im Vordergrund gestanden ist.

Die Habsburger freilich stritten im 11. Jahrhundert noch auf ihrer schweizerischen Stammburg mit renitenten Bauern herum. Sie kamen erst etwas mehr als 200 Jahre später ins pannonische Gebiet. Dann allerdings blieben sie, waren diesem Landstrich aufs engste verbunden, zuweilen auf Gedeih, schließlich aber doch auf Verderb.

Das Vorspiel zur Ankunft der Habsburger begann 1242. Friedrich II., letzter Babenberger mit dem Spitznamen «der Streitbare», Herzog von Österreich und Steiermark, besetzte unter unwürdigen Voraussetzungen jene drei Burg-Komitate, nach denen das Burgenland benannt ist: Wieselburg/Moson, Ödenburg/Sopron und Eisenburg/Vasvár. Zuvor schon – 1233, 1234, 1235 – war es zu einigen ernsten Grenzkonflikten gekommen, unter anderem auch deshalb, weil sich einige in Westungarn beheimatete ungarische Vasallen mit dem Herzog verbündet hatten.

Die babenbergische Besetzung war für den ohnehin schon geprüften Béla IV. der Anlaß zum Gegenstoß. Am 15. Juni 1246, am St.-Veits-Tag, trafen das königliche und das herzogliche Heer an der Leitha aufeinander. Der Babenberger verlor dabei sein Leben, und weil er der Letzte seines Hauses war, kamen recht unruhige Jahre auf die Gegend zu, denn im sogenannten «Interregnum» standen sich hier zwei Könige unmittelbar gegenüber, eben Béla IV. und der Böhmenkönig Premysl Ottokar, der sich durch die verwandtschaftlichen Beziehungen zu den Babenbergern als legitimer Erbe wähnte. 1254 nahmen die Magyaren die Steiermark in Besitz, 1260 mußten sie mit den Böhmen in der Schlacht bei Kroissenbrunn darum streiten. Den Streit verloren sie eindeutig, worauf sich die beiden Königshäuser in trauter Weise familiär verbanden. Der Sohn des Königs heiratete eine Nichte Ottokars, Ottokar selbst verstieß die Grundlage seiner Erbfolge, die Babenbergerin Margarethe, um Bélas jüngste Tocher, ebenfalls Margarethe geheißen, zu ehelichen. Gefeiert wurde auf dem auch später durch allerlei Kriegshandlungen bekannten «Weiten Feld» bei Kittsee.

Die weitere Geschichte des Böhmenkönigs ist bekannt: Ottokar hatte, wie man also weiß, Glück, dieses hatte allerdings auch ein Ende. Und zwar in der Gestalt des Schweizers Rudolf, der, eben zum deutschen König gekürt, Anspruch aufs Babenberger-Land erhob. 1278 traf Rudolf den Ottokar bei Dürnkrut. Das Treffen endete für Ottokar letal. An der Seite Rudolfs befand sich Ladislaus IV., König der Magyaren. Und das war, salopp ausgedrückt, der Beginn einer wunderbaren Freundschaft. Zumindest einer Art Schicksalsgemeinschaft, welche man gerade hier, im nördlichen Burgenland mit seinen Zentren Györ, Mosonmagyaróvár und Sopron, heute noch sehr deutlich zu spüren vermag.

NOCH EINMAL:
DER ANSTURM «DES ANDEREN»

Mit der Ankunft, der Landnahme, der Europäisierung und Etablierung der Magyaren im Karpatenbecken bis an den Alpenostrand war der Schrecken des ganz Anderen, die Drohung des Leibhaftigen, der Ansturm der asiatischen Reiterei also, keineswegs vorbei. Ganz im Gegenteil. Nur waren die äußerste Grenze des Abendlandes nicht mehr die Marken des hier beschriebenen Raumes, sondern die Berge der Karpaten, die Wälder Transsylvaniens. Der erste Stoß der Angreifer richtete sich demnach auch gegen die Magyaren.

Mitte des 13. Jahrhunderts stürmte ein bis dahin unbekanntes Volk mit ungeheurer Wucht und Schnelligkeit von den Grenzen Chinas westwärts, mitten hinein ins mit sich selbst beschäftigte Abendland. 1241 stellte sich ein von Béla IV. geführtes magyarisches Heer bei Mohi den Tataren. Es war chancenlos. Der König floh überstürzt nach Westen. Die Legende, zumindest jene von der Entstehung der Ruster Fischerkirche, erzählt, er sei gar Hals über Kopf über den Neusiedler See geflohen. In Wirklichkeit dürfte er über Hainburg nach Wiener Neustadt gelangt sein, wo Friedrich II. seine Zelte aufgestellt hatte. Bald aber hatten auch die Mongolen das sumpfige Umland und die Mauern der «Allzeit Getreuen» erreicht.

König Béla war ein Bittsteller und Mahner. Von Wiener Neustadt aus eilte er weiter nach Zagreb, um dort das Abendland um Beistand zu bitten und vor der Gefahr zu warnen. Der Papst wurde gerade gewählt, die Kandidaten versprachen alles, die weltlichen Herrscher trösteten, allerdings mit in den Schoß gelegten Händen.

Dem Babenberger-Herzog hatte Béla die Verpfändung der westungarischen Komitate versprochen, sollte er ihm beistehen. Vielleicht wollte er, wahrscheinlich sogar. Mit Sicherheit aber tat er es nicht. Wieselburg, Ödenburg, Eisenburg, Güssing und Lockenhaus hielten sich noch. Das flache Land der dem

Herzog zugesprochenen Gebiete wurde allerdings bereits systematisch verwüstet, bis hinauf nach Korneuburg.

Die Verwüstungen beendete nicht der Streitbare, sondern der Tod des Großkhans im Fernen Osten und die darauf folgenden mongolischen Thronwirren. Der Herzog von Österreich und Steiermark nutzte 1242 nur die Gunst der Stunde, folgte den abziehenden Tataren auf dem Fuß und nahm sein Pfand kurzerhand in Besitz.

Der Mongolensturm war nicht der letzte, der über dieses Land fegte. Runde 200 Jahre später, 1453, geschah das Unglaubliche. Konstantinopel fiel. Die Osmanen – auch sie ein asiatisches Reitervolk – standen an den Grenzen des Abendlandes, also Ungarns. Die Türken waren es auch, die Österreich und Ungarn endgültig zusammenbrachten – oft heftig umstritten, meist von ungarischer Seite, weil sie zu Recht den Eindruck hatten, sie seien von Habsburg kalt annektiert worden.

Der osmanische Sturm begann Mitte des 15. Jahrhunderts, kurz nachdem es den Habsburgern endlich gelungen war, es sich unter der Stephanskrone gemütlich zu machen. Herzog Albrecht V. heiratete König Sigismunds Erbtochter Elisabeth. Der König starb im Dezember 1437, kurz darauf wurde Albrecht zum König gewählt und am 1. Jänner 1438 in Stuhlweißenburg gekrönt. Albrecht starb keine zwei Jahre später, Elisabeth war schwanger, die Türkengefahr allerdings zu groß, als daß die Magnaten sich auf den noch gar nicht geborenen Habsburger verlassen wollten. Sie drängten die Königinwitwe zur Wiederverheiratung, der Reichstag wählte als Gatten einstimmig den Polenkönig Wladislaw. Elisabeth freilich hatte andere Absichten. Sie ließ die in Visegrad verwahrte Stephanskrone entwenden und sandte sie gemeinsam mit ihrem kleinen Sohn Ladislaus nach Ödenburg und weiter nach Forchtenstein ins Exil, wo der deutsche Kaiser Friederich III. beide unter seine Fuchtel nahm.

Wladislaw fand 1444 in der Schlacht bei Varna gegen die Türken den Tod, der Reichstag wählte daraufhin den kleinen

Ladislaus zum König. Doch der stand unter der Kuratel seines Vormundes, des Kaisers. Die Amtsgeschäfte in Ungarn führte währenddessen der Reichsverweser Hunyady János, dessen Stammburg in Transsylvanien heute noch steht und von dem die Rumänen auch heute noch behaupten, daß er Rumäne gewesen sei und folglich Iancu de Hunedoara geheißen habe. Außerdem sei er ein unehelicher Sohn Sigismunds gewesen und somit am ehesten noch thronberechtigt, was dann bei seinem Sohn Matthias mit ausschlaggebend wurde.

Wie auch immer: Dieser Hunyady/Hunedoara war der einzige in der ostmitteleuropäischen Adelsmischpoche, der sich der dringlichsten Aufgabe zuwandte, die damals anstand: der Abwehr der Türken. Noch war Konstantinopel nicht gefallen, da stürmten die osmanischen Heere bereits den Balkan hoch, berannten das von Ungarn und Sachsen besiedelte Transsylvanien, lagen vor Belgrad. Ihre erste schwere Niederlage erlitten sie bei Kopisch in Mittel-Siebenbürgen, Hunyady organisierte auch die Verteidigung Belgrads, stellte sich erfolgreich einem – angeblich – 100.000 Mann starken Heer entgegen.

Die Verteidigungsbereitschaft erlosch nach dem Tode des «Athleta Christi», des großen Türkentöters. Das Land verschwand im Strudel von Thronstreitigkeiten, welche zu einem Teil auch rein hausinterne Streitereien der Habsburger waren. Schon 1446 war Hunyady vor den Toren Wiener Neustadts gestanden, zwang den Kaiser, die Herausgabe des jungen Königs, dessen Krone und der in Pfand genommenen Herrschaften in Westungarn zu versprechen. Das Versprechen wurde – freilich nur zum Teil – 1453 erfüllt, Ladislaus wurde freigelassen, konnte allerdings nicht zeremoniell gekrönt werden, da sich die Stephanskrone immer noch in Wiener Neustadt befand. Und vier Jahre später starb der junge Habsburger, was neuerlich Wirrnisse nach sich zog, die in einer der bedeutendsten Perioden der magyarischen Geschichte ihr Ende fanden.

1458 wurde ein Generallandtag nach Pest einberufen. Auch die Stadt Ödenburg war stimmberechtigt zugegen. Ihr Vertreter bekam den Auftrag, Stimmung zu machen für Kaiser Friedrich, immerhin, so die Reklameorder, grenzten seine Erbländer an das Königreich, sei er an einer guten und friedlichen Nachbarschaft interessiert und sei überdies im Besitz der «heiligen Kron'». Das beeindruckte die Wahlmänner nur mäßig. Sie wählten den Sohn des Türkentöters, Matthias, zum König, der sich nach dem Wappenvogel seiner Familie Corvin, also der Rabe, nannte.

Die Kür von Matthias Corvinus, dem ersten wahren Renaissance-Fürsten Mitteleuropas, zum ungarischen König, führte direkt in den Krieg mit dem nicht einmal ignorierten Friedrich. Denn der ließ sich am 12. Februar 1459 von 24 in der Mehrheit westungarischen Magnaten ebenfalls zum König wählen. Matthias hielt die traditionelle Krönungsstadt Székesfehérvár/Stuhlweißenburg, also plante man eine Krönung durch den Salzburger Erzbischof in Wiener Neustadt, wo sich ja immer noch die «heilige Kron'» befand. Dazu ist es allerdings nie gekommen.

Einer der Hauptstreitpunkte zwischen den beiden ungarischen Königen waren die Herrschaften im Grenzgebiet. Im Gebiet um den Neusiedler See waren dies die Herrschaften Forchtenstein, Eisenstadt und Ödenburg, die bereits den Habsburgern unterstanden. Dieses Gebiet und das angrenzende Niederösterreich wurden – wieder einmal – zum Kriegsschauplatz. 1463 gelangte Matthias endlich in den Besitz der Stephanskrone. Der Friedensvertrag von Wiener Neustadt schrieb freilich die habsburgische Herrschaft über Forchtenstein und Eisenstadt fest, nur Ödenburg wurde zurückgegeben. Darüber hinaus – so seltsam kann Politik sein – durfte Friedrich weiterhin den Titel eines ungarischen Königs führen, was freilich erst in den kommenden Erbstreitigkeiten zum Tragen kam.

Friedrich selbst hatte genug damit zu tun, Kaiser zu bleiben. Nach einer kurzen Periode des relativen Friedens kam es in den achtziger Jahren neuerlich zu Kämpfen. Des Kaisers Söldnerführer, Andreas Baumkircher, lehnte sich gegen Friedrich auf, die niederösterreichischen Landstände kürten Matthias zum Herzog von Österreich, Friedrich floh nach Linz, Matthias zog in Wiener Neustadt ein und errichtete seine neue Residenz in Wien, symbolisch genug, denn sein Sinn stand nicht mehr allein nach der Krone Stephans, sondern vor allem nach der Kaiserkrone. Nur der Tod von Matthias Corvinus am 16. April 1490 in Wien rettete den Habsburgern den römisch-deutschen Thron, sicherte ihnen in weiterer Folge die von Friedrich entführte Stephanskrone. In die Auseinandersetzung zwischen Friedrich und Matthias fällt zudem der Beginn jener Entwicklung, die nach dem Ende der Habsburger zu dem Gebilde namens Burgenland führte.

Ein kleiner Tip für alle Geschichtsbegeisterten: Ein Ausflug an den See läßt sich relativ problemlos mit einem Abstecher nach Wiener Neustadt verbinden. Dort liegen, in der Militärakademie der von Friedrich so genannten «Allzeit Getreuen», die Gebeine seines berühmten Sohnes, des Kaisers Maximilian, begraben, im ersten Stock der Kapelle, zwischen Himmel und Erde sozusagen. Kein schlechter Ort für jemanden, der zu Lebzeiten auch immer irgendwie dazwischen stand – als «letzter Ritter». Maximilian war Friedrichs größtes Vermächtnis, und ihm gab er einen höchst rätselhaften Spruch mit auf den Lebensweg: A.E.I.O.U. Bis heute wird an Interpretationen getüftelt. Allen Hobbyhistorikern sei ein Abstecher ins städtische Museum zu Wiener Neustadt empfohlen. Dessen Prunkstück ist ein mit Edelsteinen reich besetzter Pokal, den alle Wiener Neustädter mit Inbrunst «Corvinus-Becher» nennen, obwohl seine Herkunft alles andere als geklärt ist. Und wem dies alles verwirrend genug ist, der kann sich ins Hotel Corvinus begeben und über die Geschichte ein wenig sinnieren. Freilich nicht bevor er über den Baumkircher-Ring gebummelt ist, denn auch den gibt es dort.

Maximilian, Friedrichs Sohn, beendete dann die ewigen Grenzquerelen in Westungarn mit einer den Umständen entsprechenden, sehr komplizierten Konstruktion. Am 7. November schlossen der Kaiser und der neue ungarische König, Wladislaw II., den «Frieden von Preßburg». Maximilian verzichtete formell auf die Stephanskrone, im Gegenzug sicherte der Ungar dem Habsburger die westungarischen Herrschaften zu und die Thronfolge bei Ausbleiben männlicher Nachkommen.

Die Habsburg zugesprochenen westungarischen Gebiete wurden zwar unter die Verwaltung der niederösterreichischen Kammer gestellt, allerdings nicht dem habsburgischen Erbland unter der Enns angegliedert, sondern verblieben «intra fines regni Hungarie», wenn sie auch ihre Steuern in Österreich ablieferten. Auf dieses kompliziert konstruierte Vertragswerk stützten sich dann auch die Betreiber des Anschlusses.

ZWISCHEN ZWEI STÜHLEN
AM BEISPIEL FORCHTENSTEIN

Das immerwährende Hin und Her in der Grenzregion läßt sich besonders schön am Verhalten der herrschenden Adelsgeschlechter beobachten, die diesseits und jenseits der jeweiligen Grenze Besitzungen verwalteten und sich somit in einem beständigen Loyalitätskonflikt befanden, welcher freilich nach und nach der Grenzregion einen eigenständigen – zuweilen auch eigenartigen – Charakter verlieh. Eine dieser bestimmenden Herrschaften im nördlichen Burgenland war jene von Forchtenstein, begründet von dem Geschlecht der Mattersdorfer.

Zwei Ahnherren dieses Geschlechts lassen sich ausmachen: Simon und Bertrand. Sie kamen im Gefolge der Konstanze von Aragonien, Gattin von König Emmerich, um die Wende vom 12. zum 13. Jahrhundert ins Land und wurden mit den damals verwaisten Besitzungen Mattersdorf und Bajót im Komitat Komárom belehnt.

Schon am Ende des 13. Jahrhunderts verbündeten sie sich mit den weiter südlich residierenden Güssingern, denen der Sinn nach «deutschen Verhältnissen», also autonomer Kleinstaaterei, stand. Das deutsche Kaisertum war durch den Investiturstreit nachhaltig geschwächt, der ungarische Thron nach dem Tod von Béla IV. umstritten, die Güssinger und die mit ihnen verbündeten Mattersdorfer waren im Begriff, ein unabhängiges «Zwischenreich» auf dem Gebiet des heutigen Burgenlandes zu errichten, und nahmen die Fehde mit den angrenzenden Herrschern auf, vor allem mit dem von Vater Rudolf eingesetzten habsburgischen Herzog Albrecht. Sogenannte «Strafexpeditionen» Albrechts gegen Güssing waren vorerst erfolglos, sodaß er sich, in Absprache mit dem ungarischen König, 1289 zu einem großangelegten Feldzug entschloß. Der Hauptstoß richtete sich gegen die Burg Mattersdorf. Die Festung wurde eingenommen und geschleift, desgleichen die befestigten Plätze in der Umgebung: – Rohrbach, Krensdorf, Walbersdorf, Baumgarten, St. Margarethen.

Burg Güssing, Stich aus «Ortelius redivivus et continuatus», 1665

Solcherart vom deutschen Fürsten geschurigelt, wandte sich die Familie wieder dem ungarischen König zu – dem eigentlichen, Andreas III., der uneigentliche war nämlich eben dieser Albrecht, den Vater Rudolf kurzerhand, wenn auch erfolglos, mit der Stephanskrone belehnte. Der König gestattete den Mattersdorfern den Bau einer festen Burg am Osthang des Rosaliengebirges, wo sie heute noch steht.

Im 14. Jahrhundert hatte sich die innerungarische Loyalität wiederum ziemlich gelockert. 1374 schloß Nikolaus III. mit

Herzog Albrecht III. einen Geheimvertrag, der deutlich die spezielle Grenzsituation widerspiegelt. Der Graf verpflichtet sich darin, dem Herzog mit aller Kraft und seiner Feste Forchtenstein beizustehen, außer gegen König Ludwig von Ungarn. Allerdings: Sollte es zwischen den beiden zu einer Auseinandersetzung kommen, sollte Nikolaus auf Forchtenstein «still sitzen» und den Habsburger gewähren lassen. Und nach dem Tode Ludwigs stünde Forchtenstein voll und ganz hinter der «casa d'Austria».

Keine 100 Jahre später waren die Mattersdorf-Forchtensteiner am Ende. Wilhelm, unfruchtbar und also ohne Nachkommen, vermachte 1445 all seine Besitzungen dem Habsburger-Herzog Albrecht IV. Damit wurden die Habsburger auch zu einem ungarischen Magnatengeschlecht, was ihnen das Recht einräumte, sich der Königswahl zu stellen.

Eines jener Geschlechter, welches die Habsburger durch alle Generationen hindurch darin unterstützte, war das der Esterházy. Ferdinand II. übertrug dem treuen Vasallen unter anderem Burg und Herrschaft Forchtenstein. 1626 verlieh er ihm den Titel «comes in Frachno aliter Forchtenstain».

UND NOCH EINMAL:
ANSTURM «DES ANDEREN»

Mit Friedrichs III. Sohn, Maximilian, endete das Mittelalter. Die Neuzeit begann, nicht nur in diesem Raum, aber da ganz besonders, mit einer Katastrophe. Ganz Pannonien erlebte zwei fürchterliche Jahrhunderte, Ungarn seine Auflösung und die Bevölkerung die denkbar schwersten Prüfungen und Quälereien.

Die fürchterliche Zeit begann am 29. August 1526 mit der Schlacht bei Mohács, in der die magyarischen Verteidiger von den Osmanen geschlagen wurden. König Ludwig fiel. Seltsam, aber wahr: Der Einfall der Osmanen brachte den Habsburgern die Erfüllung ihrer langgehegten Wünsche. Der junge Kaiser

Ferdinand wurde noch im selben Jahr mit der Stephanskrone geschmückt und eilte umgehend nach Osten. Freilich nicht den Osmanen entgegen, sondern vorerst einmal bis Kittsee, um solcherart seine Rechte gegen den mit den Türken verbündeten transsylvanischen Woiwoden Zápolya János, auch König von Ungarn, geltend zu machen. Diese mit Unterstützung der Türken gegen Habsburg gerichteten Rebellionen sollten für die folgenden zwei Jahrhunderte charakteristisch bleiben – und schmerzhaft für Westungarn.

Die königlichen Verteidigungsmaßnahmen fruchteten wenig. Im Sommer 1529 überschritt Sultan Soliman II. mit 200.000 Soldaten neuerlich die ungarische Grenze, eroberte am 23. August Buda/Ofen und brach am 14. September nach Wien auf. Die erste Türkenbelagerung Wiens wurde abgeschlagen, das flache Land rundherum freilich verwüstet, in Westungarn, vor allem in den Ebenen rund um den See, blieb kein Stein auf dem anderen. Drei Jahre später kamen die Osmanen erneut, allerdings nur bis Eisenstadt, wo der Sultan einige Tage lang residierte, nachdem die Bürger «an das Tor der Gnade klopften und sich ergaben», wie der osmanische Geschichtsschreiber Tschelalsade Nisambschi-baschi es formulierte. Diese Jahreszahlen – 1529 und 1532 – werden neben 1683 in den Beschreibungen der einzelnen Ortschaften immer wieder auftauchen. «1529 zerstört»,

Kupferstich aus der Zeit der Türkenkriege

«nach 1532 wieder aufgebaut» sind stehende Wendungen bei der Beschreibung nordburgenländischer Dörfer.

Eine der nachhaltigsten Konsequenzen des ersten Türkensturms war allerdings die 150 Jahre dauernde Dreiteilung Ungarns. Ganz im Osten blieb ein relativ unabhängiges Fürstentum Transsylvanien bestehen – von dort kamen alle Aufstandsbewegungen der Ungarn –, die Mitte des Ungarlandes, darunter auch Buda, beherrschten die Osmanen selbst, und der Westen mit der nunmehrigen Hauptstadt Pozsony/Preßburg geriet unter den nun unumstrittenen Einfluß der Habsburger, die von hier aus das großangelegte Rollback – inklusive rabiaten Katholischmachens – begannen.

Türkisches Staatszelt

Der nächste massive Angriff der Türken – die Jahre zwischen 1593 und 1606 gelten ihrer zahlreichen Scharmützel wegen als «Langer Türkenkrieg» – begann wiederum in Siebenbürgen. Großwesir Achmed Köprülü nahm 1663 die dortigen Unruhen zum Anlaß, gegen das habsburgische Transdanubien zu marschieren. Bei Mogersdorf, westlich von St. Gotthard an der Raab, traf er auf die Mannen unter General Montecuccoli. Kaum 1000 der etwa 12.000 Angreifer konnten sich über die Raab in Sicherheit bringen. Erstmals mußten sich die Türken geschlagen geben, ein Sieg, der hierzulande zeitweilig immer noch gefeiert wird (wie der von 1683). Eine wohlsortierte Sammlung auf Burg Forchtenstein zeigt zahlreiche Beutestücke dieser Schlacht.

Kaiser Leopold I. – «der Wahnsinnige», wenn die Überlieferungen stimmen – schloß 1664 den Frieden von Eisenburg/Vasvár, welcher nicht nur den habsburgischen, streng absolutistisch ausgerichteten Einfluß auf und in Ungarn festschrieb, sondern in weiterer Folge auch die rücksichtslose Gegenreformation in den «befreiten Gebieten». Dieser Friede führte zielsicher zur «Magnatenverschwörung» von 1670, an dessen Spitze sich ab

1678 der Transsylvanier Emmerich Tököly stellte, der seine Kuruzzen – abgeleitet aus dem Wort für «Kreuzfahrer» – zum Marsch auf Wien mit dem Ziel Buda vergatterte.

1683 schlossen sich die Kuruzzen den Osmanen an, marschierten tatsächlich nach Wien, das Gebiet um den Neusiedler See wurde neuerlich Aufmarschgebiet, Fürst Esterházy, von Schwager Tököly mit der Königswürde zum Seitenwechsel gelockt, flehte um Hilfe, die nicht kam. Die Osmanen und Kuruzzen gelangten bis Wien, wo sich die allseits bekannte Geschichte begab, an deren Ende der so vielfach schon mißbrauchte Sieg des Abendlandes stand. Das osmanische Heer zog sich Hals über Kopf zurück, nicht ohne noch einmal ordentlich zu «rennen und zu brennen», was ihnen die nachrückenden Kaiserlichen freilich gleichtaten, die nun ein Großreinemachen in Ungarn begannen, unterbrochen nur noch durch den «Kuruzzenrummel» zu Beginn des 18. Jahrhunderts unter der Führung des in Wiener Neu-

Palatin-Fürst Paul Esterházy (1653–1713)

stadt inhaftiert gewesenen Rákóczy Ferenc, einem Stiefsohn Tökölys. Die Siebenbürger kämpften, wie ihre Vorfahren, gegen den habsburgischen Absolutismus, für so etwas wie eine Adelsrepublik, eine oligarchische Herrschaft der bodenständigen Herren. Auch die Kuruzzen überfielen die Dörfer um den See. In den Jahren 1706 und 1707 entwickelte sich der «Kuruzzenrummel» zu einem erbittert geführten Kleinkrieg, die Bevölkerung mußte die Schrecken der ständig wechselnden Besatzung erdulden, wobei allerdings die Kuruzzen auch mit psychologischen Mitteln, Verleihungen von Patenten und Privilegien, die Menschen für sich zu gewinnen suchten.

Die Kämpfe endeten 1711 mit dem Frieden von Szatmár. Die Kuruzzen unterlagen vollständig und mit ihnen die Bestrebungen auf ein unabhängiges Ungarn. Habsburg siegte und regierte Ungarn fast 200 Jahre lang, bis 1867, weitgehend unumstritten und absolutistisch. Mit dieser habsburgischen Herrschaft war freilich auch die weitere Entwicklung Westungarns festgelegt. Der Raum verblieb zwar bei der Stephanskrone, die Bevölkerung orientierte sich allerdings in erster Linie nach Wien, wo der ungarische König ja auch die meiste Zeit residierte. 200 Jahre später nannte man die Gegend des heutigen Burgenlandes – zu Recht – Deutschwestungarn. Manchmal mit Betonung auf «deutsch», manchmal mit Betonung auf «Ungarn», immer allerdings mit dem Vermerk «West».

DAS WERDEN KAKANIENS

Die endgültige Festsetzung der Habsburger im Gefolge der Türkenkriege brachte die bis heute spürbare Verknüpfung von Österreich & Ungarn mit sich. Die Leithagrenze, jahrhundertelang heftig umstritten, war eine Binnengrenze geworden, die vor allem Richtung Osten ausfranste. Die den Türkenkriegen folgende Zeit gilt – zumindest in der österreichischen Geschichtsschreibung – als «glänzende Epoche»; in die Wege geleitet vom Savoyer Prinzen Eugen, fast ein halbes Jahrhundert lang geprägt von jener Frau, mit der die Habsburger – seltsamerweise – sowohl ausgestorben sind als auch zur höchsten Blüte geführt wurden, auf daß sie sich noch einmal 150 Jahre lang im Licht der Maria Theresia sonnen konnten.

Das Zeitalter des Barock und seiner dekadenten Spätform, des Rokoko, ist hierzulande eine verklärte Epoche. Alles, was dem österreichischen Nationalgmüat guttut, wurde in dieser Zeit geformt, gebaut, gesät. Ja, selbst das Entstehen Österreichs fällt – großzügig gesagt – in diese Zeit, in der zugleich auch die

Hoffart der Kirche so ordentlich durcheinandergebeutelt wurde, daß man noch bis vor kurzem zuweilen einen Pfarrer gegen Joseph II. predigen und wettern hören konnte.

Das 18. Jahrhundert brachte sowohl für Österreich als auch für Ungarn eine durchaus prosperierende Epoche; zumindest wenn man großzügig hinwegschaut übers sogenannte «niedere» Volk. Freilich: Friktionsfrei war das Verhältnis von Cis- und Transleithanien keineswegs. Dazu benahmen sich die Habsburger und ihr Hof zu selbstherrlich. Und bis zu den josephinischen Reformen rollte zudem die Dampfwalze der Jesuiten, die alles und jeden katholisch machen wollten. Noch heute gilt manchen die Zeit zwischen dem Frieden von Szatmár (1711) und dem Toleranzpatent des jakobinischen Kaisers (1781) als «Regnum Marianum». Nur die Protestanten, deren es in Ungarn, des hinhaltenden Widerstandes vieler Magnaten wegen, eine ganze Menge gab, fühlten sich, als hätte man sie in die «babylonische Gefangenschaft» geführt. Anläßlich des Stadtrundganges in Rust wird darauf noch zurückzukommen sein.

Anfang des 19. Jahrhunderts verschärfte sich das Verhältnis zwischen Wien und Budapest. Auslösend dafür war, wie für so vieles andere, die Revolution in Paris und der darauf von Napoleon geführte «1. Weltkrieg». 1806 findet das «Erste Reich» ein recht sang- und klangloses Ende. Franz II. wird Franz I. von Österreich, was insoferne von Belang ist, als damit der Weg zur sogenannten «kleindeutschen Lösung» nun endgültig vorgezeichnet ist (nach dem Siebenjährigen Krieg ohnehin schon absehbar). Und dieser Weg führt über das Zwischenspiel des «Zweiten» schnurstracks ins «Dritte Reich», das, wie man weiß, gar kein Reich gewesen ist, sondern höchstens dessen Parodie.

Das Entstehen eines eigenen österreichischen Staates mit durchaus nationalen Charakterzügen nach westlichem Vorbild führte zwangsläufig zu einer ziemlichen Entfremdung mit Ungarn, dem es verwehrt war, sich ähnlich zu organisieren. Österreich wurde absolutistisch regiert und Ungarn unterschiedslos genauso. In der Folge entfaltete sich ein starker und hartnäckiger magyarischer Nationalismus, ein veritabler Haß auf die Habsburger, den diese noch zielsicher zu schüren wußten. Nur im Westen des Landes, also in dem hier beschriebenen Gebiet, brach diese nationale Welle. Zum einen natürlich aufgrund der Bevölkerungsstruktur, zum anderen aber auch an den herrschenden Magnaten, allen voran Esterházy, welche ihr Geschick an das der Habsburger geknüpft hatten. Selbst der «erzliberale» Graf Széchenyi, dessen Stammsitz am südlichen Seeufer steht, sprach sich stets für eine gemeinsame Entwicklung von Österreich und Ungarn aus.

Doch wahrscheinlich war es dafür bereits zu spät. Und der «Große Kaiser», Franz Joseph, scheute sich nicht, den Zeiger noch um ein gutes Stück weiter zurückzudrehen. Angesichts der europa- und damit auch österreichweiten Revolution von 1848 sammelte der junge und heute so verklärte Kaiser noch einmal all die Charakterzüge, welche das Haus Habsburg in der Geschichte ausgezeichnet haben: Blindheit, Verstocktheit, politische Dummheit, Rachsucht, Blutdurst, Brutalität.

Die Revolution begann im März in Wien. Metternich flüchtete nach England, der Kaiser – zu diesem Zeitpunkt immer noch der schwachsinnige Ferdinand – verspricht Besserung. Währenddessen zündete der revolutionäre Funke überall im Land, am heftigsten in Ungarn. Kossuth Lájos und Deák Ferenc übernehmen die Regierung, der Kaiser schickt Truppen gegen sie, die allerdings meutern, das Wiener Zeughaus plündern und endlich den Hof aus Wien vertreiben, bis Fürst Windischgrätz mit Hilfe kroatischer Militärs die alte Ordnung wiederherstellt, freilich unter dem Versprechen, sie konstitutionell abzumildern.

Das Versprechen sah so aus, daß Windischgrätz in Ungarn einmarschierte. Die Truppen wurden im Gebiet um den Neusiedler See einquartiert. Die mittlerweile von Kossuth organisierten Honvéds wehrten sich, die Bevölkerung hatte, wie sich leicht denken läßt, für die Versorgung beider Parteien zu sorgen.

Am 4. März 1849 löste Franz Joseph den österreichischen Reichstag zu Kremsier auf und proklamierte eine Verfassung für das «einige und unteilbare Kaiserreich Österreich». Ungarn war nach dieser Verfassung bloß noch ein Kronland. Die magyarische Regierung reagierte darauf am 14. April 1849 mit der Unabhängigkeitserklärung. Das Haus Habsburg wurde entthront, Kossuth zum Reichsverweser erklärt. Und die Honvéds trieben die Österreicher über die Leithagrenzen zurück.

Im Mai treffen sich in Warschau Franz Joseph und Zar Nikolaus im Sinne der Heiligen Allianz. Zwei russische Heere greifen Ungarn von Osten aus an, die Österreicher unter General Haynau und dem kroatischen Ban Joseph Jellachich von der anderen Seite. Ungarns Nationaldichter Petöfi fällt, Kossuth flieht in die Türkei. Die Festung Komárom hält sich bis Oktober, dann darf der österreichische General sein bis heute nicht vergessenes Blutgericht abhalten. Zahlreiche magyarische Freiheitskämpfer, unter ihnen auch Batthyány Lájos, werden hingerichtet. Die ungarische Legende will es, daß den Märtyrern danach die Köpfe abgeschlagen wurden, auf daß die Sieger mit ihnen anstoßen konnten. Deshalb ist es bei vielen Ungarn bis heute verpönt, mit Gläsern voll Bier, dem Getränk der Sieger, anzustoßen.

Ungarn wird daraufhin, wie ursprünglich geplant, ins Kaiserreich eingegliedert, in fünf Provinzen geteilt und unter Militärverwaltung gestellt. Und das war dann das Ende möglicher Gemeinsamkeit.

Das endgültige Ende kam 1867 unter dem Banner der fortschrittlichen Umgestaltung. Der kaiserliche Absolutismus war nicht länger zu halten gewesen, also entschlossen sich die Berater der sogenannten allerkatholischsten Majestät zu einem Rückgriff aufs Gnostische und schufen einen völlig unkatholischen Dualismus, der sowohl diesseits als auch jenseits seine Demiurgen hervorbrachte, daß es, wie man sagt, nur so paschte.

In Wien hat man sich angewöhnt, die in Robert Musils Lebenswerk geschilderte Art und Weise nur aufs Cisleithanische zu beziehen. Das Wesen der Parallelaktion allerdings, das Phänomen, daß, wenn etwas vor sich geht, gleichzeitig auch seinesgleichen geschieht, hat seinen Quell im Ausgleich von 1867 und manifestierte sich in beiden «k.», sowohl links des «u.» als auch rechts.

Das zweite, auch fürs Burgenland nicht unwesentliche Datum war 1871: die Gründung des an sich vermißbaren «Zweiten Reichs» in Paris. Diese Periode mit dem im Schatten der Reichsidee wachsenden Deutschnationalismus glich einer hysterischen Endzeit, geprägt vom Auf und Ab eines überhitzten Kapitalismus und eines forcierten Nationalismus. In Cisleithanien tat man alles, die unter Habsburgs Fuchtel stehenden Slawen zu vergrämen, die nur mehr pro forma habsburgische Stephanskrone ließ sich nicht nachsagen, zögerlicher zu sein. In den letzten Jahrzehnten des 19. Jahrhunderts wurde magyarisiert, was zu magyarisieren war, sodaß die Ungarn am Ende dieser Epoche als die am bittersten bestraften Verlierer dastanden. Bitterer bestraft noch als die sogenannten Österreicher, welche wenigstens zwei kleine Siege auf ihr längst überzogenes Konto verbuchen konnten: Südkärnten, vor allem aber das Burgenland.

Dabei wäre es, so zumindest aus heutiger Sicht, wahrscheinlich gar nicht zum Anschluß des Burgenlandes an Österreich gekommen, hätte nicht die junge Tschechoslowakei ihre territorialen Forderungen so überzogen, daß selbst die Siegermächte des Ersten Weltkriegs ihre Bedenken bekamen. Immerhin war das Burgenland ein Streitpunkt zwischen den beiden Mächten, denen man – neben Deutschland – den Kriegsausbruch zu verdanken gehabt hatte, sodaß es wohl kaum im Interesse der Alliierten lag, sich diesbezüglich besonders zu engagieren.

WIE DAS BURGENLAND ZU
SEINEM NAMEN KAM

Am 16. November 1918 verlor «Deutschwestungarn» seine politische Grundlage: die Monarchie. An diesem Tag wurde, wohl sehr zum Leidwesen des Landesherren Esterházy, in Budapest die Republik ausgerufen. Schon vier Tage zuvor, am 12. November, war in Wien die provisorische Nationalversammlung zusammengetreten, die Republik Deutschösterreich proklamiert worden. Am 22. November schickte sie folgende Erklärung nach: «Die geschlossenen deutschen Siedlungsgebiete der Komitate Preßburg, Wieselburg, Ödenburg und Eisenburg gehören geographisch, wirtschaftlich und national zu Deutschösterreich. (...) Darum muß bei den Friedensverhandlungen darauf bestanden werden, daß diesen deutschen Siedlungen das gleiche Selbstbestimmungsrecht zuerkannt wird, das nach wiederholten Erklärungen der ungarischen Regierung allen anderen Völkern Ungarns eingeräumt ist.»

Obwohl eine Mehrheit der ortsansässigen deutschsprachigen Intelligenz mehr einer Autonomie als einem Anschluß zugeneigt war – unter anderem deshalb, weil durch diesen das weit über die burgenländischen Grenzen hinaus existierende «Deutschtum in Ungarn» geschwächt werden würde –, war bald absehbar, daß der Anschluß unvermeidlich war. Am Beispiel Deutschwestungarns konnten die Siegermächte ihre Proklamation des «Selbstbestimmungsrechtes der Völker» problemlos in die Tat umsetzen – anders als beim Sudetenland, Südtirol oder Transsylvanien. Immerhin handelte es sich hier um zwei im Krieg geschlagene Staaten, zwischen denen nicht Beute verteilt werden mußte, sondern Prinzipien zum Durchbruch verholfen werden konnte.

Im Juni 1919 – da war die Anschlußdiskussion aus naheliegenden Gründen noch gar nicht so in Schwung gekommen – formulierte ein Neusiedler Rechtsanwalt, ein gewisser Herr Karl Amon, erstmals den Namen für den bis dahin namenlosen Landstrich. In der ersten Nummer einer deutschsprachigen ungarischen Zeitung präsentierte er einen Entwurf einer möglichen Autonomie Deutschwestungarns, das er nach den damaligen vier Komitatshauptstädten Preßburg, Wieselburg, Ödenburg und Eisenburg «Vierburgenland» nannte. Karl Renner reduzierte diesen Namen bereits im August desselben Jahres, noch vor Beginn der Friedensverhandlungen zu St. Germain, auf «Dreiburgenland», weil absehbar war, daß Preßburg, also Pozsony, also Bratislava nicht bei Ungarn und schon gar nicht bei Österreich bleiben könne. Ein gewisser Gregor Meidlinger, gebürtig aus Frauenkirchen, als Anschlußpropagandist in Wien tätig, schlug im September vor, die Peinlichkeit des Zählens bleibenzulassen und den Landstrich schlicht «Burgenland» zu nennen, was sich schließlich durchsetzte. Am 6. September beriet sich dieser Gregor Meidlinger mit Staatskanzler Renner, das Wehrgesetz vom 18. März des nächsten Jahres nannte den Landstrich erstmals beim heutigen Namen. Und die Verfassung vom Oktober bezeichnete das Burgenland bereits als Österreich mitkonstituierendes Bundesland.

Das freilich war verfrüht. Das Burgenland war immer noch unter ungarischer Verwaltung, weder Bela Kuns Räte noch Horthys Garden hatten daran etwas ändern wollen. Und es schien, als wollten auch die Siegermächte nicht drängen, begaben sich doch in dem umstrittenen Landstrich zum Teil recht seltsame Dinge. Noch vor der Ausrufung der beiden Republiken konstituierte sich in Mattersdorf ein «Deutscher Volksrat für Westungarn» (der war für eine weitgehende Autonomie), zur gleichen Zeit formierte sich in Wien der Verein «Deutschwestungarn zu Österreich» (der war für den sofortigen Anschluß). Wenig später freilich – am 6. Dezember 1918 – wurde in Mattersdorf mit Unterstützung der lokalen Arbeiterschaft die freie und souveräne «Republik Heinzenland» (ein Name, den die Deutschnationalen für das Burgenland propagierten) ausgerufen. In Eltendorf, im südlichen Landesteil, wurde am 15. Dezember die sofortige Angliederung an die Steiermark gefordert. Und um die Verwirrung komplett zu machen, wurde nach der Entscheidung der Siegermächte am 4. Oktober 1921 ein unabhängiges «Leithabanat», «a Lajta Bánság», mit der Hauptstadt Oberwart proklamiert, von welchem immerhin noch eine kleine Briefmarkensammlung und zwei Nummern eines «Amtsblattes» existieren.

Daß die Siegermächte dem Anschluß zustimmten (aus österreichischer Sicht) beziehungsweise ihn dekretierten (aus ungarischer Sicht), war einem Vorschlag des tschechoslowakischen Außenministers Eduard Benes zu verdanken. Der nämlich unterbreitete in der ersten Sitzung der Pariser Friedensverhandlungen einen Plan, wonach das jetzt schon Burgenland heißende Gebiet eine Art Korridor werden sollte, der die beiden neuentstandenen slawischen Staaten, die ČSR im Norden und das SHS-Königreich im Süden, verbinden sollte. Zwei Burgen – Wieselburg und Ödenburg – sollten der Slowakei, eine Burg – Eisenburg – Slowenien zugeschlagen werden. Benes argumentierte vor allem mit den kroatischen Siedlungen in diesem Gebiet, fand allerdings nur bei Frankreich Unterstützung. Nachdem der Slowakei bei Preßburg ein «Brückenkopf» südlich der Donau – dort steht heute der häßliche Vorort von Bratislava, Petrzalka – zugestanden wurde, verzichtete Benes auf den Korridor. Am 10. September 1919 wurde der Friedensvertrag unterzeichnet, der Österreich die westlichen Gebiete der Komitate Wieselburg, Ödenburg und Eisenburg zusprach: ein Gebiet von 4320 Quadratkilometern und einer Bevölkerung von 340.000 Einwohnern. Doch bis der Anschluß vollzogen wurde, sollte es noch ein paar Jahre dauern. Denn Ungarn, geschurigelt und gedemütigt von seinem Frieden in Trianon, machte das Burgenland zu einer nationalen Prestigesache, verlor und war deshalb auf Österreich nicht gut zu sprechen – bis ins Jahr 1956.

In Budapest vollzog sich zu dieser Zeit ein neuerlicher Regimewechsel. Am 1. August 1920 wurde die Räteregierung gestürzt, Admiral Horthy übernahm mit dem Segen der Westmächte die Macht, die Truppen des königstreuen Oberst Anton Lehár – ein Bruder *des* Lehár – wurden ins Burgenland verlegt, das Vaterland zu verteidigen. Eine neue, ausgeweitete Autonomie wurde verabschiedet, aber in Cisleithanien drüben, in Wiener Neustadt, wurde bereits eine «Verwaltungsstelle für den Anschluß des Burgenlandes» eingerichtet. Im Frühjahr 1921 waren es – wieder einmal – die Habsburger, die sich einzumischen begannen. Der abgedankte Kaiser versuchte, sich wenigstens die Stephanskrone zurückzuholen, sein früherer Admiral und nunmehriger Verweser winkte dankend ab und jagte ihn außer Landes. Für die Siegermächte war dies allerdings Signal genug, endlich zu handeln. Am 26. Juli 1921 wurde Österreich endgültig das Verfügungsrecht über das Burgenland eingeräumt, eine «Interalliierte Generalkommission» sollte für die reibungslose Übergabe sorgen. Termin war der 28. August 1921.

Der Termin verschob sich freilich um ein weiteres halbes Jahr. Da eine «friedliche Übernahme» vereinbart worden war, bestand Ungarn darauf, daß keine regulären Truppen die Leithagrenze überschritten. Also rückten am 28. August ungefähr 2000 Gendarmen und Zollwächter in elf Kolonnen ins neue Land.

Fast alle diese Kolonnen trafen auf ungarische Freischärlerverbände, wurden in kleinere Gefechte verwickelt, konnten aber, während reguläre österreichische Truppen an die Grenze verlegt wurden, ihre vorgesehenen Ziele erreichen. In den Bezirken Eisenstadt und Mattersburg unter anderem auch deshalb, weil es zwischen den monarchistischen und den horthytreuen Verbänden seinerseits zu Reibereien gekommen war.

Der ungarische Gegenstoß kam erst Anfang September. Die in Agendorf/Agfalva stationierten Österreicher wurden nach Mattersburg zurückgedrängt, das dortige provisorische «Büro der Landesverwaltungsstelle» floh nach Wiener Neustadt. In der Nacht vom 4. auf den 5. September überschritten Freischärler die Grenze bis ins niederösterreichische Zöberntal und griffen den dortigen Gendarmerieposten an. Es kam zu einem stundenlangen Schußwechsel, der in den Annalen als «Gefecht von Kirchschlag» geführt wird. Am 10. September wurden alle österreichischen Truppen zurückgezogen.

Kurz zuvor schon, am 1. September, unterbreitete die ungarische Regierung der österreichischen ein Kompromißangebot: Burgenland ja, Ödenburg aber kategorisch nein. Auf Vermittlung – und Druck – Italiens unterzeichnete Bundeskanzler Schober am 13. Oktober 1921 das «Venediger Protokoll», in dem eine Volksabstimmung über das Schicksal Ödenburgs vereinbart wurde. Dieses «Protokoll betreffend die Regelung der westungarischen Frage» rief neuerlich – diesmal bereits in recht komödiantischer Manier – den allerorten stets nur abgeschasselten Habsburger auf den Plan. Das recht traurige Fähnlein der magyarischen Monarchisten hatte sich etwas Lustiges ausgedacht, rief einmal laut, und Karl der Ab- und Ungedankte eilte über Pinkafeld nach Steinamanger, also Szombáthely, wo er alles vorfand, nur keine treuen Untertanen. Deshalb zog er sich ins ferne Spanien zurück. Die ungarischen Freischärler taten es ihm nach, marschierten an die neue magyarische Grenze. Und am 5. Dezember wurde das Burgenland offiziell annektiert.

Am 14., 15. und 16. Dezember ging dann die vereinbarte Volksabstimmung in Ödenburg (und den Umlandgemeinden Kroisbach, Agendorf, Harkau, Kolnhof, Zinkendorf, Wandorf,

1920: Ungarische Freischärler in Eisenstadt

Wolfs und Holling) über die Bühne. Der Wahlkampf wurde von beiden – in Demokratie noch unbeleckt – Seiten recht untergriffig geführt. Die Österreicher holten aus Kärnten abwehrbewährte «Abstimmungsspezialisten», die Ungarn gezielt «Neusiedler», die nach der Wahl wieder verschwanden. 72,8 Prozent votierten für den Verbleib bei Ungarn, 27,2 Prozent für den Anschluß. In den Umlandgemeinden war es umgekehrt: 54,6 Prozent entschieden sich für Österreich, 45,4 für Ungarn. Am 22. Dezember bestätigte die Botschafterkonferenz das Ergebnis. In den folgenden beiden Jahren wurden noch ein paar Grenzkorrekturen vorgenommen, im Seewinkel unter besonderer Rücksichtnahme auf den Fürsten Esterházy, der sich eine Zerstückelung seiner Domänen verbat. Aber im großen und ganzen wurde im Dezember 1921 das Burgenland begründet, wie es sich auch heute noch präsentiert: sehr länglich, sehr schmal, sehr ländlich. Ein Land der Dörfer, ein Land ohne Hauptstadt.

Inoffiziell bis heute. Aber auch offiziell ließ man sich Zeit mit der Suche nach einem neuen Zentrum. Sauerbrunn und Pinkafeld wurden dafür vorgeschlagen und abgelehnt, der erste burgenländische Landeshauptmann, Alfred Rausnitz, schlug die Militärakademie in Wiener Neustadt vor, der dazu ein «exterritorialer Charakter» zu verleihen gewesen wäre. Mattersdorf machte sich Hoffnungen, nannte sich 1924 gar in Mattersburg um. Am 30. April 1925 bestimmte der Landtag schließlich nach mehreren Wahlgängen Eisenstadt zum «Sitz der Landesregierung». Doch «Hauptstadt» blieb weiterhin Ödenburg, dessen Wiederangliederung immer noch eine Herzensangelegenheit war. Erst 1965 erhielt Eisenstadt den offiziellen Titel einer Landeshauptstadt. Ein bißchen zu spät, um mit Ödenburg ernsthaft konkurrieren zu können.

LITERATUR August Ernst: Geschichte des Burgenlandes. Wien 1991. Otto Brunner: Der burgenländische Raum zwischen Österreich und Ungarn 800–1848. Wien 1951.

Bilder von der Grenze

Die Gegend rund um den Neusiedler See war also stets ein Grenzraum gewesen. Nie allerdings ein toter Winkel, politisches Ödland im Schatten der Blöcke. Erst nach dem Zweiten Weltkrieg ist eine solche Entwicklung bestimmend geworden. Der Eiserne Vorhang war jahrzehntelang die wichtigste Kraft im Land. Alles wurde auf ihn hin ausgerichtet: von der Verkehrsplanung bis hin zu schlampigen Ausreden über die möglichen Gründe der burgenländischen Rückständigkeit.

Die Geschichte des Eisernen Vorhangs würde mehr als nur ein Buch füllen. Hier soll es genügen, das Leben an der Grenze mit drei exemplarischen Reportagen zu dokumentieren. Die erste aus dem Jahr 1956 wurde vom Bestseller-Autor James A. Michener verfaßt, der sich zur Zeit des ungarischen Aufstandes, seiner Niederschlagung und der dadurch initiierten Massenflucht als Berichterstatter im Seewinkel aufgehalten hat. Die zweite Reportage erschien 1989 in der deutschen Wochenzeitung «Die Zeit» und beschreibt den kleinen Grenzort Nickelsdorf im Angesicht der auf einmal offen gewordenen Grenze. Und das dritte Bild wurde knapp danach geschossen, ebenfalls hier im Gebiet um den See. Die Reportage erschien in der österreichischen Tageszeitung «Der Standard». Auch wenn es damals natürlich noch nicht absehbar war: Die sowohl von den Österreichern als auch von den Ungarn wohlwollend tolerierte Massenflucht der Ostdeutschen war der wohl entscheidendste Sieg in der Schlacht gegen den Eisernen Vorhang.

DIE BRÜCKE VON ANDAU

«Bei Andau gab es eine Brücke. Konnte sie einer erreichen, fand er den Weg in die Freiheit. Eine unbedeutende Brücke nur, weder breit genug für ein Auto noch fest genug für ein Motorrad. Ihre wackligen Planken und das hölzerne, einer

Kinderhand kaum erreichbare Geländer machten sie lediglich für den Fußgängerverkehr geeignet.

Die Brücke war eigentlich gar nicht in Andau, nicht einmal unmittelbar daneben. Dennoch kannte man sie in ganz Ungarn als «die Brücke von Andau»; dennoch strebten aus allen Teilen des Landes Tausende Flüchtlinge zu ihr. Nur mit einem Bündel meist, zuweilen auch mit leeren Händen flohen sie vor den Russen zu dieser belanglosen Brücke, flohen sie in die Freiheit.

Andau liegt nicht in Ungarn, sondern bereits auf österreichischem Boden. Da es jedoch das der Brücke zunächst benachbarte Dorf ist, übertrug man dessen Namen auf sie. (...) Die Brücke selbst war ja auch tatsächlich zur Gänze ungarisch. Hatte man sie überquert, mußte man noch einige hundert Meter gehen, um nach Österreich zu gelangen. (...)

Diese Brücke von Andau war vielleicht die unbedeutendste Brücke Europas. (...) Allein die Laune des Schicksals wollte es, daß sie einige Wochen hindurch, in denen sich die Brandfackel des Krieges zu entzünden schien, zu einer der wichtigsten Brücken der Welt wurde. Über ihre lockeren Planken floh die Elite einer Nation, mehr als zwanzigtausend Menschen. (...) Um das Drama von Andau zu verstehen, muß man sich diesen Gebietsstreifen vorstellen können. (...) Im Süden (...), aber zur Gänze im Ungarischen, erstreckt sich das überhöhte Kanalufer, das jenseits jäh zum träg dahinfließenden Einserkanal abfällt, der zu breit und an den meisten Stellen zu tief ist, um ihn überspringen oder durchwaten zu können. Noch weiter südwärts liegen die ungarischen Sümpfe mit ihrem dichten Röhricht. Wer hier über die Grenze fliehen will, muß beherzt und entschlossen sein.

(...) Im Osten ist es anders. Dort endet Österreich an einem Wassergraben, den man durchwaten kann, sofern man es hinnimmt, bis an die Schultern oder, bestenfalls, bis übers Knie im Wasser zu stehen. Diesen Graben zu erreichen, muß man allerdings auf ungarischem Gebiet einen mit mannshohem Röhricht bewachsenen Sumpf durchqueren.

Hilfsaktion für Ungarnflüchtlinge 1956

Dort, wo der Wassergraben in den Einserkanal mündet (...) standen damals zwei ungarische Grenzwächter, hinter denen, in einiger Entfernung, ein hoher, dunkler Wachtturm drohte, den AVO-Leute besetzt hielten. Ein paar hundert Meter abseits dieses Turms überquerte die Brücke von Andau den Einserkanal. Noch eins erschwerte die Flucht nach Österreich: Hatte der Flüchtling die ungarischen Sümpfe endlich hinter sich, geriet er auf der österreichischen Seite wieder in Sumpfland. So blieb ihm nichts anderes übrig, als sich auch hier durchzukämpfen, bis er die rettende Straße erreichte. Vor einer Behelfshütte warteten schweizerische und deutsche Rotkreuzautos, um Frauen und Kinder in Sicherheit zu bringen. Männer hatten noch einen kilometerlangen Fußmarsch nach Andau vor sich, wo sie sich endlich frei fühlen konnten.

Trotz diesen Hindernissen gab es manchmal Tage, an denen die Flucht über die Brücke einem Volksfest glich, wenn nämlich die AVO-Posten aus unerklärlichen Gründen nicht auf den Wachttürmen lauerten, die Brücke wie freigegeben dalag, die Sümpfe zugefroren und auch die russischen Scharfschützen fort waren. Dann konnten die Flüchtlinge unbehelligt und furchtlos das breite Kanalufer entlanggehen. Einmal, an einem solchen Tag eben, kamen Tausende singender Menschen in fröhlichem Zug den sonnigen Pfad entlang. Hier, in diesem entlegenen Winkel Österreichs, habe ich die erstaunlichsten Dinge meines Lebens erfahren. (...)

(...) Ich wurde einmal Zeuge einer Szene, von der man hier an dieser Grenze noch lange wie von einer Legende sprach. Damals, die Russen hatten auf der Brücke ihre Posten aufgestellt, das Thermometer war auf minus zwölf Grad abgesunken und eine klirrende Kälte erfüllte die Luft, wünschten wir uns nichts sehnlicher, als daß der Kanal endlich zufrieren möge, um den Gejagten einen neuen Fluchtweg zu bauen. Allein die hauchdünne Eisdecke über dem Wasser wollte sich nicht verstärken. An diesem Tage gelangte ein junger Ungar mit seiner erschöpften Frau und den todmüden Kindern an das trennende Wasser. Kein Steg führte in die nahe Geborgenheit. Die AVO-Männer mit ihren Spürhunden konnten jeden Augenblick auftauchen. Da legte der Vater seine Kleider ab, hob das Töchterchen empor und stieg in das tiefe Wasser, dessen Eisdecke er im Vorwärtsschreiten mit der nackten Brust durchbrach. Er kroch das sumpfige Ufer hinan und brachte das Kind auf österreichisches Gebiet. Dann ging er wieder zurück, rollte seine Kleider zum Bündel und drückte es dem kleinen Sohn in die Hand. Auch dieses Kind trug er durch das eisige Wasser in Sicherheit.

Noch einmal kehrte er zurück, seine erschöpfte Frau auf die Arme zu nehmen. (...)

Sie kamen aus dem Schilf des Sumpflandes, aus dem Schlamm und aus dem Schmutz, quer durch die Sümpfe und über den Einserkanal, über die Brücke mit den wackligen Planken – ja, so kamen sie, die Besten eines Volkes. (...)

Jahre hindurch hatte es mancherlei Differenzen zwischen Österreich und Ungarn gegeben, besonders die schwere Nachkriegszeit verschlechterte die Stimmung. Daher hätte man den Österreichern einen gewissen Mangel an Großherzigkeit verzeihen können. Statt dessen nahmen sie die geflüchteten Ungarn brüderlich in die Arme. (...)

Im Burgenland gab es damals Dörfer, in denen mehr Flüchtlinge lebten als Einwohner. (...)

Ein ganzes Buch wäre zu schreiben, um Österreichs Beitrag für die Sache der Freiheit im einzelnen zu würdigen. Ich will es bei einem Satz bewenden lassen: Müßte ich je flüchten, so hoffe ich, daß es nach Österreich sein kann ...»

(James A. Michener: Die Brücke von Andau. Wien, Frankfurt 1957)

DAS NEUE LEBEN IN NICKELSDORF

«Vor nicht allzu langer Zeit lief im ungarischen Radio ein merkwürdiger Werbespot. Angepriesen wurde eine Art Tagesheim für Gebrechliche und Alte. ‹Wer seine Eltern, seine Großeltern, seine hinfälligen Onkeln und Tanten nicht bis nach Wien mitnehmen will›, so ungefähr hieß es da verlockend, ‹der läßt sie doch am besten den Tag über in Nickelsdorf. Gleich hinter der Grenze.› Zu einem billigen Preise. Aber doch immerhin gegen bare Münze ...

Nickelsdorf war immer ein ruhiges, gemächliches Dorf. Ein Straßendorf, wie es typisch ist für die Kleine Puszta im nördlichen Burgenland. (...) Neben den Hofeinfahrten stehen da und dort schon Bänke. Im Sommer sitzen da die Alten. Die Einheimischen.

Was Nickelsdorf von den anderen Orten östlich des Leithagebirges unterscheidet, ist nicht das Ortsbild. Es ist die Lage. Denn die Nickelsdorfer Hauptstraße ist die mittlerweile schon berüchtigte B 10, die Budapester Straße. Hier, 500 Meter hinter dem Ortsende, passiert sie die Grenze zu Ungarn.

‹Aber was heißt da Grenze?›, sagt einer, ›hier gibt es keine Grenze mehr. Keine RICHTIGE Grenze.› Die Vorstellung, wie eine richtige Grenze auszusehen hat, ist in Nickelsdorf geprägt durch jahrzehntelange Erfahrung. Grenze, das ist für die Nickelsdorfer immer noch der Eiserne Vorhang. (...)

Seit gut einem Jahr ist weder die Grenze noch Nickelsdorf so wie früher. Selbst der Geruch, der über dem Dorf liegt, ist ein anderer geworden. Früher roch es hier nach Stall und Silo. Jetzt hängen die süßlichen Zweitakter-Abgase in der Luft. (...) Das ganze Dorf ist jetzt geschäftig geworden, fast quirlig. Die Hauptstraße wird neu asphaltiert, der Anger, auf dem die Straße früher nur durch das ausgefranste Katzenkopfpflaster angedeutet war, wird gestaltet. (...)

Wann sich das Leben am Eisernen Vorhang so drastisch geändert hat, wann die tote Grenze auf einmal so springlebendig geworden ist, kann niemand genau sagen. Irgendwann im letzten Jahr, heißt es. Zwei Daten sind es, die diese Veränderung grob markieren. Der 1. Jänner 1988 – zu diesem Termin erhielten alle ungarischen Staatsbürger das Recht auf einen für die ganze Welt gültigen Reisepaß. Und sehr weitherzige Devisen- und Zollbestimmungen sorgten dafür, daß von diesem im europäischen Osten einzigartigen Dokument auch ausgiebig Gebrauch gemacht wurde. (...)

Das zweite denkwürdige Datum war der 7. November 1988. Nationalfeiertag in Ungarn, der letzte übrigens, an dem die ungarische Nation die Oktoberrevolution gefeiert hat. An diesem 7. November kamen mehr als 100.000 Ungarn nach Österreich. 20.000 PKW und 560 Busse legten den Verkehr lahm. Durch Nickelsdorf wälzte sich eine Schlange von 8.000 Privatautos und 300 Bussen. Die österreichischen Zöllner hatten bereits am Morgen resigniert. Ihre ungarischen Kollegen am Abend. Kontrollen gab es keine mehr. Die Grenzer regelten bloß noch den Verkehr, während das Leben in Nickelsdorf nur noch vom Verkehr geregelt wurde.

Irgendwann zwischen dem 1. Januar und dem 7. November ist Nickelsdorf anders geworden. Zunächst wartete man noch ab, ließ die Kolonnen Richtung Wien ziehen. Wer sollte denn schon stehenbleiben wollen in Nickelsdorf. ›Wenn die Ungarn schon einmal herauskönnen‹, so bestärkten sich die Nickelsdorfer in der Fehleinschätzung, das Ganze werde etwas Vorübergehendes sein, ‹dann fahren sie doch gleich die vierzig Kilometer weiter bis Wien.› Erst gegen Ende des Sommers, als der Ungarnstrom nicht abriß, sondern von Tag zu Tag stärker wurde, erst da begannen einige einzusehen, daß sich etwas Neues zu etablieren begann. Die tote Grenze lebte wirklich.

In Nickelsdorf spricht noch heute jeder, auch die Jungen, von 1956. (...) Erst nach und nach haben die Nickelsdorfer diesen fast physischen Schatten des Jahres 1956 abgestreift. Und zwar, als viele Ungarn nicht mehr bis nach Wien durchfahren wollten. Jetzt wollten sie nur noch einkaufen. Am besten gleich hinter der Grenze.

Im Herbst öffneten dann die ersten Geschäfte. Ein alter Stadl wurde umgebaut. Zwei Ungarn – einer, der seit 1956 in Wien lebt, und einer, der aus Györ heraufpendelt – machten daraus das erste Nickelsdorfer áruház. (...)

Die beiden waren Pioniere, anfangs belächelte. Jeder schien zu wissen, daß die

Das Grenzgebiet bei der Andauer Brücke heute

Nachbarn jenseits der Grenze viele, viele Wünsche haben, aber nur wenig Bares, sie sich auch zu erfüllen. (...) Erst sehr langsam wurde ihnen – und mit ihnen den staunenden österreichischen Handeltreibenden – klar, daß die Ungarn über unerwartete Summen verfügten – in westlicher Währung. (...) In den letzten drei Monaten des Jahres 1988 schossen die Ungarn-Shops nur so aus dem Boden. Freilich, die Geschäftsleute, das waren keine Nickelsdorfer. Viele der neuen Geschäftsinhaber sind Ungarn und führen ihre Läden einsprachig. Nach dem 7.

November kamen auch die großen Handelsketten. Die Grund-
stückspreise stiegen. Geschäftslokale wurden rar. Und viel zu
eng. Und so spielte sich das Geschäftsleben hauptsächlich auf
der Straße ab. Auf dem Anger neben dem Gemeindeamt sta-
pelten sich die verpackten Kühlschränke, Tiefkühltruhen und
Waschmaschinen. Oft wurden sie gar nicht mehr aufgestapelt,
sondern direkt vom Laster herunter verkauft. Vor dem Ort
stellte einer drei ausrangierte Container in den Acker. Auch das
war ein ‹dicont áruház›.

Mit einem halb ironisch und halb bitter gemeinten Spruch,
der seit damals die Runde macht, beschreibt die Wirtin des
Bahnhofswirtshauses die Situation: ‹Das beste wäre es wohl,
wir würden alle unsere Häuser vermieten und geschlossen nach
Deutsch Jahrndorf übersiedeln.› Das ist die Nachbargemeinde
im Norden. ‹Es ist ja nicht so, daß wir die offene Grenze nicht
wollen. Es ist halt alles so schnell gegangen› (...)

Daß die Grenze je wieder zugehen wird, daß Nickelsdorf
zum beschaulichen Leben zurückkehren wird, das glaubt hier
keiner mehr. Die letzten Skeptiker haben sich am 2. Mai be-
kehren lassen. Das ist das dritte Datum, das wohl kein Nickelsdorfer vergessen wird. An diesem Tag hat die ungarische Regierung nach Hegyeshalom eingeladen, um dort den Abbau
der ‹technischen Grenzsperren› – wie der Eiserne Vorhang im
Jargon der Bürokraten genannt wird – zu verkünden.»
(Wolfgang Weisgram in «Die Zeit», Nr. 22/1989)

MULTIPLE KULTUR

«Auf einem schmalen Waldweg nahe dem burgenländischen
Dorf Mörbisch hängen alle 50 Meter Zettel an den Bäumen,
auf denen, teilweise in Leuchtschrift ‹Österreich – Austria›
steht. Ein Pfeil zeigt die Richtung, in die es geht. Nur 20 Meter
von diesem Weg entfernt verläuft die grüne Grenzschneise, die
Ungarn vom Burgenland trennt. Im hohen Gras sieht man
Schleifspuren, die alle in einem Gebüsch münden, in dem der

Stacheldraht versteckt liegt. Einheimische haben große Löcher in den Zaun geschnitten, um den erwarteten DDR-Flüchtlingen das Durchkommen zu erleichtern.

Sie haben die Löcher so angelegt, daß sie für die ungarischen Grenzposten auf den Wachtürmen uneinsehbar sind. ‹Do›, sagt ein Weinbauer aus dem Dorf, der vom Wegmarkieren zurückkommt, in die Abenddämmerung hinein, ‹san heut 60 auf einmal rüber kommen. Leider sind zehn, denen ich heut in Sopron den Weg erklärt hab', noch überfällig.› Sich selbst bezeichnet der Mann als ‹ehrenamtlichen Fluchthelfer›.

Nicht weit entfernt steht das Grenzhäuschen des österreichischen Zolls. Immer wieder kommt ein Beamter heraus und verscheucht Schaulustige, die der Grenze zu nahe kommen. Auf dem Parkplatz vor dem Häuschen haben sich zirka 100 Menschen versammelt, die zwei unterschiedliche Absichten haben. Ein Teil von ihnen will lediglich ‹Flüchtlinge schauen›, der andere Teil erwartet die Flüchtlinge, um sie zum Versorgungsplatz zu bringen. 15 Famlien warten auf ihre Verwandten aus der DDR, die irgendwann in den nächsten Tagen kommen sollten.

In Mörbisch gibt es derzeit nur ein Thema. Das ganze Dorf steht unter dem Eindruck der DDR-Flüchtlinge, nachdem gestern über 500 angekommen sind. Auf einem Platz nahe dem Dorfgasthaus, in dem immer wieder das Thema Menschenhandel ‹dischkuriert› wird (‹Eine Schweinerei›), hat das Rote Kreuz ein Notlager eingerichtet. Vier große Zelte sind aufgebaut. Eines vermittelt das Bild eines riesigen Marktstandes. Auf den Tischen liegen schachtelweise Schuhe, Spielzeug ist darunter. An den Zeltwänden hängen Kleider und Jacken, stapelweise liegen Hosen auf den Bänken.

Ein gutes Dutzend Frauen ist damit beschäftigt, die Sachen zu ordnen. Ständig kommen Leute an aus der umliegenden Gegend, die das Lager auffüllen.

Der Siegendorfer Kaufmann Springschitz bringt drei große Kisten mit Lebensmitteln. ‹Ich hab' heute mittag die Nachricht

gehört, daß so viele Flüchtlinge gekommen sind. Wir Burgenländer wissen, was es heißt, wenn man nichts hat. Das war
nach dem Krieg so, als wir Pakete aus der Schweiz bekommen
haben. Und das war 56 so, als wir die Ungarnflüchtlinge ver-
sorgt haben.›

Springschitz hatte am Nachmittag vor seinem Geschäft eine
Tafel aufgestellt und zur Sammlung gebeten. ‹Um 18 Uhr waren drei Kisten voll›, vermeldet er stolz.

Die Rot-Kreuz-Helfer verstärken inzwischen ihr Aufgebot.
Nachtscheinwerfer werden aufgestellt, um den Platz auszuleuch-
ten. ‹Wir bereiten uns vor wie 1956›, sagt der Einsatzleiter. »
(Thomas Mayr in «Der Standard», 22. August 1989)

Eine kleine Ethnographie
des Burgenlandes

Eines der bemerkenswertesten Charakteristika der Gegend ist wohl die Bevölkerungsstruktur; sie unterscheidet sich von den angrenzenden Ländern Österreich und Ungarn so entscheidend, daß man dafür nicht bloß den «Besitzerwechsel» nach dem Ersten Weltkrieg verantwortlich machen kann. Das Burgenland war jahrhundertelang so etwas wie eine multikulturelle Gesellschaft, etwas, das für den Osten und Südosten des Kontinents charakteristisch ist. Denn während sich im Westen – naja Westen, in Frankreich eigentlich nur – nach und nach Nationalstaaten zu formieren begannen, hatte diese Entwicklung im von kleinen und kleinsten Völkern besiedelten Osten keine Chance zur Entfaltung. Und wenn es trotzdem geschah, so wurde daraus stets nur eine Karikatur der «Grande Nation», oft eine blutige, natürlich, aber eben immer eine groteske Verzerrung, wie man es heutzutage gleich in der Nähe beobachten kann.

Das Burgenland blieb – mit der Ausnahme des Nationalsozialismus, der ja ebenfalls nichts anderes war als eine Karikatur des Nationalstaates – von den unglückseligen politischen Entwicklungen ab der zweiten Hälfte des 19. Jahrhunderts verschont. Zwar gab es erst einen Magyarisierungs-, dann einen Austrifizierungsdruck, aber dieser blieb im wesentlichen in friedlichen Bahnen. Die Auseinandersetzungen rund um den Anschluß führten – anders als etwa in Kärnten – nicht zu einer ideologisch aufgeheizten Frontenziehung zwischen den Volksgruppen.

Das mag – unter anderem – auch daran gelegen haben, daß die deutsche Bevölkerung dieses Raumes seit zumindest 1000 Jahren, seit sich die Leithagrenze etabliert hat, stets in der Minderheit gewesen ist und nie auch nur einen Gedanken daran verschwendet hatte, rund um den See einen «Kulturauftrag», eine «Mission» erfüllen zu müssen. Anders als etwa die Sachsen in Siebenbürgen waren die transleithanischen Deutschen stets nur Untertanen wie die anderen auch. Die Herren waren hier immer die Magyaren.

Die deutsche Besiedlung des Raumes begann spätestens mit der Etablierung der Karolingischen Ostmark. Im 19. Jahrhundert begann sich eine einheitliche Bezeichnung für sie durchzusetzen: Heinzen. Woher der Name kommt, ist ungewiß. Aber man wird wohl nicht sehr darin fehlen, wenn man annimmt, es sei ein von den Magyaren in Umlauf gebrachter «Spottname», ähnlich dem «Fritz» am westlichen Ende des deutschen Siedlungsgebietes. Jedenfalls aber übernahmen die Deutschen selbst diese Bezeichnung, Ende 1918 kam es in Mattersburg sogar zur Ausrufung der «Republik Heinzenland».

Auch wenn die Besiedlung schon recht früh begonnen hat, das Heinzenland war nie «rein deutsch», nie «ethnisch sauber». Slawen lebten hier seit dem frühen Mittelalter, das Fränkische Reich siedelte die geschlagenen Awaren an den Ufern des Sees an, und schließlich kamen die Magyaren, die sich dauerhaft hier niederließen und nichtsdestotrotz die deutsche Ansiedlung weiterhin forcierten.

Die Magyaren errichteten schon zu Beginn des 11. Jahrhunderts ein Grenzwächtersystem in diesem Raum. In den «Gyepü», den Grenzwächterorten – die sich in den Namen «Wart», «Oberwart», «Unterwart» erhalten haben – wurden die verschiedensten Volksgruppen angesiedelt. Die «Petschenegen» etwa, Auslöser der Magyarischen Wanderung, später selbst aus ihren Wohngebieten vertrieben; der Ortsname «Pöttsching» geht auf sie zurück. Im Norden wachten nicht nur die «Szekler», ein magyarischer Stamm, dessen Hauptwohnsitze in Transsylvanien liegen, sondern auch die «Russen», Waräger, die mit den Ungarn ins Land gekommen waren. Im 16. und 17. Jahrhundert begann dann die großangelegte Ansiedlung der Kroaten, zu denen im Reiseteil ein kleiner Abstecher unternommen wird.

Früher noch als die Kroaten siedelten Juden in diesem Raum. Schriftlich erwähnt werden sie erstmals im 13. Jahrhundert, wahrscheinlich ist freilich, daß sie schon weit länger hier wohnten. Und das bis ins Jahr 1938. Auch zu den Judengemeinden des nördlichen Burgenlandes, den später als «Schewa Kehiloth» bekannt gewordenen Getthos von Eisenstadt, Mattersburg, Kobersdorf, Lackenbach, Deutschkreuz, Frauenkirchen und Kittsee, gibt es im Reiseteil, anläßlich des Besuches in Eisenstadt, das den hebräischen Namen Asch trägt, einen Abstecher.

Die paar Jahre des Nationalsozialismus haben nicht nur die jüdische Bevölkerung vertrieben und vernichtet. Genauso brutal wurde gegen die Roma vorgegangen, deren Vernichtung zudem nicht einmal innerhalb des nationalsozialistischen Irrwitzes begründbar ge-

Roma im Burgenland um 1910

wesen ist. Der sogenannte Gauleiter verfaßte trotz allem sofort nach dem Anschluß an Hitlerdeutschland eine «Denkschrift», in welcher er eine «Lösung der Zigeunerfrage» forderte, was insoferne nicht leicht war, da selbst Heinrich Himmler nicht umhin konnte festzustellen, daß die «Zigeuner» sogenannte Arier wären.

Die Nationalsozialisten behalfen sich hierin genauso wie bei allen anderen Fragen: mit Irrwitzigkeiten. Nachdem es gleich nach dem Anschluß zu einer «Konzentration» in Lagern gekommen war – schon im Juni 1938 wurden die ersten Transporte nach Dachau und Buchenwald durchgeführt, Ende 1940 errichtete man ein eigenes Anhaltelager in Lackenbach –, erhob sich auf einmal die ideologische Frage nach der Zulässigkeit. Die SS löste sie nach den Kriterien der Reinrassigkeit. Angeblich seien, so Himmler, die «Sinti» im Gegensatz zu anderen reinrassige Arier. Diese seien deshalb unter Schutz zu stellen. Himmlers Plan sah vor, sie rund um den Neusiedler See anzusiedeln.

73

Dieser Plan blieb ein solcher. In Lackenbach wurden nicht nur die burgenländischen Roma, sondern auch Sinti zusammengepfercht, wo sie entweder in KZs transportiert wurden – ab 1943 direkt nach Auschwitz – oder an den grassierenden Seuchen starben. Ein Mahnmal erinnert heute in Lackenbach an die Leiden dieser Volksgruppe, die aus dem Burgenland weitgehend verschwunden ist.

Geblieben sind, neben den Deutschen, die Kroaten und die Magyaren. Beide haben sich seit dem Anschluß an Österreich reduziert oder sind reduziert worden. Zur Zeit scheint es allerdings, als würden beide Volksgruppen sich bei einer überlebensfähigen Größe stabilisieren. Die Ungarn – deren Anteil sich seit 1921 von fünf auf anderthalb Prozent verminderte – profitieren von der Öffnung des Eisernen Vorhanges, wodurch ihre Muttersprache auf einmal wieder «lebendig» wurde. Die Kroaten – 1921 rund 15, heute um die sieben Prozent – sind zu einem integralen Bestandteil einer Landesidentität geworden, auch wenn die bürokratische Starrköpfigkeit sie immer noch mit dem permanenten Verfassungsbruch – der Mißachtung des Zweisprachigkeits-Gebots bei Ortstafeln – schikaniert. Immerhin prüft derzeit eine Kommission die Möglichkeit, zweisprachige Ortstafeln aufzustellen – Voraussetzung: die Akzeptanz bei der deutschsprachigen Mehrheitsbevölkerung. In ganz Österreich hat sich die Volksgruppe zuletzt durch die großzügige humanitäre Hilfe für Flüchtlinge aus dem ehemaligen Jugoslawien in Erinnerung gerufen. Viele kroatische Gemeinden des Burgenlandes haben – verbalen Rundumschlägen und Ausländer-Volksbegehren zum Trotz – Flüchtlingsbetreuung in Eigenregie übernommen.

Dem Besucher präsentiert sich heute die Gegend um den See als Miniaturausgabe Bosniens, das häufig mit einem «Leopardenfell» verglichen wird, als multikultureller Fleckerlteppich, ethnisch im höchsten Grad «unsauber» und deshalb von einem Charme, der seinesgleichen sucht in Österreich.

Essen & Trinken

VON FEINEN WEINEN ...

Der Dank gebührt den Kelten. Sie waren die ersten, die im heutigen Burgenland schon vor etwa 3000 Jahren Weinreben pflanzten, ein alkoholisches Getränk daraus produzierten und dadurch das Gebiet um den Neusiedler See zu einem der ältesten Weinländer Europas machten. Eine Tradition, die die Römer – bereits weitaus versiertere Winzer – weiterführten und die, nach einem länger währenden Rückschlag in der Zeit der Völkerwanderung, im Mittelalter von Klöstern und Stiften aus wieder aufgenommen wurde. Die mönchische Kelter-Kunst verfeinerte den Anbau, sorgte für eine strengere Sortenbereinigung und eine verbesserte Erzeugung und trug in guter missionarischer Art und Weise überhaupt zu einer weiteren Verbreitung des Weins und des Wissens darüber bei. Von kleinen Schwankungen in der Beliebtheit des berauschenden Getränks und kriegerisch, klimatisch und wirtschaftlich bedingten

Eisweinernte

Schwierigkeiten abgesehen, war der Wein seit damals durch alle Zeiten hindurch eine konstante und wichtige Einkommensquelle des Burgenlandes, vor allem der Region um den See. Zwar litt der Weinbau unter dem allgemein nicht besten Image des Burgenlandes, aber der Absatz war dennoch gut, was nach dem Zweiten Weltkrieg zur Anlage immer größerer Weingärten und zur Lese immer größerer Mengen an Trauben führte.

Wein und Kenner

Und dann kam der Weinskandal. Im Sommer 1985 wurde ruchbar, daß manche der feinen Tröpfchen mit Glykol und anderen Chemikalien versüßt wurden, um den Aufwand, den die Herstellung süßer Qualitätsweine nun einmal bedeutet, zu verkürzen. Der Schaden, den der Skandal dem ohnehin imagegeplagten burgenländischen Weinbau anrichtete, war enorm und führte vor allem im Export zu drastischen Einbußen.

Spricht man allerdings heute mit jüngeren Weinbauern, dann können sich die wenigsten bei der Erwähnung des «Skandals» eines Lächelns erwehren. Für sie ist das Jahr 1985, retrospektiv gesehen, gewissermaßen die Stunde Null des burgenländischen Weinbaus. Die Zeit des Skandals, wenn man den Skandal als das mediale Bekanntwerden der Pantscherei bezeichnet – gewußt, was geschieht, haben alle schon lange –, diese Zeit also war auch eine des Generationswechsels, der Übernahme der Weingärten durch die Söhne und Töchter. Und dafür kam der Aufruhr gerade recht. Viele «Alte» hatten

genug, und die «Jungen» einen guten Grund umzudenken –
nicht nach dem Motto «Ist der Ruf einmal ruiniert, lebt's sich
völlig ungeniert» weiterzutun, sondern die Quantität der Qualität zu opfern. Der Jahresertrag wurde bewußt reduziert und
die Scheu vor Experimenten abgelegt. Der Rotwein, bis zu diesem Zeitpunkt eher stiefkindlich behandelt, obwohl das Burgenland mit seinem für mitteleuropäische Verhältnisse extrem
heißen Klima für Rotweine
geradezu prädestiniert erscheint (mehr auch als andere
österreichische Anbaugebie-
te), wurde mehr beachtet.
Und vor allem bei den Sorten
Zweigelt (eine österreichische
Spezialität) und Blaufränkisch in den letzten Jahren
hervorragende Ergebnisse er-
zielt.

Überhaupt wurde damals
Wein in Österreich für eine
größere Öffentlichkeit erstmals als Genußmittel im
wahrsten Sinne propagiert,
statt als Grundnahrungs-Dro-
ge. Yuppies und halbwegs
wohlhabend gewordene 68er

Weinkeller in Rust

entdeckten ihre Geschmacksnerven und die Liebe zum (teuren)
Wein, was wiederum Zeitgeist- und andere Magazine aufnahmen und dementsprechend medial aufbereiteten.

Heute hat Österreich das strengste Weingesetz der Welt,
heute werden im Burgenland wunderbare Weine und einige
weltweit fast einzigartige Spezialitäten erzeugt – bekannt aber
sind in Deutschland und anderswo nach wie vor allem die
niederösterreichischen Tröpfchen aus der Wachau oder aus
Gumpoldskirchen. Woran das liegt, darüber rätseln auch die

jüngeren Winzer. Möglicherweise an der Vermarktung, möglicherweise auch an einer vielleicht liebenswerten, aber unökonomischen Einstellung der Weinbauern selbst zu ihren Produkten. Schon ein Burgenlandführer aus den fünfziger Jahren erzählt die Anekdote vom Golser Weinbauern, der dem Gast aus Deutschland eine Flasche wunderbaren Weines serviert und auf dessen Ausruf: «Mit dem Wein wirst Du reich!» verstohlen

meint: «Nicht weitersagen – den trink' ma selber!» Eine Anekdote, sicher – aber wie ist es zu erklären, daß die Trockenbeerenauslese, eine Spezialität, die außer am See weltweit (!) nur in Sauternes und Tokai erzeugt und dort um bis zu 3000 Schilling pro Flasche gehandelt wird, hierorts schon um etwa 400 Schilling zu haben ist? Wenn sie überhaupt verkauft wird – viele Seewinkler Weinbauern klagen über den schlechten Absatz und ihre übervollen Keller.

Weinstöcke bei Halbturn

Aber vielleicht ist es nur noch eine Frage der Zeit, bis der burgenländische Wein auch weltweit die Anerkennung gewinnt, die er verdient. Und wenn auch nur die flüssige Verkostung selbst die Qualität beweist – ein wenig trockenes Wissen kann dabei nicht schaden. Deshalb eine kurzgefaßte (nord-)burgenländische Weinkunde.

Das Burgenland produziert heute immerhin an die 38 Prozent des österreichischen Weines. Von den 22.000 Hektar, auf denen Wein angebaut wird, liegen über 18.000 im Gebiet um den Neusiedler See, das in zwei Weinbauregionen zusammengefaßt wird: die Region «Neusiedler See» (etwa 11.235 Hektar), zu der der gesamte Seewinkel mit den Gemeinden Podersdorf, Illmitz, Apetlon, Frauenkirchen, Halbturn und Gols sowie Neusiedl und Jois am Nordufer zählen. Und die Region «Neusiedler See – Hügelland» (etwa 7187 Hektar) mit den Gemeinden entlang des Leithagebirges (Purbach, Donnerskirchen), im Ruster Hügelland (Rust, Oggau, Mörbisch, Schützen) und des Gebiets Eisenstadt–Mattersburg. Die beiden anderen burgenländischen Weinbaugebiete sind die Regionen «Mittelburgenland» (2105 Hektar) und «Südburgenland» (459 Hektar), beide nicht am See gelegen.

Das Weinbaugebiet «Neusiedler See» zeichnet sich durch das heiße pannonische Klima mit bis zu 1900 Jahressonnenstunden und einer Mischung aus Schwarz-, Sand- und Salzböden aus. Die wichtigsten Weißweine der Region: Welschriesling, Weißburgunder, Traminer, Müller-Thurgau, Muskat-Ottonel, Neuburger und in neuester Zeit auch ein ausgezeichneter Grauburgunder. Bei den Rotweinen dominieren der Zweigelt und Blaufränkischer. Dazu kommen die schon erwähnten Prädikatsweine.

Die Region «Neusiedler See – Hügelland» ist charakterisiert durch ein mildes Klima und kalkige Böden entlang des Leithagebirges bzw. Lehmboden im Gebiet Eisenstadt–Mattersburg. Die wichtigsten Weißweine sind der Welschriesling und der Grüne Veltliner, aber auch Müller-Thurgau, Muskat-Ottonel sowie Weißburgunder und Neuburger. Unter den Rotweinen sind der Zweigelt, der Blaufränkische und, wenn auch mit Einschränkungen, der Cabernet-Sauvignon von Bedeutung. Auch in dieser Region werden Beeren- sowie Trockenbeerenauslesen erzeugt, in Rust schon seit dem 16. Jahrhundert.

Das österreichische Weingesetz schreibt neben der patriotisch rot-weiß-roten Banderole um den Flaschenhals, mit der jedem Wein seine eigene Nummer zugeordnet wird, auch ganz genau vor, welche Informationen auf dem Etikett stehen müssen, als da wären: Erzeuger bzw. Abfüller, Prüfnummer, Qualitätsstufe, Alkoholgehalt und Restzucker, wobei die Qualitätsstufe unmittelbar mit dem Alkohol- sowie Restzuckergehalt zusammengehört. Tafel- oder Tischweine müssen eine Mindestreife von 13 Grad KMW (= Klosterneuburger Mostwaage, bezogen auf den Zuckeranteil im Most, wobei 1 Grad KMW etwa 1 Prozent Zucker im Most gleichzusetzen ist) aufweisen. Landweine sind Tafelweine mit höchstens 11,5 Volumprozent Alkoholgehalt und höchstens 6 Gramm unvergorenem Zucker je Liter.

Aus zugelassenen Reben aus einem einzigen Weinbaugebiet muß der Qualitätswein erzeugt sein und mindestens 15 Grad KMW aufweisen. Kabinettwein ist ein Qualitätswein mit mindestens 17 Grad KMW und maximal 12,7 Prozent Alkohol.

Für Prädikatsweine, die höchste Qualitätsstufe, gilt darüber hinaus: Die Trauben müssen in der jeweils geltenden Weise und zu einem bestimmten Reifegrad geerntet und dürfen nicht aufgebessert werden. Prädikatsweine sind, wie die schon erwähnte Trockenbeerenauslese, Spezialitäten, die nur in ganz wenigen Weinbaugebieten auf der Welt erzeugt werden können. Die süßen bis sehr süßen, fast likörartigen Weine verlangen zu ihrer Herstellung Geduld (bis auf Spätlese und Eiswein müssen sie mit der Hand geerntet werden) und ein ganz spezielles Klima. Nur bei nebligen Nächten und darauffolgenden heißen Tagen, wie sie eben rund um den See vorkommen, kommt die Edelfäule richtig zur Geltung. Zu den Prädikatsweinen zählen:

Spätlese: Wird aus vollreifen Trauben erst nach der Hauptlesezeit geerntet; ihr Most muß mindestens 19 Grad KMW ausweisen.

Auslese: Spätlese, die unter Aussonderung aller nicht vollreifen oder fehlerhaften Trauben geerntet wird und mindestens 21 Grad KMW aufweist.

Beerenauslese: Auslese aus überreifen und edelfaulen Trauben mit mindestens 25 KMW.

Ausbruch: Wein aus überreifen, edelfaulen Trauben, die auf natürliche Weise eingetrocknet sind, wobei frischer Most

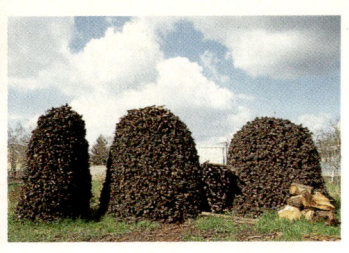

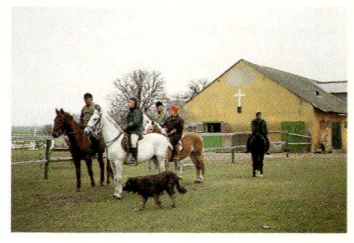

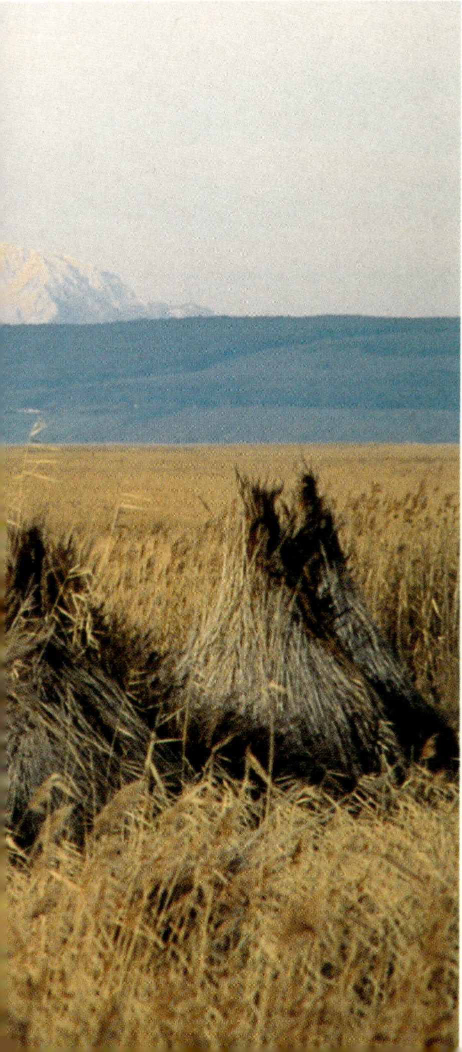

Vorhergehende Seite:
Klischee und Wirklichkeit –
Puszta, Ziehbrunnen und
Schilfhütte im Seewinkel

Fotos oben von links
nach rechts:
Florianihaus in Illmitz
Jüdischer Friedhof in
Frauenkirchen
Weinstöcke bei Mönchhof
Althof
Großes Foto:
Blick über den Neusiedler See
vom Seewinkel auf den
Schneeberg

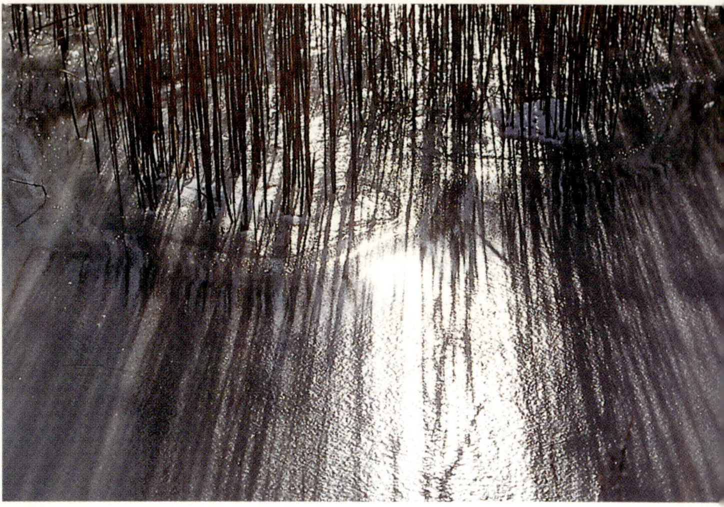

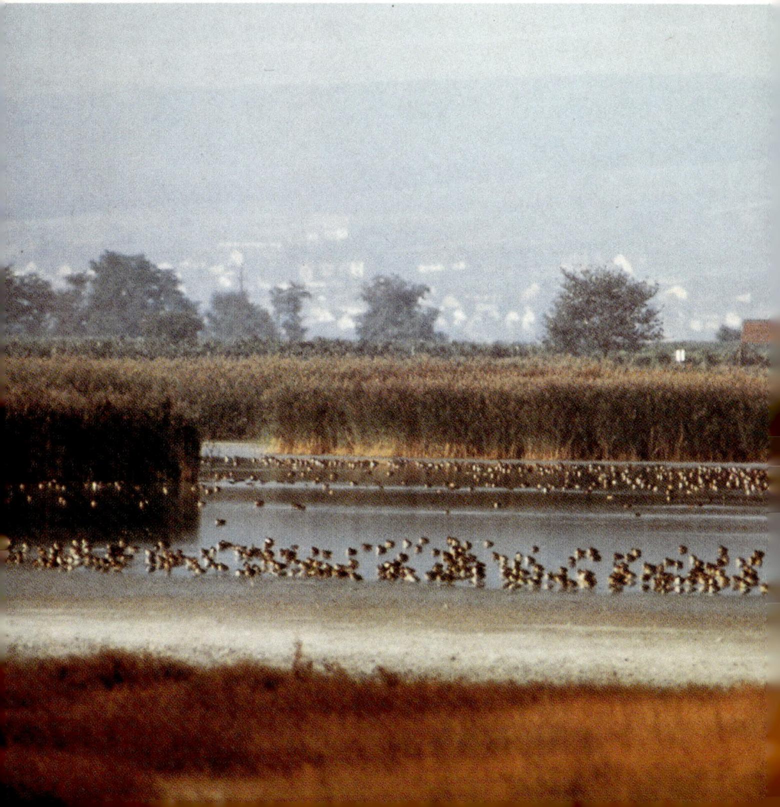

Schilf bei Illmitz (li. oben)
Vogelparadies Seewinkel (li. unten)
Unterer Stinkersee (re. oben)
Schwäne bei Podersdorf (re. unten)

Die Windmühle von
Podersdorf (li.)
Schloß Halbturn (re. oben)
Abend bei Apetlon (re. unten)

Folgende Seite:
Wallfahrtskirche
Frauenkirchen

derselben Sorte und Lage zugesetzt werden darf; mit mindestens 27 Grad KMW.

Trockenbeerenauslese: Beerenauslese aus rosinenartig geschrumpften Trauben mit mindestens 30 Grad KMW.

Eiswein: Burgenländische Spezialität, bei der vollreife Trauben bei einer Temperatur zwischen –6 und –8 Grad geerntet werden und die mindestens 25 Grad KMW aufweist.

Wo welcher Winzer welchen Wein anbietet, das ist bei all der Vielfalt und den doch individuell zumindest ein wenig unterschiedlichen Geschmäckern wohl am besten selber herauszufinden. In manchen Orten bieten seit einiger Zeit Vinotheken einen recht guten Überblick, in anderen werden auch für Anfänger zugängliche Weinseminare abgehalten (siehe die jeweiligen Ortsbeschreibungen) – all das hält jedoch einer Verkostung in einem Weinkeller nicht stand.

Wer nach all den feinen und auch teureren Weinen das Bodenständigere, aber dennoch Gute sucht, sollte, nein: muß geradezu in einer der unzähligen Buschenschänken, oder Schanken, oder einfach in einem «Schang'l» Einkehr halten, wo das Essen gut, viel und deftig und der Wein billig ist. Dort wird viel-

leicht weniger über Gehaltsvolumen, Abgänge oder Nasen gefachsimpelt, dafür aber der diffizile Unterschied zwischen einem «G'schpritzten» (Wein mit Sodawasser) und einer «Mischung» (mit Mineralwasser) hochgehalten.

Die folgende sehr kleine Auswahl an Weinbauern kann und soll nicht mehr sein als ein Anreiz, erste mögliche Etappen (aber natürlich vielleicht auch schon das Ziel) auf der genußvollen Suche nach den Weinen, die das höchste Glücksgefühl an den individuellen Geschmacksnerven hervorrufen.

Herbert Klinger, Wasserzeile 3, 7143 Apetlon, Tel. 02175/2375; Gerhard Lunzer, Untere Hauptstraße 98, 7122 Gols, Tel. 02173/2471; Stefan Schneider, Söldnergasse 20, 7142 Illmitz, Tel. 02675/2271; Werner Auer, Untere Hauptstraße 63, 7093 Jois, Tel. 02160/388; Weingut Guttmann, Markt 43, 7121 Weiden am See, Tel. 02167/7329; Hans Neumayer, Johannesstraße 32, 7082 Donnerskirchen, Tel. 02683/8534; Franz Schindler, Neustiftgasse 6, 7072 Mörbisch, Tel. 02685/8326; Ernst Triebaumer, Raiffeisenstraße 9, 7071 Rust, Tel. 02685/528; Paul und Maria Braunstein, An der Bundesstraße, 7083 Purbach, Tel. 02683/5513; Rosi und Ing. Franz Schuster, Hauptstraße 59, 7011 Zagersdorf, Tel. 02687/8111.

… EDLEN BRÄNDEN …

Obst, heißt es, ist gesund. Inwieweit nun die Begriffe gesund und wohlschmeckend beide ein und derselben Speise zugeordnet werden können, darüber mögen die Meinungen auseinandergehen. Sicher ist auf alle Fälle, daß Obst der einzigartige Vorteil eignet, auf viele Weisen verkostet werden zu können. Und nicht die schlechteste davon ist der Genuß von Obst in flüssigem, gebranntem, hochprozentigem Zustand, sprich: als Schnaps. Was nun die Gesundheit betrifft, so sei nur darauf hingewiesen, daß gerade nach dem Verzehr eines burgenländischen Martini-Gansls wohl jeder Arzt einen, wenn nicht gar mehrere Schnäpse empfehlen würde.

Das Burgenland, und da wiederum der Seewinkel und das Gebiet um Eisenstadt, hat sich in den letzten Jahren zu einer der wichtigsten Regionen Österreichs für Edelbrände, wie

Schnäpse ein wenig feiner klingend auch genannt werden, etabliert. Etabliert ist dabei vielleicht ein wenig zuviel gesagt. Noch immer haftet den Bränden hierorts ein Säufer-Image an, das allein die berauschende Wirkung und weniger die geschmacklichen Qualitäten in den Vordergrund stellt. Ungerechterweise allerdings, denn ähnlich wie beim Wein findet auch bei den Bränden allmählich eine Umstellung von der bloßen Quantität zu immer mehr Qualität statt. Selbst Weinbrände, lange Jahre mehr oder weniger nur Ergebnis einer «Restl-Verwertung» vieler Winzer und eher für den Hausverbrauch denn für den Verkauf gedacht, werden mit der notwendigen Sorgfalt und Geduld (Lagerung!) zu feinsten Köstlichkeiten verwandelt. Und wie beim Wein ist es auch bei den Bränden die jüngere Generation, die versucht, neue Wege zu gehen.

Mit Erfolg, wie das Buch «Edle Schnäpse aus Österreich» (Falter Verlag 1993) von Vene Maier feststellt. Die Vielfalt des Angebots an Obst- und Trebernbränden ist groß. Neben den gebräuchlichen Früchten wie Apfel, Marille oder Zwetschke finden sich unter den Angeboten auch solche Spezialitäten wie Hagebutte oder Weißdorn, wobei sich die Produktpalette «entsprechend den Anbaugebieten des Landes gliedert. So dominieren im Seewinkel und im Mittelburgenland Schnäpse, die aus Wein, aus Trebern oder Glöger hergestellt werden. Eine Besonderheit des Landes sind die zahlreichen Schnäpse aus wilden Steinfrüchten und Beeren, die im Grenzland noch in größeren Mengen zu finden sind» (Vene Maier).

Auch hier, wie beim Wein, soll eine kleine, Auswahl an hervorragenden Schnapsbrennern zu einem ersten Besuch anregen.

Ing. Heinz Stainer, St.-Dorfmeister-Straße 21, 7000 Eisenstadt, Tel. 02682/663 17; Eduard Schachinger, Klostermühle, 7062 St. Margarethen, Tel. 02680/2231; Erich Karassowitsch, Weinberggasse 17, 7071 Rust, Tel. 02685/252 oder 398; Familie Wendelin, Feldgasse 3, 7122 Gols, Tel. 02173/2485; Martin Kainz, Hauptstraße 53, 7151 Wallern, Tel. 02174/260 13; Familie Leeb, Andauer Straße 7, 7162 Tadten, Tel. 02176/281 35; Ing. Richard Klein, Kirchengasse 18, 7152 Pamhagen, Tel. 02174/256 93.

… UND GUTEM ESSEN

«Die Speisen der Österreicher schwimmen in Fett, die der Heanzen in Wasser.» Diese wohl beleidigend gemeinten Zeilen eines norddeutschen Studienrates aus dem Jahr 1863, gleichsam ein Doppelschlag gegen die kulinarische Kultur der Burgenländer und der übrigen Österreicher, kann wohl nur als klassischer Fehlschlag bezeichnet werden. Denn erstens wird der gelernte, mit böhmischer Küche groß gewordene Ostösterreicher das Beleidigungspotential dieses Satzes eher geringschätzen – und zweitens ist der Fettanteil in der typischen burgenländischen Küche um nichts geringer. Wer einmal mit diesbezüglich ungeübtem Magen Grammelpogatscherln gegessen hat, die sich hervorragend zur Neutralisierung des Alkohols bei ausgiebigeren Verkostungen eignen, wird wahrscheinlich noch Tage danach eher Fettarmes zu sich nehmen wollen. Und einer Region, in der die Martinigans zum Nationalgericht erhoben wurde, obige Worte nachzusagen, grenzt an böswillige Unterstellung.

Nur: Was ist die typisch burgenländische Küche? Im Grunde, wie es sich für eine österreichische gehört, eine Mischung aus verschiedenen slawischen und magyarischen Einflüssen, wie sie sich schon in den vorgestellten Attributen «kroatisch», «slowakisch», «serbisch» usw. zu erkennen geben. Wobei alle diese Begriffe nicht in jedem Wirtshaus das gleiche meinen und in vielen Fällen wohl nur des internationalen Flairs wegen verwendet werden. An erster Stelle steht natürlich die pannonische, die ungarische Küche, auch wenn – wie jeder Ungarn-Reisende weiß – nicht ganz klar definiert werden kann, was wiederum die ungarische Küche ausmacht. Paprika allein ist es nicht.

Selbstverständlich finden sich auf vielen Speisekarten unzählige Arten des Gulasch, allerdings eben in dessen österreichischer Erscheinungsform, die dem ungarischen Pörkölt entspricht, und nicht dem ungarischen Gulyas, das hierzulande als

(Kartoffel-)Gulaschsuppe geführt würde. Aber diese semantischen Verschiebungen erscheinen spätestens dann als bloßes Zugeständnis an Eßgewohnheiten von Gästen jenseits des Leithagebirges, wenn man auf solch gleichermaßen exotisch klingende wie köstlich schmeckende Spezialitäten wie die Fischsuppe «Halárzle», die «Hortobagyer Kotelettes» (mit Erdäpfelpaprikasch, Speck und Rahm), «Bakonyier Kleingeschnittenes» (in Rahmsauce mit Speckwürfel) und Somloer Nockerln als Nachspeise trifft.

Vielleicht ist es am besten, man einigt sich darauf, daß die burgenländische Küche eine herzhafte ist, bei der an Kalorienreichem und wunderbar schmeckendem Ungesundem nicht gespart wird. Und so ergibt es sich von selbst, daß das Schwein in besonderen Ehren gehalten wird. Ob als Speck, als Grammel, als Wurst und Blutwurst oder in Sulz, als Stelze oder Kotelett, gebraten, gesotten oder gegrillt. Als Nachspeise dann noch ein Mohnnudelauflauf oder Palatschinken oder ein Strudel, und die mühsam heruntergeradelten oder -gelaufenen Kalorien haben sich um ein Vielfaches vermehrt.

Wer allerdings meint, daß aufgrund des Sees doch Fisch zu den typischen kulinarischen Köstlichkeiten der Region gehören müßte, der irrt. Sicher gibt es einige Restaurants und Gasthäuser, die sich auf Fischgerichte spezialisiert haben und Karpfen oder Aal aus dem See in verschiedensten Zubereitungsarten anbieten. Der Jahresertrag der etwa 50 Berufsfischer am Neusiedler See beträgt zur Zeit immerhin etwa 50 Tonnen. Aber dennoch – niemand würde wohl Fisch als typisch burgenländische Spezialität bezeichnen. Das gilt vor allem für die an den Steckerlfisch-Buden entlang der Straße angebotenen Fische. Nicht, daß sie nicht munden würden – mit dem Neusiedler See oder dem Burgenland oder der burgenländischen Küche haben sie, schon von ihrer Herkunft her, nichts zu tun.

Aber natürlich beginnt sich auch um den Neusiedler See allmählich der Trend zu gesundem Essen durchzusetzen. Wahrscheinlich ist der touristische Druck zu stark, als daß der Widerspruch zwischen auf Aktivurlaub ausgerichteter Werbestrategie und kulinarischen Kalorienbomben einfach stehengelassen werden könnte.

Auf den Speisekarten führen immer mehr Restaurants und Gasthöfe neben der bodenständigen Kost natürliche und gesunde Gerichte, als da wären: Frischgemüse, Salate, Früchte und Fruchtsäfte. Und auch die Anhänger der «Gourmet-Küche» kommen auf ihre Rechnung. Gourmetrestaurants, die Fleischgerichte auf übergroßen Tellern literarisch «an», «bei» oder «auf» den gesunden Gemüsen servieren, findet man zwischen Leithagebirge und Seewinkel natürlich auch.

Am Südufer des Neusiedler Sees, also in Ungarn, hat der westliche Gast allerdings immer noch andere Vorlieben. Hier setzt man mehr auf die Präposition «über», im Sinne von über den Tellerrand hängend – so will man das «panierte Schnitzel» etwa in Sopron. Doch auch dort zeigen bereits einige ungarische Meisterköche, daß das Essen nicht immer nur billig und also viel und fett sein muß.

Eine Auswahl ausgezeichneter Restaurants rund um den Neusiedler See, Lokale mit ideenreicher Küche und exquisiter Weinkarte:

DONNERSKIRCHEN Weinforum Leisserhof, Familie Engel, Hauptstraße 57, Tel. 02683/8636 oder 8502. **FORCHTENSTEIN** Restaurant Reisner, Hauptstraße 141, Tel. 02626/63139. **EISENSTADT** Hotel Burgenland, G'würzstöckl, Schubertplatz 1, Tel. 02682/5521. **GOLS** Landgasthof Birkenhof, Familie Beck, Festwiese 14, Tel. 02173/2346 oder 2425. **NEUSIEDL AM SEE** Restaurant Barth-Stuben, Franz-Liszt-Gasse 37, Tel. 02167/2625. **OGGAU** Restaurant Dorfstube, Fam. Reinprecht, Hauptstraße 54a, Tel. 02685/7440. **PODERSDORF AM SEE** Gasthaus zur Dankbarkeit, Fam. Lentsch, Hauptstraße 39, Tel. 02177/2223. **PURBACH** Nikolauszeche, Uwe Kohl, Bodenzeile 3–5, Tel. 02683/5514. **RUST** Rusterhof, Fam. Szauer, Rathausplatz 18, Tel. 02685/6415; Wirtshaus «Zur Backstube», Fam. Giefing, Kirchengasse 3, Tel. 02685/6405; Seehotel Rust, Am Seekanal 2–4, Tel. 02685/381. **SCHÜTZEN AM GEBIRGE** Restaurant Taubenkobel, Fam. Eselböck, Hauptstraße 33, Tel. 02684/2297.

Ausgezeichnete Lokale zwischen Sopron und Kapuvár:

FERTÖBOZ Gloriette, Fö út 11, Tel. 36/99/357-027. **FERTÖD** Haydn-Restaurant, Fö utca 3, Tel. 36/99/370-977. **NAGYCENK** Hotel-Restaurant-Café Kastélyszálló, Im Széchenyi-Schloß, Tel. 0036/99/360-061. **SOPRON** Aranyfácán Restaurant, Gesztenyés utca 23, Tel. 36/99/313-585; Bécsikapu, Becsi utca 6, Tel. 36/99/311-210; Korona, Szt. Mihály utca 4, Tel. 36/99/333-030; Soproni Halászcsárda, Fövényverem út 15, Tel. 36/99/312-142; Tokaji Borozó, Várkerület 47, Tel. 36/99/340-644.

DIE GANS DES HEILIGEN MARTIN

Unbeschadet von genußfeindlichen Begriffen wie «gesundes Essen» wird wohl auf alle Fälle die Martini-Gans bleiben, leitet sie ihren Namen doch vom Landespatron des Burgenlandes, dem hl. Martin, ab und kann sich somit als durch eine höhere Instanz geschützte Speise schätzen. Martin, Sohn eines römischen Tribuns, wurde, wie es heißt, um 317 in Steinamanger geboren, wurde Reitersoldat in Gallien, ließ sich als 18jähriger taufen und wirkte zuerst in Pannonien und später in Gallien als Mönch und Missionar. 371 zum Bischof von Tours erkoren, gewann er

Glückliches Gänseleben – bis Martini

großen Einfluß am kaiserlichen Hof zu Trier und wurde nach seinem Tod im Jahr 379 zum bedeutendsten Heiligen und zum Schutzpatron des merowingisch-fränkischen Reiches. Von ihm erzählt die Legende, er habe am Stadttor von Amiens seinen Mantel mit einem frierenden Bettler geteilt. Im Burgenland existiert eine lange Tradition der Martin-Verehrung, und dementsprechend viele Kirchen wurden dem hl. Martin geweiht.

Am 10. Dezember 1924 schließlich bestimmte der Vatikan den Heiligen zum burgenländischen Landespatron.

Wie anderen Heiligen wurden auch Martin verschiedene Attribute zugeordnet – darunter eben die Gans. Und so werden um seinen Namenstag, den 11. November, zu seinem Andenken im ganzen Burgenland Gänse verzehrt. Der 11. 11., übrigens auch in Holland, Flandern und am Niederrhein ein großer Volksfeiertag, gilt darüber hinaus als Ende des alten und Beginn des neuen Wirtschaftsjahres, wenn Korn- und Weinernte vorbei sind. Das «Martini-Loben» ist also eine Art Erntedankfest, an dem im Burgenland der neue Wein (der Heurige) «getauft wird». Erst ab diesem Zeitpunkt darf man sich damit zuprosten! Und natürlich ist der 11. 11. auch der Beginn des Faschings. Alles zusammen also Grund genug zu feiern – mit dem «Martini-Gansl», von dessen verschiedenen Zubereitungsarten im folgenden ein Rezept als Anregung vorgestellt wird. Unabdingbar ist die zeitgerechte Bereitstellung eines Schnapses – die Martini-Gans, und damit schließt sich der Kreis, ist, unabhängig vom jeweiligen Rezept, ein wahrlich fettes Mahl.

REZEPT MARTINI-GANS

Zutaten: 1 Gans von 4 bis 4 1/2 Kilo,
Salz, Majoran, 1 TL Mehl, Wasser
Kastanienfülle: 500 g geschälte, gedünstete Kastanien,
500 g geschälte, in Scheiben geschnittene, Äpfel

Die gerupfte und ausgenommene Gans läßt man 2 bis 3 Tage in einem kühlen Raum abliegen, dann wird sie gewaschen, abgetrocknet, etwas gesalzen und innen mit Majoran eingerieben. Die so vorbereitete Gans wird mit den Kastanien und Äpfeln gefüllt, in eine Pfanne mit etwas Wasser gegeben – zuerst mit der Brust nach unten – und bei mäßiger Hitze im Rohr gebraten. Nach halber Bratzeit umdrehen. (Man rechnet mit einer Bratzeit von ca. einer Stunde pro Kilogramm.)
Wichtig: häufig mit eigenem Saft begießen, damit die Haut schön knusprig wird. Serviert wird die Martinigans mit Rotkraut und Knödeln.

Die Natur und ihr Schutz

Es gibt viel Leben neben dem Storch. Er, der zum Wahrzeichen des Landes am Neusiedler See wurde und allein in Rust von Ende März bis Anfang September auf etwa 40 Schornsteinen seine Nistplätze errichtet, ist übrigens – passend vielleicht zur Geschichte des Landes – ein Einwanderer. Allerdings nicht von weit her. Erst Ende des letzten Jahrhunderts kamen die Störche aus der Südsteiermark ins nördliche Burgenland. Aber auch wenn der große Zugvogel zum Symbol wurde, so ist er doch nur eines von unzähligen anderen Tieren, die die verschiedenen Landschaften rund um den See bevölkern. Allein eine Aufzählung aller Vogelarten, die im Lackengebiet des Seewinkels brüten oder alljährlich Rast auf ihrem Flug in den Süden machen, würde mehrere Seiten beanspruchen. Diese östliche Region Österreichs gehört zu den bedeutendsten Vogelreservaten Mitteleuropas. Seewinkel und Heideboden bis zur Parndorfer Platte zeichnet noch eine andere Besonderheit aus. Sie gelten als biologische Grenze zwischen Ost- und Mitteleuropa. Viele der Tiere und Pflanzen, die in dieser teilweise kargen Landschaft leben, kommen schon ein wenig weiter westlich nicht mehr vor.

Der Reiher – erst vertrieben, heute geschützt

Natürliche Besonderheiten bedürfen heutzutage eines speziellen Schutzes. Die Liste der Tiere und Pflanzen, die bereits ausgestorben sind, weil ökonomisches Kalkül ökologische Bedenken gar nicht erst aufkommen ließ, ist lang. Selbst was heute als typische und natürliche Seewinkel- bzw. Heidebodenlandschaft gilt, ist das Resultat eines massiven menschlichen Eingriffs vor langer Zeit. Parndorfer Platte und Seewinkel waren einst von Eichenwäldern bedeckt, die schon frühzeitig gerodet wurden, um für Weideland und Äcker Platz zu schaffen. Aber nicht nur in grauer

Vorzeit, vor allem in den letzten hundert Jahren, seit die landwirtschaftliche Nutzung intensiviert wurde, werden Naturlandschaften immer stärker von Kulturlandschaften verdrängt und Tieren und Pflanzen ihre natürlichen Lebensräume entzogen.

Auch wenn Naturschutz heute als moderne Errungenschaft angesehen wird, ist er doch älter, als viele meinen. Da das gesamte Gebiet des heutigen Burgenlandes bis zum Jahr 1921 unter ungarischer Hoheit stand, wurden die ersten Gesetze, die den

Der Hanság ist eines der letzten Brutgebiete der Großtrappe

Naturschutz betrafen – in erster Linie Flurschutz – schon 1894 vom ungarischen Ackerbauministerium erlassen. Zuerst allein von wirtschaftlichen Überlegungen getragen, kam es doch bald zu Verordnungen des «reinen» Naturschutzes. So wurden 1912 einige Vogelarten unter Schutz gestellt.

1926 sah das burgenländische Naturschutzgesetz bereits einen strengen Schutz des Neusiedler Sees und der ihn umgebenden Steppenlandschaft vor. Das Reichsnaturschutzgesetz der Nationalsozialisten, das das burgenländische Gesetz ablöste und bis 1961 (!) Gültigkeit hatte, sprach dem Neusiedler See und seiner Umgebung darüber hinaus noch einen Sonderstatus zu, der unter anderem auch Kulturumwandlungen untersagte.

Das zweite burgenländische Naturschutzgesetz wurde 1961 verabschiedet und hat mit einigen Novellierungen bis heute Gültigkeit. Es umfaßt neben einer Reihe von allgemeinen Bestimmungen den Naturdenkmalschutz, den Artenschutz, den

Biotopschutz und den Landschaftsschutz. Außerdem unterscheidet es zwischen Vollnaturschutzgebieten, in denen Eingriffe nicht erlaubt sind, und die in der Regel auch nicht betreten werden dürfen, und Teilnaturschutzgebieten, in denen traditionelle Nutzungsformen geduldet werden, so sie keinen nachteiligen Effekt nach sich ziehen.

Nach fast jahrzehntelangen Diskussionen wurde schließlich am 24. April 1994 der grenzüberschreitende Nationalpark Neusiedler See – Seewinkel eröffnet, der erste Steppennationalpark Mitteleuropas, der etwa 6000 Hektar in Ungarn und etwa 8000 Hektar in Österreich umfaßt. Die großen Gebiete in Österreich: Lange Lacke, Sandeck–Neudegg, Illmitz–Hölle, Zitzmannsdorfer Wiesen und Waasen.

In Ungarn schließt das etwa 3270 Hektar große Kerngebiet, (Naturzone) direkt an das Gebiet Sandeck–Neudegg an und umfaßt Weiden ebenso wie die verschiedenen Lacken und Schilfflächen. Die etwa gleich große Randzone (Bewahrungszone)

Der Storch – burgenländisches Symbol

bilden die anschließenden Teile der Landschaft bis zum Ufer des Sees und zum Soproner Kanal.

Ein Besuch dieser Naturschutzgebiete zu Fuß oder mit dem Rad vermittelt das wohl eindrucksvollste Bild der Vielfalt der Tier- und Pflanzenwelt der Region um den See. In den einzelnen Kapiteln des Buches finden die folgenden Gebiete noch als Wander- oder Ausflugstips spezielle Erwähnung. Der Übersicht halber hier aber die Naturschutzgebiete im einzelnen:

LANGE LACKE UND WÖRTHENLACKE

Die größte der Sodalacken des Seewinkels ist das Zentrum des bekanntesten Naturschutzgebietes am Neusiedler See und auch das artenreichste Vogelbrutgebiet. Es ist die Heimat verschiedener Reiherarten, Löffler, Möven- und Seeschwalbenarten, Säbelschnäbler sowie See- und Flußregenpfeifer. Auf den vom WWF-Österreich gepachteten und betreuten Hutweiden der Umgebung brüten nicht nur Kiebitze und Rotschenkel, sie sind auch die Heimat anderer Steppentiere wie der Südrussischen Tarantel, des Mondhornkäfers oder des Ziesels.

Die Lange Lacke hat eine besondere Bedeutung als Rastplatz für Tausende Zugvögel aus dem Nordosten Europas, die jeden Herbst auf ihrer Reise in den Süden hier Station machen. Die gleich nördlich gelegene Wörthenlacke ist Rastplatz für Grau-, Saat- und Blaßgänse sowie Heimstatt einer Lachmöwenkolonie und verschiedener Entenarten.

Lange Lacke – Vogel- und Naturparadies

ZITZMANNSDORFER WIESEN

In den südlich von Weiden gelegenen Wiesen gehen Trocken-
rasen- und Feuchtgebiete ineinander über. Hier wachsen u.a.
der Stengellose Tragant, Zwergiris und die Sibirische Glocken-
blume. Von den Tieren sind vor allem die Steppenstreifenmaus
und der Steppenfrostspanner, ein überaus seltener Schmetter-
ling, zu erwähnen.

OBERER UND UNTERER STINKERSEE

Rund um den Oberen Stinkersee gibt es zum Teil noch zusammenhängende Trockenrasengebiete, an den Ufern Salzböden
mit der typischen salzliebenden Vegetation, wie Strandsode,
Domgras oder Gemeiner Queller. Der Untere Stinkersee ist
Brutplatz für eine kleine Kolonie Lachmöven, Säbelschnäbler,
Seeregenpfeifer und Graugänse, die im Frühjahr zahlreich
kommen, von denen aber nur einige bleiben. Am Ufer des Sees
wachsen vor allem Salzpflanzen wie die Salzkresse, die Salz-
aster und der Glasschmalz.

ILLMITZER KIRCHSEE

Der breite und in den letzten Jahren immer größer werdende
Schilfgürtel dieser Lacke macht es den verschiedenen Vogelarten immer schwerer, passende Brutplätze zu finden. Betroffen
davon sind vor allem Strand- und Wasserläufer, die allmählich
zu anderen Seen abwandern.

ILLMITZER ZICKLACKE

Haupt-, aber (siehe oben) auch Ausweichquartier und Rastplatz für Strand- und Wasserläufer, Reiher, Löffler, Fluß- und
Trauerseeschwalben, See- und Flußregenpfeifer, Schwarzhals-
und Zwergtaucher und vieler anderer Vogelarten. Auch für die

drittgrößte Salzlacke des Seewinkels besteht die Gefahr der allmählichen Verschilfung.

FUCHSLOCHLACKE UND NEUBRUCHLACKE

Die Neubruchlacke gehört zu den salzreichsten Lacken der Region und beherbergt wie die daneben liegende Fuchslochlacke Fluß- und Seeregenpfeifer sowie vereinzelt Säbelschnäbler.

WAASEN ODER HANSAG

Durch den Bau des Einser Kanals wurde die ursprüngliche Landschaft des Hanság, früher ein großes Niedermoor und Erlenbruchwaldgebiet, fast völlig zerstört. Das heutige Naturschutzgebiet ist nur ein kleiner Rest der einstigen Großlandschaft, eines der letzten Brutgebiete der Großtrappe, deren Bestand darüber hinaus durch die intensive Landwirtschaft bedroht ist. Im Hanság überwintern Bussarde und Weihen, brüten verschiedene Falkenarten, und selbst Adler, häufiger der Schreiadler, seltener Schelladler und Kaiseradler, sind dort zu beobachten. Außerdem ist das Gebiet Lebensraum für Hirsche, Rehe, Füchse, Dachse, Marder und Wiesel.

GOLDBERG

Zwischen Oggau und Schützen gelegen, ist der Goldberg mit 224 Metern die höchste Erhebung des nördlichen Ruster Hügellandes. Auf seiner Kuppe findet sich ein Steppentrockenrasen mit seiner typischen Vegetation aus Wiesen-Kuhschellen, Adonisröschen und Zwerg-Schwertlilien.

THENAURIEGEL

Das Trockenrasengebiet westlich von Breitenbrunn am Fuße des Leithagebirges besitzt eine ähnliche Vegetation wie der

Goldberg. Auf den oft mageren Böden über dem Kalkunter-grund gedeiht ein Schafschwingelrasen mit Adonisröschen, Schwertlilien, Sonnenröschen, Berg-Gamander und Thymian.

HACKELSBERG UND JUNGER BERG

Beide Berge, zwischen Jois und Winden, gehören geologisch zum Leithagebirge und gelten als botanisch einzigartige Gebie-te. Vor allem der Flaumeichenbuschwald des Hackelsberges mit Flaumeichen, Feldahorn und Feldulmen stellt österreich-weit eine Besonderheit dar. Dazu kommen etwa tausend Schmetterlingsarten, die in diesem Areal gezählt wurden. Auch der Junge Berg ist teilweise von Trockenrasen bedeckt. Seine Bergkuppe wurde mit Robinien und Schwarzföhren aufgefor-stet.

ZURNDORFER EICHENWALD

Der letzte, traurige, Rest der einst die gesamte Parndorfer Plat-te bedeckenden Eichenwälder. Übrig geblieben sind in dem kleinen Areal Flaum- und Traubeneichen, Eschen, Feldulmen und Feldahornbäume. Der kleine Wald ist außerdem die Hei-mat der Blaurake.

SIEGENDORFER PUSZTA

Auf der Sand-Rasensteppe südwestlich von St. Margarethen gedeihen zahlreiche Sandpflanzen, u.a. Strohblumen, der Sand-Wegerich und die Sand-Lotwurz.

Das Meer der Wiener

Der Neusiedler See war lange Zeit hindurch so etwas wie ein Geheimtip. Und auch heute läßt sich nicht unbedingt behaupten, daß er ein touristisch voll erschlossenes Gewässer sei. Abgesehen von den Zentren Podersdorf, Neusiedl und Rust herrscht selbst an den heißesten Sommerwochenenden nur selten rastloser Trubel. Ein paar Meter von den Strandbädern entfernt ist es auch im Juli und August höchst beschaulich, sodaß sich bei manchen Erlebnishungrigen die Ansicht durchgesetzt hat, es sei fad hier.

Natürlich, der sonntägige Rückreiseverkehr in die Bundeshauptstadt führt regelmäßig zu lokalen Verkehrsinfarkten. Aber diese gehen von den wenigen touristischen Zentren am See aus. In der Weite der Seewinkellandschaft, auf dem Leithaberg und in den Ruster Hügeln verlaufen sich die hier verkehrenden Fremden.

«Meer der Wiener» wird der Neusiedler See auch genannt, ungewiß, ob beschreibend oder spöttelnd. Denn daß man einen anderthalb Meter tiefen See den Wienern als Meer verkaufen könne, klingt eher wie einer der häufigen Bundesländerwitze gegen die Hauptstädter. Tatsächlich richtete sich der Blick der Wiener erst spät auf das große Wasser vor ihrer Haustür. Der Fremdenverkehr an der Grenze der beiden «Leithaniens» ist eine recht junge Entwicklung und ging – seltsamerweise oder nicht seltsamerweise – nicht vom See selbst aus. Der war lange Zeit ein weißer Fleck auf der Landkarte der Erholungsmöglichkeiten.

Die Wiener – die begüterten, jene, die sich den Gedanken ans Wegfahren leisten konnten – blickten woanders hin, als sie begannen, sich Sommerfrischen zu wählen. Mag sein, daß sie der Gedanke schreckte, dafür nach Ungarn fahren zu müssen, auch wenn Ungarn damals natürlich nicht «Ausland» im heutigen Sinne gewesen ist. Wahrscheinlicher aber ist, daß der See und seine Gegend nicht den Vorstellungen entsprachen, die man sich von einer idealen Sommerfrische machte. Nichts hier war – und ist – pittoresk, nichts wildromantisch, und ozonreiche Luft gab es hier solang nicht, als man sich von ihr Heilung und Genesung versprach. Erst genaue Messungen enthüllten, daß es die ozonreichste Luft im Seewinkel gibt. Toute Vienne fuhr deshalb lieber nach Ischl oder auf den Semmering, jedenfalls aber nicht ins flache Land. Und die Landsleute verbrachten – wenn sie nicht auch auf den Semmering sich begaben – den Sommer am Balaton, der nicht nur näher bei Budapest lag, sondern zumindest am Südufer auch bei weitem lieblicher ist als der Fertö, der sich rundherum mit undurchdringlichem Schilf umgibt.

Der organisierte Fremdenverkehr im Osten Österreichs begann denn auch nicht an den Ufern des Neusiedler Sees, sondern, dem Zeitgeist wohl näher, in den Ausläufern der Alpen, in den Ödenburger Bergen, im Rosaliengebirge, auf dem Lei-

Winterfreuden am zugefrorenen See

105

thaberg. Im Jahr 1903 wurde der «Transdanubische Touristen-
verein» gegründet, sein Sitz war Sopron, und seine Aktivitäten
richteten sich auf alle Gegenden, die nicht flach waren. Der
Österreichische Touristenclub hatte schon im Jahr 1888 die
Franz-Josephs-Warte bei Donnerskirchen errichtet, das ungarische Pendant eiferte ihm darin nach, «die westlichen Gebirgs-
gegenden Transdanubiens zu erschließen, einem weiteren
Kreise bekannt und zugänglich zu machen».

Vom See war kaum die Rede. Ein Reiseführer aus dem Jahr
1902 erwähnt zwar ein paar Badeanlagen, warnt aber gleichzeitig davor, daß diese nur bei entsprechendem Wasserstand zu
nutzen wären. Im übrigen lobte das Büchlein «die ungarischen
Alpen», welche durch allerlei Markierungen und beigelegte
Karten schon recht erschlossen schienen.

Der See galt, wenn überhaupt, nur als Sportstätte etwas: Rudern konnte empfohlen werden, im Winter Eislaufen. Ansons-
ten entsprach das Angebot dem Bild, das man sich von der Gegend machte – Öde. Nicht einmal segeln konnte man hier. Und
das, obwohl der heimische Segelsport hier seine Wiege hatte.
Schon im Jahr 1868 fuhr der Zweimaster «Eleonore» über den
Neusiedler See. Die Austrocknung in den siebziger Jahren beendete das Vergnügen. Erst 1924 begann der Unionyachtclub wieder, mit einer Jolle die Windverhältnisse zu studieren.

Im selben Jahr begann das junge Bundesland, seinen Fremdenverkehr zu organisieren. Im November fand in Mattersburg
die «1. Interessentenversammlung» statt, auf der unter anderem eine Bettenkapazität von 2552 festgestellt wurde. Im Dezember darauf wurde der «Landesverband für Fremdenverkehr» gegründet, der laut Satzung «als eine Vereinigung von
Vereinen, Anstalten, Gemeinden und anderen Körperschaften,
sowie Einzelpersonen, die in diesem Verband eine Zusammen-
fassung ihrer Tätigkeit zum Zweck der Förderung des Fremdenverkehrs anstreben», gedacht war. Und erst dieser so kompliziert klingende Verband initiierte im Jahr 1925 einen «See-
ausschuß» im Bezirk Neusiedl.

Hauptschwerpunkt des Verbandes war – wie heute – die Werbung. Unter anderem wurde da auch ein Film gedreht mit dem Titel «Das österreichische Burgenland», der über die österreichische Völkerbundliga auch im Ausland gezeigt wurde. Aus Bayern kam diesbezüglich sogar eine schriftliche Anforderung mit dem Zusatz, «daß man von diesem österreichischen Bundesland in Deutschland noch keine Kenntnis genommen hat».

Kenntnis hatten freilich schon die Wiener genommen. Ab der zweiten Hälfte der zwanziger Jahre wurde der See langsam als Ausflugsziel akzeptiert, nach und nach wurde er somit zum Meer der Wiener. Alte Aufnahmen zeigen nicht nur einsatzbereite Segelboote, sondern auch durchaus respektable Seeterrassen und sowas wie ein Gewurl.

Ab 1938 änderte sich die Zusammensetzung der See-Ausflügler einschneidend: In einem Fremdenverkehrsbericht vom Juni 1938 beklagt etwa die Gemeinde Sauerbrunn, daß der Kurtourismus sehr gelitten habe, weil die jüdischen Besucher ausgeblieben seien. Währenddessen wurde in Bad Tatzmannsdorf ein neuer Prospekt gedruckt, auf dem unübersehbar vermerkt wurde: «Juden unerwünscht».

Fähren verbinden fast alle Uferorte

In den darauffolgenden Jahren – auch oder gerade während des «totalen Krieges» – gab es rund um den See weiterhin so etwas ähnliches wie Fremdenverkehr; zumindest kamen viele Fremde. In Neusiedl befand sich eine «Reichssegelschule», in Oggau der Flak-Scharfschießplatz und in Trausdorf schließlich ein Flugplatz, von dem aus die Mannen des späteren «Reichsfeldmarschalls» Maier – Göring hatte hinaustrompetet, daß, sollte je ein feindliches Flugzeug deutsches Gebiet bombardieren, er sich Maier nennen wolle – ihre Süd-Ost-Einsätze flogen. Dazu kamen Lazarette, etwa das in Sauerbrunn, und Kinderlandverschickungen.

Nach dem Krieg war es mit dieser Art von Fremdenverkehr zum Glück zu Ende. Bis sich eine neue, die normale Form wieder entwickelte, dauerte es hier freilich länger als anderswo. Das Burgenland war russische Besatzungszone, was nicht nur seine Attraktivität verminderte, sondern auch den Fluß der Marshall-Plan-Mittel, was sich noch bis weit in die sechziger Jahre als infrastrukturelles Manko bemerkbar machte. Erst zu Beginn der siebziger Jahre fand man – nicht nur diesbezüglich – Anschluß an das übrige Österreich. Das Burgenland verlor nach und nach sein Image der Rückständigkeit. Auch wenn viel darüber gelächelt und zuweilen auch dagegen protestiert wurde: Mit ein Grund dafür waren die Straßenbauten in diesem verkehrsmäßig so wenig erschlossenen Land. Heute machen Ost- und Südostautobahn einen Ausflug zum Neusiedler See zu einem Katzensprung.

Mittlerweile ist der Fremdenverkehr zu einer beachtlichen wirtschaftlichen Größe geworden. Rund eine halbe Million Gäste besuchen jährlich das Burgenland, die meisten davon den See. Im Vergleich zu den mehr als acht Millionen Tirols ist das zwar nicht viel, aber immerhin ausreichend für eine funktionierende touristische Infrastruktur.

Eine sich nach der Decke streckende touristische Infrastruktur – dafür hat sich in den letzten Jahren, indem man aus der Not eine Tugend machte, der Begriff «sanfter Tourismus» etabliert. Vielen gilt er als eine ideologische Vorgabe für die Fremdenverkehrswirtschaft. Umgesetzt freilich wird er nur dort, wo die Gästezahlen sich auf ein der Gegend angepaßtes, niedriges Niveau eingependelt haben, was umgekehrt natürlich auch bedeutet, daß das Geschäft mit den Gästen ein nur beschränkt lukratives sein kann.

Versuche, auch am See dem «harten» Tourismusgeschäft nachzugehen, hat es immer wieder gegeben. Sie sind allesamt gescheitert. Der – unvollendet gebliebene – Yachthafen in Jois stürzte die Gemeinde ins finanzielle Fiasko, das Feriendorf Pannonia bei Wallern im Seewinkel grundelt unter den Fittichen eines deutschen Konzerns, der Erschließung des Schilfdschungels widersetzen sich nun einhellig alle – aus der Einsicht heraus, daß man sich solcherart den eigenen Ast, auf dem man sitzt, ansägen würde.

Was bleibt, ist eben der «sanfte Tourismus». Anderswo mag er mit wahnwitziger Preissteigerung im Gefolge von «Qualitätstourismus-Investitionen» verbunden sein. Hier, am und rund um den Neusiedler See, ist er eine Verbindung mit den natürlichen Gegebenheiten eingegangen. Das freilich erfordert vom Besucher, sich intensiver mit der Gegend einzulassen. Auf «Animation» wartet man – Gott sei Dank – vergeblich.

«Attraktionen» im klassischen Sinn gibt es hier kaum. Den Besucher erwarten eine eigenartige, zuweilen exotisch-herbe, zuweilen fast liebliche Landschaft; und Menschen, die zwar vom Fremdenverkehr leben, aber sichtlich nicht ausschließlich und deshalb auch nicht für ihn. Vergebens wird man folkloristische Spompanadeln suchen. Wer etwa Puszta-Romantik sucht, der muß sie schon selbst entdecken – und dieses Buch soll eine kleine Hilfe dabei sein. Vorgespielt wird sie einem nirgendwo. Und das mag auch zum unverwechselbaren Charakter der Gegend beigetragen haben.

In den letzten Jahren hat der Seetourismus einen neuen, immer noch boomenden Aufhänger gefunden: das Fahrrad. Seit dem Wegfall des Eisernen Vorhangs – der ja quer über den See

verlief – ist auch das Segeln und Windsurfen unproblematisch
geworden (abgesehen von den Problemen mit Wind und Wellen). Und das Baden – tatsächlich Baden, nicht schnöd
Schwimmen – war von jeher eine der schönsten Tätigkeiten,
die der See einem gewährte.

SCHWIMMEN? – BADEN!

Nein, leicht macht es der Neusiedler See den Wasserhungrigen
wahrlich nicht. Den Zugang zum Ufer verwehrt er ohnehin mit
seinem Schilfgürtel, und ob das Planschen im höchstens eineinhalb Meter tiefen Wasser überhaupt als Schwimmen bezeichnet
werden kann, ist die Frage. Also ist es wohl am besten und der
Wahrheit am nächsten kommend, sich auf das neutrale «Baden» zu einigen. Was das aber betrifft, so scheint es, macht es
Spaß – und darauf kommt es ja einzig und alleine an –, denn
die vielen Tausenden, die allsommerlich an den Neusiedler See
baden fahren, können als eindeutiger Beweis dafür gelten. Und
außerdem kann der Neusiedler See für sich in Anspruch nehmen, eben aufgrund seiner geringen Tiefe der kinderfreundlich-

Nicht tief, aber naß – ein See für Groß und Klein

ste See Österreichs zu sein. Dank des Schilfgürtels konzentrieren sich die Wasserfreunde und ihre -freuden auf die verhältnismäßig wenigen Seebäder. Allen voran in Podersdorf, das seinen Zusatz «am See» als einziger Ort zu Recht trägt. Ist es doch die berühmte Ausnahme von der Regel und liegt eben direkt am Wasser. Anders in Illmitz, Weiden, Neusiedl, Breitenbrunn, Rust und Mörbisch bzw. Fertörákos in Ungarn, wo nach dem Grundsatz, wenn das Wasser nicht zum Mensch kommt, muß der Mensch zum Wasser kommen, die jeweiligen Bäder nur über eine Zufahrtsstraße durch das Schilf erreichbar sind.

Wem der See zu groß und noch immer zu tief erscheint, der kann sich an einigen Lacken des Seewinkels in die sanften Fluten legen, so sie nicht, wie die meisten, unter Naturschutz stehen. Diesbezügliche Einrichtungen gibt es am Zicksee bei St. Andrä, einem kleinen Badesee bei Andau, am Badesee neben der Neubruchlacke und am Weißen See bei Apetlon. Außerdem im Badeteich der Freizeitanlage St. Margarethen und im Teichmühlbad bei Tómalom auf der Strecke Sopron–Fertörákos. Und wem das alles zuviel an Natur ist, dem stehen Freibäder in Donnerskirchen, Frauenkirchen, Gols, Oggau, Purbach, Siegendorf und Sopron sowie Hallenbäder in Eisenstadt, Sopron und Neusiedl offen.

SEGELN UND SURFEN

Anfangs noch belächelt, hat sich das Surfen schon längst zu so etwas wie einem Volkssport entwickelt und rein mengenmäßig Dimensionen angenommen, die es zum Beispiel in Podersdorf notwendig gemacht haben, Schwimm-Strand und Surf-Strand voneinander klar zu trennen, um schmerzhafte und vor allem für die Schwimmer gefährliche Konfrontationen zu vermeiden. Surfschulen und Surfbrettverleihstellen gibt es bei so gut wie allen Seebädern.

Kein noch so tiefer und klarer Bergsee aber kann in Österreich dem Neusiedler See das Wasser reichen, wenn es um Segelfreuden geht. Das Gefühl der Weite, das nach nur wenigen Minuten Fahrt inmitten einer riesigen Wasserfläche, unbeengt von Bergen am Seeufer, aufkommt, ist allein schon einen Turf wert. Ob mit dem eigenen Boot oder mit einem geliehenen: Wirklich kennenlernen kann man den See nur von den Wellen aus. Eigene Boote (maximaler Tiefgang: 70 bis 80 Zentimeter!) können an den Anlegeplätzen der meisten Yacht-Clubs eingestellt werden. Die Bootsvermieter rund um den See bieten neben Tret- und Ruderbooten auch verschiedene Segelbootmodelle an.

Yachten können darüber hinaus auch ein ganzes Wochenende gechartert werden.

Der Neusiedler See gilt als sicheres Windrevier mit vorherrschenden Winden aus dem Nordwesten und dem Süden. Dennoch kann es vorkommen, daß einen eine Flaute gerade dann trifft, wenn man sich am vom Ufer weitest entfernten Punkt befindet. In diesem Fall heißt es rudern oder den kleinen Elektromotor benützen, mit dem manche Boote sicherheitshalber ausgerüstet sind (anmeldepflichtig). Gefährlicher ist es, die

Segelerlebnis Neusiedler See

Winde zu unterschätzen. Gewitter und Stürme können innerhalb von Minuten entstehen und Wellen hervorrufen, wie man sie einem derart flachen See nicht zugetraut hätte. Außerdem ist es überaus schwierig, wenn nicht gar unmöglich, das Boot bei Sturm und Seegang zu einem sicheren Hafen zu manövrieren. Und so «landen» unerfahrene oder unachtsame Segler leicht im Schilfgürtel, wo ihnen nichts anderes übrigbleibt, als darauf zu hoffen, möglichst bald gefunden zu werden. Sturmwarnungen werden aus Rust und Mörbisch durch ein gelbes Dauerblinken, aus Illmitz, Podersdorf, Neusiedl und Breitenbrunn durch ein akustisches Signal (2mal 3 Töne á 10 Sekunden) gegeben.

Diese Sturmgefahr ist nicht zuletzt der Grund dafür, daß am See ein Nachtfahrverbot für Segelschiffe gilt. Untersagt bleibt Seglern und Surfern auch eine Kreuzfahrt in den südlichsten Seebereich, vor allem in den sogenannten Silbersee, der früher als Geheimtip galt. Als Teil des Nationalparks Neusiedler See steht das gesamte Gebiet heute unter Naturschutz.

Früher, vor dem Fall des Eisernen Vorhangs, gab es immer wieder Geschichten von vorwitzigen oder unbeholfenen Seglern, die in den ungarischen Teil des Sees gelangten und den unangenehmen Prozeduren ausgesetzt waren, deren es bedurfte, den ungarischen Behörden klarzumachen, daß man keineswegs spionagemäßig den Kommunismus untergraben wollte. Heute ist das alles halb so schlimm. Sollte man meinen. Wenn das illegale, also unangemeldete Kreuzen in ungarischen Gewässern nur halb so komplizierte bürokratische Manöver auslöst, wie das legale voraussetzt, ist es schlimm genug. Der legale Weg beginnt weit weg vom Wasser. Zuerst ist ein Antrag bei der Finanzlandesdirektion zu stellen. Diese und daraufhin auch der Antragssteller hat sich danach an die Sicherheitsdirektion zu wenden (Paß nicht vergessen!). Sind diese Genehmigungen eingeholt, heißt es das Zollhaus in Mörbisch anrufen, um einen Termin für die Zollabfertigung auszumachen. Soweit die österreichische Seite. Um in Ungarn einsegeln zu dürfen, wird zuallererst ein Nachweis verlangt, wo das Boot verbracht wird, sprich: ob das Boot, über zeitgerechte Voranmeldung oder eine Einladung, einen Anlegeplatz in Fertörákos hat. Dann erst ist noch ein Termin mit dem ungarischen Zoll auszuhandeln. Kein leichtes Unterfangen, wie selbst altgediente Seebären zugeben.

INFORMATIONEN erteilen die verschiedenen Yacht-Clubs (siehe Serviceteil) oder: Zollhaus Mörbisch, Tel. 02685/8235; Tonbanddienst für Wind- und Wetterverhältnisse am Neusiedler See, Tel. 02177/2244.

RADFAHREN

Gäbe es sie nicht schon, die Region rund um den Neusiedler See, müßte sie von Fahrradbegeisterten erfunden werden. Besitzt sie doch so ziemlich alle Eigenschaften, die man sich als Radfahrer wünschen kann. Eine abwechslungsreiche, interessante Landschaft, gut angelegte Radwege und verkehrsarme Güterwege, eine mehr als ausreichende Infrastruktur, außerdem ist sie – zum größten Teil – flach. Und so ist es kein Wunder, daß der Neusiedler See im Zuge des Radbooms in den achtziger Jahren sehr schnell entdeckt wurde und umgekehrt die Gastwirte, Ausschankbesitzer, Zimmervermieter und die Fremdenverkehrsindustrie sehr schnell die radfahrenden Freizeitsportler als wichtige Kunden und zu bewerbende Zielgruppe erkannten.

Vorteile haben beide Seiten davon. Jahr für Jahr bewegen sich mehr Menschen aus eigener (Tret-)Kraft durch den Seewinkel und rund um den See, und Jahr für Jahr wächst die Zahl der radlerspezifischen Einrichtungen.

Alle 272 Kilometer Radrundkurse der Region sind ebenso wie die verschiedenen Verbindungswege nach einem einheitlichen System markiert. Radwege sind mit einem «B» und einer Zahl, Verbindungswege auf Straßen mit einem «R» und einer Zahl gekennzeichnet. Die Schilder sind grün mit weißer Aufschrift, in Ungarn blau mit weißer Schrift. In der Region um den Neusiedler See lassen einen fünf Radwege das Land tretend erschließen. Da die Routen in diesem Buch an Radfahrern bzw. -wanderern ausgerichtet sind, werden die einzelnen Radwege bzw., was den Neusiedler-See-Radweg betrifft, die jeweiligen Abschnitte in den entsprechenden Kapiteln genauer vorgestellt. Hier eine erste Übersicht:

Der *Neusiedler-See-Radweg «B 10»* führt über 95 Kilometer in Österreich und 38 Kilometer in Ungarn rund um den See. Der Weg ist, bis auf den Abschnitt von Weiden bis Podersdorf durch das Naturschutzgebiet Zitzmannsdorfer Wiesen, durchgehend asphaltiert und flach. Die einzige nennenswerte Steigung gilt es zwischen Oggau und Mörbisch zu überwinden. Mit seinen Anbindungen an die anderen Radwege und durch seine Routenführung durch alle wichtigen Orte am Seeufer und dessen Nähe ist der Neusiedler-See-Radweg die ideale Ausgangsroute. Für Stärkung ist in den Orten und in kleinen Imbißständen und Ausschanken entlang der Route ausreichend gesorgt. Von Illmitz, Podersdorf, Rust und Mörbisch ermöglichen Rad-Fähren Abkürzer über den See und in den Sommermonaten sind die Seeorte überdies durch Radautobusse der ÖBB verbunden.

Der *Lackenradweg «B 20»* ist in Podersdorf bzw. Illmitz an den Neusiedler-See-Radweg angeschlossen und verläuft als 48 Kilometer langer, durchwegs flacher Rundkurs entlang der Naturschutzgebiete im Seewinkel, rund um die Lange Lacke und ihre Umgebung und durch den Schilfgürtel am östlichen Seeufer. Aufgrund der ökologisch sensiblen Streckenführung ist nur etwa die Hälfte des Weges asphaltiert, die andere Hälfte geschottert.

Der *Kulturradweg «B 23»*, gewissermaßen der Versuch eines Kompromisses zwischen Körper und Geist, verläuft auf einem

Radfahrers Traum – der Seewinkel

26 Kilometer langen Rundkurs von Frauenkirchen nach Mönchhof, Halbturn und nach einer Schleife durch den nordöstlichen Seewinkel zurück zum Start. Bis auf ein zwei Kilometer langes Teilstück zwischen Frauenkirchen und Halbturn ist der Weg asphaltiert, und keine wirkliche Steigung behindert die sportliche Fahrt zur Kultur.

Der 31 Kilometer lange *Kirschblütenradweg «B 12»* an der Westseite des Sees ist eine interessante und abwechslungsreiche Alternative zum flachen Neusiedler-See-Radweg. Direkt an diesen angeschlossen, verläuft er von Breitenbrunn nach Donnerskirchen am Fuß des Leithagebirges durch eine einzigartige Weingarten- und Kirschbaumlandschaft. Von Donnerskirchen führt ein Anschlußweg wieder zurück zum «B 10».

Der 34 Kilometer lange *Koglweg «B 30»* schließlich ist durch den 18 Kilometer langen Verbindungsradweg «B 13» mit dem Neusiedler-See-Radweg über Oggau und Oslip verbunden. Die Route um den Rohrbacher Kogel ist bis auf ein 200 Meter langes Stück zwischen Schattendorf und Baumgarten durchgehend asphaltiert. Der Koglradweg, etwas weiter entfernt vom flachen Seeufer, verläuft durch stark hügeliges Gelände und erfordert schon einiges an Kondition.

Um das Fahrrad ins Burgenland zu bringen, gibt es zwei Möglichkeiten: den Zug oder die eigene Kraft. Vom Südbahnhof in Wien fahren stündlich Schnellbahnzüge nach Neusiedl am See. Aber Achtung: Fahrräder dürfen an Wochentagen nur außerhalb der Hauptverkehrszeiten mitgenommen werden, also erst ab 9 Uhr vormittags und nicht zwischen 15 und 19 Uhr nachmittags, an Samstagen ab 13 Uhr. Nur am Sonntag steht die Beförderung rund um die Uhr frei.

Mit dem Rad ist es am bequemsten, den Donauradweg Richtung Osten bis Bad Deutsch-Altenburg zu fahren, um von dort über die beschilderte Anschlußroute «B 21» über Potzneusiedl und Neudorf nach Weiden oder Neusiedl am See zu gelangen. Die Strecken durch das Wiener Becken über Schwechat und Schwadorf entlang der Bundesstraße 10 oder über Himberg und Götzendorf entlang der Bundesstraße 15 sind zwar etwas kürzer, dafür aber landschaftlich weitaus weniger reizvoll und führen außerdem über oft stark befahrene Straßen. Genaue Informationen über die verschiedenen Fährverbindungen am Neusiedler See, Radverleihstellen, Radbusse und noch vieles mehr finden Sie im Serviceteil dieses Buches.

STREICHER, BLÄSER UND GELSEN

Musikbegeisterte Menschen denken, so der Name Joseph Haydn fällt, in einer fast Pavlovschen Reaktionskette, ans Burgenland, an Eisenstadt und an den Esterházyschen Fürstenhof. Damit liegen sie zwar einerseits richtig, andererseits aber im wahrsten Wortsinn auch knappest daneben. Denn auch wenn ihn der Fürst Paul Anton Esterházy 1761 als Vizekapellmeister seiner Privatkapelle nach Eisenstadt berief, deren alleiniger Dirigent Haydn in seiner schaffensreichsten Zeit – zwischen 1766 und 1790 unter Fürst Nikolaus Joseph – war, geboren wurde Joseph Haydn nicht im Burgenland, sondern in Niederösterreich. Allerdings so nahe der Grenze, daß es den Niederösterreichern anscheinend bis heute nicht aufgefallen ist, daß hier ein, wie man so sagt, großer Sohn mir nichts, dir nichts von einem anderen Bundesland für sich in alleinigen Anspruch genommen wird. Haydns Geburtsort Rohrau, nordöstlich von Bruck, liegt denn auch an der Leitha, direkt an der Grenze zum Burgenland. Ein kleines Museum – das «Geburtshaus» – erinnert daran.

Als Sohn eines armen Wagenmeisters am 31. März (andere Quellen geben den 1. April an) 1732 geboren, offenbarte sich Haydns musikalisches Talent sehr früh. Nach einigen familiären Kämpfen kam er zu den Sängerknaben von St. Stephan in Wien, erhielt Kompositionsunterricht von D. Popora und begann in den vierziger Jahren des 18. Jahrhunderts selber zu komponieren. Von da an ging seine Karriere steil bergauf. Hatte er doch, was den jungen Leuten heutzutage, wie Helmut Qualtinger gesagt hätte, fehlt, nämlich die Provinz: Zuerst Musikdirektor im böhmischen Lukawitz, später in Eisenstadt« und dann erst, wie es sich ziemt, Wien. Da war er, 1790, bereits ein Star, unternahm zwei überaus erfolgreiche Tourneen, damals sagte man wohl: Konzertreisen, nach England, bevor ihn wiederum der bzw. ein Fürst, zu dem man bekanntlich nur kommen soll, wenn man gerufen wird, aufs neue ins burgenländische Eisenstadt be-

rief. Diesmal war es Nikolaus II. Esterházy, der eine neue Kapelle zusammengestellt hatte und die diesbezügliche Familientradition fortzuführen gedachte. Im Alter zog sich Haydn nach Wien, genauer nach Gumpendorf, zurück und starb am 31. Mai 1809. 1820 wurden seine sterblichen Überreste nach Eisenstadt überführt.

Ein wirklicher Burgenländer war Franz Liszt, geboren 1811 in Raiding. Als Sohn eines geadelten Esterházyschen Gutsverwalters, der selber ein ausgezeichneter Klavierspieler war, hatte es der kleine

Joseph Haydn (1732–1809)

Franz ein wenig leichter als der kleine Joseph. Er bekam aber auch die Nachteile eines zwar um das Talent des Nachkommen bemühten, aber unerbittlich ehrgeizigen Vaters zu spüren. Die Freizeit mußte er vor dem Klavier verbringen, und schon als Zwölfjähriger wurde er auf Konzertreisen geschickt. Diesem Wunderkind-Schicksal verdankte Liszt vielleicht seinen Ruf und sein Können – es mag aber auch der Grund dafür sein, daß er sein weiteres Leben in Paris, Weimar, Bayreuth und Rom, nicht aber in heimatlichen Gefilden zubrachte.

Auch andere, heute weniger bekannte oder sogar dem Vergessen anheimgegebene Musiker hat das Land um den See hervorgebracht. Joseph Weigl etwa, geboren 1766, der immerhin neben Oratorien, Balletten und Messen dreißig Opern geschrieben hat, oder Joseph Joachim, 1813 in Kittsee geboren, der schon als Achtzehnjähriger und nicht zuletzt dank Liszts Förderung Konzertmeister der Hofkapelle in Weimar wurde und später Direktor der Musikhochschule in Berlin.

Aber all die Haydns und Liszts, die musikalischen Stars der Hochkultur, waren, so kann man wohl annehmen, nur die Spitze eines Eisbergs, dessen Fundament die Volksmusik bildete. Eine Volksmusik, die im Burgenland dank der jahrhundertelangen Multikulturalität ein buntes und vielfältiges Mosaik war und ist, ein Gemisch aus deutscher, ungarischer und kroatischer Tradition. Das, was heute als Folklore in diversen sogenannten Puszta-Schenken als Animation zum

Franz Liszt (1811–1886)

Zigeuner-Spieß geliefert wird, unterscheidet sich davon so sehr wie der Neusiedler See von anderen österreichischen Seen. Aber die Kunst der Primas und der Tamburizzas lebt dennoch. Einer, der sich wie kein anderer darum bemüht hat, die pannonische Volksmusik wiederzuentdecken, hochzuhalten und weiterzuführen, ist der Geiger und Komponist Toni Stricker. Sein Werk, verewigt auf vielen Schallplatten und CDs, gleicht einem tiefen Eintauchen in die Geschichte und Gegenwart der burgenländischen Volksmusik.

Szenenwechsel in die Gegenwart und in internationale musikalische Gefilde. Das nördliche Burgenland beheimatet zwei kleine Orte, deren bloße Erwähnung die Ohren der Jazz-Freunde zum Klingen und die Füße zum Wippen bringen: Nickelsdorf, nahe der ungarischen Grenze, und Wiesen, östlich von Mattersburg gelegen. Wobei es mit dem Wippen und Klingen in Nickelsdorf so eine Sache ist. Die in der dortigen «Jazz-Galerie» dargebotene Musik zählt in vielen Fällen zu der Sorte, in der gerade Rhythmen verpönt und übliche Harmonien selten sind. Und was für die Veranstaltungen unterm Jahr gilt, das gilt erst recht für das alljährlich an drei Tagen im Juli stattfindende Festival mit dem passenden Namen «Konfrontationen». Eine Pilgerstätte für Jazz-Fans mit experimentelleren Vorlieben, kann Nickelsdorf für sich unbestritten in Anspruch nehmen, seit vielen Jahren eines der interessantesten und gleichzeitig gemütlichsten heimischen, wenn nicht sogar europäischen Festivals zu sein. So zumindest die übereinstimmenden Aussagen von langjährigen Gästen und immer wieder gerne kommenden Musikern, deren Aufzählung jedem, aber wirklich jedem – auch amerikanischen – Jazz-Club zu Ehren gereichen würde. Manche meinen, es liege am heimeligen Hof, in dem das Festival stattfindet, andere – und ihnen ist fast mehr zu trauen – am ebendort ausgeschenkten Wein, was den Mythos, Wein passe allein zu Heurigen-Musik oder bestenfalls noch zu Zigeunerklängen, endgültig ins Reich der Märchen verweist. Wer je eine Nickelsdorfer Festivalnacht erlebt hat, der weiß: Wein paßt auch zu schrägen Saxophonen und Siebenachtel-Rhythmen. Und wie!

Der andere Ort, Wiesen, war Ende der siebziger und Anfang der achtziger Jahre Schauplatz des größten und mit den bekanntesten zeitgenössischen Namen geschmückten Jazz-Festivals Österreichs. Bis zu dem Zeitpunkt jedenfalls, da Wien bzw. die dortige Kulturverwaltung in einem (typischen) Akt angewandten Zentralismus meinte, selbst ein Jazz-Fest veranstalten zu müssen, und das unter dem Motto: Alles muß her, was Rang und Namen hat und hatte, koste es, was es wolle! Ein Rückschlag für das Wiesener Festival, der aber wie alles seine positiven Seiten hatte. Noch immer kann man in Wiesen bekannte Musiker hören – die Bandbreite der Musik aber ist in den letzten Jahren um einiges erweitert worden, sodaß man kaum noch von einem Jazz-Festival, dafür aber von einem Jazz-Rock-Worldmusic-Fest sprechen kann. Eine erfreuliche Entwicklung, die auch der Stimmung dortselbst mehr als zuträglich war.

Zwischen Wiesen und Nickelsdorf, wenn auch rein geographisch betrachtet, hat sich die Cselley-Mühle am Rande der Ortschaft Oslip zu einem veritablen Kulturveranstalter entwickelt. Neben Theater und Literatur liegt ein Hauptschwerpunkt auf Musik aus allen Sparten, hauptsächlich gehobener Rockmusik. Unter vielen, vielen anderen brachten hier immerhin schon Joe Cocker und Eric Burdon ihre rauhen Stimmbänder zum Erklingen. Das alt-romantische Gemäuer der wunderschönen, sanft renovierten Mühle beherbergt überdies auch gleich drei Lokale, in denen es sich gut essen und trinken läßt.

Nicht unerwähnt bleiben soll hier auch die Seebühne in Mörbisch, die sich der locker-leichten Urlaubsstimmung der Gäste und der sommerlichen Temperaturen wegen der Präsentation von Operetten verschrieben hat. Die manchmal seltsam anmutenden Bewegungen der Darsteller und Sänger gehen übrigens nicht auf die Choreographie zurück, sondern liegen an den Millionen von Gelsen, die allsommerabendlich rund um den See ausschwärmen, um sich auf die reichlich vorhandenen Opfer zu stürzen. Wodurch sich, wie der gewitzte Volksmund sehr schnell herausfand, gleich zwei weiter westlich angesiedelte Kulturstätten in leicht abgewandelter Form in Mörbisch gleichsam in einer einzigen zusammenfinden: die Seebühne, wie sie, protziger naturgemäß, auch Vorarlberg in Bregenz besitzt, und die Gelsenreitschule, die, so ähnlich jedenfalls, auch in Salzburg existieren soll.

DER SEEWINKEL

Wer sich romantischen oder besser: romantisierenden Gedanken ans Burgenland hingibt, hat fast immer Bilder von Störchen und einsamen Ziehbrunnen vor Augen. Zweitere stehen vorzugsweise in der Weite der Puszta, jener Landschaft, die im östlichsten Osten Österreichs einen Hauch magyarischer Exotik ins Heimatliche bringt, garniert mit Zigeunerklängen und stabbewehrten Hirten. Und wie alle Stereotype, so birgt auch dieses ein Körnchen Wahrheit. Die karge und baumlose Ebene, die sich östlich des Neusiedler Sees, vom Schilfgürtel bis zur ungarischen Grenze, ausbreitet, besitzt in ihrer Einzigartigkeit in der heimischen Topographie tatsächlich etwas Fremdartiges, etwas, das wie ein nicht ganz hierher, in unser Land, passender Teil eines Unbekannten wirkt. «Hier», schreibt Heimito von Doderer über diese Landschaft,

Puszta-Klischees werden im Seewinkel wahr

«wandert (...) von Ost nach West allezeit, in allen Zeiten des Jahres, die Steppe herein aus Ungarn, besonders aber im Sommer, wo es über der Ebene so still sein kann, wie sonst nirgends auf der Welt (möchte man fast glauben). Es ist keine leere Stille, die alles auf sich beruhen läßt. Sondern diese Stille ist geteilt und akzentuiert und dadurch summend hörbar. Sie lockt. Sie lockt hinaus an den Rand des Himmels und tiefer in die Pußta hinein. Man ist hier nie ganz und nur dort wo man steht, man

123

ist gezogen. (...) Es ist ein Land, wo nur der berittene Mann ganz bei sich sein kann und zugleich ganz bei der Welt: er ist's auch, wenn er sein Pferd schont und den Galopp nicht aus dem kraftvollen Leibe unter sich läßt. Er hat ihn doch als Möglichkeit. Er kann gegen den Himmelsrand davonbrausen.»

Allerdings, muß man hinzufügen, auch der Himmelsrand besteht nur als Möglichkeit. Und darin liegt wohl auch das dieser einzigen österreichischen Steppe lange Zeit anhaftende Image als eines ein wenig rückständigen Randgebietes begründet. Die politische Geographie hat die Weite der Landschaft stark beschränkt und der natürlichen Grenze des Sees auf der einen Seite die künstliche der Stacheldrähte auf zwei weiteren hinzugefügt. Wenn man die Augen aber über diese künstlichen Grenzen erhebt, sieht man, daß das östliche Burgenland nur der westlichste Teil einer mächtigen europäischen Großlandschaft, der ungarischen Tiefebene, der Puszta, ist und der Neusiedler See gleichsam deren Abschluß. Wenn von diesem Gebiet heute meist allgemein als Seewinkel die Rede ist, so steckt darin eine gewisse Ungenauigkeit, die zum einen vielleicht tourismusökonomische Gründe hat, zum anderen Ausdruck einer restösterreichischen Ignoranz ist, der Vielfalt der Landschaften aber nicht gerecht wird. Seewinkel heißt genaugenommen nur der südlichste Teil mit seinen vielen charakteristischen Salz-Lacken, das ganze Gebiet nördlich davon mit passend beschreibendem Namen «Heideboden». Und dieser Heideboden ist es auch, der den hiesigen, kleinen Teil der Puszta ausmacht. Als dritte, wiederum ganz andere Landschaft zeigt sich im Südosten die Waasen oder ungarisch Hanság, eine große Moorlandschaft mit kleinen und kleinsten Seen, Schilf und weiten Grasflächen.

Das hauptsächlich agrarisch orientierte Gebiet (Gemüse, Wein etc.) weist ein extrem festländisches Klima auf (auch da einzigartig in Österreich). Heißen Sommern, die immer wieder zu Dürren führen können, stehen äußerst kalte Winter gegenüber. Als wären landschaftliche Kargheit und wenig einladende

klimatische Verhältnisse nicht genug, war vor allem der Seewinkel immer wieder von Überflutungen durch den Neusiedler
See bedroht. Da der Seewinkel aufgrund des geringen Gefälles
(sein höchster Punkt ist eine kleine Erhebung bei Apetlon mit
126 Metern, die noch dazu auf einen einstigen Grabhügel
zurückgeht – der Seespiegel beträgt im Vergleich dazu durchschnittlich 113 Meter) keine natürlichen Wasserläufe besitzt,
wurde versucht, mittels eines Kanalsystems ein Ablaufen des
überschüssigen Wassers zu gewährleisten und damit Überschwemmungen und Versumpfungen zu verhindern. Am bekanntesten ist der 1910 fertiggestellte, 37,8 Kilometer lange
Einser Kanal entlang der österreichisch-ungarischen Grenze.
Andere Kanäle sind der Hauptkanal bei Frauenkirchen, der
Golser Kanal oder der Drainagegraben bei Podersdorf.

Charakteristisch für die Orte des Heidebodens sind die oft
sehr breiten Anger und eine manchmal schwer verständliche
Mundart, die zwar dem Bayerisch-Österreichischen angehört,
aber jahrhundertelang durch Einflüsse aus dem Ungarischen va-
riiert wurde. Obgleich: Im Zeitalter der Massenkommunikation
verschwindet, wie überall, auch hier der spezifische Dialekt. Wie

Landwirtschaft am Heideboden

überhaupt vieles verschwindet, was einst prägend war. «Nun ist
im Seewinkel alles anders geworden. Wo noch vor wenigen Jahren jedes Fahrzeug Staubfahnen aufwirbelte, rollen Autokolon-
nen über Asphaltstraßen, die Ufer der einsamen Salzlacken des
Zicksees sind parzelliert und beginnen, sich mit Weekendhäus-
chen zu verkrätzen; Podersdorf, bis vor kurzem ein verschlafenes
Nest mit riesigen Gänseherden, ist ein gerühmtes Ausflugsziel
geworden, seine Riviera bemüht sich, allen Wünschen eines zeit-

genössischen Badepublikums
gerecht zu werden.» Diese kritischen Worte zum Seewinkler
Tourismus, die kaum unter-
schwellig gleichzeitig das gute
Alte beschwören, hat der österreichische Schriftsteller Gerhard Fritsch bereits 1963 geschrieben. Und dem ist auch
dreißig Jahre später kaum etwas hinzuzufügen.

Seit der Seewinkel als Ur-
laubsland entdeckt wurde, kri-
tisieren die einen die Auswüch-
se des Tourismus und loben
die anderen seinen finanziellen
Segen. Und wie üblich schlägt
die Kritik von außen allzu-
leicht um in Blindheit – und

Auch 2 PS genügen im Seewinkel

damit daneben. Denn erstens ist der «Massentourismus», so man
im Seewinkel überhaupt davon sprechen kann, auf einige wenige
am See gelegenen Orte wie Podersdorf und in weit geringerem
Maße Illmitz beschränkt. Und zweitens läßt die Landschaft
kaum etwas anderes zu als den sogenannten sanften Tourismus.
Und davon profitieren die Seewinkler zu Recht. Scheinfolklori-
stische Zigeunerkapellen hin, falsche Ziehbrunnen und Stroh-
hütten her – der größte Teil des Seewinkels präsentiert sich in er-

ster Linie als Paradies für Radfahrer, Spaziergänger, Reiter und Naturliebhaber, die wenig Gefahr sowohl für die Natur- wie auch die agrarisch genützte Kulturlandschaft darstellen.

Und Fremde, wenn auch weniger erwünschte, waren im Seewinkel und am Heideboden nie eine Seltenheit. Der Seewinkel war schon relativ früh besiedelt. Funde von Werkzeugen und Scherben von Tongefäßen beweisen, daß die ältesten Dörfer bei Illmitz, Podersdorf oder St. Andrä schon in der Jungsteinzeit, etwa 7000 bis 4000 v. Chr., angelegt wurden. Der Neusiedler See war damals aufgrund des trockenen und warmen Klimas viel kleiner als heute, was Ansiedlungen in allernächster Nähe zuließ. Noch heute werden Scherben und Steine einer versunkenen neolithischen Siedlung, etwa am Podersdorfer Strand, angeschwemmt.

Ziehbrunnen im Heideboden

Mit dem Ansteigen des Grundwasserspiegels begann auch der Seewinkel allmählich zu versumpfen – mit der Folge, daß die landwirtschaftliche Nutzung des Gebiets immer schwieriger wurde und gleichzeitig die Gefahr von Überschwemmungen stieg, sodaß die Siedlungen mehr an den Rand des Heidebodens verlegt wurden.

An Funden aus seiner Siedlungsgeschichte ist der Seewinkel überaus reich. Äxte aus der Bronzezeit, ein Gräberfeld bei Illmitz aus der als Urnenfelderkultur bezeichneten Epoche zwischen 1300 und 750 v. Chr., Tongeschirr in den Grabhügeln der Hallstattzeit, von denen nördlich von Pamhagen noch zwei erhalten sind (die sogenannten «Bühel»), können als Zeugen der Geschichte im Burgenländischen Landesmuseum in Eisenstadt besichtigt werden.

Aufgrund des starken Anstiegs des Wasserspiegels von etwa 450 v. Chr. bis zum Jahr Null war der gesamte Seewinkel überschwemmt, sodaß die nächste Besiedlungswelle erst in der Römerzeit verzeichnet wurde. Dafür war diese äußerst intensiv: In fast jedem Ort wurden Reste römischer Bauten entdeckt oder sonstige Funde getätigt.

Die Geschichte des Seewinkels seit der Völkerwanderung ist eine von wechselnden Herrschern, Verwüstungen und Kriegen. Den Goten folgten im 5. Jahrhundert die Hunnen, diesen im 7. und 8. Jahrhundert die Awaren. Nachdem Karl der Große um etwa 800 das Awarenreich zerschlagen konnte, drängten schließlich im 10. Jahrhundert die Magyaren aus dem Osten nach, die fast 1000 Jahre die bestimmende Macht in diesem Gebiet sein sollten (siehe auch Einleitung).

Besonders in Mitleidenschaft wurde der Seewinkel durch die beiden Türkenstürme gezogen. Sowohl Anfang des 16. wie auch gegen Ende des 17. Jahrhunderts wurden so gut wie alle Orte zerstört, und vieles, was in den kurzen friedlichen Zwischenzeiten wieder aufgebaut wurde, fiel den Verwüstungen des Bocskay-Aufstandes (einer Erhebung zweier siebenbürgischer Fürsten, Stephan Bocskays und Gabor Bethlens, gegen die österreichische Herrschaft in den Jahren 1604 bzw. 1620) oder dem Kuruzzenkrieg, einem jahrzehntelangen Kleinkrieg zwischen Österreich und Ungarn in den 60er und 70er Jahren des 17. Jahrhunderts, zum Opfer. Erst nach dem Rückzug der Türken nach der gescheiterten zweiten Belagerung von Wien brachen für die Seewinkler bzw. Heidebodener Bauerngemeinden verhältnismäßig ruhige Zeiten an. Ruhig zumindest bis zur Entdeckung dieser nur scheinbar abgelegenen Region als Tourismusland.

EIN WORT ZUM WEIN

Die Verdunstung des Neusiedler Sees, das pannonische Klima mit seinen überdurchschnittlich hohen Sommertemperaturen sowie Sand- und Salzböden haben den Heideboden und den Seewinkel mit den Gemeinden Gols, Podersdorf, Illmitz, Apetlon, Frauenkirchen und Halbturn zum Zentrum des burgenländischen Weinbaus gemacht. Wobei zu diesem «Weinbaugebiet Neusiedler See», mit über 11.000 Hektar das größte burgenländische Weinbaugebiet, auch Neusiedl und Weiden dazu-

Seewinkler Weinbauern dürfen stolz sein auf ihre Produkte

gerechnet werden. Insgesamt wird es von über 4800 Betrieben und Winzerfamilien bewirtschaftet. Vor allem in Gols, das sich rühmt, die größte Weinbaugemeinde Österreichs zu sein, ist der Wein die wichtigste Einkommensquelle.

Und fast scheint es, als wäre der Weinskandal im Jahr 1985, als bekannt wurde, daß Großhändler dem edlen Tropfen des Zuckergehalts wegen Frostschutzmittel, wenn auch nur in geringen und ungefährlichen Mengen, zugefügt hatten, von heilsamer Wirkung gewesen. Jedenfalls läßt sich, trotz allem Unmut über das «unpraktische» und wahrlich nicht zur Ästhetik der Flaschen beitragende Prüfpickerl, ein Umdenken feststellen, das die Qualität über die Quantität stellt. Und vor allem viele kleinere und kleine Winzerbetriebe konnten die Gunst der Stunde nützen und mit Qualitätsprodukten dem angeknacksten Image des burgenländischen Weinbaus entgegentreten.

Die bedeutendsten Weißweine der Region sind Welschriesling, Grüner Veltliner, Weißburgunder, Müller-Thurgau, Neuburger und die jedem internationalen Vergleich standhaltenden süßen Traminer oder Muskat-Ottonel. Überhaupt gilt der Seewinkel im engeren Sinn als eines der weltweit besten Süßwein-

gebiete, da die große Wasserfläche des Neusiedler Sees die Aus-
bildung des Botrytis-Cinerea-Pilzes begünstigt, der nach einem
Schrumpfungsprozeß den Zuckergehalt der Beeren konzentriert
und damit für die Edelfäule sorgt, die eine Voraussetzung für
Weine spezieller Reife und Leseart, wie Strohwein oder Eiswein,
ist. Die Trauben für letzteren werden erst beim ersten Frost gelesen. Der Rotwein dieses Anbaugebiets schlechthin ist der
Zweigelt, den das heiße Klima besonders köstlich gedeihen läßt,
daneben dominieren Blaufränkisch und St. Laurent.

RADFAHREN IM SEEWINKEL

Der Seewinkel ist, man kann es nicht anders bezeichnen, die
Materialisierung eines jeden Radfahrers Traum. Flach und dennoch weder zersiedelt noch langweilig, sondern landschaftlich interessant – und die Entfernungen zwischen den Ortschaften sind
weit genug, um einem das Gefühl, «auf Tour» zu sein, zu geben,
aber gleichzeitig nah genug, daß auch ohne Mitschleppen von
größerem und schwerem Proviant, niemals Angst vor allzulang
ungestilltem Hunger oder Durst aufkommen kann. Noch dazu
haben die Seewinkler den Radfahrboom frühzeitig erkannt, und
die Wirtshäuser, Pensionen und Hotels in den Orten und entlang
der Radrouten sind meist auch auf den Wochenendmassenan-
sturm vorbereitet. Dazu kommen noch verschiedene radorien-
tierte Einrichtungen sowie Vergünstigungen für Rad-Gruppen.

Der Massenansturm ist es auch, der einem das Radfahren
manchmal ein wenig verleiden kann. In der Hochsaison, und
die geht von den ersten warmen Frühlingstagen bis in den
Herbst, kann es auf den Radwegen, vor allem dem Neusiedler-
See-Radweg und da vor allem an Wochenenden, zu wahren
Kolonnenbildungen und an Engstellen zu Staus kommen. Des-
halb kann es manchmal von Vorteil sein, von den beschilderten
Routen abzuweichen, auch wenn diese durch die schönsten
Gebiete führen, und einen der vielen asphaltierten, aber wenig
befahrenen Güterwege zu benutzen.

Dieser Hinweis soll und darf allerdings nicht als Aufforderung verstanden werden, den Seewinkel als große Querfeldeinstrecke zu mißbrauchen. Das sehen weder die Bauern gerne noch die Naturschützer, die ohnehin immer wieder über Radler klagen, die meinen, allein ihre benzinlose Fortbewegungsart würde eine Durchquerung geschützter Gebiete rechtfertigen. Dem ist nicht so, und alle, die sich darüber hinwegsetzen, tun dem ohnehin nicht mehr allzu friedlichen Image des Radfahrens nichts Gutes.

Drei offizielle und gut beschilderte Radwege durchqueren den, beziehungsweise wurden im Seewinkel angelegt. Der Neusiedler-See-Radweg B 10 führt über Podersdorf – mit einer Fährverbindung nach Breitenbrunn oder Rust – und Illmitz, von wo auch die Überquerung des Sees nach Mörbisch oder Rust möglich ist, weiter nach Pamhagen und über die Grenze nach Ungarn.

Der Lackenradweg B 20 ist in Podersdorf an den Neusiedler-See-Radweg angeschlossen und verläuft als 48 Kilometer langer Rundkurs entlang der Naturschutzgebiete, vorbei am Zicksee und der Langen Lacke über Illmitz zurück nach Po-

Podersdorf: Im Sommer können auch Radparkplätze überfüllt sein

dersdorf. Der größte Teil der Strecke ist asphaltiert, nur im Naturschutzgebiet Lange Lacke ist der Weg naturgemäß geschottert.

Und damit der sportliche Aspekt nicht allein im Vordergrund steht, wurde als Dritter im Bunde der Kulturradweg B 23 eingerichtet. Von Frauenkirchen führt er durch das Albrechtsfeld bis nahe an die ungarische Grenze durch die Heide- und Weidelandschaft bis nach Halbturn und von dort über einen kleinen Teil der Parndorfer Platte nach Mönchhof und zurück nach Frauenkirchen. Von dort wurde ein Anschlußweg an den Lackenradweg ausgeschildert. Der Kulturradweg ist 26 Kilometer lang und bis auf ein kleines Teilstück zwischen Frauenkirchen und Halbturn durchgehend asphaltiert. Zum Schluß noch eine gutgemeinte Warnung – obwohl die Radwege weder schwierig noch lang sind, ist Vorsicht geboten. Der Seewinkel kann im Sommer sehr, sehr heiß sein – und Schatten gibt es wenig bis überhaupt nicht!

ANREISE VON WIEN

AUTO Über die Ostautobahn bis zur Abfahrt Neusiedl, durch Neusiedl durch und nach Weiden entweder geradeaus Richtung Gols und Halbturn oder nach Süden Richtung Podersdorf und Illmitz. **BUS** Vom Busbahnhof Landstraßer Hauptstraße gehen Busse über Bruck/Leitha nach Neusiedl und weiter in verschiedene Orte des Seewinkels. Information über Busverbindungen mit ÖBB- oder Postbussen: Zentrale Busauskunft: Tel. 711 01. FAHRRADBUS NEUSIEDLER SEE (Linienbus der ÖBB zwischen Podersdorf und Mörbisch), verkehrt von Ende Juni bis Anfang September täglich (Auskünfte unter Tel. 02167/2418). **BAHN** Vom Süd- bzw. Ostbahnhof verkehren stündlich Schnellbahnzüge nach Neusiedl. Von dort fährt die kleine und romantische Raab-Ödenburg-Ebenfurter Eisenbahn mit zum Teil ungarischen Waggons und betreut von ungarischen Schaffnern über Gols, Frauenkirchen, St. Andrä, Wallern und Pamhagen bis ins ungarische Fertőszentmiklós – an Samstagen allerdings nur fünfmal Richtung Pamhagen und viermal zurück, an Sonn- und Feiertagen jeweils nur viermal am Tag. Zentrale Zugauskunft: Tel. 1717. Bahnverbindungen der Österreichischen Bundesbahnen und der Raab-Ödenburg-Bahn: NEUSIEDLER-SEE-RUNDFAHRT Neusiedl am See–Jois–Winden–Breitenbrunn–Purbach–Donnerskirchen–Schützen am Gebirge–Eisenstadt–Wulkaprodersdorf

(ÖBB mündet in die Raab-Ödenburg-Bahnstrecke) –Sopron–Kopháza–Nagycenk–Fertöszentmiklós–Fertöszeplak–Pamhagen–Wallern–St. Andrä am Zicksee–Frauenkirchen–Mönchhof–Gols–Weiden am See–Neusiedl am See. ANFAHRTEN Wien-Ostbahnhof – Neusiedl am See; Wien-Südbahnhof (Südbahnsteig) – Ebenfurth (Raab-Ödenburg-Bahn) – Sopron; Wien-Südbahnhof – Wr. Neustadt – Sopron. NOSTALGIEFAHRT Mit der Dampflokomotive von Neusiedl am See über Pamhagen nach Fertöszentmiklós. Dieser Zug fährt während der Sommermonate einmal pro Woche. Die Fahrzeit beträgt ca. 2 Stunden. Rückreise per Autobus (Auskünfte und Anmeldungen bei Blaguss-Reisen Neusiedl am See, Untere Hauptstraße 12, Tel. 02167/8141-0).

Einmal im Burgenland beziehungsweise im Seewinkel, ist das beste Fortbewegungsmittel das Rad. Zum einen aus Umweltfreundlichkeit, zum anderen aus den weiter oben beschriebenen Gründen und zum dritten, weil nur so die Landschaft wirklich genossen werden kann. Die im folgenden beschriebenen Ausflüge sind deshalb auch in erster Linie auf Radfahrer ausgerichtet.

PODERSDORF AM SEE/PATFALU

Podersdorf ist weder das geographische noch das kulturelle Zentrum des Seewinkels wohl aber, und das ist auch der Grund, warum es sich als Ausgangspunkt für verschiedene Ausflüge in den Seewinkel am besten eignet, das touristische Zentrum mit mehr Unterkunft-Möglichkeiten als irgendwoanders rund um den Neusiedler See. Zu den Urlaubsgästen kommen an Wochenenden noch die Tagesgäste aus dem Wiener Raum, die allsonntagabendlich die Straße Richtung Neusiedl und darüber hinaus mehr stehend als fahrend frequentieren. Und insofern dafür sorgen, daß der Wochenend-Erholungswert auf ein Minimum schrumpft, was den nächsten Ausflug an den See unbedingt wieder notwendig macht.

Die Windmühle von Podersdorf

Um den Ort Podersdorf selbst ein wenig von den der Urlaubsortluft und -stimmung eher abträglichen Kolonnen zu befreien, wurde noch vor der nördlichen Ortseinfahrt eine Abzweigung zum Nordstrand angelegt. Und allen, die letztendlich auch glücklich genug waren, einen Parkplatz zu finden, steht wirklich eine Unzahl von Freizeiteinrichtungen und -möglichkeiten zur Verfügung: ein Hafen voller Boote, zwei Strandbäder, Gasthäuser, Cafés, Radverleihstellen und vieles mehr, was das Erholung oder sportliche Betätigung suchende Herz begehrt.

Seine Sonderstellung als touristisches Zentrum verdankt Podersdorf in erster Linie der Tatsache, daß es als einziger Ort direkt am See liegt, ohne durch einen Schilfgürtel von den erfrischenden Wellen getrennt zu sein, die hier noch dazu kaum eineinhalb Meter tief sind und deshalb ein familienfreundliches, gefahrloses Planschen erlauben. Von Weingärten umgeben und im Schnittpunkt mehrerer Wanderwege sowie Radwege gelegen, läßt Podersdorf kaum freizeitliche Wünsche offen.

Chedusfölde, wie der 1209 erstmals urkundlich erwähnte Ort einst hieß, erhielt seinen heutigen Namen vom Grafen Poth, in dessen Besitz es 1212 kam, ehe es 1217 von König Andreas II. dem Zisterzienserstift Heiligenkreuz geschenkt wurde. Bevor sich Podersdorf zum Tourismuszentrum entwickelte, waren übrigens bereits der Wein und – noch früher – der Podersdorfer Streusand, der als Löschblatt-Vorläufer Verwendung fand, die Haupteinnahmequellen. Wie bei allen Orten des Seewinkels ist auch die Geschichte Podersdorfs von vielen Zerstörungen markiert: 1241 die Tataren, 1529 und 1638 die Türken, 1705 die Kuruzzen, und schließlich wütete 1713 noch die Pest.

Die allzuoft vorgebrachte Meinung, daß es heute der Tourismus sei, der das Zerstörungswerk fortsetze, hat, was die Städte und Orte des Seewinkels betrifft, nur wenig Wahres an sich. Die Renovierung vieler alter Häuser, Höfe und Scheunen im österreichischen Einheitsstil hat schon vor der großen touristischen Zeit begonnen, und es scheint sogar umgekehrt die Fremdenverkehrswirksamkeit zu sein, die einen verstärkten Schutz der noch erhaltenen alten Gebäude bewirkt.

Viele sind es allerdings tatsächlich nicht mehr. In der Seestraße kann man noch einige Giebelhäuser mit Fassadendekor aus dem ausgehenden 19. Jahrhundert entdecken, einzelne schilfrohrgedeckte Häuser und alte Höfe wurden in der Söllnergasse und in der Neusiedler Straße erhalten. Sehenswert ist auch noch die Pfarrkirche St. Katharina aus dem Jahre 1791 (1895 erweitert) mit einem spätbarocken reichgegliederten Fassadenturm mit spitz zulaufendem Helmdach.

Seestraße in Podersdorf

Die beiden touristischen Sehenswürdigkeiten in Podersdorf aber sind – in Zeiten, da zum einen viel von alternativer Energiegewinnung und zum anderen von Naturschutz die Rede ist – die renovierte *Windmühle* in der Mühlstraße an der Ausfahrt Richtung Illmitz und der kleine Naturlehrpfad nahe des Nordstrandes. Die schindelbedeckte, 1778 erbaute und in den siebziger Jahren renovierte Windmühle ist heute voll funktionsfähig. Dank ihres drehbaren Daches war es möglich, den Wind unabhängig von seiner Richtung auszunützen. Geöffnet für Besichtigungen, auch Führungen, ist die Mühle von Mai bis Oktober (siehe Information).

Der *Naturlehrpfad* an der Strandpromenade ist vor allem wegen des Schneckenreservats interessant, in dem 1973 die gestreifte Heideschnecke, ein Faunarelikt der primären Steppenrasen und dementsprechend gefährdet durch die Vernichtung der Steppe, ausgesetzt wurde. Oberster Grundsatz bei einer Besichtigung des Reservats daher: Schauen, wo man hintritt!

Bei allem Kultur- oder Naturinteresse – Podersdorf wird vor allem der Freizeitmöglichkeiten wegen besucht. Neben den vielen wasserabhängigen Betätigungen liegt der Ort an zwei «offiziellen» Radwegen, dem Neusiedler-See-Radweg B 10 und dem Lackenradweg B 20 (siehe Kapitel Radwege in der Einleitung), und bietet auch Spaziergängern wie Weitwanderern genügend Auslauf.

Beschilderte Wander- bzw. Spazierwege führen in das weiter nördlich gelegene Naturschutzgebiet «Zitzmannsdorfer (oder Neusiedler) Wiesen», nach Süden zur «Illmitzer Hölle», einem besonders heißen Weingartenried, oder zu den Stinkerseen. Für Botaniker, Zoologen und sonstige Naturliebhaber ist eine Wanderung den Seedamm entlang in Richung Weiden durch das Schilf zu empfehlen, vorbei an Salz- und Sumpfstellen, in denen verschiedene Amphibien, Reptilien, Insekten und Vogelarten leben.

PODERSDORF AM SEE/PATFALU

INFORMATION UND ZIMMERVERMITTLUNG Tourismusbüro Podersdorf, Hauptstraße 2, Tel. 02177/2227; Information am Strandplatz während der Hauptsaison geöffnet; Info-Terminal, Hauptstraße 2: Servicestelle rund um die Uhr. Auf Tastendruck erhält man Auskunft über freie Zimmer und Ferienwohnungen, Veranstaltungen, Sehenswürdigkeiten, Ärzte, Notrufe. **CAMPING** Strandcamping Podersdorf am See, Tel. 02177/2279, Mobilheimplatz Tel. 02177/2309. Saison: 1. April–31. Oktober. Der Campingplatz hat ein Ausmaß von rund 7 Hektar mit über 600 Stellplätzen und liegt direkt am Ufer des Sees. Kinderspielplatz, eigenes Surfrevier, Restaurants und Kaufhäuser, Boots- und Surfbrett- sowie Fahrradverleih am Platz bzw. in unmittelbarer Nähe. Platzreservierungen sind nur begrenzt möglich. **BANKEN** Raiffeisenkasse, Seestraße 81, Tel. 02177/2285, 2485 (Bankomat); PSK, Neusiedler Straße 9–11, Tel. 02177/2260, 2210; GELDWECHSEL auch bei: Changeomat beim Campingplatzverwaltungsgebäude; Blaguss-Reisen, Seestraße 91, Tel. 02177/2406, 2901; Martinshof (auch Sa und So), Seestraße 91, Tel. 02177/2288. **BÜCHEREI** Seestraße 67 (Bernardinum).

Moderne Katholische Volksbücherei mit über 2000 Bänden, geöffnet von Mai bis September Mi, So 19–20 Uhr, Oktober bis April: Mi, So von 17–18 Uhr. **FUNDAMT** Gemeindeamt Podersdorf, Hauptstraße 2, Tel. 02177/2291. **GENDARMERIE** Neusiedler Straße 9–11, Tel. 02177/2233. **LINIENSCHIFFE** PODERSDORF AM SEE–RUST–MÖRBISCH Fa. Knoll, Podersdorf, Tel. 02177/2431 oder 2443. Schiffsverbindung Podersdorf/Rust, 15. Mai bis 30. September, jeden Di und Fr, Abfahrt 13 Uhr; Rust–Podersdorf: Abfahrt 17 Uhr; Podersdorf–Mörbisch von 1. Juli bis 31. August jeden Mittwoch um 13 Uhr; Mörbisch–Podersdorf um 16.30 Uhr.

BREITENBRUNN–PODERSDORF/SEE Fa. Gmeiner, Purbach, Tel. 02683/5538 oder 5590. Schiffsverbindung (Fahrradfähre) Breitenbrunn–Podersdorf von Mai bis 29. September täglich 9.30 und 13.30 Uhr, Samstag, Sonn- und Feiertag; Breitenbrunn–Podersdorf 9.30 Uhr und 16.30 Uhr; Podersdorf–Breitenbrunn 10.30 und 17.30 Uhr; Im Oktober zu den Wochenenden: Breitenbrunn–Podersdorf 10 Uhr, Podersdorf–Breitenbrunn 11 Uhr.

Alternativenergie aus alter Zeit

FREIZEIT UND SPORT WINDINFORMATION (im Winter auch Eislaufinformation): Windsurfing-Club «Seewirt Karner», Podersdorf, Tel. 02177/2244. AUSFLUGSFAHRTEN Blaguss-Reisen, Seestraße 91, Tel. 02177/2406. BADEN Badeanlage 3000 Meter Strand, Kinderspielplatz, Minigolfplatz, Surfschule, Bootsverleih, Restaurant, Tel. 02167/2227-0. BOOTFAHREN Bootsvermietung und Surfbrettverleih: Knoll Friedrich, Hauptdamm, Tel. 02177/2431, 2443; Peisser Josef, Nordstrand, Tel. 02177/2320; Peisser Lorenz, beim Sportplatz-Südstrand, Tel. 02177/2381. Bootsliegeplätze: Podersdorf – Nord- und Südstrand Tel. 02177/2320, 2381 (Wasser, Trocken), Slipanlage (Kran beim Yachtclub). FITNESS Fitneßparcours für Freizeitsportler, beim Mobilheimplatz. PIT-PAT «Georgshof», Tel. 02177/2764.

RADFAHREN Fahrradverleih: Fa. Hlousek, Campingstraße 18, Tel. 02177/2452, Büffet; Tauber Melitta, Strandplatz, Tel. 02177/2204; Waldherr, Hauptstraße 42, Tel. 02177/2297. FAHRRADBUS NEU-SIEDLER SEE Linienbus der ÖBB zwischen Podersdorf und Mörbisch, verkehrt von Ende Juni bis Anfang September täglich (Auskünfte unter Tel. 02167/2418). REITEN Reitstall Frankl, Hausgärten 15, Tel. 02177/2251, 15 Reitpferde, Ponies, Reitkurse für Anfänger und Fort-geschrittene, Halbtagesritte, Tages-, Dreitagesritte, Nachtritte, Kut-schenfahrten (auf Wunsch mit Musik). «Georgshof», Fam. Lang, Im Karmazik, Tel. 02177/2764. SURFEN/SEGELN/EISSEGELN Knoll Friedrich, Hauptdamm, Tel. 02177/2431, 2443 (Surfbrettverleih); Surf-Segelschule Josef und Elfi Peisser, Nordstrand, Tel. 02177/2320; Surf-Segelschule Peisser Lorenz und Helga, beim Sportplatz-Südstrand, Tel. 02177/2381, (viertägige Surf- und Segelkurse, Grundschein, VÖYWS, Kinder- und Schnupperkurse, auch Brettverleih). Surfrevier für Surfer mit eigenem Brett: Nordstrand und Südstrand (beim Fußballplatz). TAN-ZEN Diskothek «Nova-Tenne», Billard, Kegelbahn, Hauptstraße 4–8, Tel. 02177/2941. TENNIS Haus Burgenland, Steinbruch I/36, Tel. 02177/2913 (5 Sandplätze, 3 Hallenplätze, 2 Squashcourts, 4 Badmin-tonplätze). YACHTCLUB Yachtclub Podersdorf, Tel. 02177/2376. **MUSEEN/GALERIEN** GENOVEVA-HAUS Neusiedler Straße 7, Tel. 02177/2173. Ausstellung Naiver Kunst. Geöffnet von Juli bis Septem-ber, täglich 10–12 und 15–18.30 Uhr. HEIMATMUSEUM in der Wein-berggasse. Alter Hausrat, Fotos, Tierpräparate. WINDMÜHLE Mühl-straße 26, Tel. 02177/2227. Besichtigungsmöglichkeiten oder Führun-gen in der restaurierten Windmühle von Podersdorf in der Zeit von Mai bis Oktober (für Gruppen jederzeit bei Voranmeldung). Außerdem fin-den in dieser Zeit an jedem Dienstag und Donnerstag Weindegustatio-nen mit Erklärungen zu Wein und Weinbau in Poderdorf statt. KERA-MIKSTUBEN Christina Ettl, Seestraße 46, Tel. 02177/2366; Poders-dorfer Keramik, Seeufergasse 30, Tel. 02177/2161. **ESSEN UND TRINKEN** GASTHÄUSER/RESTAURANTS Kulinarisches Gasthaus zur Dankbarkeit, Fam. Lentsch, Hauptstraße 39, Tel. 02177/2223 (Wein-gasthof); Hotel-Restaurant «Seehof», Seeufergasse 23, Tel. 02177/2380; Hotel-Restaurant «Seewirt», Strandplatz 1, Tel. 02177/2415; «Pfandlwirt» Willi Karner, Strandplatz 18, Tel. 02177/2451; Hotel-Restaurant «Heideboden», Mühlstraße 11, Tel. 02177/2247; «Martinshof», Seestraße 91, Tel. 02177/2288 oder 2475; Gasthof «Zum hl. Urban», Neusiedler Straße 1, Tel. 02177/2221; Café-Restaurant «Haus Pannonia», Seezeile 20, Tel. 02177/2245; CAFÉS Strandcafé Karner, Strandplatz, Tel. 02177/2388; Tagescafé Lentsch, Seestraße 14, Tel. 02177/2719.

Illmitz – Apetlon – Wallern – Pamhagen

Von der Strandpromenade in Podersdorf verläuft der Radweg
entlang der Campingstraße Richtung Süden, den See entlang
durch die «Hölle», links vorbei am Oberen Stinkersee und zwischen Weingärten und Feldern nach Illmitz/Illmic.

ILLMITZ/ILLMIC

Die urkundlich bereits 1217 genannte, von Naturschutzgebieten umgebene Gemeinde ist mit 117 Meter die niedrigstgelege-
ne Gemeinde Österreichs und zeichnet sich durch ein extrem
warmes und niederschlagsarmes Klima aus. Außerdem kann
Illmitz für sich in Anspruch nehmen, am äußersten Westrand
der Puszta zu liegen. Trotz all dieser Superlative hat sich der
Ort, von manchen als heimliche Hauptstadt des Seewinkels bezeichnet, erst in jüngster Zeit zu einem Tourismuszentrum entwickelt. Was darin begründet sein mag, daß das Ufer des Neusiedler Sees, bedingt durch den breiten Schilfgürtel, fünf Kilometer vom Ort entfernt liegt.

Die Pusztascheune in Illmitz

139

An kulturellen Sehenswürdigkeiten ist vor allem die *Pfarrkirche St. Bartholomäus* (erbaut in den Jahren 1775–1792) mit ihrem bereits 1658 fertiggestellten Hochaltar, der aus dem aufgelassenen Augustinerkloster in Eisenstadt stammt, dem reich geschmückten Tabernakel aus dem Ende des 18. Jahrhunderts und den barocken Schnitzfiguren auf den Pfeilern erwähnenswert.

Fast alle charakteristischen alten rohrgedeckten Häuser und Höfe fielen der allgemeinen Modernisierung zum Opfer. Allein in der heute teilweise als Fußgängerzone gestalteten Florianigasse sind noch einige alte, renovierte Häuser zu bewundern. So auch das ehemalige, in manchen Teilen über 250 Jahre alte, aus Lehmziegeln erbaute *«Heimathaus»* (oder «Barockhaus») mit Schilfdach und Barockgiebel. Gemeinsam mit dem daneben gelegenen

Das Illmitzer Florianihaus

Ganglhof gilt es als besterhaltenes altes Seewinkler Bauernhaus. Im Innenhof kann man eine alte Weinpresse bewundern und im Antiquitätenladen nach sogenanntem Echtem stöbern.

Illmitz ist von vielen Salzlacken umgeben, von denen ein Großteil unter Naturschutz steht. Neben gut markierten Wanderwegen rund um die Zick-Lacke oder zum Sandeck im Süden, nahe des kleinen Herrnsees, empfiehlt sich ein Gang entlang des Naturlehrpfades, der in der Nähe der Biologischen Station am Rand des Schilfgürtels angelegt wurde und der über die Seestraße leicht zu erreichen ist. In der Biologischen Station selbst, die alle Naturschutzgebiete des Seewinkels betreut, erhält man entsprechende Informationen.

ILLMITZ/ILLMIC

INFORMATION UND ZIMMERVERMITTLUNG Tourismus-Informationsbüro, Obere Hauptstraße 2–4, Tel. 02175/2383; Biologische Station, Tel. 02175/2383. **BANKEN** Raiffeisenkasse Illmitz, Hauptplatz 4, Tel. 02175/2327-0 (Internationaler Bankomat); Sparkasse Illmitz, Hauptplatz 1, Tel. 02175/2124; Reisebüro Blaguss, Obere Hauptstraße 17, Tel. 02175/2106 (Geldwechsel). **BÜCHEREI** in der Hauptschule Illmitz, Zickhöhe-Sportzentrum (Di 15–16.30 Uhr, Do 16.20–17.30 Uhr). **FÄHREN/SCHIFFSRUNDFAHRTEN** MÖRBISCH–ILLMITZ–FERTÖRAKOS Mörbischer Schiffahrtsbüro Drescher, Abfahrtsstelle hinter der Seebühne, Tel. 02685/8820 oder 8840. Linienschiffahrt nach Illmitz vom 1. Mai bis 30. September täglich zur vollen Stunde von 9 bis 16 Uhr, Abschlußfahrt um 16.45 Uhr. Von Illmitz nach Mörbisch etwa 30 Minuten später. Pusztafahrten, Bootsrundfahrten zur Seemitte und zur ungarischen Grenze, Mulatschag am Neusiedler See, Neusiedler See bei Nacht, grenzüberschreitende Fahrten Österreich–Ungarn. Schiffahrtsstation Drescher, Mörbisch und Fertörákos. Mörbischer Schiffahrt Kapitän Weiss, Hauptstraße 9 oder direkt bei der Schiffsstation, Tel. 02685/8324, 8224, 8011. Linienfahrt von Mörbisch nach Illmitz von 1. Mai bis 30. September täglich um 10, 13 und 16.45 Uhr, von 1. Juli bis 3. August zusätzlich um 11, 12, 14 und 15 Uhr. Von Illmitz nach Mörbisch jeweils 30 Minuten später. Pusztafahrt, Pusztanacht, Grillparty, Fahrt ins Naturschutzgebiet. Schiffahrtsunternehmen Gangl, Illmitz, Tel. 02175/2158. Linienfahrt (Radfähre) Illmitz–Mörbisch von April bis Ende Oktober täglich um 10, 12, 13.30 und 16.30 Uhr, von Mai bis September zusätzlich um 9, 11 und 17.30 Uhr. Mörbisch–Illmitz jeweils 30 Minuten später. Fahrten zur ungarischen Grenze und nach Fertörákos, Ausflugsfahrten, Grillfest an Bord. Fertö-tavi Hajózási Kft., Schiffahrtsstation Fertörákos, Tel. 0036/99/355-165. Fährenbetrieb von 1. Mai bis 30. September (10–18 Uhr), grenzüberschreitende Fahrten ins Burgenland, Grillparties, Mitnahme von Fahrrädern und Surfbrettern. RUST–ILLMITZ Fa. Gmeiner, Purbach, Tel. 02683/5538 oder 5590. Schiffsverbindung (Fahrradfähre) Rust–Illmitz jeden Freitag, Samstag und Sonntag 10 und 16 Uhr; Illmitz–Rust 11 und 17 Uhr. Pusztafahrten (Schiffahrt Rust–Illmitz, im Pferdewagen durch das Naturschutzgebiet), Pusztanachmittag oder -abend (Grillen bei Zigeunermusik), Familienfeste auf dem Salonboot NIXE, Trauungen, Ehrungen, private Feiern. **FREIZEIT UND SPORT** AUSFLUGSFAHRTEN Reisebüro Blaguss, Obere Hauptstraße 17, Tel. 02175/2106. BADEN Badeanlage mit 400 Meter Strand, Kinderspielplatz, Restaurant, Surfschule, Tel. 02175/2230. BOOTFAHREN Bootsverleih: Fa. Gangl, Seebad Illmitz, Tel. 02175/2158. Bootsliegeplätze können gemietet werden im Gemeindeamt Illmitz, Alois Wegleitner, Obere Hauptstraße 2–4, Tel. 02175/2303. FISCHEN Angelberechtigung bei Johann Haider, Obere Hauptstraße 40, Tel. 02175/2109. RADFAHREN Fahrradverleih: Robert Polay, Florianigasse 5, Tel. 02175/24192; Tauber, Apetloner Straße (vis-à-vis Pusztascheune), Tel. 02175/2335; Ludwig Mürner, Obere Hauptstraße 56 und Friedhofgasse 5, Tel. 02175/3214 oder 2756. REITEN/PFERDEWAGENFAHRTEN Reitstall Elfriede Mann, Seegasse 9, Tel. 02175/2334 (ganzjähriger Reitbetrieb, Ausritte und Wagenfahrten im Nationalpark). Gerhard Gangl, Ufergasse 34, Tel. 02175/2382 (Pferdewagenfahrten). Vinzenz Gangl, Untere Hauptstraße 13, Tel. 02175/2277 (Pferdewagenfahrten rund um die Lacken und Naturschutzgebiete im Seewinkel). Hilde Rauchwarter, Obere Hauptstraße 10, Tel. 02175/2181 (Pusztafahrten mit Pferdewägen und Ponykutschen). SURFEN Surfschule TSA-Turn- und Sportanstalt, Michael Yurlowskiy, Schönbrunner Straße, Wien, Tel. 0222/813 93 93. TENNIS Richard Haider, Auskunft und Kartenverkauf bei Fam. Zehentner, Apetloner Straße 49, Tel. 02175/2301 (Tennisplätze im Sportzentrum) **ESSEN UND TRINKEN** «Barock-Zeche», Sandgasse, Tel. 02175/2147; Seerestaurant Haider, Seebad, Tel. 02175/2188; «Holzhammer's Heurigenkeller», Apetloner Straße 43, Tel. 02175/2396; «Johanneszeche», Florianigasse 10, Tel. 02175/2335; Heurigenrestaurant Weingut Rosenhof, Fam. Haider, Florianigasse 1, Tel. 02175/2232.

Die kurze Strecke von Illmitz nach Apetlon kann man am schnellsten auf der Hauptstraße hinter sich bringen. Der Neusiedler-See-Radweg führt auf einer um etwa fünf Kilometer längeren, dafür aber schöneren Strecke von Illmitz durch Wiesen und Weingärten nach Norden zum Apetloner Badesee, einer kleinen, selten stark besuchten und deshalb empfehlenswerten Schottergrube mit simplen, aber durchaus ausreichenden hygienischen Einrichtungen und einem kleinen Imbißstand. Von dort geht es in einer Schleife wieder nach Süden, vorbei an der Darscho-Lacke und dem sumpfigen Xixsee nach Apetlon.

APETLON/MOSONBANFALVA

Obwohl der kleine Ort erst 1318 in offiziellen Urkunden erwähnt wird, war er schon lange vorher bewohnt, wie der Fund eines wahrscheinlich im Jahr 260 vergrabenen römischen Münzschatzes nahe der Langen Lacke beweist. Einige Male fiel die Ansiedlung Überschwemmungen zum Opfer, so im 15. Jahrhundert. Erst durch den Bau des Einser Kanals im letzten Jahrhundert konnte diese Gefahr endgültig gebannt werden.

Überflutungen, Kriege, marodierende Soldaten und letztlich das geringe Interesse an der Erhaltung alter Bauten vor dem nostalgiefördernden Fremdenverkehr ließen wenig übrig vom einstigen Ortsbild.

Hofseitig hinter den Häuserzeilen finden sich aber immerhin noch mehrere typisch burgenländische Tschardaken, Rohrscheunen mit bogenförmigen Streben und Schilfrohrdächern, die in erster Linie zum Speichern von Maiskolben verwendet werden. In der Wasserzeile, der Kirchengasse, der Quergasse und der Akaziengasse stehen noch alte Giebelhäuser sowie am Raiffeisenplatz ein Haus mit Schilfrohrdach und einem barocken Volutengiebel.

Der Hauptplatz von Apetlon

Die spätbarocke katholische *Pfarrkirche St. Margaretha*, deren in den siebziger Jahren restaurierte Innenausstattung großteils aus dem Ende des 18. Jahrhunderts stammt, ist vor allem wegen des Gnadenbildes einer «Schwarzen Madonna» im Seitenaltar bekannt. Für Kurzradtouren empfiehlt sich eine Fahrt rund um das Feriendorf «Vogelparadies» am Weißen See, der durch Gärten und Felder bis an die ungarische Grenze und den Schilfgürtel (Darscho) und über den Apetlonerhof zurück in den Ort führt.

Der Seewinkel

APETLON/MOSONBANFALVA

INFORMATION UND ZIMMERVERMITTLUNG Gemeindeamt, Kirchengasse 1a, Tel. 02175/2220-0; Feriendorf «Vogelparadies», Tel. 02175/2650 (24 Bungalows an Privatbadesee mit Kinderspielplatz, Bibliothek, Fahrradverleih). **JUGENDHERBERGE** Auskünfte bei Frau Weinhandl, Tel. 02175/2203. **BANK** Raiffeisenkasse, Kirchengasse 3, Tel. 02175/2225, 2067 Mo, Di, Do, Fr 7.30–12 Uhr, 13.30–16 Uhr, Sa 7.20–12 Uhr, Mi und So geschlossen. **GENDARMERIE** Gendarmeriepostenkommando Apetlon, Kirchengasse 1a, Tel. 02175/2233, Notruf 133. **FREIZEIT UND SPORT** BADEN Badeanlage in einer ehemaligen Schottergrube unweit der Langen Lacke und des Darscho am Rande des Vollnaturschutzgebietes. 300 Meter langer Strand, Büffet. FISCHEN Kartenausgabe für den Neusiedler See bei Wolfgang Thell,

Wallerner Straße 24, Tel. 02175/2296. RADFAHREN Fahrradverleih Helmut Weinhandl, Wasserzeile 2, Tel. 02175/2288 (Fahrradverleih, Ersatzteile, Reparatur – ganzjährig geöffnet, auch an Sonn- und Feiertagen). REITEN UND PFERDEWAGENFAHRTEN Reitstall «Pusztarössl», Rudolf Joch, Wallerner Straße 19, Tel. 02175/2274 (25 Warmblutpferde, Ponies, Stunden- und Tagesritte, Kutschen-, Wagen- und Schlittenfahrten, Reitplatz, Reitbahn. In der Reithalle: Reitunterricht, Dressurreiten, Gesellschaftsreiten, Reitkurse

Altes Giebelhaus in Apetlon

u.a.); Reiterhof «Sonja», Quergasse 36, Tel. 02175/2345. Johann Tschida, Krotzen 55, Tel. 02175/2191 (Perdewagenfahrten ins Naturschutzgebiet). TANZEN Diskothek «Flash», Quergasse 20, Tel. 02175/2250. TENNIS Tennisplatz beim Sportplatz, Reservierung: Gasthof Weinzettl, Quergasse 20, Tel. 02175/2250 (2 Freiplätze); Johann Wegleitner, Frauenkirchener Straße 24, Tel. 02175/2156 (2 Sandplätze). **VERANSTALTUNGEN** JAHRMÄRKTE im März, Mai, August und November. KIRCHTAGE im Juli. FILMVORFÜHRUNGEN über die Tierwelt des Seewinkels im Restaurant Tschida, Wasserzeile 14, Tel. 02175/2214. WWF-INFOHAUS Seewinkelhof, Güterweg, Tel. 02175/3149. **ESSEN UND TRINKEN** GASTHÄUSER UND RESTAURANTS Gasthof Weinzettl, Quergasse 20, Tel. 02175/2250; Restaurant Michael Tschida, Wasserzeile 14, Tel. 02175/2214. CAFÉ Café Preiner, Wasserzeile 4, Tel. 02175/2276.

Apetlon ist auch der beste Ausgangspunkt für einen Besuch des Naturschutzgebiets «Lange Lacke». Der Lackenradweg führt entlang der Straße Apetlon–Wallern und biegt etwa auf der

Hälfte der Strecke nach Norden zum Seewinkelhof, dem Forschungs- und Informationszentrum des WWF, ab.

VON LACKEN UND WEIDEN

Die Landschaft des Seewinkels wird von rund 60 sogenannten Lacken geprägt. Im Unterschied zu sonstigen Binnengewässern weisen diese seichten Teiche und Seen einen ungewöhnlich hohen Salzgehalt auf. Neben nur schwach salzhaltigen Lacken gibt es auch solche mit beinahe dem Meerwasser vergleichbarer Konzentration, wenn auch bei ganz anderer chemischer Zusammensetzung. In erster Linie Soda, in kleineren Mengen Kochsalz, Glaubersalz und Bittersalz, stammen alle Salze aus dem geologischen Untergrund. Das aride Klima der pannonischen Ebene, in der die Verdunstung die Niederschläge überwiegt, begünstigt das Aufsteigen der Salze an die Erdoberfläche.

Warum der Boden des Seewinkels eine solche Anreicherung an Salzen aufweist, ist ungeklärt. Eine Theorie macht eine zwischeneiszeitliche trockene Klimaperiode dafür verantwortlich,

Neue alte Heidebodennutzung: die Rinderherde

eine andere die aufsteigenden Mineralwässer. Wie dem auch sei, die «Zickböden» – nach dem ungarischen «szik» für Soda – sind Zeugnis einer lange zurückliegenden maritimen Vergangenheit des Gebiets. Naturbelassen fehlt den Lacken jede Verbindung zu Fließgewässern. Ihr Wasserhaushalt wird dementsprechend nur von Niederschlägen, Grundwasser und dem Klima bestimmt. So können bei anhaltenden Trockenperioden auch größere Lacken, wie zum Beispiel die Lange Lacke, austrocknen.

Die Lacken und die sie umgebende Steppenlandschaft bilden die Voraussetzungen für eine im mitteleuropäischen Raum einzigartige Flora und Fauna. Zum einen Brutgebiet und in manchen Fällen auch Lebensraum von seltenen und zum Teil gefährdeten Vögeln, ist der Seewinkel und hier vor allem das Gebiet um die Lange Lacke ein wichtiger Rastplatz für Tausende Zugvögel.

Als spektakulärstes Ereignis dieser Art gilt dabei wohl der sogenannte «Gänse-Strich». Jeden Herbst sammeln sich Graugänse aus Skandinavien und Polen sowie Bläß- und Saatgänse aus Sibirien an der Langen Lacke, bevor sie weiter gegen Süden ziehen. Täglich bei Sonnenuntergang kehren Zigtausende von ihnen von ihren Nahrungsgründen der Umgebung zum Schlafen zur Langen Lacke zurück. Unter den seltenen Vögeln, die dieses «Vogelparadies Europas» beherbergt, befinden sich unter anderem verschiedene Reiher, wie Silberreiher, Purpurreiher oder Fischreiher, der zur Gattung der Ibisse zählende Löffler, dazu noch Säbelschnäbler und Seeregenpfeifer. Neben über 30 verschiedenen Entenarten und noch mehr Singvogelarten kann man im Sommer auch vereinzelt Kaiser- und Schreiadler beobachten. Aber nicht nur Vögel, auch seltene Landtierarten wie der Mondhornkäfer, Ziesel oder die Südrussische Tarantel finden sich im Lackengebiet.

Die landschaftlichen Bedingungen für diese Artenvielfalt ist allerdings keine naturgegebene. Schon frühzeitig wurde im

Seewinkel der ursprüngliche lockere Eichen-Buschwald gerodet und durch ausgedehnte Acker- und Weideflächen ersetzt. Noch bis vor etwa 100 Jahren war der Seewinkel hauptsächlich als «Hutweide» bewirtschaftet. Bei dieser Bewirtschaftungsform wurde der Viehbestand eines Dorfes von Hirten über große Gemeinschaftsweiden geführt. Diese Art der Landnutzung mußte durch das Aufkommen technisierter Landwirtschaft als unrentabel eingestellt werden – mit der Folge, daß riesige Hutweideflächen in Äcker oder Weingärten umgewandelt wurden. Die letzten Hutweiden wurden Ende der fünfziger Jahre dieses Jahrhunderts aufgegeben, nur ein kleines Gebiet rund um die Lange Lacke blieb bestehen.

Trotz aller schon damals gültigen Naturschutzbestimmungen drohte Anfang der sechziger Jahre die einmalige Landschaft rund um die Lange Lacke und damit auch ihre unerläßliche Funktion für die Tierwelt verlorenzugehen. Die Idee, dieses auch interna-

Lange Lacke: Heimat und Rastplatz für Tausende Vögel

tional wichtige Gebiet zu retten, war der unmittelbare Anlaß für die Gründung des WWF (World Wildlife Fund) Österreich im Jahr 1963. Das Naturschutzgebiet «Lange Lacke» umfaßt zwei Bereiche: die unter vollem Naturschutz stehenden Lacken und die teilnaturgeschützten Hutweideflächen. Da letztere ständig durch wirtschaftliche Ansprüche gefährdet waren, pachtete der WWF, unterstützt durch Spendengelder, 1965 rund 460 Hektar. Während für das Vollnaturschutzgebiet seit jeher das Land

Der Seewinkelhof – Informationszentrum des WWF

Entschädigung an die Eigentümer zahlte, dauerte es immerhin bis 1986, bis es mittels Geduld, Insistenz, konsequenter Überzeugungsarbeit und einer kritischen Anmerkung Prinz Philips, des Präsidenten des WWF International, gelang, eine zufriedenstellende Lösung zu finden, bei der sich das Land, der Bund und der WWF den Pachtbetrag teilten.

Ziel des WWF auf diesem Teilschutzgebiet ist die Rückwandlung des Ackerlands in Hutweiden, um die natürliche Vegetation zu bewahren. Zu diesem Zweck wurden in Kooperation mit einem Bauern, der eine Qualitätsfleischproduktion auf die Beine stellen will, vom WWF 50 Rinder gekauft. Heute gibt es bereits 300, auf zwei Herden verteilte Stück Vieh, die wie einst von Hirten und Hunden begleitet über die Weiden ziehen.

INFORMATION Besucher der Langen Lacke wenden sich am besten an den Seewinkelhof. Ausstellungen und Prospekte informieren über Naturschutz im allgemeinen, über die Pläne des WWF und natürlich über Flora und Fauna der Umgebung. Führungen (auf alle Fälle empfehlenswert) werden von Ostern bis Ende Oktober jeden Mittwoch und Samstag auch ohne Voranmeldung angeboten. Telefonische Auskünfte: 02175/3149.

148

WALLERN/VALLA

Zurück von der Langen Lacke und weiter auf der Straße
Richtung Wallern, führt rechts eine Abzweigung zum *Feriendorf «Pannonia».* Heute im Besitz eines deutschen Konzerns,
ist es das Beispiel eines durchorganisier-
ten Idylls mit Dörfern, Dorfplätzen,
Ziehbrunnen und allen erdenklichen
Freizeiteinrichtungen, gewissermaßen einer Kompakt-Ausgabe des Seewinkels,
konzentriert auf einen Quadratkilometer.

Noch vor Wallern liegt auch der *Steppentierpark Pamhagen.* Laut Prospekt eine
tierfreundliche Anlage mit zum Teil Frei-
gehegen für Steppenrinder, Wölfe, Luch-

Der Dorfanger von Wallern

se, Steppenpferde, Greif- und Wasservögel und sogar einem
Bären. Die Realität sieht ein wenig anders aus: Auf einem
ziemlich verkommenen Gelände stehen trostlose Käfige,
manche davon leer (die Tiere sind laut Tafel entflohen oder
wurden gestohlen), und ob sich der Bär in seinem gemauer-
ten Loch wohl fühlt, ist mehr als zweifelhaft. Etwas südwestlich vom Steppentierpark liegen in den Feldern die spärlichen Überreste einer Burg oder eines Kastells. Am wahr-
scheinlichsten ist, daß es sich um eine Wehranlage gegen die
Mongolen gehandelt hat. Heute ist nur mehr ein niedriger
Pyramidenstumpf erhalten.

Bei der Abzweigung zum Steppentierpark trifft man auf
den Radweg, der über einen Güterweg von Wallern nach
Pamhagen führt. Wallern/Valla selbst gilt, und ein Blick auf
die umliegenden Felder bestätigt es, als «Gemüsegarten Österreichs». Im Ort steht auf dem Dorfanger ein bemerkenswerter
Glockenturm aus dem Jahr 1730 mit einem achtseitigen steinernen Pyramidenhelm und einer Immaculata als steinerner
Nischenfigur.

WALLERN/VALLA

INFORMATION UND ZIMMERVERMITTLUNG Gemeindeamt Wallern, Hauptstraße 4, Tel. 02174/2200. Feriendorf Pannonia, Storchengasse 1, Tel. 02715/2180. **BANKEN** EB und Hypo-Bank Burgenland, Bahnstraße 12, Tel. 02174/2855, 2858; Raiffeisenkasse Wallern, Bahnstraße 1, Tel. 02174/2226. **ESSEN UND TRINKEN** GASTHÄUSER/RESTAURANTS Restaurant Tauber, Bahnstraße 94, Tel. 02174/2217; Turm-Gasthof, Hauptstraße 25, Tel. 02174/2241. **CAFÉ** Café-Konditorei Michlits, Hauptstraße 1, Tel. 02174/2237.

Der Radweg nach Pamhagen führt vorbei an den sogenannten Büheln, zwei auf Gräber aus der Hallstattzeit zurückgehenden Hügeln.

PAMHAGEN/POMOGY

Gut geschützte Grenze bei Pamhagen

Der südlichste Ort des Seewinkels wurde 1268 erstmals als «Pomog» erwähnt, später als «Pamhacken» oder «Baumhacken». Den Zerstörungen durch die Türken fiel auch eine mittelalterliche Kirche zum Opfer, deren Fundamente 1961 am östlichen Ortsrand entdeckt wurden. Die heutige *Pfarrkirche* stammt aus dem Jahr 1754. Ihr barockes Kirchenschiff wurde beim Umbau 1954 erhalten, im Gegensatz zur sonstigen Einrichtung mit Ausnahme eines Weihwasserbeckens und eines Altarbilds.

Daß sich über die Zeit der Türkenkriege auch positive Geschichten erzählen lassen, zeigt eine Legende um den alten, zehn Meter hohen und mit 60 Zentimeter dicken Mauern versehenen Glockenturm an der Hauptstraße, der wahrscheinlich schon im 14. Jahrhundert erbaut wurde. Laut einer Chronik des Michael Egger soll sich ein osmanisches Kommando länger in Pamhagen aufgehalten haben. Aus Dank für die gute Aufnahme und die Gastfreundschaft ließ der türkische Befehlshaber eine eiserne Fahnenstange und eine türkische Fahne auf dem Glockenturm anbringen mit der Jahreszahl 1683 und den Worten «Mosco Pascha», die durchgestrichen waren. Ein Zeichen für nachrückende Truppen, daß der Ort bereits geplündert wurde – dadurch soll Pamhagen von weiteren Zerstörungen verschont geblieben sein.

Nicht bewahren konnte die Fahne das alte Ortsbild mit Giebelfassaden und alten Höfen vor der Modernisierung. Allein in der Marktstraße, am Marktplatz oder in der Rosenstraße kann man noch einfache Laubenhöfe sehen.

PAMHAGEN/POMOGY

INFORMATION UND ZIMMERVERMITTLUNG Gemeindeamt Pamhagen, Hauptstraße 7, Tel. 02174/2166-0; Feriendorf Pannonia, Storchengasse 1, Tel. 02175/2180. **BAHNHOF** Bahnstraße 42, Tel. 02174/2188. **BANK** Raiffeisenkasse Pamhagen, Marktstraße 5, Tel. 02174/2195 und 2135. **GRENZÜBERGANG** Pamhagen, Tel. 02174/2790 oder auf ungarischer Seite 0036/99/371-411. **FREIZEIT BADEN** Badesee mit 850 Meter Strand, Feriendorf Pannonia, Kinderspielplätze, Minigolfplatz, Tennisplätze, Tischtennis, Büffet. **TIERPARK** Steppentierpark Pamhagen, Tel. 02174/2489. **ESSEN UND TRINKEN** Gasthaus zum Türkenturm, Martin Steiner, Hauptstraße 39, Tel. 02174/2165; Restaurant Renghofer, Raiffeisenstraße 5, Tel. 02174/2142.

Von Pamhagen führt der Neusiedler-See-Radweg weiter an die nahe Grenze und nach Ungarn Richtung Fertöd. Wer im Lande bleibt, kann über Apetlon und Illmitz wieder zurück nach Podersdorf radeln.

Frauenkirchen – St. Andrä – Tadten – Andau

Um mit dem Rad von Podersdorf nach Frauenkirchen zu gelangen, fährt man den «Lackenradweg» über die Podersdorfer Heide bis zum *Althof* und von dort den kleinen Güterweg entlang bis Frauenkirchen. Vor allem mit Kindern ist eine Zwischenstation beim Althof Pflicht. Neben einem kleinen Gastbetrieb beheimatet der idyllisch gelegene Hof vor allem Pferde, aber auch Gänse, Esel und anderes, frei umherlaufendes Getier und bietet Reitkurse für Anfänger und Fortgeschrittene an.

FRAUENKIRCHEN/BOLDOGASSZONY/ SVETICAZA JEZEROM

Fast alle Wege führen, wie es sich für einen Wallfahrtsort gehört, nach Frauenkirchen. Zumindest scheint es dem im Seewinkel Reisenden so. Kaum eine Wegkreuzung, an der nicht ein Schild in Richtung des kulturell wichtigsten Orts des Seewinkels weist. Aber dank der flachen Landschaft kann man Frauenkirchen ohnehin kaum verfehlen – die berühmte Wallfahrtskirche ist schon von weitem sichtbar.

Schon 1324 wurde der Ort als «Zenmaria» erwähnt, und bereits 1335 galt er als Wallfahrtsort. Die erste Kirche wurde von den Türken 1529 zerstört, sodaß der Palatin Nikolaus Esterházy den Ort im Jahr 1626 von Kaiser Ferdinand II. unter der Bezeichnung «Ruine der öden Kirche der Puszta der seligsten Jungfrau» zugesprochen bekommt. Sein Sohn Paul soll 1653 das Gnadenbild unter den Trümmern der Kirche gefunden haben, worauf sich der Palatin entschloß, die Kirche und ein Dorf wiederzuerrichten. Aber auch der neuen Kirche war nur eine kurze Lebensdauer, bis 1683, bestimmt. Und anno 1695 mußte die abermals aufs neue errichtete Kirche wieder abgetragen werden, allerdings nicht aus kriegerischen Gründen – sie konnte dem Ansturm der Wallfahrer nicht mehr standhalten. Erst der 1702 fertiggestellte, von Fürst Paul Esterházy initiierte Bau «überlebte», ebenso wie das 1720 errichtete Franziskanerkloster.

Frauenkirchen war immer wieder Opfer von Zerstörungen durch Kriege und Großbrände, sodaß der heute älteste Ortsteil rund um die Franziskanergasse, die Amtshausgasse und den Kirchenplatz verhältnismäßig jung ist und aus der zweiten Hälfte des 19. Jahrhunderts stammt. Ausnahmen sind das *Alte Brauhaus* vis-à-vis der Kirche und das ehemalige Esterházy-Schlössel, das heute als Schule Verwendung findet. Im 17. Jahrhundert als Kastell errichtet, wurde es in der ersten Häfte des 18. Jahrhunderts zu einem Barockbau umgestaltet. Am Raiffeisenplatz ist außerdem ein alter vierstöckiger Speicherbau, ein sogenanntes *Granarium,* erhalten, das noch das Wappen des Fürsten Esterházy trägt.

Geistige Einkehr ist das eine, aber sie wäre wohl unvollständig ohne die leibliche. Und so ist es kein Wunder, daß auch die Entstehung des «Frauenkirchner Virts- und Brayhaus» in die Zeit der Errichtung des Klosters fällt. Daß der Zusammenhang ein intensiver war, beweist ein immer noch bestehender Ver-

Der Althof: Zwischenstation am Weg nach Frauenkirchen

153

bindungsgang zwischen Kloster- und Brauhauskeller. Das massive Steinmauergebäude mit alten Gewölben, das sich seit 1962 im Besitz der Familie Püspök (ein passender Name, ist er doch erstens ungarisch und bedeutet zweitens Bischof) befindet, steht heute unter Denkmalschutz. Und erfüllt seine Bestimmung nach bester Tradition, sodaß in den Zeiten des stärksten Besucherandranges ein ständiges Hin und Her zwischen Wirts- und

Gotteshaus herrscht. Besonders gut ißt es sich übrigens im schönen, von Lauben umgebenen Innenhof.

Die *Kirche* selbst, ein prachtvoller Barockbau, beeindruckt bereits durch ihre Dimensionen: 53 Meter lang, 18,5 Meter breit und Türme von 53 Meter Höhe. Das Deckengewölbe des Hauptschiffs ist mit Stuckdekorationen aus dem Jahr 1700 versehen, die Deckengemälde, die unter anderem Szenen aus dem Leben Jesu und die Verkündigung Mariens darstellen, wurden von Lucia Antonio Columba geschaffen.

Hauptschiff der Wallfahrtskirche Frauenkirchen

Der Hochaltar, auf dem nach wie vor die alte, aus Lindenholz geschnitzte Gnadenstatue steht, wird von zwei überlebensgroßen Statuen der Ungarnkönige St. Stephan und St. Ladislaus flankiert. Darüber befindet sich das fürstliche Esterházy-Wappen. Rechts neben dem Hochaltar sieht man die Priestersitze, das bedeutendste Schnitzwerk des Burgenlandes.

Zu beiden Seiten des Kirchenschiffs befinden sich je vier Seitenaltäre oder -kapellen. Links die berühmte Marienkapelle mit ihrer prächtigen Kanzel.

Über den genannten Kapellen ist an der Längswand des Mittelschiffs die Ahnengalerie der Franziskaner zu sehen. Die wichtigsten Heiligen des Ordens, darunter der hl. Franz von Assisi, der hl. Antonius von Padua oder der hl. Bernhard von Siena, sind abgebildet. Die rechten Seitenkapellen, die Barbarakapelle, die Magdalenenkapelle, die Antoniuskapelle und die Herz-Jesu-Kapelle, wurden alle mit reichen Wand- und Deckenfresken ausgestattet.

Gleich neben der Kirche befindet sich ein kleiner *Kalvarienberg,* auf dessen Spitze eine Kreuzigungsgruppe aus dem Jahr 1759 aufgestellt wurde. Ursprünglich im Jahre 1683 direkt vor der Kirche aufgeschüttet, wurde der Kalvarienberg 1958 versetzt, um den Blick auf die Kirchenfassade nicht zu beeinträchtigen.

Daß es aber auch eine andere als die gerade hier im Wallfahrtsort Frauenkirchen alles überdeckende christlich-katholische Tradition und Geschichte gibt, zeigt der kleine *jüdische Friedhof* mit

Jüdischer Friedhof in Frauenkirchen

Grabsteinen aus dem Ende des 17. bis ins 19. Jahrhundert. Er befindet sich neben der St. Andräer Straße an der südöstlichen Ortsausfahrt und ist nur nach Rückfrage bei der Jüdischen Kultusgemeinde in Wien zu besuchen.

Mit dem Rad oder gar mit dem Auto nach Frauenkirchen zu kommen widerspricht im Grunde der klassischen Wallfahrtstradition aufs gröbste. Mit der «Großen Runde um Frauenkirchen», einem ebenso schönen, wie interessanten und ausgiebigen Wanderweg, könnte man diesbezüglich ein wenig Abbitte leisten. Und außerdem vermittelt er ein beeindruckendes Bild von der Weite der Seewinkler Landschaft. Er führt vom Südrand Frauenkirchens über die Rochuskapelle ostwärts bis zu einem Brunnen vor einem Bildstöckl. Weiter südostwärts, teils im Windschutzgürtel in Richung großes Albrechtsfeld und von dort über den Westhof und den Erdeihof nach St. Andrä. Der Markierung nach um die Gansllacke, östlich der Bahn nach Süden und dann zum markierten Weitwanderweg 907. Wer jetzt schon müde ist und sich seiner Sünden ledig fühlt, kann diesem wieder nach Frauenkirchen folgen. Die Variante für Konditionsstarke: dem Weitwanderweg in die andere Richtung zur Langen Lacke hin folgen, entlang der Sechsmahdlacke in Richtung Apetlon auf der Straße und kurz vor einer Allee nach links über den Althof und den Stationshof wieder nach Frauenkirchen.

FRAUENKIRCHEN/BOLDOGASSZONY/ SVETICAZA JEZEROM

INFORMATION UND ZIMMERVERMITTLUNG Rathaus Frauenkirchen, Amtshausgasse 7, Tel. 02172/2300. **CAMPING** Campingplatz «Paula», Bundesstraße 51 (Mönchhofer Straße 52), Tel. 02172/2878. **BAHNHOF** Bahnstraße 28, Tel. 02172/2370. **BANKEN** EB- und Hypo-Bank Burgenland, Franziskanerstraße 21, Tel. 02172/2544; Raiffeisenbank Frauenkirchen, Hauptstraße 29, Tel. 02172/2278; Sparkasse, Franziskanerstraße 17, Tel. 02172/2305. **FREIZEIT UND SPORT** BADEN Erlebnisbad «Paula», Bundesstraße 51 (Mönchhofer Straße 52), Tel. 02172/2878 (33-Meter-Becken, Kinderplanschbecken, Restaurant. REITEN Reitstall «Althof» Pferdeverleih, Reitstunden und Wagenfahrten in der Puszta, Güterweg Richtung Apetlon, Tel. 02172/2109. TANZEN Diskothek «Palme», Franziskanerstraße 16, Tel. 02172/2259. TENNIS Ewald Bruck, Franziskanerstraße 25, Tel. 02172/2264. **GALERIE/VINOTHEK** Galerie & Vinothek Kaisergarten. Information: Annemaria Sailer, Tel. 02172/3318, 3392. Ausstellung von Werken burgenländischer Künstler. Weine aus dem Burgenland zur Degustation, Weinaccessoires, Gläser. Öffnungszeit der Galerie: ganzjährig Di–So 10–13 und 15–19 Uhr. Öffnungszeit der Vinothek: Mai bis Oktober täglich außer Mo, November bis April jeweils Fr, Sa, So. **WEINSEMINARE** Weinakademie Burgenland zweistündige Weinseminare (von Juli bis September). Information, Anmeldung: Tel. 02685/6451. **ESSEN UND TRINKEN**

Gasthof Kobor-Lass, Hauptstraße 39, Tel. 02172/2307; Landgasthof Altes Brauhaus, Familie Püspöck, Kirchenplatz 27, Tel. 02172/2201; Gasthof «Zum Kreuz», St. Andräer Straße 3, Tel. 02172/2363.

Von Frauenkirchen führt der Radweg entlang eines Güterwegs in Richtung Apetlon. Auf der Höhe des Althofs biegt der Lackenradweg nach links ab, und man gelangt entlang der Sandgrube und dem verfallenen Wilhelmshof zum Zicksee, der mit 1,6 Metern tiefsten Lacke des Seewinkels. Ihm wird aufgrund seiner Natronhältigkeit eine gewisse Heilkraft bei rheumatischen Beschwerden zugeschrieben. Vorbei am Kur- und Erholungszentrum geht es weiter nach St. Andrä.

ST. ANDRÄ/MOSONSZENTANDRAS

Dieser 1437 erstmals erwähnte und durch die Türkenkriege und im Bocskay-Aufstand 1605 völlig entvölkerte Ort wurde erst 1696 neu gegründet und besiedelt. So schön der breite Anger und die baumbestandenen Straßen auch sein mögen – fast alle alten Häuser wurden in den letzten Jahrzehnten modernisiert, und selbst die katholische Pfarrkirche aus dem Jahr 1724 wurde 1937 durch einen Neubau ersetzt. Erhalten blieben nur die Dreifaltigkeitssäule (1713), die Immaculatasäule und die Säule mit der Krönung Mariens aus dem 18. Jahrhundert.

ST. ANDRÄ/MOSONSZENTANDRAS

INFORMATION UND ZIMMERVERMITTLUNG Gemeindeamt St. Andrä am Zicksee, Hauptstraße 59, Tel. 02176/2300. **CAMPING** Der Campingplatz ist von 1. Mai bis 30. September geöffnet, Tel. 02176/2144. Campinggäste haben direkten und freien Zugang zum Strandbad. **BAHNHOF** Bahngasse 36, Tel. 02176/28093. **BANKEN** Raiffeisenkasse St. Andrä, Wiener Straße 3, Tel. 02176/2267; Filiale Zicksee, Tel. 02176/2666. **FREIZEIT UND SPORT** BADEN Badeanlage am Zicksee mit 300 Meter Strand, Liegewiese, Büffet, Tel. 02176/3168. RADFAHREN Fahrradverleih Theresia Lehner, Badstraße 3, Tel. 02176/2587. REITEN UND WAGENFAHRTEN Reitschule Gögh-Hof, Adi Hummel (Schulbetrieb, Ausritte, Ein- und Mehrtagesritte, Wagenfahrten, Tel. 02176/3178). TENNIS Gasthof zur Linde, Haniflgasse 1, Tel. 02176/2279. **ESSEN UND TRIN-**

KEN Gasthof zur Linde, Haniflgasse 1, Tel. 02176/2279; Restaurant Zicksee, Zicksee, Tel. 02176/2577; Gasthof Votik, Haupstraße 31, Tel. 02176/2304. CAFÉ-KONDITOREIEN Gisch Erwin, Hauptstraße 1, Tel. 02176/2314; Goldenitsch Ludwig, Hauptstraße 74, Tel. 02176/2232.

Vom St. Andräer Hauptplatz folgt der Radweg kurz der Straße in Richtung Wallern, bevor er über einen Güterweg und dann einen Feldweg mit einem Bogen um die kleine Schoschto-Lacke nach Tadten führt.

TADTEN / MOSONTETENY

Der kleine Ort Tadten ist vor allem als Fundgebiet einer Nekropole des 11. Jahrhunderts bekannt. Auf einem kleinen Hügel wurde ein Gräberfeld mit 35, teilweise auch für Pferdebestattung bestimmten Gräbern, entdeckt, das den Petschenegen zugesprochen wird. Die Petschenegen waren ein ursprünglich südrussisches Reitervolk, das von den ungarischen Königen als Grenzwächter in dieser Gegend eingesetzt wurde. Auch ein Schatz mit rund 2000 Silbermünzen, die um etwa 1130 vergraben worden waren, konnte geborgen werden.

In Tadten empfiehlt es sich, noch eine Stärkung zu sich zu nehmen, da entlang des zwar wunderschönen, aber doch relativ langen Radwegs von Tadten zum Einser Kanal und nach Andau keine Verpflegungsmöglichkeit besteht.

TADTEN / MOSONTETENY
INFORMATION UND ZIMMERVERMITTLUNG Gemeindeamt Tadten, Obere Hauptstraße 1, Tel. 02176/2350-0. **BANK** Raiffeisenkasse Tadten, Obere Hauptstraße 44, Tel. 02176/2341. **FREIZEIT UND SPORT** BADEN Im 5 Kilometer entfernten Zicksee. TENNIS 5 Tennisplätze. Anmeldung bei: Gasthaus Robert Etl, Untere Hauptstraße 2, Tel. 02176/2317, und Gasthaus Richard Hautzinger, Obere Hauptstraße 28, Tel. 02176/2253. **ESSEN UND TRINKEN** Gasthaus Etl, Untere Hauptstraße 2, Tel. 02176/2317; Gasthaus Hautzinger, Obere Hauptstraße 28, Tel. 02176/2253.

Der Radweg von Tadten führt direkt in die Waasen, beziehungsweise ungarisch Hanság, eine weitläufige Weidelandschaft, die unter Naturschutz steht. Nicht zuletzt, weil sie das letzte Brutgebiet der Großtrappe ist. Die Weite der Puszta wird auf dieser Strecke wohl nur die konditionsstärksten Radfahrer unberührt lassen. Der asphaltierte Weg trifft in der Nähe eines Pumpwerks auf den Einser Kanal, der die Grenze zu Ungarn bildet, und führt kurz entlang der Grenze bis zur ehemaligen Brücke von Andau und von dort auf schnurgerader Strecke nach Andau.

ANDAU / MOSONTARCSA

Die Brücke von Andau, wie überhaupt dieses Gebiet, erlangte 1956 beim ungarischen Aufstand Berühmtheit, als viele tausend Menschen über den Einser Kanal, aber auch über den Torfkanal nach Österreich flüchteten.

Ein Ereignis, das die ehemalige Brücke weltweit zum Symbol eines Schlupflochs in die Freiheit machte, dem auch der amerikanische Autor James A. Michener mit seinem Roman «Die Brücke von Andau» literarischen Tribut zollte. Und auch wenn, wie schon Marx wußte, die Geschichte sich nicht wiederholt, und wenn, dann nur als Farce, so waren es im Spätsommer 1989 ganz ähnliche Ereignisse, die das Gebiet ins Zentrum des öffentlichen Interesses rückten. Ereignisse mit, wie wir heute wissen, historischen

Der Einser Kanal südlich von Andau

Folgen. Diesmal waren es in Ungarn gebliebene Urlauber aus der DDR, die hier, allerdings etwas nördlicher und über den Landweg, die bereits vom Eisernen Vorhang befreite Grenze nutzten, um ihren Weg in den ersehnten Westen zu suchen und zu finden. Die spätere Entwicklung ließ das Risiko zwar als ein verfrühtes erscheinen – Österreichs Ruf als hilfreiches und gast-

freundliches Land für Flüchtlinge erhielt damals jedenfalls neuen Glanz.

Heute sieht es wiederum anders aus. Entlang der Grenze und auch entlang der Wege sind Bundesheer-Soldaten stationiert, die Österreich vor illegalen Einwanderern «schützen» sollen und – anscheinend dem Befehl gehorchend, der Bevölkerung freundlich gegenüberzutreten – freizeitlichen Radfahrern oder Spaziergängern ihren Gruß entbieten. Dennoch trübt ihr Anblick ein wenig die Freude an der einzigartigen Landschaft.

Gemüseanbau in Andau

Und von der Euphorie, mit der das Niederreißen der «technischen Sperren», wie es im militärischen Fachjargon hieß, einst begrüßt wurde, ist heute nur mehr wenig zu spüren. «An diesem Tag,» hieß es dazu im «Standard» vom 6. Mai, «ging es nicht um irgendwelche Realitäten wie Wirtschaftsreform, Demokratisierung der Gesellschaft oder ähnliches. Hier ging es um ein Symbol. Der Stolz, mit dem die Ungarn hier zu Werke gehen, bezieht sich nicht nur auf das Symbol des Eisernen Vorhangs, den sie nicht mehr haben wollen. Sondern vor allem darauf, daß das alles ihre Entscheidung ist.»

Der Ort Andau wurde wahrscheinlich im 15. Jahrhundert gegründet. Sehenswert ist die 1931 von Dombaumeister Karl Holey zur ersten modernen Kirche des Burgenlandes umgestaltete *Pfarrkirche St. Nikolaus,* die auf eine Kapelle aus dem Jahr 1747 zurückgeht. 1951 wurde der Innenraum von Otto Landwehr mit einem über die ganze Decke reichenden Riesengemälde des Jüngsten Gerichts ausgestaltet. Der überaus modern wirkende Fassadenturm stammt allerdings bereits aus dem Jahr 1831.

Eineinhalb Kilometer östlich des Orts befindet sich ein kleiner Grenzübergang, der nur für Radfahrer und Fußgänger geöffnet ist.

ANDAU/MOSONTARCSA

INFORMATION UND ZIMMERVERMITTLUNG Gemeindeamt Andau, Hauptgasse 8, Tel. 02176/2301-0, und Freizeitzentrum Pusztasee, Tel. 02176/3101. **BANKEN** Raiffeisenkasse Andau, Höchtlgasse 6, Tel. 02176/2225-0; Sparkasse Andau, Hauptgasse 1, Tel. 02176/2372. **GENDARMERIE** Gendarmeriepostenkommando Andau, Zollhausstraße 25, Tel. 02176/2233. **GRENZÜBERGANG** für Fußgeher und Radfahrer (1. April bis 31. Mai und 1. Oktober bis Ende November von 7 bis 20 Uhr, 1. Juni bis 30. September von 7 bis 22 Uhr). **FREIZEIT UND SPORT** BADEN Badesee mit 700 Meter Strand, Sprungbrett, Tennisplatz, Minigolfplatz, Sauna, Restaurant, Camping- und Mobilheimplatz, Tel. 02176/2180. **ESSEN UND TRINKEN** Gasthaus Werner Scheck, Langegasse 21, Tel. 02176/2241; Weinschenke «Räuberhöhle», Ödenburger Straße 84, Tel. 02176/2182; Café Locsmandy, Mayerplatz 2, Tel. 02176/2108.

Halbturn – Mönchhof – Gols

HALBTURN/FELTORONY

Hätte Halbturn kein Schloß, es würde wohl ein völlig unbeachtetes und beschauliches Dasein führen. Liegt es doch gewissermaßen in einem toten Eck. Nahe der ungarischen Grenze, aber ohne Grenzübergang, am Abfall der Parndorfer Platte, aber noch nicht so richtig im Seewinkel, und wer

Tschardaken in Halbturn

bloß zum See will, für den ist die Fahrt über Halbturn ein Umweg.

Aber Halbturn hat sein Schloß und dank der aristokratischen Geltungssucht darüber hinaus noch einiges mehr. Der 1466 erstmals urkundlich erwähnte Ort, dessen Name von einem halbverfallenen Turm eines alten Kastells kommt (früher «Holbenthurm», später «Halbenthurn»), wurde nach den Zerstörungen der Türkenkriege in den neunziger Jahren des 17. Jahrhunderts neu gegründet und nach dem Kolonialschema angelegt.

Die rasterartige Anlage mit den zum Teil breiten baumbestandenen Straßen und die Häuser mit Putzdekor aus dem ausgehenden 19. Jahrhundert verleihen Halbturn heute noch das, wenn auch schon ein wenig verflossene Flair des einstigen Reichtums. Zumindest des Reichtums der verschiedenen Schloßbesitzer. Die im wahrsten Sinne andere Seite, die bäuerliche und also jene,

Schloß Halbturn

die den vordergründigen Glanz erst ermöglichte, wird hinter den Häuserzeilen und in den Seitengassen sichtbar: Dort verstecken sich gleichsam die langen Höfe mit ihren Kellern, Scheunen und den typischen Tschardaken.

Das heutige *Schloß Halbturn* wurde um 1710 an der Stelle eines von den Türken niedergebrannten Jagdschlosses vom berühmten Barockbaumeister Lukas von Hildebrandt für den Grafen Harrach, Vizekönig von Neapel, dem der Kaiser die Ortschaft verpfändet hatte, erbaut und gilt als schönster barocker Profanbau des Burgenlandes. 1766 ging das Schloß in das Privateigentum des Hauses Habsburg-Lothringen über. Unter Kaiserin Maria-Theresia wurde es von F.A. Hildebrandt teilweise umgestaltet. Dabei wurde unter anderem in die Hoffront ein prächtiges Vestibül eingebaut.

Und noch ein anderer Großer der österreichischen Kunstgeschichte war an der Ausstattung beteiligt – Franz Anton Maulpertsch schuf um die gleiche Zeit im auch sonst überaus reich ausgestatteten Mittelsaal ein berühmtes Deckenfresko, das eine Apotheose des Sonnengottes als Frühlingsbringer darstellt.

Soviel Glanz, verbunden mit der ländlichen Ruhe und den Jagdmöglichkeiten rundherum, zog naturgemäß illustre Gäste an. Neben diversen Königen und Fürsten, die hier, um es profan zu sagen, ihren Urlaub von den Staatsgeschäften verbrachten, besuchten auch Kaiser Karl VI. und Kaiserin Maria-Theresia das Schloß.

Heute ist das Schloß im Besitz der Familie Waldbott-Bassenheim und wird sinnvollerweise in erster Linie für große Kunstausstellungen, Konzerte und andere kulturelle Veranstaltungen verwendet. Außerdem sind darin auch die Schloßkellerei Halbturn, die Spitzenweine aus dem gesamten Burgenland anbietet, und ein Schloßheuriger untergebracht.

Baron Waldbott-Bassenheim – der Schloßbesitzer

In den Jahren 1724–1727 entstand der großzügig angelegte Schloßpark, der zu langen Spaziergängen einlädt. Bis zum 18. Jahrhundert waren hier die kaiserlichen Lipizzanerpferde untergebracht.

Die weniger aristokratische Rückseite von Halbturn: Wirtschaftsgebäude

Dem Parkeingang gegenüber liegt der Rote Hof (so genannt aufgrund der ersten Ziegeldeckung des Ortes), ein schloßartiger Wohnbau aus dem 17. Jahrhundert, der zwar 1683 zerstört, aber im 19. Jahrhundert im Barockstil neu erbaut wurde. Dort wohnt der heutige Besitzer des Schlosses, der das Gebäude geerbt und zu einem symbolischen Zins an die Burgenländische Landesregierung vermietet hat.

Sehenswert ist auch die *barocke Pfarrkirche,* die 1730 von Joseph Emanuel Fischer von Erlach umgestaltet wurde. Bemerkenswert ist vor allem der prächtige neubarocke Hochaltar mit überlebensgroßen Holzfiguren.

Von Halbturn aus führt ein Radweg über die abfallende Parndorfer Platte durch den Karlwald und vorbei am Kleylehof nach Nickelsdorf, einem Ort nahe des meistbefahrenen Grenzübergangs nach Ungarn und Richtung Budapest. Nickelsdorf ist aber dennoch nicht nur aus den Stau-Informationen der Verkehrsnachrichten bekannt – alljährlich veranstaltet dort die im Gasthof Falb untergebrachte «Jazzgalerie Nickelsdorf» an einem Wochenende im Juli unter dem Namen «Konfrontationen» ein international renommiertes Jazzfestival.

HALBTURN/FELTORONY

Gemeindeamt Halbturn, Wiener Straße 3, Tel. 02172/8645. **BAHNHOF** Mönchhof-Halbturn, Bahngasse 43, Tel. 02173/80322. **BANKEN** Raiffeisenkasse Halbturn, Budapester Straße 4a, Tel. 02172/8639; Sparkasse Halbturn, Wiener Straße 1, Tel. 02172/8701. **GENDARMERIE** Gendarmeriepostenkommando Halbturn, Wiener Straße 3, Tel. 02172/8233. **MUSEEN/GALERIEN** SCHLOSS HALBTURN Tel. 02172/8577 (Wechselausstellungen, Konzerte, Seminare, Kurse; geöffnet von Mai bis Oktober täglich von 9–18 Uhr); ÖSTERREICHISCHE GALERIE Expositur Schloß, Tel. 02172/8538. **ESSEN UND TRINKEN** Schloßschenke Püspök Paul, Schloß Halbturn, Tel. 02172/8239; Kiss Johann, Erzherzog-Friedrich-Straße 17, Tel. 02172/8629; Schloßkellerei Halbturn, Kirchenplatz 3, Tel. 02172/8685 (tel. erreichbar Mo–Fr 8–12, 13–16 Uhr). **NICKELSDORF JAZZ-FESTIVAL** «Nickelsdorfer Konfrontationen», Gasthaus Falb, Untere Hauptstraße 13, Tel. 02146/2359.

Entlang der hier wenig befahrenen Hauptstraße geht es mit dem Rad weiter nach Mönchhof.

MÖNCHHOF/BARATUDVAR

Der, wie sein Name schon sagt, von Mönchen gegründete Ort zwischen den Ausläufern der Parndorfer Platte und der pannonischen Ebene wurde bereits 1217 urkundlich erwähnt, als König Andreas II. von Ungarn das ehemalige Petschenegen-Gut Leginthov den Zisterziensern von Heiligenkreuz überschrieb. Die klösterliche Niederlassung mit einem Meierhof und Weingärten wurde 1241 von den Mongolen zerstört und im Verlauf der nächsten vierhundert Jahre immer wieder überfallen und verwüstet.

Nach dem ersten Türkeneinfall wurde das Lipizzaner-Gestüt von Halbturn in den noch erhaltenen Gutshof des Stiftes Mönchhof verlegt. Die Mönche leisteten auf dem Gebiet des Weinbaus Pionierarbeit – und Mönchhof nimmt für sich in Anspruch, die älteste Weinbaugemeinde Österreichs zu sein. Und da Mönchstum seit jeher mit Wein ebenso eng verbunden ist wie mit der Vorstellung eines gesunden Lebens, lag es im

Grunde genommen nahe, das 1959 gegründete Kloster Marienkron mit einem modernen Kurheim zu erweitern.

An der einzigen kulturhistorischen Sehenswürdigkeit des Ortes, der *Pfarrkirche* mit dem mächtigen Wehrturm, waren gleich mehrere Künstler beteiligt. Karl Moispointner, Elias Hügel, ein Steinmetz aus Kaisersteinbruch, Jakob Gramaschy aus Winden und andere Künstler des Heiligenkreuzer Kreises

trugen zur Ausgestaltung bei. Die Kirche ist vor allem aufgrund ihrer prächtigen und reichen Innenausstattung mit dem freistehenden Hochaltar, dessen Altarbild einem Schüler Martin Altomontes zugeschrieben wird (der Meister selbst hat das Ölbild «Krönung Mariens» im linken Seitenaltar gemalt), und den Seitenfiguren aus der Werkstatt Giovanni Giulianis bekannt.

Die Pfarrkirche in Mönchhof

MÖNCHHOF/ BARATUDVAR

INFORMATION UND ZIMMER-VERMITTLUNG Gemeindeamt Mönchhof, Kirchenplatz 11a, Tel. 02173/80210. **BAHNHOF** Mönchhof-Halbturn, Bahngasse 43, Tel. 02173/80322. **BANKEN** Postamt Mönchhof, Kirchenplatz 2, Tel. 02173/80270; Raiffeisenkasse Mönchhof, Raiffeisenplatz 1, Tel. 02173/80221. **KUREN/KNEIPPEN** Kurhaus-Entspannungszentrum Marienkron (Kneippkurhaus der Zisterzienserinnen), Tel. 02173/80205-0. Sämtliche Kneippanwendungen, Massagen, viele Diätkostformen, Fastenkuren, Gymnastik, Sauerstoffkuren sowie vielfältiges ärztliches Zusatzangebot, medizinisches, kulturelles und religiöses Rahmenprogramm. **FREIZEIT UND SPORT** REITEN UND PFERDEWAGENFAHR-TEN Reitstall Johann und Elfriede Schwarz, Angergasse 43, Tel.

02173/80632. TENNIS Tennishalle Kirschner, Tel. 02173/80274 (Frei-plätze neben dem Sportplatz). Tennishalle mit zwei Sandplätzen. **MUSEUM** DORFMUSEUM Fam. Josef Haubenwallner Bahngasse 62, Tel. 02173/80642. Mehr als 4000 Exponate aus dem Alltagsleben der Bewohner, handwerkliche und landwirtschaftliche Geräte, Fotoausstel-lung «Mönchhof einst». Geöffnet von April bis Oktober, Sonntag und Feiertag 14–19 Uhr, Mi 17–20 Uhr, rollstuhlgerecht. **ESSEN UND TRIN-KEN** GASTHÄUSER Gasthaus Frank, Stiftsgasse 2, Tel. 02173/80214; Gasthaus Kirschner, Neustiftgasse, Tel. 02173/80274; Gasthaus Koch, Neustiftgasse 21, Tel. 02173/80329. CAFÉS Café Gindl, Stiftsgasse 48, Tel. 02173/80265; Café Kirschner, Neustiftgasse Nb., Tel. 02173/80274.

Auf der kurzen Strecke zwischen Mönchhof und Gols existiert (noch) kein Radweg. Man bemüht am besten den Güterweg, der parallel zur stark befahrenen Straße läuft.

GOLS/GALOS

Superlativen sind die Seewinkler wahrlich nicht abgeneigt. War-um also sollte gerade Gols diesbezüglich eine Ausnahme ma-chen? Und es kann wohl kaum einen Superlativ geben, der zu-mindest im Osten unseres Landes mehr An-klang findet als der, «größte Weinbauge-meinde Österreichs» zu sein. Immerhin be-steht fast die Hälfte der Gemeindefläche, nämlich 42 Prozent, aus Weingärten. Von den etwa 300 Weinanbaubetrieben sind die meisten Selbstvermarkter, sodaß man den Wein direkt beim Winzer kaufen kann. Von der Qualität der Weine kann man sich beim traditionellen «Martiniloben» (Tage der offe-nen Kellertür, die, wie der Name schon sagt,

Die kleinere katholische
Kirche in Gols

alljährlich um Martini, den 11. November, herum stattfinden) überzeugen. Zu Martini wird außerdem der neue Wein «ge-tauft» – und erst ab dann darf man sich mit dem «Heurigen» zuprosten. Seit neuestem besitzt Gols auch eine Ortsvinothek, in der von Juli bis Ende September jeden Freitag und Samstag von 16 bis 20 Uhr ein Degustationsforum abgehalten wird.

Der Wein hat Gols reich, aber wohl auch ein wenig gesichtslos gemacht. Das, wie es in einem Merian-Heft Anfang der sechziger Jahre hieß, «typische Weindorf mit den niedrigen, blitzsauber gelblich getünchten Häusern, auf denen keine knalligen Reklameschilder verkünden, daß hier Gastlichkeit geboten wird», gehört der Vergangenheit an. Nur abseits der Hauptstraße und selbst da nur mehr vereinzelt findet man noch alte Kellergassen oder Höfe. Höhepunkt des Golser Kalenders und auch der Selbstbeschau der nordburgenländischen Landwirtschaft ist das «Golser Volksfest», das jedes Jahr im August stattfindet – Messe, Jahrmarkt und Weinkost in einem.

Die (größere) evangelische Kirche in Gols

Seit der Reformationszeit war Gols der Mittelpunkt der Anhänger Luthers am Heideboden und blieb es auch während und nach der zumindest hierorts gescheiterten Gegenreformation. Noch heute ist bloß ein Fünftel der Golser katholisch, sodaß die größere der beiden Kirchen, 1818 nach einem Brand der alten neu erbaut, die evangelische ist. Die katholische Pfarrkirche stammt noch aus dem 12. Jahrhundert.

GOLS/GALOS

INFORMATION UND ZIMMERVERMITTLUNG Gemeindeamt Gols, Untere Hauptstraße 10, Tel. 02173/2301-0 oder 2384-0. **BAHNHOF** Bahnhof Gols, Tel. 02173/2569. **BANKEN** Bank Austria, Untere Hauptstraße 10, Tel. 02172/2422-0; Raiffeisenbank Gols, Hauptplatz 2, Tel.

02173/2277-0; Volksbank, Obere Hauptstraße 13, Tel. 02173/2224.
VERANSTALTUNGEN Golser Volksfest: Pannonische Wirtschaftsmesse, Bezirksweinkost, Ausstellungen, Vergnügungspark (Termin: 10 Tage im August). Martiniloben (November). **FREIZEIT UND SPORT BADEN** Erlebnisbad mit Sportbecken, Rutschen, Wildwasserströmungskanal, Kinderplanschbecken, Büffet. TENNIS Tennisplatz Akazienweg, Tel. 02173/3102. **ESSEN UND TRINKEN** GASTHÄUSER/RESTAURANTS Hotel-Restaurant Birkenhof, Festwiese 14, Tel. 02173/2346 (Weingasthof); Csardaschenke «Stiegelmar», Untere Hauptstraße 60, Tel. 02173/2203; Fischrestaurant «Varga», Untere Hauptstraße 123, Tel. 02173/2231; Kirchenwirt «Daniel», Untere Hauptstraße 43, Tel. 02173/2363. CAFÉ Café-Konditorei Lunzer, Untere Hauptstraße 23, Tel. 02173/2273. BAR Insider-Bar, Marktgasse 19, Tel. 02173/2341.

Der Radweg zurück nach Podersdorf führt durch die Weingärten in südöstlicher Richtung bis zum Golser Kanal und diesen entlang bis zum See, wo er, ein wenig nördlich von Podersdorf, auf den Neusiedler-See-Radweg trifft.

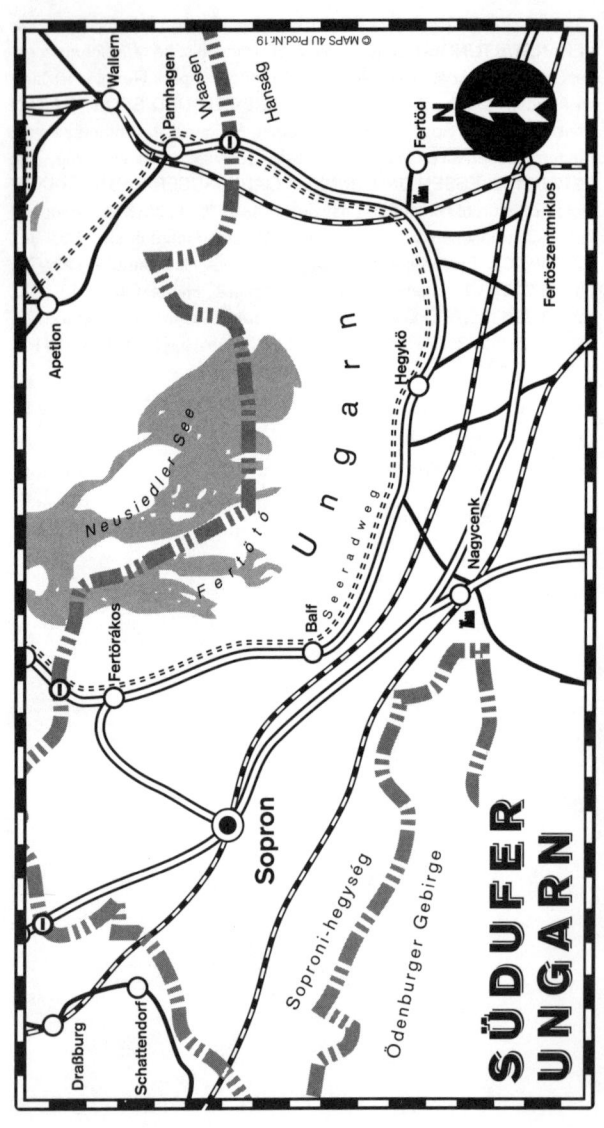

DAS SÜDLICHE SEEUFER

Lange Zeit war das südliche Ufer des Neusiedler Sees für die meisten Seebesucher unbekannter und exotischer als etwa die Serengeti oder der Krüger-Nationalpark. Der Kalte Krieg hatte mitten durch den See eine Frontlinie gezogen, die auch für die Ungarn undurchdringlich war. Von den Österreichern gar nicht zu reden. Die Orte kannten die meisten Burgenländer auch nur aus Erzählungen der Alten.

Das alles hat sich mittlerweile geändert und ist Geschichte geworden. Zwei Grenzübergänge erlauben jetzt ein ziemlich problemloses Hin und Her, sodaß ein Seebesuch ohne einen Abstecher ins Ungarische hinüber sozusagen nur ein halber wäre.

Die erste Überraschung, die sich hier bietet, ist, daß es gar keine Überraschung gibt. Das südliche Seeufer unterscheidet sich in nichts vom östlichen, westlichen oder nördlichen – außer in mancher geologischer Hinsicht – und unterstreicht damit eindrucksvoll, wie sehr der gesamte See ein

Schilfnutzung am ungarischen Seeufer

einziges, unteilbares Gebiet ist. Daß es auf zwei Staaten verteilt liegt, tut nichts zur Sache, seit die beiden Staaten sich arrangiert haben. Erst jetzt, nach dem Wegfall des Eisernen Vorhangs, merkt man, daß dem Neusiedler See immer etwas gefehlt hat.

Noch ist das südliche Ufer touristisch weit weniger erschlossen als die anderen Gebiete am See. Wasserfreuden gibt es eigentlich nur in Fertörákos/Kroisbach. Was den Besuch des ungarischen Ufers aber unbedingt empfehlenswert macht, ist die Konzentration historisch bedeutender Plätze. Besser noch als in den Gebieten jenseits der Grenze lassen sich hier die Zeichen des einheitlichen Gefüges des gesamten Landstrichs studieren, welche langsam – aber wohl sicher – wieder eine lebendige Gestalt anzunehmen beginnen. Schloß Esterháza, Schloß Széchenyi, allen voran aber Sopron, Ödenburg, die alte Hauptstadt des Landes, die nach und nach wieder in ihre angestammte Rolle hineinwächst.

Die markanteste geologische Formation ist sicherlich der Hanság, sozusagen die Fortsetzung des südlichen Seewinkels mit den gleichen Mitteln. Hier ist die Landschaft rein pannonisch:

Kukuruztrocknen in Balf

flach, endlos. Ungefähr in der Mitte des südlichen Ufers beginnt ein sich westwärts ziehender Hügelrücken, Ausläufer der Soproner Berge, über die es dann in die Bucklige Welt hineingeht.

Das Hauptaugenmerk der Beschreibungen richtet sich, von ein paar wenigen Ausnahmen abgesehen, auf den unmittelbaren Uferstreifen, auf die Orte, die am Neusiedler-See-Rundweg liegen. Anders als etwa am westlichen Ufer ist darauf verzichtet worden, weiter ins Land einzudringen. Das liegt erstens an der Tatsache, daß dieser ungarische Uferstreifen ohnehin quasi Neuland ist, der Beschreibung bedürftig. Zum anderen aber auch daran, daß der See im ungarischen Bewußtsein immer nur eine nur marginale Rolle spielte. Anders als im angrenzenden Ruster Hügelland hat sich hier deshalb keine so tiefe Beziehung zum See entwickelt, daß man heute von einer dem See verbundenen Region sprechen könnte.

Ein Abstecher freilich war unvermeidlich. Der nach Sopron. Die Stadt kennt zwar – zumindest in Ostösterreich – jeder, allerdings nur in Form von áruház und csemege, von Räucherkäse und Krimsekt, von Kosmetik- und Friseursalons. Deshalb erschien es notwendig und reizvoll, die Kulturschätze der Grenzstadt vorzustellen und ein bißchen aus ihrer wechselvollen Geschichte zu erzählen. Auf daß man beim nächsten Einkaufsbummel doch den einen oder anderen respektvollen Seitenblick auf die schöne mittelalterliche Stadt werfen kann.

RADFAHREN

Nach dem Fall des Eisernen Vorhangs dauerte es nur ganz kurze Zeit, und die schmerzliche Lücke im See-Rundweg war geschlossen. Zwei Grenzübergänge wurden eröffnet – bei Pamhagen und Mörbisch –, sodaß der Radler heute wirklich den ganzen See umrunden kann. Der Weg ist durchgehend als B 10 beschildert; durchgehend autofrei ist er leider noch nicht. Zwischen Pamhagen und Fertöd gibt es zwar schon einen eigenen

Radweg und zwischen Fertöd und Fertöhomok einen von der Straße getrennten Radstreifen; den Rest der Strecke bis Fertörákos muß man sich aber noch mit den Autofahrern teilen. Allzu lästig sind sie Gott sei Dank nicht, vor allem im Abschnitt Balf – Fertörákos eher selten.

ANREISE VON WIEN – AUTO Die kürzeste Route führt über die Südostautobahn und Eisenstadt zum Grenzübergang Klingenbach und damit nach Sopron. Am Wiener Laaer Berg fährt man über die B 13, die Eisenstädter Bundesstraße, nach Münchendorf, dort auf die Autobahn, wo man den Hinweisschildern zur Staatsgrenze folgt. Um den Grenzstau in Klingenbach und das Gewurl in Sopron zu vermeiden, kann man sich dem Gebiet auch über die Maschekseite nähern. Man benützt dazu die Ostautobahn, fährt in Weiden ab, durchquert den Seewinkel bis Pamhagen und ist solcherart mitten im hier beschriebenen Gebiet. **ZUG** Bei weitem sinnvoller ist freilich die Anreise mit der Bahn, nicht nur, aber auch, weil man sich solcherart den Stau an der Grenze erspart. Auch hier bieten sich mehrere Anreiserichtungen an. Erstens vom Wiener Südbahnhof über Wiener Neustadt nach Sopron. Zweitens vom Wiener Südbahnhof über die Pottendorfer Linie und ab Ebenfurth mit der Raaber Bahn nach Sopron. Drittens vom Wiener Ost-, also praktisch auch Südbahnhof nach Neusiedl (Schnellbahn), von dort aus mit der Raaber Bahn durch den Seewinkel über Pamhagen nach Fertöszentmiklos, von wo aus man wiederum nach Sopron reisen kann, wenn man will.

Fertöd

Fertöd bietet sich als Ausflugsziel geradezu an: Erstens liegt der Ort in einer für die Kispuszta recht typischen, sumpfigen, vergelsten, brettlebenen Umgebung und läßt sich – zweitens – von allen Seiten her – vor allem aber vom Seewinkel aus – bequem mit dem Fahrrad erreichen. Und drittens befindet sich dort ein wahres Juwel an, wie man so sagt, Baudenkmal. Denn viertens läßt sich kaum wo so schön wie hier die österreich-ungarische Geschichte ablesen; bis herauf in volksrepublikanische Zeiten und darüber hinaus.

Fertöd, der aufmerksame Leser hat dies bereits registriert, ist einsprachig. Der Name stammt aus tiefstalinistischer Zeit, nämlich 1950. Hinter diesem Namen verbergen sich zwei alt-ehrwürdige Dörfer. Der Ortsteil Süttör/Schüttern und der Ortsteil Eszterháza, der wohl keiner Übersetzung bedarf.

Das Herzstück des Ortsteils Eszterháza ist das Eszterháza, das Haus des Eszterházy, von vielen als das schönste und prächtigste Barockschloß Ungarns bezeichnet. Nachdem es aus ideologischen Gründen in den Zeiten der Volksrepublik nur wenig gehegt und gepflegt wurde, kämpft man heutzutage mit viel Verve – aber wohl doch eher so wie Sisyphos – gegen die Vergammelung des Prunkstücks, welches Fürst Nikolaus in den Jahren 1762 bis 1766 zu Ehren seiner selbst ins sumpfige Marschland des südlichen Seeufers klotzen ließ. Von wem, das ist bis heute unbekannt. Ein paar Baumeisternamen sind bekannt beziehungsweise wahrscheinlich: Nikolaus Jakoby, Fixangestellter des Fürsten, hat mitgeplant; wahrscheinlich auch der Wiener Ferdinand Mödlhammer und ziemlich wahrscheinlich auch ein gewisser Melchior Hefele, der in Wien als Zeichenlehrer der ungarisch-königlichen Leibwache des deutschen Kaisers tätig gewesen ist. Weil es unmöglich ist, den Bau irgend jemand Bestimmtem zuzuschreiben, hat man es sich angewöhnt zu vermuten,

Schloß Eszterháza

daß der Fürst, unausgelastet mit der Verwaltung von 600.000 Hektar Grund, seine Residenz selbst entworfen hat. Das Vorbild war, nicht gerade originell, aber bezeichnend, Schönbrunn. Nikolaus pflegte zu sagen: «Was der Kaiser kann, kann ich auch.» Und damit hatte er nicht unrecht. (Auch was den Kaiser betrifft. Das historische Bewußtsein trügt: Maria Theresia war die Gattin von Kaiser Franz I. von Lothringen und nur als solche Kaiserin.) Der notorisch finanzschwache Kaiser aus dem neuen Hause Habsburg-Lothringen hatte für seinen Hof in Schönbrunn (das in den vierziger Jahren des 18. Jahrhunderts in seiner heutigen Form entstand) so ungefähr 40.000 Gulden im Jahr aufzuwenden. Der ungarische Fürst lukrierte im Jahr um die zwei Millionen Gulden. Das sollte reichen.

Der Fürst war nicht nur reich, er war auch um seine Sicherheit und seinen Nachruhm besorgt. Vis-à-vis des Haupteingangs – der «Ehrenpfort» –, auf der anderen Seite der Fertöder Fö utca, die in einer langgezogenen Kurve am Schloßgelände vorbeiführt, stehen die auch heute noch so benannten «Grenadierhäuser». Wo jetzt Geschäfte und ein Kaffeehaus untergebracht sind, wohnten anno dazumal 150 Mann und drei Offiziere der fürstlichen Leibwache, die neben unbedingter Loyalität vor allem eine Bedingung erfüllen mußten: mindestens 1,80 Meter hoch zu sein.

Das eigentliche Schloßareal betritt man durch ein dreiflügeliges, schmiedeeisernes Prunktor, von dem es heißt, es sei 58 Doppelzentner schwer und habe damals 2631 Gulden gekostet. Und noch etwas wird in Zusammenhang mit diesem Tor erzählt: Der unbekannte Schmied sei, nachdem er sein Meisterwerk aufgestellt hatte, von einem dieser 1,80er im Auftrag des Fürsten geblendet worden, damit er nichts ähnlich Wunderbares mehr vollbringen könne.

Hufeisenförmig umschließen die Gebäudeflügel den Hof, in dessen Mitte ein Rokokobrunnen steht. An der Stirnseite des Hofes steht das Hauptgebäude, eine elegant gewölbte Freitreppe führt in den ersten Stock hinauf und endet in einem

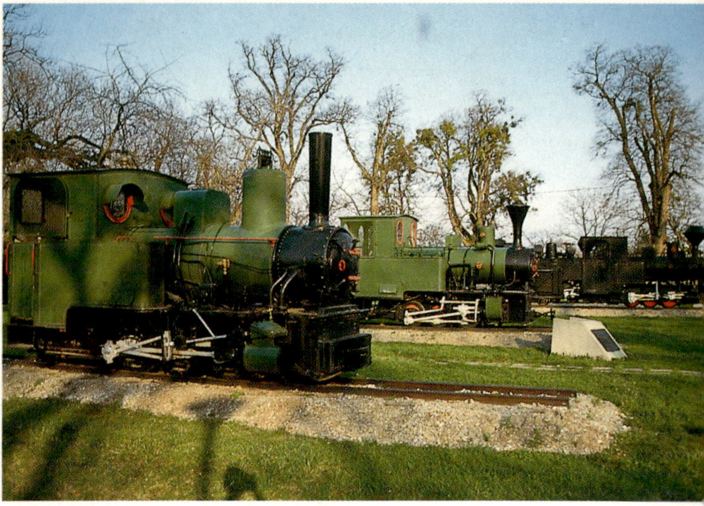

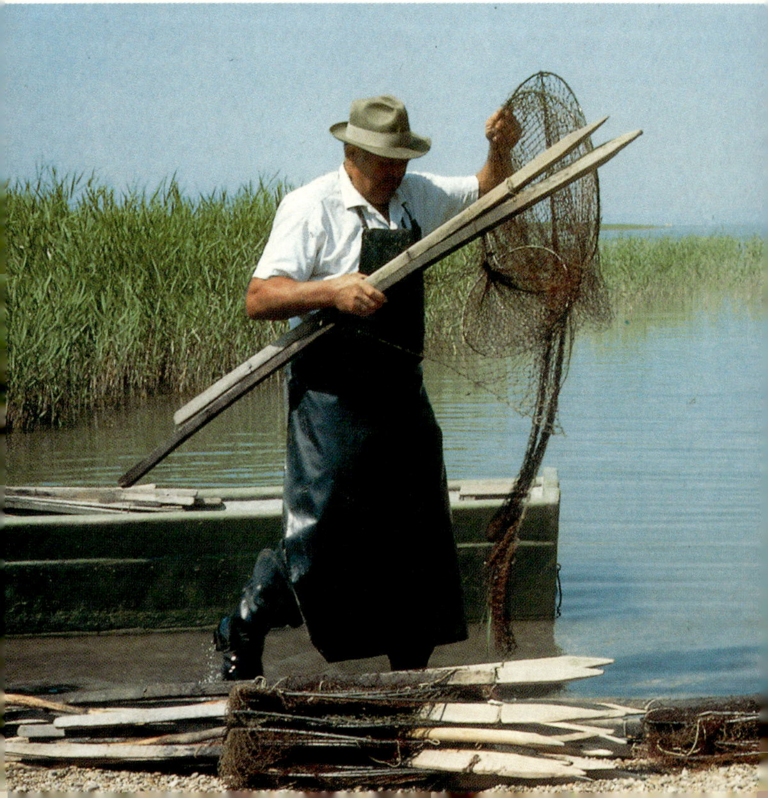

Vorhergehende Seite: Feuerturm in Sopron

Museumseisenbahn in Nagycenk (li. oben)
Fischer in den Kanälen des Neusiedler Sees (li. unten)
Lindenallee von Nagycenk (re. oben)
Schloß Széchenyi in Nagycenk (re. unten)

*Schloß Esterháza
in Fertöd (li.)
Apsis in Hidegség (re. oben)
Museumswarte in
Nagycenk mit Blick über
das Südufer (re. unten)*

Ziegenkirche mit
Fö tér in Sopron (li)
Fabricius-Haus
in Sopron (re. oben)
Poncichter-Haus
in Sopron (re. unten)

Folgende Seite:
Schilfgürtel am Südufer
des Neusiedler Sees

mit lampenhaltenden Engelchen (oder Lustknaben) geschmückten Balkon.

An der Treppe vorbei geht es in das Hauptgebäude des
Schlosses, welches man bemüht war wieder instand zu setzen,
sodaß es heute durchaus zu Recht auch als Museum dienen
kann. Vieles vom angeblichen Prunk ist verlorengegangen – ein
letztes Mal mit Hilfe der rückwärtsstürmenden Wehrmacht
und der nachrückenden Roten Armee – aber es ist noch soviel
übrig, daß die Museumsverantwortlichen den Besucher dazu
verdammen, in Filzpatschen durch die Räume zu gleiten.

Die Räume selbst vermögen es ebenfalls, einigen Eindruck zu
machen, obwohl – aber vielleicht ist gerade das der authentische
Eindruck – nichts hier darauf schließen läßt, daß man im Hause
eines magyarischen Palatins ist. Alles, was den Prunk ausmacht,
kann man überall anders an europäischen Fürstenhöfen ebenfalls sehen. Alles ist – und hierin nicht unähnlich Schönbrunn –
der Nachbau irgendeines Vorbildes. Als wäre das Schloß nur
dazu da zu zeigen, wie sehr westlich man hier im Osten schon
sei: noch französischer, als man es in Wien ohnehin schon ist.
Die Parallele ist unübersehbar, und vielleicht reizt es den einen
oder anderen zu stiller Nachdenklichkeit, wenn man diese so aktuell klingende Parallelität mit dem weiter unten noch zu erzählenden Schicksal des Schlosses in Beziehung setzt.

Man rutscht auf den Filzpatschen durch die fürstlichen
Wohn- und Schlafräume, unfähig, sich zu den Einrichtungsgegenständen irgendeine Art von Wohnqualität dazuzuimaginieren. Schließlich gelangt man ins «chinesische Zimmer», das
ausdrücklich das «Vieux-Laque-Zimmer» von Schönbrunn als
Vorbild hat. Das «chinesische Zimmer» ist mit 20 japanischen,
schwarz lackierten, mit goldenen Blumen und Landschaften
verzierten Tafeln verkleidet. Das Zentrum der Anlage ist freilich die zweigeschoßige «Sala terrena», der in den Hof und den
Park hinausführende Saal. Zehn Meter breit ist dieses Zimmer
und siebzehn Meter lang, aber der Blick reicht durch die hohen
Fenster viel, viel weiter. Der Fußboden ist mit Carrara-Marmor

ausgelegt und verbarg früher eine Warmluftheizung. Über dieser «Sala terrena» liegt der gleich große fürstliche Prunksaal, nachempfunden der «Kleinen Galerie» zu Schönbrunn. Besonders interessant ist hier das Deckenfresko des Esterházyschen Hausmalers Basilius Grundemann. Die vier Pferde, die den Wagen des Gottes Apollo ziehen, wenden dem Betrachter, wo immer er auch stehen mag, die Köpfe zu. Die vier Plastiken in den Ecken des Saales sind Allegorien auf die vier Jahreszeiten. Und das ist mehr als ein bloßer Zufall. Gleich neben diesem Saal befindet sich der Musiksaal, sozusagen die Seele des Hauses. Denn immerhin war der Fürst ein Musikliebhaber erster Ordnung. Und sein Musikant war – genau – Joseph Haydn. Deshalb wurde im Schloß auch ein kleines, in 23 Schaukästen zusammengefaßtes Haydn-Museum eingerichtet.

Viele der zum Schloß gehörigen Gebäude stehen nicht mehr, leben nur noch in der Legende fort. Ein Opernhaus gab es hier, in dem täglich – bei freiem Eintritt – gespielt wurde. Ein Marionettentheater gab es. Und dann einen «chinesischen Tanzsaal», der mit elf Kronleuchtern erhellt wurde. Der so bescheidene Fürst nannte dieses Gebäude anläßlich des verbürgten Besuches

Der barocke Schloßhof

seiner Königin – «Bagatelle». Dieser Name blieb – bis heute. Maria Theresia vergalt die Bescheidenheit mit hohem Lob: «Wenn ich eine gute Oper sehen möchte, fahre ich nach Esterháza.» Das tat sie zwar nicht, aber der Wille stand hier fürs Werk, weshalb der geschmeichelte Fürst die Brandruine 1779 wieder aufbauen ließ. Erst nach dem zweiten Brand, in den achtziger Jahren des vorigen Jahrhunderts, ließ man es dann bleiben.

Die Gebäude standen im wohl schönsten Barockgarten Ungarns. Durch eine Ziegelmauer streng getrennt von der Außenwelt, standen hier 400 Hektar zurechtgestutzte Natur den hohen Herrschaften für ihre Lustbarkeiten zur Verfügung. «Ein großes Feuerwerk», so überlieferte ein Zeitgenosse die Feier anläßlich des Besuches von Maria Theresia im Jahr 1773, «ein großes Feuerwerk gab es, welches über eine Stunde dauerte. Nachdem dieses vorbei war, fuhr man in einer sehr langen Allee, welche mit etlichen tausend grünen Lampen erleuchtet war, zu einem großen, ovalen, mit grünem Gitterwerk umgebenen Platz im Lustgarten. Auch der ovale Platz war mit 24.000 weißen und grünen Lampen beleuchtet. Dann kamen auf ein gegebenes Signal von acht Öffnungen auf diesen Platz etliche hundert Bauern mit Trommeln und Fahnen und tanzten ländliche Tänze.»

Heute ist davon nicht mehr viel übrig. Der Schloßpark umfaßt bloß noch 200 Hektar. Und die Schere des Barockgärtners übt sich in gefälliger Absurdität. Die zu Kugeln gestutzten Bäume stehen ohne durchschaubare Ordnung herum, die einen größer, die anderen kleiner, dem nicht unsympathischen Prinzip der Wahllosigkeit huldigend. Ganz so, als wären die Zöglinge der im Schloß untergebrachten Fachoberschule für Landwirtschaft und Gartenbau mit einem Schlag aus der floristischen Normalität gekippt und würden nun eine krause Form von Rache nehmen am fürstlichen Kunstverständnis. Es ist, als hätten die Mäuse jahrhundertelang Kirtag gehabt, da die Katze sich verabschiedete, was ja auch stimmt, irgendwie.

Die Geschichte von Esterháza ist besinnlich, weil sehr bezeichnend. Fürst Nikolaus, «der Prachtliebende», wie ihn schon seine Zeitgenossen nannten, ließ das Schloß in den Jahren 1762 bis 1766 aus dem sumpfigen Boden stampfen. Doch als er 1790 eines ganz normalen Todes starb, der um nichts prächtiger war als der seiner Untertanen, war es mit der Pracht vorbei. Seine Nachfolger übersiedelten wieder nach Eisenstadt, die Sommerresidenz nahm den Lauf alles Irdischen: Sie verfiel nach und nach. Von den sagenhaften Kunstschätzen überlebte nur die Bildergalerie das 19. Jahrhundert und den Zweiten Weltkrieg, das aber auch nur, weil sie schon 1870 vom damals noch jungen ungarischen Staat erworben wurde. Heute kann man sie im Museum der schönen Künste in Budapest bewundern. Die Esterházys freilich leben fort. Im allgemeinen als Schnitte.

FERTÖD

INFORMATION Fremdenverkehrsbüro Ciklamén Tourist, im Schloß Esterházy. **AUTOFAHRERCLUBS/PANNENDIENST** Autoklub Ipacs János, Vaci M. utca 44, Tel. 0036/99/371-776 (Mo–Fr 6–22 Uhr, Sa 6–14 Uhr). **MUSEUM** Esterházy-Schloßmuseum (Esterházy Kastély Múzeum), Bartók Bela utca 2, Tel. 0036/99/370-971 (u.a. Haydn-Gedenkmuseum). Öffnungszeiten: im Sommer 8–12, 13–17 Uhr, im Winter 8–12, 13–16 Uhr, Montag Ruhetag. **VERANSTALTUNGEN** Haydn-Konzerte im großen Musiksaal des Esterházy-Schlosses (Juni–September). **ESSEN UND TRINKEN** Haydn, Fö utca 3, Tel. 36/99/370-977.

DIE ESTERHAZYS

Naja, ganz so stimmt das natürlich auch nicht, obwohl es nicht die schlechteste Nachred' wäre, der Nachwelt nur im Zusammenhang mit dieser köstlichen, unglaublich fetten, gallenstrapazierenden Mehlspeise in Erinnerung zu bleiben. Die Familie mit dem Namen Eszertházy/Esterházy zählte über Jahrhunderte hinweg zu einem der einflußreichsten Geschlechter Ungarns. Die Unermeßlichkeit des Grund- und Immobilienbesitzes ist selbst heute noch beeindruckend, hat immer wieder zu Verwerfungen und Unstimmigkeiten mit der neuen – also nicht-fürstlichen – Obrigkeit geführt, sodaß man um den Eindruck nicht umhin kann, die Esterházys hätten den Übergang von der hierzulande sich recht lange erhaltenen Feudalstruktur zu einer eher demokratischen Ordnung ein wenig verschlafen beziehungsweise verschlafen wollen. Neben der in Österreich während der sechziger Jahre gerne diskutierten Habsburgerfrage gab es im Burgenland also auch noch das vor jeder Wahl ventilierte Esterházyproblem, welches zum Beispiel im Jahr 1964 – da wurde im Landtags-Wahlkampf intensiv die durch den Lauf der Zeit ohnehin schon obsolet gewordene Sache mit der Bodenreform besprochen – darin gipfelte, daß der Fürst die Benützung des Haydn-Saales im Eisenstädter Schloß, das Betreten des Schloßparkes und einiger Teile der Burg Forchtenstein verbot. Die Zeit des Enteignens war vorbei. Zwar brachte die SPÖ 1967 einen Antrag auf eine «Lex Esterházy» ein, die ÖVP war freilich dagegen. Und als die Sozialisten dann endlich die absolute Mehrheit stellten, hatte man sich offenbar politisch schon weitgehend arrangiert.

Habsburgerfrage und Esterházyproblem waren schon seit Jahrhunderten engstens miteinander verknüpft. Durch alle Fährnisse der Geschichte hindurch stand dieses magyarische Geschlecht an der Seite der Casa d'Austria, wofür diese sich mit ständigen Rangerhöhungen, Privilegienverleihungen und Lehensüberlassungen bedankte. Dies wiederum dankten die Esterházys mit der Befriedung der unruhigen Grenzregion, sodaß sich hier, auf den Esterházyschen Gütern – zumeist gegen, immer aber über das Volk hinweg – nach und nach eine österreich-ungarische Verbundenheit entwickelte, die heute, zum Glück fürstenlos, langsam wieder Gestalt anzunehmen beginnt.

Der Ursprung des Hauses Esterházy liegt verborgen in der Schriftscheu des Mittelalters. Der erste die Geschichte überdauernde Hinweis auf den Ursprung der Familie stammt aus dem Jahr 1238. Da teilten sich zwei Brüder – Peter und Elias – die väterliche Erbschaft auf der Schüttinsel in der Donau und benannten sich selber nach ihren Besitzungen. Elias und seine Nachkommen hießen fortan Illyésházy. Peter und die Seinen Zerházy, der von Zerház.

Mehr als dreihundert Jahre später, im Jahr 1584, änderte Franz von Zerház – Zerházy Ferenc – offiziell seinen Familiennamen. Der Vizegespan – das war ein recht hoher Verwaltungsbeamter – des Komitats Preßburg/Poszony nannte sich familiär Eszterházy und adelsmäßig «von Galánta», wobei nicht ganz klar ist, ab wann die Zerházys/Eszterházys diesen Beinamen zu führen begannen. Dieser Franz Eszterházy von Galánta war – standesmäßig – ein vergleichsweise kleines Licht. Die Nachkommen des Elias Illyésházy hatten es zu weit mehr gebracht. Der oberste Repräsentant des Hauses war zur Zeit des Franz der Palatin Stefan. Und dessen Tochter heiratete der kleine Franz. Und erst nachdem sich solcherart das unbekannte Urhaus wiederum vereinigt hatte, begann die Geschichte der Esterházys.

Der Verbindung der Zerházys und Illesházys entsprangen drei Söhne, die den Ruhm des Hauses begründeten und ihrerseits zu Stammvätern wurden. Paul siedelte im Komitat Zólyom/Altsohl: Er gründete die «Sohler Linie». Daniel siedelte in Veszprém: Er gründete die Wesprimer Linie. Und Nikolaus – später genannt: der Erste – siedelte im Komitat Sopron: Auf ihn geht die Forchtensteiner Linie zurück. Und wohl auch so manche Besonderheit des Hauses. Die politische Liebe etwa oder auch der Erzkatholizismus. Beides Dinge, welche er mit dem Hause Habsburg teilte. Und Glück spielt natürlich auch eine gewisse Rolle beim Gründen einer so gewaltigen Dynastie. Zumindest die Fähigkeit, es beim Schopf zu packen zur richtigen Zeit.

Nikolaus, geboren 1582 und Franzens jüngster Sohn, besuchte das Jesuitengymnasium in Tyrnau, wo er sich – no, na, ist man versucht zu sagen – vom Väterglauben abwandte und mit 19 Jahren konvertierte, was ihm das besondere Wohlwollen des Wiener Hofes und des so einflußreichen Erzbischofs Klesl einbrachte. Sein Onkel, Stefan Illésházy, Obersthofmeister und später Palatin, lehrte ihn die hohe Politik. Ein anderer Verwandter, Mágocsy Férenc – Befehlshaber von Oberungarn

– das Kriegs- und indirekt das Liebeshandwerk. Mágocsy war verheiratet mit Ursula Dersffy von Szerdahely, Erbtochter des Franz Dersffy und Burgherrin zu Landsee, wo Nikolaus seinen Militärdienst so imponierend zu absolvieren wußte, daß er die Dame nach dem Tod des Franz Mágocsy freien durfte, wodurch ihm nicht nur die Herrschaft Landsee, sondern auch die ausgedehnten Besitzungen derer von Mágocs im nordöstlichen Ungarn zufielen. Mit einem Schlag war der kleine Mann von der Schüttinsel zu einem der einflußreichsten Magnaten geworden. Streng katholisch blieb er weiterhin: Frau Ursula mußte konvertieren, die Protestanten wurden geschurigelt, wo immer es ging, alles unter Applaus der Jesuiten und ihrer Habsburger.

Als Ferdinand II., dem dies alles sehr gefiel, zum König von Ungarn gekrönt wurde – das war am 1. Juli 1618 in jenem Jahr, da der Dreißigjährige Krieg vom Zaun gebrochen wurde –, schlug er Nikolaus zum «Ritter des Goldenen Sporns» und ernannte ihn zu seinem Obersthofmeister. Im Jahr darauf schickte ihn der Kaiser-König nach Transsylvanien, um mit dem Rebellen Gabriel Bethlen zu unterhandeln. Tatsächlich kam ein Friede zustande, uneigennützig trat Nikolaus dem Siebenbürger Woiwoden seine Herrschaft Munkács ab, wofür ihn der Kaiser mit den Herrschaften Forchtenstein und Eisenstadt entschädigte. Kurz zuvor war Frau Ursula gestorben, die zweite Ehe brachte weniger Grund und Boden, dafür mehr Cash: die Mitgift der 20jährigen Christine Nyári, Witwe des reichen Emmerich Thurzós, weshalb es dem Nikolaus nun endlich gelang, zum höchsten Würdenträger des Königreiches, zum Palatin, gewählt zu werden. Kurz darauf komplettierte der Kaiser-König das Lebenswerk und verlieh Nikolaus den erblichen Grafentitel «comes in Frachno aliter Forchtenstain». Die Esterházys herrschten damit über das gesamte nördliche Burgenland – Ferdinand II. gewährte die Enteignung anderer Herrschaftsrechte in diesem Gebiet – und weit darüber hinaus.

Der Sohn von Nikolaus, Paul I. Esterházy, arrondierte das Herrschaftsgebiet über den Türkensturm von 1683 hinweg. Der osmanische Heerwurm verwüstete zwar fast die gesamte Region, im Roll-back des Abendlandes verstand es der Esterházy freilich, den entstandenen Schaden wiedergutzumachen. Er trat selbstlos für die Erblichkeit der Stephanskrone im Haus Habsburg ein. Leopold I. erhob ihn dafür in den Reichsfürstenstand. Seit damals führen die Esterházys ein «L» im Wappen. Ursprünglich galt die Fürstung nur dem treuen Paul, 1712 wurde der Titel auf den jeweils Erstgeborenen ausgedehnt.

1721 – die Herrschaftszeit der drei Söhne des 1713 an der Pest gestorbenen Paul war jeweils nur kurz, wenn auch nicht schmerzlos – trat der Enkel, Paul Anton, sein Amt als Fürst an. Und er war es, der Eisenstadt ein wenig kulturelles Flair verschaffte. Der kaiserliche Gesandte holte Gregor Josef Werner als Kapellmeister in seine Residenz, 1761 folgte diesem Joseph Haydn nach. Im Todesjahr von Paul Anton, 1762, begann sein Sohn, Nikolaus III., mit dem Bau von Esterháza, in welches der arme Haydn nun Sommer für Sommer zu übersiedeln hatte. Nikolaus III., der Prächtige – soviel nur zur sozialen Stellung – nahm unter anderem auch als Stellvertreter des böhmischen Kurfürsten an der Wahl von Joseph II. zum Kaiser teil, wofür dieser sich revanchierte, indem er allen männlichen Mitgliedern des Hauses Esterházy/Linie Forchtenstein den Fürstentitel verlieh.

Um diese Zeit walteten die Esterházys über 30 Herrschaften in 26 Komitaten Ungarns mit insgesamt 750 Ortschaften, darüber hinaus in der von Kaiser Franz I. (römisch-deutsch II.) gefürsteten Grafschaft Edelstetten und den beiden österreichischen Herrschaften Pottendorf und Schwarzenbach. Allein in Ungarn waren dies mehr als 400.000 Joch Wald (das Joch zu ungefähr einem halben Hektar), 123.000 Joch Acker, knapp 90.000 Joch Weideland, 63.000 Joch Wiesen. Dazu kamen noch 210.000 Joch, die in rund 12.000 Urbarialsessionen an Bauern ausgetan waren. Ein ganz schöner Besitz also, den der Verlauf des 19. Jahrhunderts gefährdete. Wäre da nicht das Esterházysche Fideikommiß gewesen – ins Leben gerufen von Paul I., endgültig legalisiert von Kaiser Leopold I. –, das die Aufgabe hatte, die Vollstreckung des Paulschen Testaments zu überwachen: Unteilbarkeit des Familienbesitzes. Dieses Fideikommiß schuf die Voraussetzung, daß zumindest im nördlichen Burgenland die Latifundien auch über die Aufhebung der Grunduntertänigkeit im Jahr 1848 hinaus in einer Hand bleiben konnten, und zwar bis ins 20. Jahrhundert hinein.

Erst die «Uprawlenje Sowjetskim Imuschestwom w Awstrij» konnte daran – geringfügig – etwas ändern. 1945 wurde alles «deutsche Eigentum» in Österreich beschlagnahmt. In den sowjetischen Besatzungszonen, zu denen das Burgenland ja gehörte, kam es unter die Verwaltung ebendieser USIA. Die Esterházy-Latifundien waren zwar keineswegs deutsch, wurden aber trotzdem konfisziert. Und in einem Anflug von Bodenreform gingen große Teile an kleine Pächter. Währenddessen saß Paul IV. in einem volksrepublikanischen Gefängnis in Budapest. Erst 1956 wurde er von den Aufständischen befreit, nach dem Sturm der Roten Armee flüchtete er in den Westen, wo er freilich alles andere als willkommen war. Zu sehr hatten sich die Dinge geändert, allerdings wollte man sich auch von der sowjetischen Vorgehensweise unterscheiden, sodaß man es bei der Enteignung nicht belassen konnte. Also wurde verhandelt. Schließlich erhielt der Fürst seinen Besitz – unter anderem seine Residenz in Eisenstadt, die Burg Forchtenstein und fast den gesamten Neusiedler See – zurück, mußte aber im Gegenzug einer Besitzübertragung der verpachteten USIA-Gründe zustimmen. Paul IV. zog sich in die Schweiz zurück, wo er vor ein paar Jahren starb. Wohl im Bewußtsein, das Testament seines Ahns Paul I. getreulich befolgt zu haben – in Anbetracht der Umstände. Das Haus Esterházy ist immer noch der größte Grundbesitzer des Landes Burgenland.

Von Eszterháza nach Nagycenk

Am Südufer des Sees scheint sich die magyarische Geschichte auf wenigen Kilometern zusammengedrängt zu haben. Von der «Allzeit Getreuen», von Sopron, wird noch die Rede sein

müssen; so wie von den römischen Hinterlassenschaften, die uns hier nicht nur von der Baukunst der Eroberer, sondern auch von ihrer Religiosität und Innigkeit erzählen. Im Marschland des südöstlichen Winkels, dort also, wo das Land flach ist und unwirtlich auf den ersten Augenschein – nach Fertöboz schieben sich die Hügel an den See und machen die Gegend anmutiger –, rund um Fertöd und Esterháza also, muß nochmals von den so verworrenen politischen Zeitläuften gesprochen

Lindenallee bei Nagycenk

werden. Nicht bloß der Erbauung wegen. Ohne einen Blick auf die Wirrnisse der magyarischen – und damit österreichischen – Geschichte geworfen zu haben, fehlt wohl auch das Verständnis für die durchwanderte – durchradelte – Landschaft. Also sollte der interessierte Besucher die hier ohnehin spärlichen, weil dichtest verschilften und dem Naturschutz überantworteten Freuden des Sees einmal links – in Fahrtrichtung: rechts – liegenlassen. Und sich jener Stätte zuwenden, an der der größte Sohn des Ungarlandes begraben liegt: István Széchenyi, seines Standes Graf, seines Geistes Erzliberaler, weshalb es nur logisch erscheint, daß er einen Teil seines Lebens unter der Obhut Wiener Irrenärzte in Döbling verbracht hat.

In Fertöd wendet sich der wackere Radler vom Schloß aus strikt westwärts. Ihm steht zum Glück ein eigener Fahrstreifen zur Verfügung, denn seit die Grenze in den Seewinkel hinüber für alles und jeden geöffnet wurde, hat der Autoverkehr nach Sopron hinein ganz schön zugenommen. Knapp nach Fertöd kreuzt man den Weg der Eisenbahn aus dem Seewinkel und wenig später gelangt man nach *Fertöszéplak / Schlippach,* ein kleines Dorf, das gleichwohl die eine oder andere Pánzio (Pension) aufzuweisen hat, zumeist angeschlossen einer Zahnarztklinik, wodurch hier auf pragmatische Weise das Angenehme

Apsis der Kirche in Hidegség

mit dem Nützlichen verbunden wird. Auch in den folgenden Orten – *Hegykö / Heiligenstein* und *Fertöhomok / Amagen* – ist diese Dienstleistung die wohl bedeutendste touristische Attraktion, sieht man ab von der durchgehend fränkischen Bauweise der Ortschaften, die von der ehemals deutschen Besiedelung erzählt, und von den zahlreichen Mariensäulen, die zeigen, daß dies alles einmal den Esterházys gehört hat. *Hidegség / Kleinandrä* dagegen ist ein kroatisches Dorf, vom modernen Ungarn durch die zweisprachigen Ortsschilder auch als solches ge-

kennzeichnet. Wer Zeit und Lust hat, sollte die Kirche besuchen. Erstens – natürlich – der Besinnung und allfälliger Für-
bitten wegen. Zweitens aber auch wegen der Wandmalereien
in der Apsis. Sie stammen aus dem 12. Jahrhundert und sind
somit die ältesten in ganz Ungarn.

Im Ortsgebiet von Hidegség empfiehlt es sich, die gekenn-
zeichnete Radroute zu verlassen und linker Hand Richtung
Kiscenk und Nagycenk abzubiegen. Denn dort befinden sich
die Schaustücke des ungarischen Fortschritts. Durchaus sehenswerte Erinnerungen an das den Esterházys so gar nicht glei-
chende Geschlecht der Széchenyis.

NAGYCENK

INFORMATION Ciklamén Tourist (Fremdenverkehrsamt des Komitats
Sopron), Sopron, Ogabona tér 8, Tel. 0036/99/312-040, 312-694;
Fremdenverkehrsfiliale Gloriette fogadó, Fertöboz, Fö utca 11, Tel.
0036/99/357-027. **REITEN** Reiterhof beim Schloß, MMI.Méntelep, Kis-
cenki utca 3, Tel. 0036/99/360-026; Reitschule (lovasiskola) Nemeth
Csaba, Dózsa krt. 52, Tel. 0036/99/360-196. **ESSEN UND TRINKEN**
Hotel-Restaurant-Café Kastélyszálló, im Széchenyi-Schloß, Tel.
0036/99/360-061.

HEGYKÖ

THERMALBAD Nyárfa sor, Tel. 0036/99/376-917, mit angeschlosse-
nem Campingplatz.

FERTÖSZEPLAK

DORFMUSEUM Nagy L. utca 33–37, (fünf Höfe mit Ausstellungen zur
Lokalgeschichte und Wohnkultur (geöffnet von 10 bis 18 Uhr, Montag
Ruhetag).

FERTÖSZENTMIKLOS

BAHNHOF der Györ-Sopron-Ebenfurt Vasút Rt, Bahnhof, Gesztenye
sor 11, Tel. 0036/99/380-930. Bahnverbindungen der Österreichischen Bundesbahnen und Raab-Ödenburg-Bahn (Györ-Sopron-Ebenfurti Vasút): NOSTALGIEFAHRT Mit der Dampflokomotive von Neusiedl
am See über Pamhagen nach Fertöszentmiklós. Dieser Zug fährt
während der Sommermonate einmal pro Woche. Die Fahrzeit beträgt
ca. 2 Stunden. Rückreise per Autobus (Auskünfte und Anmeldungen
bei Blaguss-Reisen Neusiedl am See, Untere Hauptstraße 12, Tel.
02167/8141-0).

SZÉCHENYI KASTÉLY/
SZÉCHENYI-SCHLOSS

Von Hidegség kommend, stößt der emsige Radler in der Ortschaft Kiscenk zu seinem Leidwesen auf die vielbefahrene Autostraße mit der Nummer 85, die Verbindung von Sopron nach
Györ/Raab. Allerdings: Es gilt, diesen brodelnden Verkehrs-
weg bloß zu überqueren. Rechter Hand erstreckt sich ein weit-
läufiges Parkgelände, und darin befindet sich der Stammsitz
derer von Széchényi, ein – seltsamerweise angesichts der
durchaus revolutionären Rolle des Grafen – erst in der späten
Kádár-Ära vor dem endgültigen Verfall gerettetes Ensemble
aus dem späten 18. Jahrhundert.

Durch den von zwei Torpostenhäuschen bewachten Eingang – das Rad wird die paar Meter dorthin am besten gescho-
ben – gelangt man in den zu Beginn der siebziger Jahre wieder
hergerichteten Französischen Garten, der auf Geheiß von Antal Széchényi in den fünfziger Jahren des 18. Jahrhunderts angelegt wurde. Von wem, ist nicht ganz klar, aber die ganze Anlage hat solche Ähnlichkeit mit dem Schloßpark zu Eisenstadt,

Schloß Széchenyi

197

daß man annehmen kann, Széchenyi habe sich von Esterházy den Gärtner geliehen. Zumindest für den ersten Plan. Insgesamt gab es drei verschiedene Entwürfe für die floristische Anlage, von jedem wurde ein bißchen etwas verwirklicht, was übrigens eine familiäre Eigenheit der Széchenyis gewesen ist: üppig in der Planung, zögernd und sparsam in der Durchführung.

Der auf Achse angelegte Park führt zum Schloß selbst, einem einstöckigen, mehrmals überarbeiteten und erweiterten Bau, freilich auch er nur ein Bruchteil dessen, was man so hat planen lassen. Mitte des 18. Jahrhunderts gab Graf Antal dem Baumeister Franz Anton Pilgram einen diesbezüglichen Auftrag, für den Bau selbst wurden von dem unbekannten Polier freilich nur Teile daraus verwendet. Ein anderer Planer war der Geometer János Hegedüs, der eine sinnvolle Wasserregulierung vornehmen sollte. Immerhin stand das gräfliche Schloß mitten im Sumpfgebiet, der Grundwasserspiegel lag nur knapp unter der Erdoberfläche. Schwere Bauwerke und sensible Konstitutionen waren dem Boden und dem Klima kaum gewachsen. Von den Gelsen ganz zu schweigen, die ja bekanntlich keine ständischen Unterschiede zu machen pflegen. Die hinterm Park vorbeifließende Ivka mußte reguliert werden, Kanäle entwässerten das Areal. Sohn István versah dann die Gebäude mit niedrigen «Lüftungskellern», die ein Aufsteigen der Feuchtigkeit verhindern sollten.

Heute beherbergt das Hauptgebäude des Schlosses ein Museum, eine Art «Graf-Széchenyi-Memorial». Im Erdgeschoß hat man nicht nur die zeitgenössischen Möbelstücke, Kleidung, Beleuchtungskörper und anderes aus dem privaten Leben der Familie zusammengetragen, sondern auch eine Zusammenstellung der im Budapester Nationalmuseum ausgestellten Münzsammlung aus dem Besitz der Familie und Erinnerungsstücke der Ungarischen Akademie der Wissenschaften, einer Gründung des Grafen István. Im Obergeschoß – dort steht übrigens auch der einzige erhalten gebliebene Rokokoofen – hängen Bilder verschiedener Maler, die Mitglieder der Familie zeigen. Das Museum hat ein bißchen das Flair einer Kramuri-Lade, aber das – und darauf wird noch zurückzukommen sein – muß so sein. Der Kopf des Grafen István war eine Kramuri-Lade, in der sich alles befand, was, dem Zeugnis von Zeitgenossen und Nachgeborenen zufolge, Ungarn so dringend nötig hatte. Zum Beispiel – und das sei wirklich nur ein beliebiges Beispiel – die Idee der Gasbeleuchtung.

1815 befand sich der Graf in England, wo man den berückenden Gedanken, die Nacht zum Tag zu machen, bereits in die Tat umgesetzt hatte. Graf István beschloß kurzerhand, einen Gasgenerator, bei den Engländern so etwas wie top-secret, außer Landes zu schmuggeln. Und so kam Nagycenk zur ersten Gasbeleuchtung Ungarns. Ein «Gashaus» stand außerhalb des Schloßparks und versorgte bis 1918 die Lampen des Schlosses mit Brennstoff. Heute gibt es davon immerhin noch den zylindrischen Schornstein.

Nicht entgehen lassen sollte man sich ein weiteres Stück aus der reichen Kramuri-Laden des Grafen. Der Ostflügel des Schlosses beherbergt nicht nur ein Gestüt, sondern im einstigen Wagenschuppen auch ein paar Prachtkutschen aus der Zeit des Istvan Széchenyi. Den Spaziergang sollte man in den «englischen» Teil des Parks fortsetzen, der die Wirrnisse des zwanzigsten Jahrhunderts besser verkraften konnte. Hier haben sich noch die vom Ende des 18. Jahrhunderts an importierten seltenen Bäume erhalten: griechische Tannen, Trompetenbäume, Himalajakiefern, Fächertannen, Platanen, Schwarznußbäume, Tulpenbäume, Blutbuchen, Virginische Wacholder, japanische Lebensbäume.

Der Park zwischen der Straße und dem Ikva-Bach findet seine logische – und architektonisch sehr beeindruckende – Fortsetzung jenseits der Straße nach Norden. Vis-à-vis des Eingangs beginnt eine drei Kilometer lange, von mächtigen alten Linden begleitete, schnurgerade Allee, die die Hauptachse des Schlosses verlängert. Sie wurde zur Zeit des Schloßbaus, also am Ende des 18. Jahrhunderts angelegt; die Legende schreibt sie der umsichtigen Zsuzsanna Barkóczy, Gattin des Antal, zu. Die Allee führt heute zu einem Széchenyi-Mausoleum. Allerdings sind hier bloß der 1918 gestorbene Béla und seine Gattin bestattet. Das eigentliche Familienmausoleum befindet sich am Ortsfriedhof neben der Kirche. Ursprünglich führte die Allee zu einer kleinen Kapelle, neben der sich eine – damals nicht seltene – Klause befand, die Heimstatt für einen von den Széchenyis bestallten Einsiedler, der sich um die Kapelle und das Mittagsläuten zu kümmern hatte. 1786 war auf Geheiß von Joseph II. Schluß damit – ora ohne labora war unerwünscht in so aufgeklärter Zeit –, die einsiedelnden Mönchsorden wurden aufgelöst, das Wesen der Einsiedelei zum Unwesen erklärt und verboten. Die Klause verfiel; und mit ihr die Kapelle.

Széchenyi-Istvan-Gedenkmuseum, Széchenyi Kastély, Tel. 0036/99/360-260, 360-023. Ganzjährig geöffnet, täglich außer Mo 10–18 Uhr)

ABSTECHER:
DER GROSSE SPRUNG NACH VOR

Der Graf, von dem hier in einem fort die Rede ist – István Széchenyi –, ruht in der Krypta der Familiengruft am Friedhof von Nagycenk, gegenüber der Kirche, die ebendieser Graf von einem der berühmtesten Gründerzeitarchitekten des Landes, Miklós Ybl (er entwarf zum Beispiel die Budapester Oper), erbauen ließ. Die Fertigstellung erlebte er nicht mehr. Zur Kirchenweihe am 20. August 1864 lag er bereits vier Jahre lang dort, wo eine Inschrift über dem Eingang verkündigt: «Voltunk, mint ti, lesztek mint mi: por és hamu.» Im weitaus holprigeren Deutsch heißt das: «Wir waren wie ihr, ihr werdet wie wir: Staub und Asche.» Das ist mehr als bloß das katholische Aschermittwoch-Credo. Es kann auch genommen werden als Motto, das über der ungarischen Geschichte stehen müßte. Bis heute – und nur Optimisten sagen: bis vor kurzem – endeten alle hoffnungsvollen Entwicklungen des Landes in einer Tragödie. Aufstände und Blutgerichte, ergreifende Machtübernahmen und feierliche Wiederbestattungen, nationale Träume und nationalistische Idiotien. Vielleicht ist das auch der Grund dafür, warum es in Ungarn immer wieder die Toten sind, die am Beginn lebendiger Entwicklungen stehen. Vom im Kampf gegen die Habsburger 1849 gefallenen Nationaldichter Sándor Petöfi bis hin zum von János Kádár hingerichteten Imre Nagy, dessen innig zelebrierte Wiederbestattung im Jahr 1989 das eigentliche Ende des sowjetisch dominierten Ostblocks bedeutete. Es steht also jedem Besucher gut an, hier an der Gruft des von allen Ungarn höchstverehrten Grafen ein bißchen Einkehr zu halten, bevor es einen weiterzieht nach Sopron oder sonstwohin.

István Széchenyis Leben war – er wäre ein schlechter Ungar gewesen, wäre es anders – von ziemlicher Tragik bestimmt. Im Eichensarg, in dem die Gebeine des 1710 gestorbenen Széchenyi Pál, Erzbischof zu Kalocsa, liegen, steht eine eiserne Truhe. Und darin befindet sich ein kleines Knochenstück. Jenes, das die von István Széchenyi selbst abgefeuerte Pistolenkugel ihm aus dem Schädel riß. Das war 1860. Und es geschah in Wien.

Széchenyi-Mausoleum auf dem Friedhof von Nagycenk

István kam 1791 als ältester Sohn von Ferenc Széchenyi und Julianna Festetics zur Welt. Eine durch und durch provinzielle Welt, in die die französischen Ideen in Gestalt des Napoleon stürmisch hineinfegten, auf daß sich die alten Geister – von Esterházy bis Metternich – ducken und kleinmachen mußten, um sich danach erst recht aufzuplustern in ihrer Winzigkeit.

István kam in einer Familie zur Welt, die mit des Kaisers Jakobinern sympathisiert zu haben scheint, weshalb sie auch die Restaurationsschübe des Leopold und vor allem des Franz nur mit, sagen wir: größter Elastizität überstehen konnte. Vater Ferenc, konsequenter Sammler von Büchern, gründete die landwirtschaftliche Fachschule Georgikon in Keszthely. Das Ziel des Sohnes formulierte schon der Vater: Bereicherung der Nation, nicht bloß (obwohl durchaus auch) des einzelnen. 1928 schrieb István an seinen Verwalter, dem er – dem Zeitgeist völlig zuwiderlaufend – auftrug, den Boden von Cenk zwischen dem Gut (also ihm) und den darauf lebenden Leibeigenen aufzuteilen: «Wir müssen ein Beispiel geben, daß im Lande nicht nur jedermann auskommen, sondern auch reich werden könne.»

Beispielgebend sein, das war fürderhin die Lebensaufgabe des Grafen, der sich so sehr für alles interessierte, daß sein Kopf tatsächlich nach und nach zu einer Kramuri-Lade wurde, aus der sich Ungarn bedienen konnte. Man darf nicht vergessen, daß zu Beginn des 19. Jahrhunderts die ungarische Nation – die am Ende desselben Jahrhunderts ihren 1000jährigen Geburtstag feiern sollte – nur noch in Konzeptform existierte. 1723 wurde im gerade erst vom 150jährigen osmanischen Joch befreiten Land unter kräftiger Mitwirkung des Hauses Esterházy das Erbfolgerecht der Habsburger auf die Stephanskrone festgeschrieben. Die deutschen – ab Franz die österreichischen – Kaiser betrachteten Ungarn freilich als bloßes Anhängsel, sodaß ihre Doppelrolle als Kaiser und Könige von Ungarn heutzutage ein klassischer Fall von Unvereinbarkeit wäre. Die Wirtschaft wurde ausschließlich auf österreichische Interessen hin aufgebaut. Ungarn wurde zum Nahrungsmittelproduzenten und Absatzmarkt für die Erzeugnisse der österreichischen Manufakturen. War Österreich – mit Ausnahme von Böhmen vielleicht – schon rückständig im europäischen Vergleich, so war Ungarn der bloße Bauernhof der in ihre eigene Geschichte verstrickten Monarchie.

Daran sollte sich, unter den Argusaugen des Rheinländers Metternich, einiges ändern. Und maßgeblich daran beteiligt war István Széchenyi. Das attestierten ihm selbst seine Gegner. Ein zeitgenössischer Anonymus formulierte dies in einer Streitschrift gegen ihn so: «Széchenyi bewirkte, daß die apathische, streng darniedergehaltene Nation wieder wollen konnte. Er schuf aus vegetierenden Asiaten eine für den Fortschritt begeisterte Nation, die bald Anspruch machen konnte, in die Reihe der europäischen Völker aufgenommen zu werden.» Der Graf interessierte sich – hierin nicht unähnlich den Heutigen – für alles, was aus dem Westen kam: Landwirtschaft im allgemeinen, Pferdezucht im besonderen, Industrie und Eisenbahnbau, Flußregulierungen und Wasserwirtschaft. Und, um das nicht zu vergessen, Brückenbau. Die älteste und schönste Donaubrücke in Budapest, die Lánchid, die Kettenbrücke, trägt seinen Namen. Über all das schrieb er gelehrte Bücher und flammende Zeitungsartikel. 1815 begann er in Nagycenk mit einer Pferdezucht, Ausgangspunkt der mittlerweile in aller Welt wohlbekannten ungarischen Zucht. 1827 führte er in Pest den Pferderennsport ein: Die ungarischen Magnaten sollten Geschmack finden an den edlen Rössern, was sie auch taten. Und in Nagycenk selbst veranstaltete er Rennen für die Pferde der Bauern aus der Umgebung, um auch sie von der Notwendigkeit einer verbesserten Zucht zu überzeugen. Und 1825 war er es, der die Ungarische Akademie der Wissenschaften ins Leben rief. «Der größte Ungar», so nannte ihn im Jahr 1840 der nicht minder tragische Revolutionär Lajos Kossuth während einer Komitatsversammlung in Pest. Der Graf aber widersprach: «Warum heben Sie mich in eine Höhe, wo ich mich nicht halten kann?» Széchenyi sollte recht behalten.

István Széchenyi war kein Revolutionär, vielleicht hat er deshalb eine solche Sonderstellung in der mit Revolutionen so prall gefüllten magyarischen Geschichte. Der Graf trat stets für das Miteinander mit Österreich ein. Ihm schwebte eine Art Ausgleich vor, ähnlich dem, den Ferenc Deák sieben Jahre nach Széchenyis Tod aushandeln konnte. Aber die durch so manche undurchschaubare Umstände in völlig wahnwitziger Borniertheit gefangenen Habsburger konnten einem solchen Angebot – und das war es – nichts abgewinnen. Am 15. März 1848 rief Sándor Petöfi die Bewohner von Pest zu den Waffen, um die Zwingburg des gegenüberliegenden Buda zu stürmen. Unter solchem Druck gab der durch eine Geisteskrankheit in seiner Borniertheit geschwächte und deshalb «der Gütige» genannte Kaiser Ferdinand in Wien nach. Im April wurde eine Nationalversammlung eingerichtet, und eine Regierung unter dem Grafen Lajos Batthyány nahm die Umsetzung der ökonomischen Ideen Széchenyis in Angriff.

Das Strafgericht unter dem jungen Kaiser Franz Joseph begann im September 1848, nachdem Wien gefallen war. Es dauerte länger als ein Jahr, bis die Truppen der Heiligen Allianz, die Russen im Osten und die Österreicher im Westen, die von Lajos Kossuth organisierten Honvéds – die Heimatwächter – geschlagen hatten. Habsburgs General Haynau ordnete die Liquidierung der Führungsriege an. Ein Geschehen, das bis heute nicht vergessen wurde. Viele Ungarn empfinden es bis heute ungehörig, mit Biergläsern anzustoßen, weil der Legende nach dies die österreichischen Okkupanten mit den Köpfen der Hingerichteten getan haben. Bei der Wiederbestattung von Imre Nagy in Budapest tauchten auf einmal Unmengen von Plakaten auf, die nicht nur den Freiheitshelden von 1956 zeigten, sondern auch Lajos Batthyány. Kossuth entkam den Schergen durch Flucht in die Türkei, wo er flugs inhaftiert wurde. Und István Széchenyi zog sich in eine private Irrenanstalt nach Wien-Döbling zurück, wo er den Rest seines Lebens verbrachte. Ende der fünfziger Jahre begann er wieder zu politisieren.

Anonym verfaßte er Flugblätter und Artikel in der «Londoner Times». Den uniformierten und nicht uniformierten Ohren des Kaisers entging dies freilich nicht. Die Polizei durchsuchte seine Wohnung in der Irrenanstalt und konfiszierte seine Schriften. Am 8. April erschoß sich István Széchenyi.

Ein Mythos begann zu entstehen, und davor hatte Franz Joseph, selbst auf dem Weg, ein Mythos zu werden, allergrößte Angst. Der Leichnam Széchenyis wurde nach Nagycenk überführt, das Begräbnis für den 12. April angesetzt. Doch die kaiserlich-königliche Polizei verfügte eine Vorverlegung auf den 11. April. Trotzdem kamen sechstausend Menschen. Und am nächsten Tag noch mehr. Drei Tage lang zogen um die fünfzigtausend am Familienmausoleum vorbei. Zur Warnung und zum Hohn der Casa d'Austria, die – man möge diesen hygienischen Schlenkerer verzeihen, aber so war es – erst im Jahr 1854 auf Betreiben der in Ungarn verliebten Elisabeth ein Badezimmer in der Wiener Hofburg einrichten ließ. Zu einer Zeit also, als das 1840 mit englischen Wasserklosetts ausgestattete Bath Cabinet in Nagycenk schon wieder renovierungsbedürftig war.

SZÉCHENYI-MUSZEUMVASUT
DIE SZÉCHENYI-
MUSEUMSEISENBAHN

Einen Besuch beim Grafen Széchenyi kann man auch ein bißchen hintergründiger anlegen als hier beschrieben. Und wer Kinder mithat – oder sich die Kindlichkeit zu seinem Glück er-

Eisenbahn-Nostalgie

halten hat –, wird ohnehin nicht umhinkönnen, die Anfahrt zum Schloß in einem der wunderbaren Waggons der Múszeumvásut zu unternehmen, an der wohl auch der Graf seine helle Fortschrittsfreude hätte und die sich bei uns Heutigen mit ehrwürdig-nostalgischen Gefühlen verbindet.

Wer von Hidegség kommt, nimmt am besten die bereits beschriebene Straße nach Kiscenk, biegt aber nach etwas mehr als einem Kilometer nach rechts, also westwärts, ab. Nach weiteren anderthalb Kilometern trifft er dann auf die berühmte Lindenallee. Der Eisenbahnfreak sollte sich hier freilich nur einen Blick nach links (Schloß) und rechts (Mausoleum) gönnen und stracks die Allee überqueren, immer geradeaus, bis er nach etwa einem Kilometer auf eine Straße trifft, der südwärts zu folgen ist. Nach 500 Metern geht es wieder nach rechts. Dort befindet sich dann der Györ-Sopron-Ebenfurti Vasút/Raab-Ödenburg-Ebenfurter Eisenbahn-(GySEV/RÖEE)-Bahnhof von Fertöboz. In ihm kann man auf die Züge nach Györ und nach Sopron warten. Und in den Sommermonaten auf die dampflokgezogenen Garnituren der Széchenyi-Múszeumvásut, die in den Sommermonaten von hier zum Schloß und retour verkehren.

Die vier Kilometer lange Schmalspurbahn-Strecke mit einer Spurweite von 760 Millimetern ist zu Beginn der siebziger Jahre – parallel zur Schloßrenovierung – von Eisenbahnfans und mit Hilfe der Raaber Bahn erbaut worden. Mit viel Herz und also praktisch originalgetreu, sodaß sie heute auf ihrer kurvenreichen Fahrt einen Eindruck von den ab 1870 modern gewordenen Kleinbahnen gibt. Der interessierte Fahrgast kann hier fast alle Requisiten einer wunderlichen Eisenbahnromantik bestaunen: die winzigen Dienststellengebäude, die Bahnwärterbuden, die Scheiben- und Alarmsignale, die Läutwerke, die Schranken. Und natürlich die Lokomotiven und Waggons, die aus allen Ecken und Enden des Landes kommen. Die «András» mit dem charakteristischen trichterförmigen Schornstein zum Beispiel fuhr ursprünglich ins Steinkohlebergwerk in Kisgyón. Die «394-023» und «394-057» waren im Kieselerde-Bergwerk in Szurdokpüspöki im Einsatz. Und die Waggons stammen aus dem Wagenpark der aufgelassenen Kleinbahnen von Kisújszállás und Békéscsaba.

Vier Stationen gibt es an der Strecke. Von Fertöboz, wo die Kleinbahn an die Raab-Ödenburg-Ebenfurther Bahn angeschlossen ist, war schon die Rede. Nach einem Schwenk nach

Süden läuft man in Nádtelep ein, von wo aus man über die Ikva-Brücke – hier stoppt der Zug für alle Photographen – nach Barátság gelangt. Beide Stationsgebäude sind Nachbauten von Verladestationen in Szurokpüspöki.

Der «Hauptbahnhof» – und zugleich die zweite Endstation – nennt sich «Kastély» und liegt dem Eingang zum Schloßpark genau gegenüber, am Beginn der Lindenallee. Das Fahrdienstbüro und der Wartesaal sind sinnvollerweise in eine Gaststätte umgebaut worden und diese wiederum zu einem Restaurant, sodaß einem auch diesbezüglich nichts abgeht. Nach der Eröffnung der Bahn versahen hier die volksrepublikanischen «Pioniere» Dienst. Und auch heute noch überwachen Schulkinder die Ankunft und Abfahrt der Züge.

In dem Park neben der Station der Museums-Eisenbahn ist Ende der siebziger Jahre ein Freilicht-Eisenbahnmuseum eingerichtet worden, in dem alle möglichen Kleinbahnfahrzeuge versammelt sind. Die älteste Lokomotive trägt die Nummer 21 und hat eine Spurweite von 1000 Millimetern. Sie ist 1900 für die Borosder Bergbaugesellschaft gebaut und 1970 im Hüttenwerk Ozs ausgemustert worden.

Eisenbahnmuseum – Endstation vieler historischer Lokomotiven

Die Reihe der 760-Millimeter-Lokomotiven eröffnet ein kleines, grünes Gefährt, das zunächst auf dem Gut Wenckheim in Mosonszentmiklos, nicht weit von hier, halbwegs zwischen Györ und Mosonmagyaróvár, unterwegs war. Später übersiedelte es in die Esterházysche Forstverwaltung zu Csömödér, wo es, nach 1945 als Staatseigentum, Holz transportierte. Von 1948 bis 1974 verkehrte es dann im Nagytétényer Betrieb der Staatlichen Schweinemastanstalt. Kein besonders stolzes Unterfangen, weshalb die Museumsbetreiber der Lokomotive wieder den alten, gußeisernen Schornstein aufsetzten und ihr zwei Holzwagen aus Lillafüred anhingen.

Interessant an der Lokomotive ist aber auch – oder vor allem – ihr Name, der, wie vieles hier, mit dem der Esterházys, vor allem mit deren Kapuvárer Schloß, verbunden ist: Hany Istók, auch genannt: Fertö István oder Waasen-Steffl.

INFORMATION Museumsbahn (Kleinbahnausstellung im Freien), Györ-Sopron-Ebenfurti Vasút Múzeum, Nagycenk, Tel. 0036/99/360-015.

DER WASSERMANN VOM NEUSIEDLER SEE

Die Zeiten haben sich geändert. Und mit ihr die Ängste und Furchtsamkeiten, welche die Menschen beschäftigen, wenn es dunkel wird. Aber es ist gar nicht so lange her – und in manchen abgeschiedenen Winkeln der Region wohl immer noch der Brauch –, da wurde rund um den See den Ungezogenen unter den Kindern, jenen, die sich lieber herumtrieben im Dickicht des Schilfs, statt folgsam die Hausaufgaben zu machen, da wurde diesen Rabauken mit einem seltsamen Wesen gedroht, das dem Wasser des Sees zu entsteigen pflegt, um eben die so gearteten Kinder zu packen, mitzuschleifen und weiß Gott was mit ihnen anzustellen. Die magyarisch sprechenden Leute riefen: «Vigyázat! A Fertö István!» Und genau das taten auch die Deutschen. «Achtung!», riefen sie, «der Waasen-Steffl.»

Die Figur des Waasen-Steffl ist keine reine Erfindung, sondern eher eine gelungene Mischung aus altüberlieferter Legende und einer wahren Geschichte, die sich unweit von hier, im Esterházy-Schloß zu Kapuvár, zugetragen haben soll. Vom Széchenyi-Schloß dorthin zu radeln ist nicht empfehlenswert, die Straße mit der Nummer 85 gehört einzig und allein den Automobilen. Wer also unbedingt dorthin will, sollte sich schon vorher entscheiden. Vom Grenzübergang Pamhagen führt ein Radweg quer durch das nun halbwegs entwässerte Sumpfgebiet des Hanság über Tözeggyármajor und Kistöl-gyfamajor nach Kapuvár. Im barocken Schloß ist heute das Rathaus untergebracht und eine kleine heimatkundliche, besonders den regionalen Trachten gewidmete Samm-lung, das Rábaköz-Múszeum. Aber vielleicht

Der Waasen-Steffl

gibt es dort auch eine freundliche Person, die einem die Geschich-te des wilden Buben von Kapuvár erzählt.

Und die geht ungefähr so: Am 15. März anno 1749 legten zwei Fischer ihre Netze aus und gingen dann jagen. Als sie zurückkamen, entdeckten sie darin ein wild dreinblickendes Wesen, von dem auf den ersten Blick nicht genau zu sagen war, ob es menschliche oder tierische Eltern hatte. Es hatte einen starken, ganz offensichtlich wohlgenährten Körper, einen großen, runden Kopf mit kleinen, in einem fort rollenden Au-gen, langgestreckte Glieder, lange Finger und Zehen und eine harte, schuppige Haut. Trotz dieses Aussehens war bald klar, daß es sich um einen Menschen handeln mußte, einen Knaben im Alter von ungefähr zehn Jahren.

Die Fischer brachten, da sie mit ihrem Fang nicht viel ande-res anzufangen wußten, die seltsame Erscheinung zu ihrer Herrschaft nach Kapuvár, wo ihn der Schloßverwalter in Ob-hut nahm und – es war ja immerhin ein Esterházy-Schloß – ihn umgehend taufen ließ. Und zwar auf den in Ungarn ganz besonders heiligen Namen István, also Stephan.

Der Knabe sprach nicht, benahm sich seltsam, sprang zum Beispiel sehr gerne ins Wasser, und das zu einer Zeit, da die

Menschen normalerweise dieses scheuten wie sonst nur der Teufel das geweihte. Darüber hinaus duldete er in dem von Marienverehrung geprägten Haushalt keinerlei Kleidung an sich. Er wurde also zu einfachen Tätigkeiten – Bratenwenden, Wasserholen, Bodenkehren – abgerichtet. Vertrauen faßte er nur zur Tochter des Verwalters, die ihrerseits sich hingezogen fühlte zu der dem Wasser verbundenen Kreatur, den man Fertö István, vulgo Hany Istók, nannte.

Mehr als ein Jahr, so die Legende, hat er so im Kapuvárer Schloß zugebracht, mit Bratenwenden und zartem Turteln. Dann endlich wurde Hochzeit gefeiert. Der Chronist muß da ein wenig durcheinandergekommen sein. Zwar wurden barocke Mädchen von Stand durchaus schon in zartester Jugend vermählt, daß Buben im Alter von elf bereits ins Brautbett stiegen, das freilich kam nicht vor. Wie auch immer: Die Moral der Geschicht' ist ohnehin eine andere. Denn mit vollzogener Hochzeit glaubte man im Schloß, den wilden Mann endlich zivilisiert zu haben. Die Achtsamkeit wurde geringer, die Zügel des Zivilisierens lockerer. Und so gelang dem Buben die Flucht. Er entwischte in sein Element, tauchte unter im Hanság, dem vom See gespeisten Sumpf, und ward nie mehr gesehen. Wenn er nicht gestorben ist – und das ist er nicht, wie man noch heute überall hören kann –, dann lebt er heute noch dort, um sich die Kinder der Zivilisierten zu holen. Jetzt wird er sich in den Kernbereich des Naturschutzgebietes zurückgezogen haben. Denn der Hansági föcsatorna, der Einser Kanal, hat den bequemen Sumpf ziemlich ungemütlich, weil selbst für schwere Traktoren befahrbar gemacht.

KAPUVAR

INFORMATION Fremdenverkehrsbüro Ciklamén Tourist, Fö ter 14, Kapuvár, Tel. 0036/97/342-131. **CAMPING** Campingplatz Veszkényi út 17, Tel. 0036/97/341 524. **MUSEEN** Rábaköz-Museum, Fö ter 1, Tel. 0036/97/342-557 (Heimatkunde, Trachten); Pátzay-Pál-Sammlung, Rába sor 1 (Austellung von Werken des Kapuvárer Bildhauers Pál Pátzky). **RADWERKSTATT UND -LADEN** Déak F. utca 20 und Mátyás kir. utca 55.

210

Von der Tiefebene in die Voralpen

FERTÖBOZ/HOLLING

In *Fertöbóz/Holling* treffen das Tiefland und die letzten Ausläufer der Alpen, die Ödenburger Berge, aufeinander. Das bedeutet für den Radler ein wenig – aber wirklich nur: ein wenig – mehr Mühe. Diese Mühe aber wird klarerweise belohnt. Und zwar durch einen wunderbaren Blick über den See und seinen hier besonders breiten Schilfgürtel. Immer wieder bieten sich hier besondere Schau-Plätze an, wodurch man zu Pausen richtiggehend gezwungen wird, sodaß, insgesamt gesehen, die Radlpartie nicht anstrengender ist als in der Brettlebene des Alföld.

Fertöbóz: «Gloritte»

Wer sein Rad beim Bahnhof von Fertöbóz abgestellt und also mit der Museumsbahn vom Schloß wieder hierher zurückgedampft ist, fährt auf der bereits beschriebenen Route zurück nach Norden. Bei der Kreuzung mit jener Straße, die rechts zur Lindenallee führt, radelt man dann aber geradeaus, durch die kleine Ortschaft Kisboz. Nach einem Kilometer trifft man dann auf die Seeuferstraße – das ist die, welche auf allen Karten als See-Rundwanderweg markiert ist – und befindet sich schon mittendrin in Fertöbóz.

In Fertöbóz bietet sich eine schöne Gelegenheit, Abschied zu nehmen von den Széchenyis. Südlich der Hauptstraße, in der hier beschriebenen Fahrtrichtung also linker Hand, steht auf einer kleinen Anhöhe ein seltsam anmutender Rundbau, den Ferenc Széchenyi, Vater des István, hier hat errichten lassen. Während der napoleonischen Kriege war Palatin József/Josef, ein Bruder des Franz (II. des Reiches, I. des Österreiches) und Oberbefehlshaber der adeligen Heere, oftmals hier zu Besuch. Sein Lieblingsplatz war ebendieser Bózer Hügel. 1802 ließ Ferenc, als Erinnerung an den hochwohlgeborenen Besuch und zur eigenen Zerstreuung, diese «Gloriette»

Fertöböz: Blick von der «Gloriette» auf den See

von Baumeister József Ringer errichten. Nicht ganz zu Unrecht, wie sich jeder Besucher überzeugen kann. Der Blick von hier schweift nicht nur weit über den See, sondern, eben weil hier das Tiefland beginnt, auch weit ins östliche Land, über den Hanság hinweg.

Von Fertöböz geht es – vorsichtig – weiter Richtung Westen. Der See-Rundweg ist hier identisch mit der Autostraße. Die gesteigerte Obacht muß freilich bloß zweieinhalb Kilometer aufrechterhalten werden. Dann zweigt nämlich die Radroute von der Straße nach Sopron in nordwestlicher Richtung ab, was bedeutet, daß man das Südufer hinter sich hat und nun damit beginnt, die westliche Seite des Sees in Angriff zu nehmen. Einen Kilometer nach der Kreuzung liegt Balf/Wolfs. Danach schwenkt die Route auf eine nördliche Richtung. Bevor man die – rund zehn Kilometer lange – Strecke nach Fertörákos in Angriff nimmt, sollte man aber in Balf Station machen.

FERTÖBOZ/HOLLING

INFORMATION Fremdenverkehrsfiliale Gloriette fogadó, Fö utca 11, Fertöboz, Tel. 0036/99/357-027. **ESSEN UND TRINKEN** Restaurant Gloriette, Fö út 11, Tel. 36/99/357-027.

BALF/WOLFS

Erste Anlaufstation in *Balf/Wolfs* – und das nicht nur für jene, die vom Schauen nicht genug bekommen können – sollte die katholische Pfarrkirche zum heiligen Jakob sein: Erstmals erwähnt im Jahr 1336 als Liebfrauenkirche, wurde sie 1578 evangelisch und 1673 wieder katholisch. Der mächtige, unten vier-, weiter oben achteckige Turm stammt aus gotischer Zeit, ebenso der mit vier Seiten eines Achtecks abschließende Chor mit dem gotischen Kreuzgewölbe. Das Schönste an dieser Kirche ist allerdings ihr Standort. Von dort bietet sich nämlich der See in einem wunderbaren Panorama dar.

Die katholische Kirche von Balf

In Balf, der südwestlichsten Ecke des Neusiedler Sees, gibt es auch noch eine altehrwürdige Therme, die bereits von den Einwohnern des nahen römischen Scarbantia (heute: Sopron) genutzt wurde. Im 16. Jahrhundert, ja, so lange dauerte das, wurde das warme Wasser wiederentdeckt. Ein über Sopron berichtender Zeitgenosse schrieb: «Sie ist auch die Haupt-Stadt eines wegen des vielen Weinbaues berühmten und sonst auch fruchtbaren Comitats, so von ihr den Namen hat, und worinen sich 2 Königliche Freystädte befinden, neben denen admirablen Fürstlich-Esterhasischen Schlößern Eisenstadt und Forchtenstein, sind die warmen Baeder Höflen, und das Gesund Bad Wolfis.»

Dieses Gesund-Bad dient auch heute noch der Linderung von Gicht und Polyarthritis, von anderen Erkrankungen des

213

Bewegungsapparates und chronischen Nervenschmerzen. Wer am Magen-Darm-Trakt laboriert, sollte das schwefel- und kohlensäurehaltige Wasser trinken. Das Badehaus ist vom Soproner Hauptrichter – eine Art Bürgermeister – im Jahr 1560 errichtet worden. 1773 wurde dann dem Bad eine Kapelle angeschlossen. Die St.-Josephs- beziehungsweise «Badekapelle» ist mit Fresken des Stephan Dorffmeister geschmückt. Eines davon zeigt Jesus Christus beim Heilen von Kranken.

INFORMATION Kur- und Heilbad Balf, Tel. 0036/99/14-266 (Becken-, Wannen- oder Streckbäder in schwefelwasserstoffreichem Heilwasser gegen Erkrankungen des Bewegungs- und Stütz-Apparates, des Nervensystems; Heilgymnastik, -massage; Hallenbad zum Schwimmen und zur Unterwassergymnastik, Wassertemperatur 28 °C. CAMPINGPLATZ.

Von Balf aus geht es nun ohne weiteren Zwischenaufenthalt nordwärts ins etwa 10 Kilometer entfernte Fertörákos. Naja: Einen kurzen Stopp kann der, der wirklich nicht genug bekommen kann, schon noch einlegen. Nach etwas mehr als drei Kilometern schwenkt die Straße nach Nordwest. In der Kurve zweigt linker Hand ein Weg ab, den der Schaugamsige nehmen sollte. Gleich nach der Rotte Fertöi-présház gibt es abermals einen wunderbaren Aussichtsort. Von ihm braucht man nicht zurückzufahren. Etwa einen Kilometer weiter zweigt ein Weg nach rechts ab, der einen wieder auf den Seerundkurs bringt. Und dieser bringt einen direkt nach Fertörákos.

FERTÖRAKOS/KROISBACH

Dieser Ort hat Ungarns einzigen Fertö-Strand, der sich in nichts von den weiter nördlich gelegenen unterscheidet. Am Ortsanfang zweigt nach rechts die Dammstraße ab, die quer durchs Schilf zum Seeufer führt: drei Kilometer, schnurgerade. Der Rákos-patak, der Kroisbach, hier zu einem kanalähnlichen Gewässer gefaßt, begleitet die Zufahrtsstraße und mündet – «ergießt sich» läßt sich wirklich nicht sagen – ins Hafenbecken, wo neben den Ausflugs- und Fährschiffen zahlreiche

Boote der Kroisbacher und Ödenburger liegen. Mancher –
und das ist keineswegs zynisch gemeint – empfindet das Bild
der leichten Vergammelung, das hier vielerorts zu sehen ist,
sympathischer als den Versuch, durch fingerdicke Lackschich-
ten Schmuckkästchen-Miniaturen herzustellen. Mag sein, daß
viele hier nostalgisch werden: Denkt man sich die dünnwandi-
gen, wie für den bloßen Übergang gedachten Kádár-Bauten
weg, so erscheint Kroisbach so, wie das Burgenland noch vor
fünfzehn, zwanzig Jahren ausgesehen hat. Rückständig, gewiß.
Ob aber aufholbedürftig, wie jeder Ungar – und immer noch
jeder zweite Burgenländer – einem treuherzig zu versichern
weiß, ist ungewiß. Das Strandbad von Fertörákos mit seinen,
nicht heruntergekommenen, nur alt gewordenen Einrichtungen, den wie absichtlich sehr krud ins Deutsche gebrachten
Hinweistafeln (denn tatsächlich spricht man hier annähernd so
fließend Deutsch wie jenseits der Grenze) und den geduldig
sich für die abendliche halászlé ins Zeug legenden Anglern am
Kroisbach verbreitet den Charme des Franziskaner-Ordens,
und das ist, wie man weiß, nicht der schlechteste Charme. Im
Vergleich zu dem der Dominikaner, die selbst von Fröschen

Das Bischofspalais in Fertörákos

verlangen, das Credo auswendig herzusagen. Während die Franziskaner sich – wie die interessierten Besucher – damit begnügen, still ans Ufer des Kroisbaches zu treten und die Tausenden Frösche zu beobachten, die nur der Eingeweihte zu sehen vermag; oder der, der forsch nahetritt und damit eine Fluchtwelle auslöst, die den Eindruck macht, als würde sich da

der ganze Uferstreifen kopfüber ins Wasser stürzen.

Apropos Minoriten: Zichy Ferenc, Bischof zu Györ, hielt sichtlich nicht viel vom Heiligen, nach dem er selbst benannt war. Mitte des 18. Jahrhunderts – da lappte das Barock bereits sehr ins Rokoko hinüber – ließ er hier in Fertörákos das Gebäude aus dem 16. Jahrhundert nach seinem Geschmack und seinen Bedürfnissen umgestalten. Nachdem Györ im 17. Jahrhundert unter türkische Herrschaft gelangt war, residierten hier die Raaber Bischöfe. Nach der Rückeroberung, die der Bela-

Christi-Himmelfahrt-Kirche in Fertörákos

gerung von Wien 1683 folgte, blieb Fertörákos bischöfliche Sommerresidenz.

Um dorthin zu gelangen, muß man die drei Kilometer durchs Schilf zurückstrampeln, sich an der Straße nach rechts wenden, in den Ort hineinfahren. Links und rechts der Fö utca stehen dann altehrwürdige Mauerreste, die Aufschrift «Városfalak» zeigt an, daß es sich um die alte Stadtmauer handelt. Und gleich dahinter, linker Hand, steht das einstöckige, neunachsige *Bischofspalais*. Wer Minorit genug ist, kann sich klammheimlich darüber freuen, daß das episkopale Palais heutzutage zu einem

Teil als Hotel eingerichtet ist, in welchem nicht nur den Domi-
nikanern Kost und Quartier zuteil wird. Und kann dann eventuell in den Festsaal im ersten Stock gehen und staunend zur
Kenntnis nehmen, daß auch der Bischof seine Dämonen hatte.
In schlichtem Schwarzweiß malte Caietano di Rose 1745 vier
luziferische Gestalten für den Bischof: Pallas Athene (als Allego-
rie auf die Wissenschaft), Ho-
stia (für die Häuslichkeit),
Vulkan (für die Emsigkeit des
Gewerbes) und Hermes (für
den Handel). Dafür gibt ein
Nebenraum dieser heidni-
schen Versammlung den Blick
frei auf die darunterliegende
Kapelle, sodaß der Bischof,
wenn er es wollte, in einem
fort zwischen Sünde und Ab-
laß hin und her wechseln
konnte. Dieser Teil des
Püspöki kastély gehört nicht
mehr zum Hotel, sondern zu
dem hier eingerichteten Museum, das über die Geschichte der Gegend – auf Unga-
risch freilich – Auskunft gibt.

Fertörákosscher Pranger

Ein paar hundert Meter weiter auf derselben Straßenseite
steht dann die 1696 geweihte (genau: die 1326 erbaute wurde
1683 von den Türken zerstört) *Christi-Himmelfahrt-Kirche*. Bei
weitem schlichter als die bischöfliche Sommerresidenz, diente
sie während der Türkenzeit als Bischofssitz. Bemerkenswert
nur der hohe mittelalterliche Turm, der alle Osmanenstürme
überdauerte. Das tat auch die *Prangersäule* in der Dorfmitte, auf
halbem Weg zwischen Bischofspalais und Kirche. Es ist dies ein
Pfeiler auf dreifachem rundem Postament, der in eine Säule
übergeht und dessen pyramidenförmige Spitze von einer mit

einer Fahne geschmückten Kugel gekrönt ist. Der Pranger aus dem Jahr 1530 ist ein in Ungarn seltenes Denkmal des öffentlichen Strafvollzugs. Ganz in der Nähe (Fö u. 141) steht eine alte *Wassermühle* aus dem 18. Jahrhundert, in der sich heute ebenfalls ein Hotel befindet.

Das bedeutendste Erbe, welches die Kroisbacher zu verwalten haben, stammt freilich nicht von der Kirche, sondern von deren schlimmsten Feinden und bewunderten Vorbildern: den Römern. Die hatten sich im nahen Sopron eine Stadt namens Scarbantia gebaut. Hier in Fertörákos brachen sie die Steine dazu. Und einige von ihnen – die Eingeweihten und ihre Adepten – zogen sich hierher zurück zur Besinnung und Einkehr. Die sehenswertesten Monumente von Kroisbach sind Köfejtö und Mithraeum/Steinbruch und Mithräum.

STEINBRUCH/MITHRÄUM

Am nordwestlichen Ende des Ortes befindet sich, kaum durch Hinweisschilder verunziert, der Eingang zu einem Steinbruch, der dem im nahen St. Margarethen in nichts nachsteht. Im Gegenteil: die eigenartige Abbauweise ließ nach und nach eine merkwürdige, surreale Landschaft entstehen, die ihresgleichen sucht. In fast allen Reiseführern wird vermerkt, die durch die halb Tag-, halb Untertag-Abbauweise entstandenen Grotten, Säle, Höhlen erinnerten frappant an ägyptische Felsengräber. Nur ein alter «Reiseratgeber» aus dem VEB Tourist Verlag (Berlin/Leipzig) fand einen weitaus passenderen Vergleich: «Es entstand

Fertörákos: Steinbruch

hier ein großer, wie von einem Kubisten entworfener, unterirdischer Saal, nach einer Seite offen, mit hervorragender Akustik.» Genauso ist es. Abgesehen davon, daß – Arbeiter-und-Bauern-Staaten pflegten vieles richtig, aber nie alles zu erzählen – es ein paar Säle sind, ja ein ganz eigenartiges Labyrinth, das in jenen Teilen, die der DDR-Reiseführer ausgeblendet hat, an eine geheimnisvolle, mystische Burg gemahnt. Vor allem auch deshalb, weil die elektrische Beleuchtung auf das Allernotwendigste reduziert worden ist, weshalb hier – es treten plötzliche Niveau-Unterschiede auf – ganz besondere Obacht geboten ist. Und das nicht nur für die im Glauben an die eigene Unverletzlichkeit sorglos herumschurlnden Kinder.

An manchen Sommerabenden wird die unterirdische Feen-welt – ja, solche sollen hier schon gesichtet worden sein – hell erleuchtet. Jahr für Jahr gibt es die Soproner Festspiele, und Jahr für Jahr werden aus diesem Anlaß hier Konzerte und Theateraufführungen veranstaltet, was, wie man sich leicht vorstellen kann, sehr beeindruckend, weil ausgesprochen stimmungsvoll ist. (Ein Tip: Da es auch im rund fünfeinhalb Kilometer entfernten Mörbisch – Stichwort: Gelsenreitschule – Sommerfestspiele gibt, kann man sich hier ein grenzüberschreitendes Kulturprogramm zusammenstellen und

Künstliche Riesenhöhle im Steinbruch

mit nicht allzu schweißtreibender sportlicher Betätigung verbinden. Denn der Grenzübergang ist hier nur für Radler und Fußgänger geöffnet.)

An den Tribünen- und Bühnenaufbauten vorbei geht es in den schummrigen Teil des «Felsengrabes», das hier eher an eine Kathedrale erinnert. Rechts zweigt – ja, diese eine Glühbirne, so um die 60 Watt, weist den Weg – ein kleiner Gang ab, der wieder nach oben führt, wo überhängende Felsen ein recht bedrohliches Bild bieten. Den Steinbruch sollte man jedenfalls nicht verlassen, ohne zuvor seinen Rand erklommen zu haben. Halbwegs gesicherte Steige führen zum höchsten Punkt des aufgewühlten Hügels. Dort wurde ein kleines Rondeau errichtet, von dem aus es sich wunderbar über den See blicken läßt, bis hinüber nach Podersdorf und weit hinauf zum Leithaberg.

Wer dem gutgemeinten Tip zum kombinierten Festival-Konsum folgt, wird die letzte Sehenswürdigkeit von Fertörákos wohl ohnehin besuchen: das Mithräum. Ein paar Schritte oder Pedaltritte vom Eingang zum Steinbruch Richtung Sopron entfernt, zweigt rechter Hand eine dem Autoverkehr verbotene Straße ab. Die führt zum etwa zwei Kilometer entfernten Grenzübergang und weiter nach Mörbisch. Vor dem Grenzübergang links befindet sich ein seltsam anmutendes, neu errichtetes, fensterloses Häuschen. Die Grundmauern sind aus Steinen zusammengefügt, der Rest aus weißgetünchten Ziegeln. Die Steine wurden –

Blick vom Steinbruch über den See

spätestens – im dritten Jahrhundert nach Christus, wahrscheinlich aber früher gebrochen. Sie sind die Reste einer geheimnisvollen antiken Kultstätte, die im Juli 1866 vom Soproner Storno Ferenc und vom Mörbischer Steinmetz György Malleschitz unabhängig voneinander wiederentdeckt wurde. Das unscheinbare Häuschen an der österreichisch-ungarischen Grenze war eine dem Gott Mithras geweihte Stätte, einer schon damals über viertausend Jahre alten indoiranischen Gottheit, die von Legionären im ganzen Reich verkündet wurde und unter ihrem lateinischen Namen

«Deus sol invictus» zu einem der wesentlichsten Vorläufer und Wegbereiter des Christus wurde, dem viele charakteristische Merkmale des Sol invictus zugeschrieben worden sind.

DER MITHRAS-KULT

Die Mithras-Religion beruht auf einer streng dualistischen Weltsicht. Im ursprünglichen iranischen Kult trat Mithras stets als Widerpart des Gottes Varuna auf, dem Sinnbild der Nacht und der Finsternis. Mithras ist der Gott des Lichtes, der unbesiegbaren Sonne, wie sein späterer lateinischer Name sagt. Der Urmithraismus ging in den von Zoroaster – der sich nicht nur über Friedrich Nietzsche als Zarathustra ins Abendland schlich – verkündeten Glauben des Mazdaismus über, in dem Mithras als Ahura Mazda verehrt wurde. Darauf gründete der römische Kult des Sol invictus, der sich vom späteren Christentum – zumindest in seiner gnostischen Spielart, die hierzulande ja die ursprüngliche, die erste war – nur minimal unterscheiden ließ. Auch die Gnosis war durchdrungen von der Überzeugung, die Welt sei von zwei grundlegenden, widerstrebenden Prinzipien beherrscht und Jesus Christus die Verkörperung des Hellen («Ich bin der Weg, die Wahrheit und das Licht.»)

Ein kurzer Abstecher in den heutigen Südosten: Eine der mächtigsten gnostischen Sekten war die der Bogumilen, deren Zentrum ab dem vierten Jahrhundert die Balkanhalbinsel gewesen ist, von wo aus sie bis nach Rußland und ins okzidentale Languedoc zu den Albingensern wirkten. Die Annahme, das bogumilische Christentum habe auch hier in Pannonien Fuß gefaßt, ist also nicht von der Hand zu weisen. Die Bogumilen widersetzten sich allen «Bekehrungsversuchen», flüchteten auch nach dem Schisma weder zum Papst noch zum Patriarchen von Konstantinopel, weshalb ihnen recht bald von allen Seiten das Leben zu jener Hölle gemacht wurde, welche ihnen römische und griechische Würdenträger ohnehin prophezeiten. Eine letzte Zufluchtsstätte fanden die von allen Seiten Bedrängten in den bis heute bekanntlich unzugänglichen Bergen Bosniens. Und als die Osmanen die Balkanhalbinsel mit Feuer und Schwert, aber bis dahin kaum gekannter religiöser Toleranz überrannten, waren sie die ersten, die zum Islam konvertierten, der Platz genug bot für die gnostischen Traditionen. Heute – der Islam ist schwach im Südosten Europas, die griechische und die römische Kirche gestärkt bis hin zur Starrsinnigkeit – kämpfen die Nachkommen der Bogumilen ihren Endkampf. Sarajewo – man verzeihe diesen letzten Schlenkerer in die Religionsgeschichte – kämpft jenen Kampf, den die Bewohner des Montségur, der von Wolfram von Eschenbach verewigten Gralsburg, im Jahr 1244 verloren haben. Das war der letzte Sieg im Kreuzzug gegen die Albingenser, in dessen Verlauf der Abt von Citeaux, päpstlicher Gesandter, auf die Frage, wie man denn die Ketzer von den Rechtgläubigen unterscheiden könne, schlicht antwortete: «Tötet sie alle, Gott wird die Seinigen schon herausfinden!»

Mithras – und der Christus der Bogumilen – kannte diese Art von Auslese nicht. Das mag auch daran liegen, daß beide in unterschiedlicher Intensität esoterische Kulte waren. In die Mysterien des Glaubens wurde man eingeweiht, wenige nur durchliefen alle Initiationsstufen. Deshalb darf die Kleinheit des Kroisbacher Mithrastempels – 13 mal 11 Meter – nicht über die Macht des dahinterstehenden Glaubens hinwegtäuschen. Hier trafen sich die Eingeweihten aus Scarbantium, um die sieben Stufen zur Vollkommenheit zu durchschreiten: corax (Rabe), nympheios (Verlobter), miles (Soldat), leo (Löwe), Perses (Perser), heliodromos (Sonnenläufer), pater (Vater).

Nach der Entdeckung des Tempels im Jahr 1866 machte man sich daran, das Gebäude zu rekonstruieren. Zwei Seiten waren künstlich errichtet, die anderen beiden waren Felswände, insgesamt ergab sich daraus ein trapezförmiger Grundriß. Die Kultbilder wurden aufgestellt, so wie man meinte, daß es originalgetreu sei. Diese Rekonstruktion war einer der ersten Denkmalschutzbauten Ungarns.

Aber dann kam das 20. Jahrhundert. Und unversehens war der Tempel im Grenzstreifen zwischen den verfeindeten Blöcken teilweise vermint, jedenfalls aber tabu. Die Rekonstruktion verfiel, auf dem Gewölbe wuchsen Bäume, das Innere füllte sich mit Schutt. Das Mithras-Relief ist zuvor schon durch Geschoßeinschläge beschädigt worden, die rechte Seite durch eine Explosion zerstört. Erst nach der Wende konnte man wieder darangehen, das Erbe zu pflegen. 1990 bis 1991 ist das jetzt wiederhergestellte Heiligtum einer «authentifizierten Ausgrabung» unterzogen und anschließend instand gesetzt worden. Die im Inneren aufgestellten steinernen Plastiken und Reliefs sind Kopien, die Originale befinden sich im Lapidarium des Soproner Museums im Fabricius-Haus. Original – wenn auch restauriert – ist nur das Kultbild an der dem Eingang gegenüberliegenden Stirnwand. Das Relief stellt die mythische Szene der Stiertötung dar. Der Stier symbolisiert das dem Mithras widerstrebende Prinzip der Finsternis. Mithras – in phrygischer Tracht – kniet auf dem Rücken des Teufels und reißt ihm den gehörnten Kopf in den Nacken, um ihm das Genick zu brechen. Links und rechts des Sol invictus stehen Cautes und Cautopates – Morgenröte und Abenddämmerung –, auch sie Sinnbilder des unbesiegten Gottes.

Die Inschriften auf den vier Altarsteinen lassen vermuten, daß der Tempel von Bewohnern Carnuntums – an der Donau gelegen, nahe dem heutigen Deutsch Altenburg – errichtet wurde. Es wurde ein Truppenzeichen der Legio Antoniniana entdeckt. Die war in Carnuntum stationiert. Daß manche daraus schließen, nur die Carnuntumer hätten sich hier getroffen, läßt freilich den religiösen Charakter des Ortes außer acht. Sol invictus war kein Gott, der sich durch irdische Verwaltungsgrenzen lokalisieren ließ.

FERTÖRAKOS/KROISBACH

INFORMATION Fremdenverkehrsbüro Ciklamén Tourist, Fö utca 1, Tel. 0036/99/355-026, und Touristenherberge, Tel. 0036/99/355-034. **FREIZEIT UND SPORT** BADEN Badeanlage mit 400 Meter Strand, Minigolf, Kinderspielplatz, Surfschule, Bootsverleih, Büffets, Restaurant. Einzige Bademöglichkeit am Neusiedler See (Fertö to) auf ungarischer Seite. Tel. 0036/99/355-340. PFERDEKUTSCHENFAHREN Information im Fremdenverkehrsbüro Ciklámen Tourist 0036/99/355-034. SCHIFFSRUNDFAHRTEN Mörbisch–Illmitz–Fertörákos. Mörbischer Schiffahrtsbüro Drescher: Abfahrtsstelle hinter der Seebühne, Tel. 02685/8820 oder 8840. Linienschiffahrt nach Illmitz vom 1. Mai bis 30. September täglich zur vollen Stunde von 9 bis 16 Uhr, Abschlußfahrt um 16.45 Uhr. Von Illmitz nach Mörbisch etwa 30 Minuten später. Pusztafahrten, Bootsrundfahrten zur Seemitte und zur ungarischen Grenze, Mulatsag am Neusiedler See, Neusiedler See bei Nacht, grenzüberschreitende Fahrten Österreich–Ungarn. Schiffahrtsstation Drescher, Mörbisch und Fertörákos; Mörbischer Schiffahrt Kapitän Weiss, Hauptstraße 9 oder direkt bei der Schiffsstation, Tel. 02685/8324, 8224, 8011. Linienfahrt von Mörbisch nach Illmitz vom 1. Mai bis 30. September täglich um 10, 13 und 16.45 Uhr, von 1. Juli bis 3. August zusätzlich um 11, 12, 14 und 15 Uhr. Von Illmitz nach Mörbisch jeweils 30 Minuten später. Pusztafahrt, Pusztanacht, Grillparty, Fahrt ins Naturschutzgebiet; Schiffahrtsunternehmen Gangl, Illmitz, Tel. 02175/2158. Linienfahrt (Radfähre) Illmitz–Mörbisch von April bis Ende Oktober täglich um 10, 12, 13.30 und 16.30 Uhr, während der Monate Mai bis September zusätzlich um 9, 11 und 17.30 Uhr. Mörbisch–Illmitz jeweils 30 Minuten später. Fahrten zur ungarischen Grenze und nach Fertörákos, Ausflugsfahrten, Grillfest an Bord; Fertö-Tavi Hajózási Kft., Schiffahrtsstation Fertörákos, Tel. 0036/99/355-165. Fährenbetrieb von 1. Mai bis 30. September (10–18 Uhr), grenzüberschreitende Fahrten ins Burgenland, Grillparties, Mitnahme von Fahrrädern und Surfbrettern. **MUSEUM** Museum im Bischofspalast, ehemaliges Landhaus der Györer Bischöfe (heute teils als Museum, teils als Hotel genutzt) – Museumsteil sind Prunksaal mit Deckengemälden, Kapelle, Speisesaal mit Interieur. **VERANSTALTUNGEN** Opern-, Theateraufführungen, Konzerte im Steinbruch als Teil der Soproner Festwochen; Veranstaltungszeitraum Juni, Juli (Auskünfte bei örtlichen Fremdenverkehrsämtern). **ESSEN UND TRINKEN** Restaurant «Mithras», Fö utca 1, Tel. 36/99/355-246; Restaurant «Roland», Fö utca 175/G, Tel. 36/99/355-064.

Vom Mithras-Heiligtum aus kann sich der Radler bequem – was würdig und recht ist – ins nahe Mörbisch hinüberbegeben. Nach der Grenze geht es bergab, das Rad läuft von allein und läßt Zeit genug zum Sinnieren. Freilich: Ein kurzer Abstecher auf der ungarischen Seeseite wäre noch ausständig. Dafür allerdings sollte man sich schon einen ganzen Tag Zeit lassen. Denn dieser Abstecher ist eine Mischung aus Bummeln, Baumeln und Shoppen. Hier lernt man dann Ungarn so kennen, wie es die Österreicher am meisten lieben, weil sie es, zum Teil wenigstens, selbst so hergerichtet haben: In Sopron bummelt man herum, baumelt in den Schanigärten auf dem Fő tér mit der Seele, um danach – oder schon davor – einzukaufen, was so billig ist, daß man es trotz der Kenntnis des Wechselkursmechanismus immer noch nicht fassen kann.

Sopron/Ödenburg

DAUERWELLEN UND KÉKFRANKOS

Sopron ist eine ganz eigenartige Stadt. Und in ihrer Eigenart ist sie sehr charakteristisch für die gesamte Region. Sie ist die größte – manche sagen: die einzige – Stadt der Gegend. Seit dem Wegfall des Eisernen Vorhangs, aber auch schon Jahre zuvor, als man in Ungarn wieder damit begonnen hat, dem normalen Geschäftemachen freien Lauf zu lassen, hat Sopron eine Entwicklung genommen, die der Stadt wieder jenen Platz zurückgibt, den sie jahrhundertelang eingenommen hat. Sopron ist – jetzt erst recht, sozusagen – die natürliche Hauptstadt des Burgenlandes (und der dazugehörenden westungarischen Region). Um das festzustellen, genügt ein Blick auf die Landkarte. Alle Wege führen eben nicht nach Eisenstadt, sondern nach Ödenburg. Die neue Autobahn nach Eisenstadt ändert,

Stadtkirche

trotz der vielen wie aufgeplustert wirkenden Ausfahrten, nichts. Ihren eigentlichen Zweck erfüllt sie erst, wenn sie bis Klingenbach – und damit Sopron – weitergebaut worden ist. Die Bahnverbindung von Wien aus ist – im Gegensatz zu Eisenstadt, wohin erst vor kurzem eine Schnellbahnverbindung eingerichtet wurde – problemlos. Egal, ob man über die Südbahn und Wiener Neustadt oder über Ebenfurth und die Raaber Bahn fährt. Länger als eine Stunde dauert es nur bei schlampiger Planung. Mit dem Zug nach Sopron zu fahren ist im übrigen nicht die dümmste Idee, weit gescheiter zumindest, als den für den Andrang immer noch viel zu kleinen Autogrenzübergang in Klingenbach zu frequentieren. Die Zollformalitäten am Ödenburger Bahnhof, wo Ungarn und Österreicher gemeinsam Dienst versehen, sind gering, Grenzaufenthalte unbekannt. Und der Marsch in die Stadt kurz und schmerzlos.

Vom GySEV-pu – also dem Györ-Sopron-Ebenfurti-Vasutpályaudvar – hat man sich immer nur der Nase nach zu orientieren. Genau vis-à-vis des Bahnhofsgebäudes beginnt die nach König Matthias benannte Mátyas kiraly utca, die einen direkt ins Zentrum hineinführt. Zu all den Zigaretten- und Lebensmittelhändlern, den Modegeschäften und Friseurläden, den Zahnarztpraxen. Vorbei an Vendeglö, Etterem, Cukrászda und Fagylaltozó. Sopron ist, man merkt das spätestens auf dem Széchenyi tér, der Stirnseite des die Altstadt hufeisenförmig umschließenden Rings, von Österreichern annektiert worden. Nicht von Österreich – nein, nein, Ödenburg ist schon eine unbestritten ungarische Stadt. Aber die Österreicher haben, kaum daß sich die Gelegenheit bot, die Stadt zu einer der ihren gemacht. Daß hier alles so billig sei, ist bei genauerer Betrachtung ein bloßer Vorwand; viel und blumig kritisiert von den Wiener Kaffeehäusern aus, in denen man herzhaft spottete über die Einkaufswut derer, die sich nun endlich auch etwas leisten konnten. Nein, die Wiedereingliederung Soprons ins österreichische Alltagsleben war ein erstes – und weil von unten kommend, unumkehrbares – Aufatmen angesichts der Löchrigkeit der hermetischen Grenze. Das Aufatmen geschah auf beiden Seiten der Grenze und entwickelte sich zu jenem bekannten Sturm, der von hier aus bis an die Ostsee blies.

Es war schon eine sehr merkwürdige Zeit, damals, als alle, die sich irgendwie intellektuell gerieren wollten, von Sopron und seinen Einkaufswienern nur in den abfälligsten Tonlagen zu spre-

chen pflegten. Als würden die in Autobustranchen einfallenden
Österreicher tatsächlich so etwas begehen wie Mundraub an den
armen Ungarn. Nur wenige hatten erkannt, daß dies nichts anderes war als ein Stück Normalisierung an einer tatsächlich ver-
rückten – weil unverrückbar geschlossenen – Grenze. Den So-
pronern selbst ist das bald klargeworden. Heute ist die Stadt ein
nicht mehr wegzudenkender Wirtschaftsfaktor sowohl bei den
Budapester als auch bei den
Wiener Verwaltern des Brut-
tonationalprodukts. Daß
Ödenburg in den Verkehrs-
verbund Ost eingebunden
wurde, ist ein Zeichen. Ein bemerkenswertes freilich allemal, diesmal wohl an die
Mächtigen weiter im Westen,
welche die Grenze nun wieder
dichtmachen wollen.

Zum Teil ist dies schon geschehen. Österreichs Zöllner
am Bahnhof zu Sopron sind
an sich recht großzügig bei
der Durchsicht der mitge-
führten Waren. Erbarmungs-
los aber werden sie bei den so
beliebten Salami-Stangen. *Konsum kennt auch in Sopron keine Sprachgrenzen*
Die EG – oder EU oder wie auch immer – hat ein striktes Im-
portverbot für Fleisch aus dem Osten verhängt. Dort gehe
nämlich, heißt es, die Schweinepest, die Maul- und Klauenseu-
che und ähnlich Geschmackloses um. Österreich bekam aus
Brüssel unter der Androhung sofortiger Ausdehnung des Im-
portverbots den Auftrag, den EG-Beschluß an seinen Grenzen
zu exekutieren. Und das tut es.

Die Einkaufshysterie der früheren Jahre hat sich gelegt,
auch wenn das Volumen des Grenzverkehrs eher noch zuge-

nommen hat. Hier wie dort hat man sich an den Zustand der offenen Grenze gewöhnt. Der Besuch in Sopron hat für die meisten Österreicher eher den Charakter eines Ausflugs angenommen. Kaum jemand fährt noch in wilder Hamsterabsicht hierher. Man kommt gezielt, hat ganz bestimmte Waren und – vor allem – Dienstleistungen im Auge. Die Damen weichen den exorbitanten Preisen für Waschen, Legen, Dauerwellen aus und begeben sich zum «nöi fodrász». Die Gatten warten indessen in der «borozo» bei ein, zwei, drei, vier Viertel «kékfránkos» oder kaufen beim Meinl Gyula das Notwendige fürs Wochenende, wenn sie nicht ihrerseits beim Zahnarzt sitzen. Selten – aber das ist wohl auch ein Zeichen für Normalisierung – hält wer inne an einem offenen Tor, staunend angesichts des restaurierten gotischen Innenhofes. Fabricius-Haus? Ziegenkirche? Storno-Sammlung? Synagoge? Kopfschütteln. Eine Stadt, in die man fährt wie die Traisentaler nach St. Pölten – nur zum Einkaufen –, sieht man nicht mit touristischen Augen. Daß einem dabei eine ganze Menge entgeht, ist das unvermeidliche Nebenprodukt der nachbarschaftlichen Normalisierung.

SCARBANTIA UND BÉLA KUN – EIN KLEINER ABSTECHER IN DIE ÖDENBURGER GESCHICHTE

Wer die Mátyás király utca stadteinwärts entlangmarschiert, überquert eine breite, durch einen parkähnlichen Grünstreifen geteilte Straße, welche die Soproner zu Recht Platz, május 1. tér, nennen. Gleich darauf mündet die König-Matthias-Straße in den Széchenyi tér, und zwar genau dort, wo er, eine Linkskurve beschreibend, zum Lenin körút wird, der jetzt natürlich nicht mehr Lenin körút heißt, sondern, so wie früher, Várkerület. Seit der Wende hat man sich ja überall in Ungarn ans große Umbenennen gemacht, sodaß heute manche Straßenzüge, je nach Einstellung, verschiedene Namen tragen. Für Sopron freilich ist dies nicht mehr als eine Fußnote. Zuviel hat diese Stadt schon kommen und gehen gesehen, als daß es sie erschüttern könnte, dieses seltsame 20. Jahrhundert.

Das Gebiet von Sopron ist, sagen die von Archäologen diesbezüglich bestärkten Historiker, seit weit mehr als 2000 Jahren besiedelt. Illyrer waren da, heißt es, die wurden von den Kelten verdrängt und die schließlich, im ersten Jahrhundert vor unserer Zeitrechnung, von den Römern. Die Veteranen aus Carnuntum und anderen Garnisonen Pannoniens und Noricums gründeten hier die Stadt Scarbantia. Etymologen vermuten hinter dem Namen ein illyrisches Wort, welches soviel bedeutet wie «zerstreute Siedlung», was Sopron freilich schon bald nicht mehr war. Im Gegenteil: Anfang des 4. Jahrhunderts – die Barbaren ignorierten immer öfter den Limes an der Donau – sah die Civitas sich genötigt, die Stadt mit einer festen Mauer zu umgeben: acht Meter hoch, drei Meter dick, hufeisenförmig angelegt. Der Várkerület folgt heute noch dem Verlauf des alten Verteidigungswalles.

Den Stürmen der Völkerwanderung konnte freilich auch dieses beeindruckende Bauwerk nicht widerstehen. Goten und Alanaen, Hunnen und Awaren: sie alle zogen hier, in einem fort ihr Mütchen kühlend, durch. Geblieben ist, ethnographisch gesichert, nur der Fortbestand einer slawischen Bevölkerung. Das Schicksal der Stadt in dieser hin und her gebeutelten Zeit läßt sich nicht mehr eruieren, ihre ziemliche Zerstörung ist aber evident. Als in einer Urkunde Ludwigs des Deutschen – Enkel des großen Karl – die Stadt erstmals wieder erwähnt wird, heißt sie unmißverständlich «Odinburch» – und das ist keineswegs die Burg des Odin, sondern die zerstörte, die öde Burg. Und so heißt sie bis heute.

Fränkische Siedler ließen sich in der Nähe des Ruinenfeldes nieder, Reste eines Friedhofs aus der Karolingerzeit wurden gefunden. Im 10. Jahrhundert übernahmen die Magyaren das Kommando. Unter Verwendung des von den Römern hinterlassenen Baumaterials entstand hier eine Burg, die der arabische Geograph Idrisi schon im Jahr 1153 beschreibt. Drei Ortschaften befanden sich hier. Das die heutige Innenstadt umfassende Sopron – der Name kommt vom ersten Gespan, eine Art Bezirkshauptmann der Gegend: «Suprun» –, weiter nördlich eine Siedlung an der Kreuzung der schon damals uralten Bernsteinstraße mit der in Ost-West-Richtung verlaufenden römischen Heerstraße. Und im hügeligen Süden die Siedlung der königlichen Bogenschützen, der Löverek, das Dorf Lövér.

Zu Beginn des 13. Jahrhunderts bewies Sopron erstmals, daß es ihren heutigen Beinamen – civitas fidelissima, treueste Stadt – zu Recht trägt. König Ottokar – genau: der mit Glück und Ende – hatte Ödenburg erobert. Um es zu halten, nahm er Kinder der vornehmsten Bürger als Geiseln mit sich. Kaum aber war er weg, huldigte die Stadt dem Magyarenkönig László IV., wofür er sie 1277 zur königlichen Freistadt erhob, in der nun alle drei Siedlungen zusammengefaßt waren. Vier Jahre zuvor traten der Böhme Ottokar und der Schweizer Rudolph von Habsburg zur Wahl des deutschen Königs gegeneinander an. 1278 gewann Rudolph auch das militärische Aufeinandertreffen, was das Schicksal der Stadt bis ins 20. Jahrhundert hinein bestimmte.

Sopron wurde – so wie Rust – nur einmal von den Türken zerstört, im Jahr 1529, als sie erstmals gegen Wien zogen. Beim zweiten Mal blieb die Stadt verschont, und diesem Umstand verdankt der Besucher ein nur mehr durch den Zweiten Weltkrieg (Sopron war nach Budapest die meistzerstörte Stadt des Landes) in Mitleidenschaft gezogenes Stadtbild, das freilich im 19. Jahrhundert einer gründlichen Revision unterzogen wurde. Burggraben und Stadtmauern verschwanden, der Graf, dem die ganze Gegend hier unterstand, István Széchenyi, reformierte nach Herzenslust. Eine Dampfmühle wurde in Betrieb genommen, die Sparkasse gegründet, der Kasino-Verein ins Leben gerufen, die Eisenbahnlinie nach Wiener Neustadt – und damit weiter nach Wien und Triest – gebaut. Kurz: Der Kapitalismus hielt Einzug im Agrarland. Wohlstand brachte er den einen: zum Beispiel der Familie Trakl, die sich schon zu

Beginn des 18. Jahrhunderts hier etabliert hatte. Und zwar im Haus Várkerület 32, wo sich die Eisenhandlung der Familie befand. Letzter und berühmtester Sproß der Trakls war der nach der Übersiedlung des Vaters in Salzburg geborene Georg, der als Knabe immer wieder die Ödenburger Verwandtschaft besuchte. Ein solcher Sommeraufenthalt steht auch hinter der ersten Prosaarbeit des schwermütigen Dichters, dem Fragment gebliebenen «Traumland».

Der Wohlstand der einen – viele im heutigen Ungarn wollen so etwas aus naheliegenden Gründen gar nicht mehr hören, aber so war es eben – war erkauft durchs Elend der anderen. Die Soproner Arbeiterbewegung, eine der frühesten und konsequentesten des Landes, wurde getragen von den Kumpeln des 1753 eröffneten Kohlebergwerkes am Brennberg südlich der Stadt. 1890 feierte man hier den 1. Mai, 1907 folgte ein mehrwöchiger Streik, 1918 wurde die KP gegründet, die unter ihrem Vorsitzenden Béla Kun auch in Sopron eine räterepublikanische, also sowjetische Herrschaft aufzog. Und das, obwohl Sopron gar nicht zu Ungarn gehörte.

Ödenburg war von den Siegermächten dem ohnehin schon radikal zurechtgestutzten Ungarn weggenommen und dem auch, aber nicht ganz so radikal beschnittenen Österreich zugesprochen worden. Ungarische Freischärler, rechtsradikale wie die berüchtigte «Fetzenbrigade», aber auch Linksradikale bis zu ihrer Vertreibung verhinderten die Annexion bis ins Jahr 1921, für Ödenburg allerdings gelang es der nun schon unter dem k. u. k. Konteradmiral Horthy agierenden Regierung, eine Volksabstimmung durchzusetzen. Die endete mit einem Votum für den Verbleib bei Ungarn, weshalb das Burgenland nun über keine der namengebenden Burgen – Preßburg, Wieselburg, Ödenburg, Eisenburg – verfügte. Und die Stadt Sopron hieß seither eben «die Allertreueste», was ihr in den Zeiten des Kalten Krieges nur mäßig guttat. Nicht nur, daß sie vom österreichischen Hinterland abgeschnitten war. Eine ziemlich hermetische Grenze verlief auch gegen das Landesinnere. Denn hier war Sperrbezirk. Bis zum Beginn der siebziger Jahre, als der Kádárismus jene Züge anzunehmen begann, die ihm den Beinamen «Gulaschkommunismus» einbrachten.

Heute ist Sopron wieder die alte. Wer mit dem Zug von Wiener Neustadt kommt, wird staunen, wie viele junge Ungarn da mitfahren: Wohlhabende Ödenburger Bürger haben damit begonnen, ihre Kinder in die Schule nach Mattersburg oder Wiener Neustadt zu schicken. Wohl auch aus jenem Geist heraus, den jener Mann populär gemacht hat, dem der Platz «Széchenyi ter» gewidmet ist, in den die zum Bahnhof führende Mátyás király utca mündet. Daß dieser Platz vor kurzem noch nahtlos in den Lenin-Ring übergegangen ist, kostet den Fahrschülern wohl nur noch ein müdes Lächeln. Oder nicht einmal mehr das.

ZIEGENHIRTEN UND BOHNENZÜCHTER –
EIN STADTRUNDGANG

Bei Städten wie Sopron, die sich ihren uralten Kern über die Jahrhunderte erhalten konnten, ist es von entscheidender Bedeutung, wie man sie betritt. Anders als ihre neumodischen Gegenstücke haben solche Städte keine Einfallsstraßen, die tatsächlich jene Funktion innehaben, die der Wortsinn ihnen verleiht. Städte wie Sopron haben Portale und Vorzimmer und Hintertüren, und jeder dieser Orte hat einen ganz eigenen Charakter, der den ersten Eindruck bestimmt, der wiederum der nachhaltigste ist.

Ganz dumm zum Beispiel wäre es – und das tun leider viele, weil hier die Straße nach Klingenbach ihren Ausgang nimmt –, Sopron vom Ogabona, der Westseite des Rings, über die Szinház utca her erobern zu wollen. Das ist die Hintertür, hier präsentiert sich die Stadt nicht. Ein bißchen besser wäre es schon, beim Theater, über den Pétöfi tér und die Liszt Férenc utca, die Altstadt zu betreten. So nämlich gelangt man in die Kirchengasse, die Templom utca, über welche man auf den Orsolya tér kommt, wo sich die Stadt schon schön macht für den Besucher.

Noch besser – und wenn man vom Bahnhof kommt, ist das sowieso die erste Gelegenheit – ist der Zugang über die Hátsokapu utca, die einen verwinkelt in die Szent György utca bringt, gleich unterhalb des Orsolya tér. Man merkt, daß hier tatsächlich einmal ein richtiger Stadtzugang war, nicht bloß eine Gassenbresche. Freilich: Hier befand sich, als die alte Stadtmauer noch stand, das hátsú kapu, das Hintere Tor.

Wer das erste Mal nach Sopron kommt – oder wenigstens so tun will, als wolle er die Stadt neu entdecken – der sollte sich noch ein wenig Zeit lassen für den Altstadtbummel. Den alten Lenin körút entlangmarschieren, sich also auf dem neuen Várkerület von der Welle einkaufender Österreicher weiterspülen lassen,

Sopron: Templom utca

vorbei an all den kleinen und großen Läden und vorbei an den hergerichteten Resten der Stadtmauer, die sich von der Höhe der Arpád utca an nach Norden ziehen. Weiter vorne öffnet sich ein Platz im alten Burggraben, dort ist jetzt ein ständiger Markt, ein bisserl fast so wie ein Basar, wäre da nicht die Umgangssprache, dieses bekannte ostösterreichische Idiom. Gleich nach dem Markt, der Várkerület biegt nach links, geht eine schmale Gasse linker Hand ab. Und hier befindet sich der Haupteingang, das Portal Soprons, so schön und beeindruckend wie in kaum einer anderen Stadt.

Der Weg führt genau zum *Feuerturm,* dem Wahrzeichen Ödenburgs, der, auf römischen Fundamenten stehend, im Mittelalter (wahrscheinlich 14. Jahrhundert) erbaut und nach einem Brand im 17. Jahrhundert, ein Jahr vor dem Türkensturm, seine heutige Form bekam. Ganz oben an der Spitze, auf dem kupfernen Helm, der die von toskanischen Halbpfeilern gegliederte offene Laterne abschließt, thront allweil noch mächtig der Doppeladler. Ganz unten aber öffnet sich das alte Stadttor, in dem zuweilen jugendliche Musikanten aufspielen, weil hier niemand ungesehen an ihnen vorbeikann, so eng ist es. Das Tor heißt heute Elökapu, Tor der Treue. Ein Name, der, dem Doppeladler zum Hohn, an die Volksabstimmung von 1921 erinnert. Durch dieses Tor muß man die Stadt betreten, wenn man sie so kennenlernen möchte, wie sie selbst das will.

Nach dem Tor öffnet sich ein kleiner, besuchsdramaturgisch genau richtig dimensionierter Platz. Links erhebt sich das Rathaus. Vis-à-vis das Storno-Haus, im Erdgeschoß ein Restaurant, das mit seinem Schanigarten auf den Platz herauswuchert. Nach ein paar Schritten tut sich – und hier ist Sopron ganz bei sich – der Fö tér auf, ein großer und wohlproportionierter Platz, gesäumt von den alten, behutsam renovierten Bürgerhäusern, die alle ihren Blick auf die barocke *Dreifaltigkeitssäule* richten, die der Primas von Ungarn und Erzbischof von Esztergom 1695 zu bauen angeregt hat. Wer ein Herz hat – und das nötige Glück mit dem Wetter –, setzt sich hier einmal in einen der Schanigärten und beginnt mit der Stadt zu flirten.

Einer der Gärten wuchert aus dem Eckhaus zum Fö tér, dem sogenannten *Storno-Haus* aus dem 15. Jahrhundert. Halbpfeiler gliedern die dreiachsige Platzfassade und die fünfachsige, die dem Városháza zugewandt ist. Am Ende des 15. Jahrhunderts, da gehörte das Haus einem gewissen Niko-

Der Soproner Hauptplatz (Fö tér)

laus Haberleiter, war hier unter anderem König Matthias zu
Gast, der das palastartige Gebäude sozusagen geadelt hat,
auf daß es heute noch so stolz und würdig dasteht. Ein barockes Tor – man beachte den schmiedeeisernen Türklopfer
in Form eines Pelikans – führt in einen der prächtigsten Höfe
der Stadt.

Im 19. Jahrhundert erwarb dieses Haus die Familie Storno,
welche dem ehrbaren Gewerbe des Rauchfangkehrens nach-
ging und davon so gut leben konnte, daß sie nach und nach
eine sehr umfangreiche Kunstsammlung anlegen konnte. Spätere Familienmitglieder waren selbst Künstler und betätigten
sich kulturell, wie etwa Vater und Sohn Ferenc, die den
Mithrastempel in Fertörákos freilegten. Heute befindet sich in
dem Haus ein Museum, das die «Storno-Sammlung» zeigt.

Genau gegenüber (Fö tér 2) steht ein zweistöckiges, fünffach-
siges barockes Wohnhaus, aus dessen Innerem ebenfalls ein
Schanigarten wuchert. Seit dem Ende des 17. Jahrhunderts beherbergt es die Apotheke *«Zum weißen Engel»*, deren Einrichtung
– Mobiliar, Tiegel, Stößel et cetera – heute den Kern des Apo-
thekenmuseums bildet. Daß das Haus überhaupt noch steht,

235

verdanken die Stadt und ihre Besucher dem zweiten Lajos. 1525 nämlich wollte der Soproner Stadtrat das Haus aus Stadtbildgründen abreißen. Der König aber wollte es einem seiner Steuereinnehmer zukommen lassen, also verbot er den Abriß kurzerhand. Begründung des königlichen Dekrets: Die Vergrößerung des Platzes schade seiner Schönheit. Das mag sein oder auch nicht. Interessant jedenfalls ist die Breite königlichen Interesses.

Die Uj utca und die Stadtkirche in der Altstadt

Neben dem solcherart erhalten gebliebenen Apothekerhaus, auf der anderen Seite der hier einmündenden Kolostor utca, steht die *Stadtkirche,* die sich trotz oftmaligen Umbaus ihre gotischen Merkmale erhalten konnte. Im Volksmund heißt dieses Gotteshaus «kecske templom», und zwar, so ebendieser Volksmund, weil ihr Bau der unermüdlichen Schürf- und Wühlarbeit einer Ziege (kecske) zu verdanken gewesen sei. Die Ziege grub einen Schatz aus, der umgehend einer frommen Verwendung zugeführt wurde.

Und tatsächlich: Auf der Fassade prangt an mehreren Stellen ein Wappen, das eine Ziege darstellt. Kolportiert wird, es sei das Wappen eines unbekannten Stifters – in Wirklichkeit ist der Stifter aber nicht unbekannt. Es handelt sich vielmehr um einen Mann namens Heinrich Geissel. Und dreimal darf man raten, warum der eine Geiß im Wappen führte. Im an die Kirche anschließenden *Benediktiner-Ordenshaus* (Templom utca 1) befindet sich der schönste gotische Saal Ungarns, der Kapitelsaal aus dem 14. Jahrhundert.

Schräg gegenüber der Kirche, im Eck des Hauptplatzes (Nr. 6), steht ein Haus, das knapp hundert Jahre danach errichtet worden ist: das *Fabricius-Haus,* ein dreistöckiges Wohnhaus, das in der ersten Hälfte des 15. Jahrhunderts erbaut wurde und heute praktisch ausschließlich musealen Zwecken dient.

An der Straßenfront sind zwei «Interieur-Museen» untergebracht. Im ersten Stock gibt's eine mit Möbeln aus dem 17. Jahrhundert eingerichtete Wohnung, im zweiten eine aus dem 18. Jahrhundert. Hauptanziehungspunkt des Hauses ist freilich die archäologische Sammlung des *Liszt Ferenc Muzeums.* Im gotischen, kreuzrippenüberwölbten Keller befindet sich das römische Lapidarium, wo zum Beispiel die von Ferenc Storno sichergestellten Mithras-Skulpturen aus Fertörákos zu sehen sind. Ebenfalls im Lapidarium: die mächtige Statuengruppe der kapitolinischen Trias – eine Arbeit aus kleinasiatischem Marmor aus dem 3. Jahrhundert –, die bei

Das Fabricius-Haus am Hauptplatz

der Fundamentierung des heutigen Rathauses freigelegt worden ist. Dort befand sich nämlich einst das Kapitol von Scarbantia. Teile davon kann man hinter dem Rathaus in einem Ruinengarten sehen. Die Säle des mittleren Geschoßes beherbergen die heimatkundlich-archäologischen Funde von der frühen Eiszeit an.

Gleich neben dem Fabricius-Haus, auf Nummer 7, steht das älteste Haus der Stadt, das *Generals-* oder *Lackner-Haus,* erbaut zu Beginn des 14. Jahrhunderts. Christoph Lackner, humanistisch gebildeter Bürgermeister, ließ im 17. Jahrhundert den dem Platz zugewandten Flügel umbauen und ihm die heutige Fassade geben. 1631 vermachte der Bürgermeister das Haus der Stadt. Kurz darauf wurde vor jedem Flügel eine zweistöckige Arkadenreihe gebaut und vom Hof aus eine Treppe zum großen Empfangssaal im ersten Stock angelegt. 1830 ist dann die Fassade mit einem klassizistischen Balkon geschmückt worden, wahrscheinlich deshalb, weil hier seit einem Jahrhundert der jeweilige Stadtkommandant (General) von Sopron residierte. Im hinteren Teil des Gebäudes, im «Pulverturm», ist eine Sammlung alter Waffen untergebracht.

Vom Fö tér, am nördlichen Ende der alten Stadt gelegen, führen vier Straßen weg, auch sie gesäumt von alten Gebäuden, die, neben vielerlei zur Einkehr ladenden «etterems» und «vendeglös» auch manch kulturhistorische Überraschung bergen. Egal, welche man wählt, alle vier – die Szent György, die Uj, die Kolostor und die Templom utca – sind ein geeigneter Ausgangspunkt für eine kleine Stadtrunde. Die Entfernungen sind gering, Einkehrmöglichkeiten bestehen überall, und so gibt es eigentlich keinen Grund, der dagegen spräche, das uralte Sopron in enggelegten Schleifen zu durchwandern.

Als Anfang zum Beispiel eine kleine Schleife durch Templom und Kolostor utca: Die Kirchengasse mündet an der rechten Seite der Ziegenkirche in den Fö tér. Gleich daran anschließend, auf Nummer eins, steht das bereits erwähnte alte Ordenshaus der Benediktiner, das eigentlich den Minoriten gehört hatte. Die Ordensmänner in der Nachfolge des heiligen Franz kamen Mitte des 13. Jahrhunderts nach Ödenburg. Wieder gegangen sind sie am Ende des 18. Jahrhunderts, nachdem Joseph II. den Orden aufgelöst hatte. 1802 übernahmen die Benediktiner das Gebäude.

Gleich gegenüber (Templom utca 2–4) steht ein prächtiger Barockpalast, einst das Palais der Fürsten von Esterházy. Der einstöckige, auf 15 Achsen und um einen schönen Arkadenhof erbaute Palast dient heute dem *Bergbaumuseum* als Quartier. Die ständige Ausstellung gibt einen Überblick über Geschichte und Entwicklung des Bergbaus in Ungarn seit 1245.

Etwas weiter, auf Nummer 9, sollte man sein Augenmerk auf das einstöckige Barockhaus legen. Die Renovierung des Gebäudes hat nämlich zutage gebracht, daß das üppige Barock nur Fassade ist. Der Kern ist aber eindeutig gotisch. Bei der Fassadenrenovierung wurde Wert darauf gelegt, dies auch zu zeigen, sodaß man nun, wie durch ein Fenster, aufs Mittelalter blicken kann. Eindeutig nicht gotisch ist dagegen das Haus Nummer 18. Soprons Bürgermeister Vilmos (Wilhelm) Arneth hat es 1723 erbauen lassen. Bis heute steht es noch in seiner damaligen Form da. Die Bomben des Zweiten Weltkriegs fielen ein paar Meter weiter, sodaß man noch heute die seltsamen Gucklöcher an den Erkerseiten bestaunen kann.

Kurz davor, genau auf dem kleinen Platz, den Templom und Kolostor utca bilden, steht die 1783 erbaute *evangelische Kirche* (der Turm stammt aus dem Jahr 1863). Gleich daneben, im Haus Nummer 12, erinnert die Sammlung des *Evangelischen Landesmuseums* (Országos Evangelikus Múzeum Soproni Gyüjtménye) an das wechselvolle Schicksal der Lutheraner.

Die Templom utca mündet im Süden auf den Széchenyi tér. Für den Stadtrundgänger empfiehlt es sich aber, zuvor schon in die Liszt Ferenc utca einzubiegen, die zum Petöfi tér führt, den stirnseitig das Soproner Theater abschließt. Rechts daneben beginnt die Theatergasse, die Színhaz utca, die, parallel zum Ring, wieder nach Norden führt. Auf Nummer 10 und 21 stehen charakteristische Wohnhäuser aus der Zeit der Wende vom 18. zum 19. Jahrhundert. Von der Színház utca zweigt rechter Hand die Bünker utca ab, die den Spaziergänger wieder zurück zur evangelischen Kirche bringt. Auf dem Platz davor mündet die Kolostor utca, die wiederum hinauf zum Hauptplatz führt. Auch hier die barockisierten mittelalterlichen Bürgerhäuser: das *Zichy-Palais* (Nummer 11), das Haus Nummer 7, das auf Nummer 5. Die barocken Fassaden verkleiden den mittelalterlichen Kern, der bei der Renovierung entdeckt und teilweise wieder sichtbar gemacht wurde, besonders gut zu sehen im Haus Nummer 7, das ursprünglich aus zwei Häusern (eines zur Uj utca gewandt) bestand. Im Erdgeschoß befindet sich ein gotischer Raum mit Kreuzgewölbe.

Die Kolostor utca kommt beim Restaurant Gambrinus, vis-à-vis der Ziegenkirche, auf den Fö tér zurück. Um die nächste Altstadt-Schleife zu beginnen, muß man um das Apotheker-Haus herum in die Uj utca einschwenken, von der, nach wenigen Schritten, linker Hand die Szent György utca abzweigt. Diese Straße führt in einem leichten Bogen, vorbei an der mittelalterlichen *Sankt-Georgs-Kirche,* zum Orsolya tér. Die Kirche wurde im 14. Jahrhundert gebaut, gelangte im 16. in protestantische Benützung, womit es in den gegenreformatorischen Zeiten natürlich vorbei war. In der Freistadt Sopron war man allerdings ein bißchen liberaler als anderswo und gestattete den Evangelischen weiterhin, Gottesdienste abzuhalten. Und zwar im Haus Szent György utca 12, das 1781, dem Jahr der Erlaubnis, im Besitz der Fürstin Eggenberg war. Im Obergeschoß des Arkadenhofes befindet sich denn auch immer noch die Kanzel des Pastors.

Der Orsolay tér ist jener Teil des alten Sopron, den der Zweite Weltkrieg am meisten in Mitleidenschaft gezogen hat. Stehengeblieben sind die *Ursula-Kirche* und das *Lábasház* auf Nummer 5, in dem sich heute eine Abteilung des Liszt-Museums befindet. Bei der Renovierung des Hauses entdeckte man im Erdgeschoß sechs barocke Korbbogenarkaden, die nun freigelegt sind. Der hier aufgestellte *Marienbrunnen,* 1789 für den Hof des Franziskanerklosters in der Templom utca gefertigt, ist erst 1930 hierhergekommen und 1945 schwer beschädigt worden.

Am nordwestlichen Eck des Platzes zweigt die alte Gasse mit dem merkwürdigen Namen *Uj utca* ab. Obwohl sie also Neugasse heißt, ist sie eine der ältesten der Stadt. Im Mittelalter befand sich hier das Ghetto, und die Gasse wurde demgemäß *Judengasse* genannt. 1526 sind die Juden erstmals vertrieben worden, ihre damals schon alten Bethäuser verschwanden hinter den Fassaden bürgerlicher Wohnhäuser. Erst bei den Renovierungsarbeiten der aktuellen Nachkriegszeit hat man ihren Standort wieder bestimmen können. Die alten baulichen Verhältnisse wurden rekonstruiert, sodaß sie einen interessanten Blick in die jüdisch-religiöse Welt des Mittelalters gewähren.

Im Haus Nummer 11, einem einstöckigen, barockisierten Wohnhaus, entdeckte man Ende der fünfziger Jahre, daß sich hier die um 1350 erbaute *Synagoge* befand. Noch älter ist das *jüdische Gebetshaus* im Haus Nummer 22. Es stammt aus dem ausgehenden 13. Jahrhundert und ist damit das älteste in ganz Europa, erbaut nach den mittelalterlichen Vorschriften, die unter anderem besagten, daß die Synagoge nicht an die Straße grenzen darf. So ist das mit der Umfriedung abgeschlossene Vorfeld entstanden. Hier war nicht nur das religiöse Zentrum der jüdischen Gemeinde in Sopron. Hier wur-

Innenhof der Synagoge in der Uj utca

de auch Recht gesprochen, und hier wurden die Geschäfte mit den Christen abgewickelt. Im 14. und 15. Jahrhundert wurden an die Mauer an der Straßenseite ein Krankenhaus (Nummer 22) und ein Wohnhaus (Nummer 24) gebaut, wodurch sich der heutige Gebäudekomplex ergab. 1974/75 ist der mittelalterliche Zustand im wesentlichen wiederhergestellt worden. Auch die Sgraffitoverzierungen an der Fassade des Hauses Nummer 22 stammen aus dem Mittelalter. Die eigentliche Synagoge, ein längliches Gebäude mit Zeltdach, dient heute nur mehr als

Museum. An ihrer Nordfassade befindet sich ein frühgotisches Tor, an der Westseite schließt der Betsaal für die Frauen an.

Die Altstadt von Sopron muß sicherlich das Zentrum jeder touristischen Aktivität sein. Aber mit der Altstadt allein hat man die Stadt noch nicht entdeckt. Wie bereits erwähnt: Die königliche Freistadt Ödenburg entstand durch den Zusammenschluß dreier Siedlungen: Sopron, eben die Altstadt, das Dorf der Löverek, der königlichen Bogenschützen im Süden, und nördlich der Stadt lag eine Siedlung, die der magyarische Volksmund heute noch mit einem Spottnamen für die deutschen Siedler dieser Gegend belegt.

Wer nach dem Rundgang durchs Zentrum noch Reserven hat, sollte beim Elökapu den Várkerület überqueren, über die Ikva-Brücke marschieren und sich dann nach links in die Szentlélek utca wenden. Die führt auf den Sas tér, und dort befindet man sich schon mitten drin im Ponichter-Viertel, einem, im Vergleich zum Stadtzentrum, ein wenig abgewohnten Gebiet, das gleichwohl ein paar Überraschungen bereithält für die, die sich darauf einlassen wollen.

Eine Überraschung sind etwa schon einmal die Wirtshäuser des Viertels, das manche Ödenburger – ob ironisch oder nicht, ist etwas unklar – auch als «Soproner Grinzing» bezeichnen, weil das Stadtbild hier von niedrigen, bäuerlich wirkenden – aber natürlich freistädtisch seienden – Häusern geprägt wird. Anders als im nahen Zentrum werden hier ganz besondere Speisen als lokale Spezialitäten angeboten: Babos pogácsa etwa oder überhaupt soproni babos ételspecialitások, mit einem Wort also speciális ponichter. Die Wirtshäuser der Gegend erwarten ihre Gäste mit den typischen Bohnenzüchter-Spezialitäten. Und man sollte Sopron nicht verlassen, ohne davon gekostet zu haben.

INFORMATION Drei Tips aus dem absolut subjektiven Bauch heraus: Korona, Szent Mihály utca 4, Tel. 0036/99/333-030; Soproni Halászcsárda (also: Fischercsarda), Fövényverem út 15, Tel. 0036/99/312-142; Bécsikapu (also: Wiener Tor), Bécsi utca 6, Tel. 0036/99/311-210.

Auf der Suche nach Speis und Trank läßt sich, quasi im Vorbei-
gehen, die eine oder andere architektonische und kulturhistorische Spezialität genießen. Am Sas tér, Ausgangspunkt des kulinarischen Dreiecks, beginnt die Bécsi utca, die Wiener Straße.
Nach ein paar Schritten schon kommt man zum *Szent János templom,* einer einschiffigen gotischen Kirche. Ursprünglich gehörte sie dem löblichen Orden der Johanniter, die 1217 hier Zoll-
recht bekamen und sich 1247 im Poncichter-Viertel niederge-
lassen haben. Ihr um diese Zeit erbautes Gotteshaus ließen die
Ritter dann aber vergammeln, weshalb die Poncichter und andere Soproner Bürger sie 1454 renovierten. Nach einem kurzen jesuitischen Zwischenspiel ging die Kirche in Privatbesitz
und schließlich ins Eigentum des St.-Georgs-Kapitels über.
1890 ist sie von Storno Ferenc restauriert worden.

Vom Religiösen zurück zum Kulinarischen: Nicht weit von
der Johannes-Kirche, auf Nummer 5, steht ein ebenerdiges
Haus, dessen Tor die Jahreszahl 1666 trägt. Im 18. Jahrhundert wurde es barockisiert, von 1711 an lebte und arbeitete hier
ein Bäcker, heute sind darin eine *museale Backstube* unterge-

Das sogenannte Poncichter-Haus

bracht und allerlei nützliche Gerätschaften, die zur Ausübung dieses Gewerbes vonnöten sind.

Gegenüber der Kirche zweigt von der Bécsi utca im spitzen Winkel die Fönvérnyverem utca ab. Dort, auf Nummer 29, steht das sogenannte *«Poncichter-Haus»*, das in der ersten Hälfte des 18. Jahrhunderts – nach den Verzierungen am Schlußstein

des Korbbogentores – für einen Maurer gebaut wurde.

Die Fönvérnyverem utca mündet auf den Sas Tér, der sie verlängert und auf die Pozsonyi út trifft, die Preßburger Straße, auf der man nach Fertörákos gelangt. Gleich nach der Kreuzung, auf Nummer 9, befindet sich eines der schönsten Beispiele für das sogenannte «Bauernbarock», das freilich kein Bauernbarock war, sondern der merkwürdige Baustil der hier ansässigen Handwerker. Das *két mór ház,* das *Zwei-Mohren-Haus,* sieht aus wie eine absolut nicht gelungene Mischung zwischen Streck-

Das Zwei-Mohren-Haus –
Beispiel des «Bauernbarock»

hof und Fürstenhof. Erbaut wurde es Anfang des 18. Jahrhunderts für einen Steinmetz. Beachtenswert – aber ohnehin unübersehbar – ist das die zwei Giebel des Hauses verbindende Tor. Karyatidenartige Männchen, auf gewundenen Säulen thronend, tragen das Hauptgesims, auf dem sich eine aus Stein geschnitzte Wolke mit Englein befindet, die auf den Giebeln ihre Fortsetzung findet. Man darf vermuten, daß dies einst nicht der einzige Schmuck gewesen ist. Und obwohl es zutiefst ungerecht ist, dankt man doch irgendwie dem Zahn der Zeit, der solches unentwegt annagt, auf daß es verschwinde oder doch nur in erträglichen Rudimenten mehr die Entstehungszeit überdaure.

Die Pozsonyi út wird von der Szent Mihály utca verlängert, über die man wieder zurück ins Stadtzentrum gelangt. Wer mag, kann am Ende dieser Straße nach links in die Halász utca biegen. Auf Nummer eins steht das Ende des 15. Jahrhunderts erbaute Haus, das 1970 in seiner gotischen Form wiederhergestellt wurde. Das aber nur zum Vergleich mit der Üppigkeit der Häuser reichgewordener Bohnenzüchter.

SOPRON/ÖDENBURG

INFORMATION UND ZIMMERVERMITTLUNG Ciklamén Tourist (Fremdenverkehrsamt des Komitats Sopron), Ogabona tér 8, Tel. 0036/99/312-040, 312-694; Budapest Tourist, Höflányi utca 10, Tel. 0036/99/317-404; Ibusz Rt., Várkerület 41, Tel. 0036/99/312-455; Locomotiv Tourist, Uj utca 1, Tel. 0036/99/312-077. **CAMPING** Campingplatz Pócsi-domb, Tel. 0036/99/311-715 (geöffnet von 15. April bis 15. Oktober); Campingplatz Ozon, Sopron Bánfalva, Erdei Malom Köz 3, Tel. 0036/99/331-143 (geöffnet von 15. April bis 15. Oktober), Restaurant, Schwimmbad, Sauna. **JUGENDHERBERGE** Informationen bei Ciklámen Tourist, Ogabona tér 8, Tel. 0036/99/312-040. **AUTOFAHRER-CLUBS/PANNENDIENST** Autóklub Sopron, Lackner Kristóf utca 60, Tel. 0036/99/311 352 (Mo–Fr 6–22 Uhr, Sa 6–14 Uhr). **BAHNHOF** Sopron – Locomotiv Tourist, Bahnhof, Uj utca 1, Tel. 0036/99/312-077. **GELDWECHSEL** Geldwechsel bei allen Fremdenverkehrsbüros und Banken. (In vielen Hotels, Pensionen, Geschäften kann auch in Fremdwährungen bezahlt werden.) **GENDARMERIE** Notruf (Segélyhivó) Tel. 07; Städtisches Polizeipräsidium (Városi Rendörkapitánység), Lackner Kristóf utca 7, Tel. 0036/99/311 234. **FREIZEIT UND SPORT** AUSFLUGSFAHRTEN Informationen bei den Fremdenverkehrs- und Reisebüros. BADEN Freibad: Löver-nyitott strand, Löver körút 82, Tel. 0036/99/312-777, geöffnet von 1. Juni bis 15. September 9–20 Uhr, Sportplätze, Büffets. Hallenbad: Löver fedett uszoda, Löver körút 82, Tel. 0036/99/312-777 (Öffnungszeit: ganzjährig 6–20 Uhr), Sauna, Solarium, Massage. Teichmühlbad in Tómalom: Tómalom fürdö (auf dem Weg von Sopron Richtung Fertörákos), Tel. 0036/99/312-893 (geöffnet von 15. Mai bis 15. September 9–19 Uhr), Verleih von Tretbooten, Katamaranen, Büffet. CASINO Im Liszt-Ferenc-Kulturzentrum, Liszt F. utca 1, Tel. 0036/99/314-172, 314-475. Französisches und amerikanisches Roulette, Black Jack, Glücksrad, Spielautomaten, Bar. Täglich ab

16 bis 3 Uhr. FITNESS Soproner Sport- und Freizeitzentrum, Lackner Kristóf utca 48, Tel. 0036/99/311-250. REITEN Patkó Panzió, Somfalvi út 24, Tel. 0036/99/314-648. SAUNA Lövér fedett uszoda, Lövér körut 82, Tel. 0036/99/312-777; Soproner Sport- und Freizeitzentrum, Lackner körut 48, Tel. 0036/99/311-250. TANZEN Arény Dancing, Selmeci utca 15–17; Disco Patkó, Somfalvi út 24; Soproner Sport- und Freizeitzentrum, Lackner K. utca 48; Hotel Galéria, Baross utca 4–6. **RADWERKSTÄTTE** Köszegi utca 37 und Déak tér 24. **MUSEEN/GALERIEN** APOTHEKENMUSEUM Fö tér 2. Klassizistisches Mobiliar aus der früheren Apotheke «Zum weißen Engel», Gefäße – darunter ein Habanerfäßchen aus dem 17. Jh. – stammen aus verschiedenen Soproner Apotheken. Geöffnet von 10 bis 18 Uhr, Montag geschlossen. STORNO-HAUS Fö tér 8. Wertvolle Kunstsammlung der Schornsteinfeger-Familie Storno aus dem 19. Jh. Geöffnet von 10 bis 18 Uhr, Montag geschlossen. FRANZ-LISZT-MUSEUM Déak tér 1. Im Hauptgebäude ethnographische und kunstgewerbliche Sammlung sowie Werke bildender Künstler (Gemälde von Altomonte, Troger, Maulbertsch, Kremser Schmidt), wertvolle Grabsteine aus dem 17. und 18. Jh. Geöffnet von 10–18 Uhr, Montag geschlossen. BERGBAUMUSEUM Templom utca 2 (ehemaliges Palais Esterházy). Geschichte und Entwicklung des ungarischen Bergbaus seit 1245; Bergbau-Erinnerungs-Museum, Brennbergbánya, Obrennbergi utca 14. Geöffnet von 10 bis 18 Uhr, Montag geschlossen. FABRICIUS-HAUS Fö tér 6. Archäologische Sammlung des Franz-Liszt-Museums, Römisches Lapidarium, Kunstgewerbeausstellung – Geöffnet von 10 bis 18 Uhr, Montag geschlossen. LABASHAZ (ARKADENHAUS) Orsolya tér 5. Ausstellung des Franz-Liszt-Museums über Zunftwesen. Geöffnet von 10 bis 18 Uhr, Dienstag geschlossen. BÄCKERMUSEUM Bécsi utca 5. Werkzeuge und Produkte des Bäckergewerbes, Eingangstor mit Wappen aus dem Jahr 1666. Geöffnet: Di, Do, Sa von 14 bis 18 Uhr, Mi, Fr, So von 10 bis 14 Uhr, Montag geschlossen. ZETTL-LANGER-SAMMLUNG Balfi utca 11. Eine der bedeutendsten Soproner Privatsammlungen. Gemälde: Anbetung der Heiligen Drei Könige (15. Jh., Tirol); Veronese-Schule: Madonna mit zwei Heiligen; kunstgewerbliche Gegenstände, Möbel, zunftgeschichtliche Exponate. KLEINE GALERIE IM HOTEL SOPRON Fövényverem utca 7, Tel. 0036/99/314-254. Ausstellungen anerkannter ungarischer Maler, Bildhauer, Graphik- und Fotokünstler. GALERIE DES HOTEL LÖVÉR Várisi utca 4. Wechselausstellungen. KULTURZENTRUM FRANZ LISZT Liszt Ferenc utca 1. Wechselausstellungen. **VERANSTALTUNGEN** SOPRONER FRÜHLINGSFESTIVAL Theatervorstellungen, Konzerte, Ausstellungen, Literatur, Filme (Veranstaltungszeitraum: März). SOPRONER FESTWOCHEN Opern-, Theater-

Das südliche Seeufer

aufführungen, Konzerte, Ausstellungen (Veranstaltungszeitraum: Juni, Juli). Informationen bei den örtlichen Fremdenverkehrsämtern. **ESSEN UND TRINKEN** Aranyfácán Restaurant, Gesztenyés utca 23, Tel. 36/99/313-585; Bécsikapu, Becsi utca 6, Tel. 36/99/311-210, Gasthaus und Weinbar; Corvinus, Fö tér 7, Tel. 36/99/314841; Deák-Restaurant, Erzsébet utca 20, Tel. 36/99/311-686; Diána, Erzsébet utca 20, Tel. 329-013; Gambrinus-Restaurant, Fö tér 3, Tel. 36/99/311-697; Holstein, Uj utca 13, Tel. 36/99/312-899; Ibolya, Teleki Pál utca 24, Tel. 36/99/311-694; Korona, Szt. Mihály utca 4, Tel. 36/99/333-030; Liget Gösser, Löver körut 52, Tel. 36/99/329-011; Löver Várisi utca 4, Tel. 36/99/311-061; Máthyás-Restaurant, Allomás utca 8, 311-457; Palatinus, Uj utca 23, Tel. 36/99/311-395; Patkó, Somfalvi út 24, Tel. 36/99/314-648; Pedagógus, Löver körút 33, Tel. 36/99/314-033; Rondella Steak House, Szt. György utca 14, Tel. 36/99/312-346; Royal, Sas tér 13, Tel. 36/99/314-481; Sas, Löver körút 69, Tel. 36/99/341-068, 316-183; Schmauser Restaurant, Kossuth L. utca 49, Tel. 36/99/311-432; Soproni Halászcsárda, Fövényverem út 15, Tel. 36/99/312-142 (prämierte Meisterküche); Taverna, Táncsics utca 15, Tel. 36/99/311-620; Tokaji Borozó, Várkerület 47, Tel. 36/99/340-644 (Tokajer Weine); Vadászkürt, Udvamoki utca 6, Tel. 36/99/314-385; Vákerület, Vákerület 83, Tel. 36/99/319-286.

BRENNBERGBANYA/BRENNBERG

Wer sich aus dem unmittelbaren Altstadtbereich von Sopron hinauswagt, wird dort ein sehr internationales, durchaus an St. Pölten (im Herzmanowski-Orlandoschen Sinne) gemahnendes Ambiente vorfinden. Sogenannte Plattenbauten, sogenannte Wohnviertel, sogenannte Vororte. In einer Richtung aber wird von all dem nichts – oder kaum etwas – zu sehen sein. Im Südwesten der Stadt erhebt sich, genau im durch die Volksabstimmung geschaffenen Zwickel, das Soproni hegység, das Ödenburger Gebirge, das ein wenig so aussieht wie der Wienerwald, zumindest der Teil, in dem die Kiefern vorherrschen.

Den hügeligen Wald durchzieht ein kurvenreiches Netz von Straßen, Fahrwegen und Wanderrouten, welche allesamt zur Verirrung einladen, weshalb es sich empfiehlt, einem großmaßstabigem Stadtplan zu vertrauen, wie es sie in den Informationsbüros der Tourismusunternehmen gibt. Ist dieser Plan gut, so werden darauf mit Sicherheit auch die Aussichtswarten eingezeichnet sein, deren Besuch allemal lohnt: Károly-magaslat (gleich in der Nähe des Fernseh-Senders), Várhely (nach Sopronbánfalva linker Hand, und zwar ziemlich hinauf) und nicht zuletzt Poloskás-Bérc, von dem aus der Blick schon nach Brennbergbánya reicht, ein bemerkenswertes Dorf, hart an der Grenze zu Österreich.

Nach Brennberg kommt man am besten mit der städtischen Autobuslinie 3, die vom Bahnhof wegfährt. Über eine schmale Straße geht es hinauf in einen weiten Talkessel. Der Autobus hält auf einem großen Parkplatz bei der Kirche, die in ihrem Keller ein recht weltliches Wirtshaus beherbergt, von dem aus man – zumindest im Sommer – dem beschaulichen Treiben am Brennberg zuschauen kann.

Früher, ja früher, war das hier freilich ganz anders. Früher ist hier die Lebensgrundlage der emsigen Stadt hergestellt worden. Imposante, wenn auch nutzlos gewordene Bauwerke bezeugen bis heute der Braunkohlebergbau im Brennberg. Vom frühen 19. Jahrhundert an wurde die energetische Grundlage der Industrialisierung abgebaut. 1952 wurde das Bergwerk geschlossen.

Nach der hoch über der Straße errichteten Förderanlage wendet sich der Weg nach links, hinauf in die Berge, vorbei an den kleinen Häusern der Kumpel. Noch heute kann man sich hier vorkommen wie am Ende der Welt, und tatsächlich war es das ja auch, jahrzehntelang Sperrgebiet. Nach einer kleinen Rotte senkt sich der Weg wieder. Rechter Hand zeigt ein Wegweiser an: Múzeum. Auf kleinem Raum wird hier das Leben der Soproner Braunkohle-Kumpel nachgezeichnet.

EINIGE HINWEISE AUFS UNGARISCHE

Ja, ja, es ist schon klar: Man kann nicht im Handumdrehen und mit Hilfe eines Reiseführers die ungarische Sprache lernen, die mit zum Exotischsten gehört, das die europäische Linguistik aufzubieten hat. Aber gerade aus diesem Grund ist es sinnvoll und hilfreich, dem Besucher des Ungarlandes ein paar grundlegende Hinweise an die Hand zu geben, mittels derer er zumindest ein paar Aufschriften entziffern, die Speisekarte zumindest oberflächlich verstehen und bitte und danke in der Landessprache sagen kann.

Das Ungarische ist im europäischen Raum etwas Fremdes, verwandt nur mit der Sprache der Finnen, das aber auch nur äußerst entfernt. Beide gehören zur finno-ugrischen Sprachgruppe, die im tiefen Asien beheimatet ist. Das Ungarische ist – mehr als andere europäische Sprachen – besonders lautmalerisch, weshalb es wichtig ist, die verschiedenen, von anderen Sprachen zuweilen abweichenden Laute exakt auszusprechen. Schlampigkeit kann sinnstörend sein. Und die Sinnstörung manchmal peinlich bis beleidigend.

Ein paar Beispiele zur Vorsicht:

Olga (Olga); aber *alga* (Alge)

agy (Gehirn); aber *ágy* (Bett)

épít (er baut); aber *épp itt* (genau hier)

Es gibt kurze Vokale, lange Vokale, die Schwierigkeit beginnt bei den langen und kurzen Konsonanten und bei jenen Lauten, die es nur im Ungarischen gibt.

Die kurzen Vokale

i	ähnlich dem i in minimal
e	kurzes, sehr offenes e; wie Ärger oder Berg
ü	geschlossenes ü; wie küssen, Hygiene
ö	etwas geschlossener als das ö in köstlich
u	geschlossen, wie in Musik
o	erste wirkliche Schwierigkeit: muß kurz und sehr geschlossen sein, etwa wie monoton. Keineswegs offen wie z.B. in Post. Denn dann ließe es sich nur schwer vom ungarischen a unterscheiden
a	gibt's im Deutschen nicht, offener als etwa in hoffen. Wird gebildet mit stark gerundetem Mund und etwas vorgestülpten Lippen

Die langen Vokale werden in der ungarischen Rechtschreibung
durch Akzente gekennzeichnet.

á	etwa wie in Aachen, ein kurzes a (Balkon) gibt es nicht
é	wie in See
í	wie in zieht
ó	wie in Boot
ö	wie in Öl
ú	wie in Mut
ü	wie in früh

Konsonanten mit vom Deutschen abweichendem Lautwert

p	stimmlos, immer unbehaucht
t	detto
k	detto
c	wie Cäsar oder zieht oder das ts in bereits
r	immer mit der Zungenspitze gebildet
ly	wie j in jung
s	wie sch in Schule
sz	stimmloses s, wie Last
z	stimmhaftes s, wie lesen
v	w, wie in Weg

Konsonanten, die im Deutschen nicht vorkommen

cs	wie tsch in Tschechisch oder tch in Ketchup
zs	wie g in Genie oder j in Journalist
dz	wie das ungarische c, nur stimmhaft und länger
dzs	wie g in Gin oder gi in Giovanni
ny	wie gn in Cognac
gy	Im gy sind d und j zu einem neuen Verschlußlaut verschmolzen. Beide dürfen deshalb keinesfalls getrennt werden. Die Zungenspitze, sonst am d beteiligt, darf an der Artikulation nicht teilnehmen, also am besten gegen die untere Zahnreihe drücken
ty	stimmloses gy, wie im deutschen tja

Doppelkonsonanten bewirken im Ungarischen nicht die Ver-
kürzung des vorangegangenen Vokals, sondern eine Verlänge-

rung des Konsonanten, die im Deutschen kaum vorkommt. Vergleichen kann man das höchstens in so seltsamen Konstruktionen wie Schiffahrt oder Tischschublade.

Trotz der Exotik der Sprache gibt es – no na – ein paar Überschneidungsbereiche, gerade hier an der Sprachraumgrenze. Eine Reihe von deutschen Fremd- und Lehnworten belegt die enge Verknüpfung. Und bei manchen ist es nur den gewieftesten Etymologen möglich zu sagen, wer von wem entlehnt hat. Bei Wörtern wie Kutsche – aus dem ungarischen *kocsi* – oder Strand ist die Entlehnrichtung klar. Bei vielen aber ungewiß. Bei fast allen aber wird erst durch die Aussprache der Fremdwortcharakter klar. Und klar auch, daß sie aus der österreichischen beziehungsweise donauschwäbischen Mundart ins Ungarische gelangt sind.

Ein paar deutsche Wörter im Ungarischen

slapfli	(Schlapfen)
eszcajg	(Eßzeug)
cúg	(nicht vasút, sondern der auf dem)
gang	(das österreichische Gang für Korridor)
strand	(meint nicht den österreichischen «Schtraund», sondern das Strandbad)
szervusz	
drót	(Draht)
spenót	(viele Fremdworte sind durch ungarische Worte ersetzt worden, so auch dieses durch paraj; in der Soproner Gegend sollte spenót aber doch durchwegs noch als Spinat verstanden werden)
virschli	(Würstel; man beachte den Verlust des t)
kifli	(beachte den Verlust beziehungsweise die deutsche Hinzufügung des p)
krumpli	(ein schönes Beispiel, bekanntlich nennt man vielerorts, so auch heute noch im Burgenland und bei den ungarischen Donauschwaben, den Erdapfel auch – und physiognomisch richtig – Grundbirn, Plural Grumbira)

spríc		(zu guter Letzt das Wichtigste; und weil Spritzer alleine noch gar nichts heißt, bestelle man – je nach Gusto, Lust und Laune vörösspríc oder fehérspríc)

Ein paar immer wiederkehrende Aufschriften

A vágányonokon	–	Das Überschreiten der Gleise
átjárni tilos	–	ist verboten
érkezés	–	Ankunft
indulás	–	Abfahrt
foglalt	–	besetzt, reserviert
Kihajolni veszélyes	–	nicht hinauslehnen
magasffeszültség!	–	Hochspannung!
Életveszély!	–	Lebensgefahr!
nemdohányzó	–	Nichtraucher
dohányzó	–	Raucher
pályaudvar	–	Bahnhof
váróterem	–	Wartesaal
határ	–	Grenze
határállomás	–	Grenzstation
vám	–	Zoll
vámos	–	Zöllner
vámvizsgálat	–	Zollkontrolle
útlevél	–	Reisepaß
útlevélvizsgálat	–	Paßkontrolle
Bejárat	–	Eingang
Kijárat	–	Ausgang
balra	–	links
jobbra	–	rechts
húzni	–	ziehen
tolni	–	drücken
Férfiak	–	WC Männer oder nur:
Férfi	–	beziehungsweise:
Urak	–	Herren
Nŏk	–	WC Frauen oder nur:
Nŏi	–	beziehungsweise:

Hölgyek	–	Damen
müemlék	–	Kunst (Bau-)Denkmal
templom	–	Kirche
vár	–	Burg
hangverseny	–	Konzert
kastély	–	Schloß
csónak	–	Boot
csónakázik	–	Bootfahren
áruház	–	Kaufhaus
borozo	–	Weinstube
csárda	–	Csarda
cukrászda	–	Konditorei
élelmiszer	–	Lebensmittel
étterem	–	Restaurant
fagylalt	–	(Speise-)Eis
fagylaltozó	–	Eisgeschäft
falatozó	–	Imbißstube
divat	–	Mode
kávéház	–	Kaffeehaus
söröző	–	Bierstube
szünnap	–	Ruhetag bzw:
pihenönap		
vedéglö	–	Gasthaus
zárva	–	geschlossen

Orientierungshilfe auf der Speisekarte

étlap	–	Speisekarte
levesek	–	Suppen
napi ételek	–	Tagesgerichte
nai különlegességek	–	Tagesspezialitäten
italok	–	Getränke
itallap	–	Getränkekarte
utóétel	–	Nachspeise
hideg étel	–	kalte Speisen
meleg étel	–	warme Speisen
borravaló	–	Trinkgeld

Zeiten

reggel	–	morgens
délelött	–	vormittags
dél	–	mittags
délután	–	nachmittags
este	–	abends
éjszaka	–	nachts
hétfö	–	Montag
kedd	–	Dienstag
szerda	–	Mittwoch
csütörtök	–	Donnerstag
péntek	–	Freitag
szombat	–	Samstag
vasárnap	–	Sonntag
ünnep	–	Feiertag
tavasz	–	Frühling
nyár	–	Sommer
ösz	–	Herbst
tél	–	Winter

Zahlen

nulla	–	null
egy	–	eins
kettö (két)	–	zwei
három	–	drei
négy	–	vier
öt	–	fünf
hat	–	sechs
hét	–	sieben
nyolc	–	acht
kilenc	–	neun
tíz	–	zehn
tizenegy	–	elf
tizenkettö	–	zwölf
húsz	–	zwanzig
huszonegy	–	einundzwanzig

harmine	–	dreißig
harmincegy	–	einunddreißig
negyven	–	vierzig
ötven	–	fünfzig
hatvan	–	sechzig
hetven	–	siebzig
nyolcvan	–	achtzig
kilenven	–	neunzig
száz	–	hundert
százegy	–	hunderteins
kétszáz	–	zweihundert
ezer	–	tausend

Wichtige Abkürzungen

db.	–	Stück
de. (délelött)	–	vormittags
du. (délutan)	–	nachmittags
f	–	Fillér
ft	–	Forint
kb. (körülbelül)	–	zirka
krt. (körút)	–	Ringstraße
pu. (pályaudvar)	–	Bahnhof
u. (utca)	–	Gasse

Ein paar Brocken

Guten Morgen	–	*Jó reggelt!*
Guten Tag	–	*Jó napot!*
Guten Abend	–	*Jó estét!*
Küss' die Hand	–	*Kezét csókolom!*
Bussi!	–	*Csókolom*
Servus (Se'as)	–	*Szervusz*
Gestatten Sie?	–	*Megengedi?*
Bitte	–	*Kérem*
Bitte sehr	–	*Kérem szépen*
Verzeihung	–	*Bocsánat*
Danke schön	–	*Köszönöm szépen*
Auf Wiedersehen	–	*Viszontlátásra*

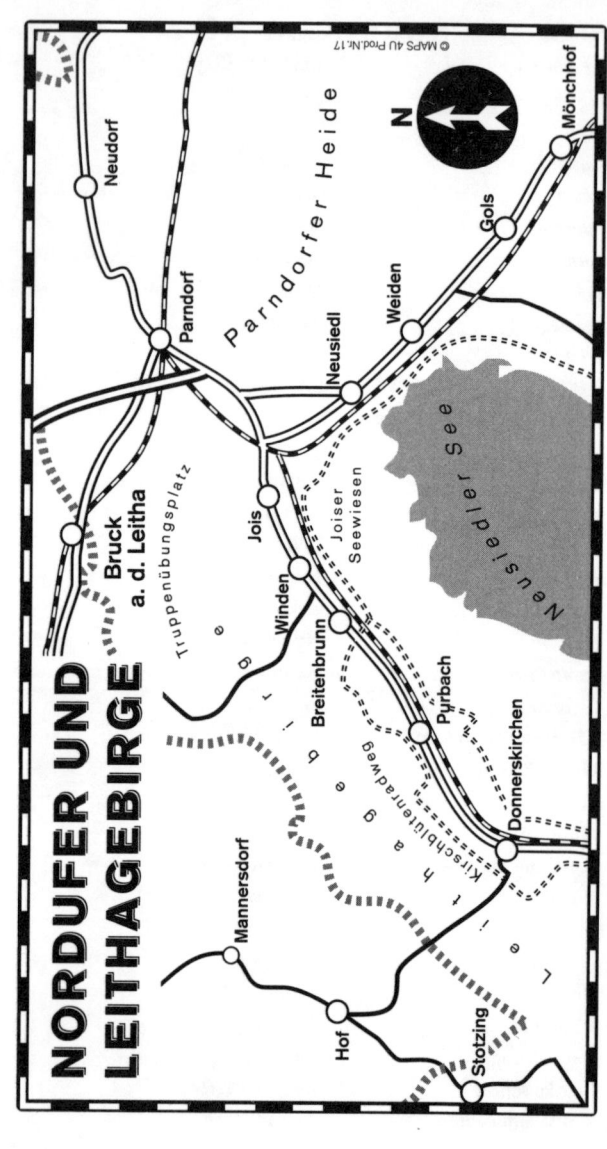

NORDUFER UND
LEITHAGEBIRGE

Das Gebiet zwischen Neusiedl und Donnerskirchen, zwischen dem Abbruch der Parndorfer Platte im Norden und dem Ruster Hügelland im Süden, ist ohne Zweifel das landschaftlich abwechslungsreichste des nördlichen Burgenlandes. Im Grunde sind es vier verschiedene Landschaften: der Neusiedler See und sein hier sehr breiter Schilfgürtel, die Wiesen und Weiden, das sehr schmale bewohnte Gebiet mit seinen schon ein wenig bergauf liegenden, als Wein- und Obstgärten genutzten Hängen und schließlich das steil aufsteigende Leithagebirge, das gemeinsam mit dem See den natürlichen Abschluß der östlichen Steppenlandschaft bildet. In einer Längsausdehnung von etwa 30 Kilometern und einer größten Breite von 9 Kilometern steigt das Leithagebirge vom südlichen Wiener Becken äußerst sanft an und fällt gegen den Neusiedler See steil ab.

Wer immer das Leithagebirge als solches bezeichnet hat, muß übrigens selber aus den riesigen Ebenen der Ostens gekommen

An den Ausläufern des Leithagebirges haben sich auch Lößablagerungen gebildet

sein und das Gebirge nur vom Hörensagen gekannt haben. Seine maximale Höhe von 483 Metern (der Sonnberg bei Hornstein) liegt gerade 360 Meter über dem Seespiegel. Diesen Tatsachen eher entsprechend ist der Begriff Leithaberg, mit dem die Einheimischen diese Erhöhung bezeichnen – und damit einmal mehr ihren Realitätssinn beweisen. Dennoch, seine höchsten Punkte, die Kaisereiche (441 Meter), der Wasserberg (414 Meter), und selbst niedrigere Gipfel wie der Zeilerberg (302 Meter) bilden die schönsten natürlichen Aussichtspunkte über das Land am See.

Geologisch gesehen gehört das Leithagebirge mit seinem kristallinen Kern und seinen Kalkschichten noch zu den Alpen. Das Gebiet um den Neusiedler See war – so unglaublich das heute klingen mag – einst als Ganzes Teil einer hochalpinen Verbindung zwischen den Alpen und den Karpaten. Im Jungtertiär sanken Teile des Hochgebirges ein, und es blieben nur einzelne Massive, wie eben das Leithagebirge und die Ruster Hügel, übrig. Der Leithakalk, gebildet aus etwa 15 Millionen Jahren alten Meeresablagerungen, liefert zum einen einen ausgezeichneten Bau- und Dekorstein, der in vielen Steinbrüchen abgebaut wurde (z.B. in Breitenbrunn), zum anderen stellt der Kalkboden eine hervorragende Grundlage für den Weinbau, der an seenahen Hängen betrieben wird, dar. Die geschützte Lage dieser Hänge wirkt sich auch auf den Obstanbau günstig aus. Die zwischen und auch mitten in den Weingärten angepflanzten Kirsch- und Mandelbäume sind bekannt für ihre intensive Blüte und ihre hervorragende Reife. Wie sehr die Gegend klimatisch begünstigt ist, zeigt sich auch daran, daß es bei Donnerskirchen den nördlichsten echten Edelkastanienwald Europas gibt. Bedeckt wird das Leithagebirge vorwiegend von einem Mischwald aus Eichen und Hainbuchen, nur an sehr trockenen Stellen gibt es reine Eichenwälder.

Allzu intensiver Tourismus wird in dieser Region schon durch den breiten Schilfgürtel verhindert. Zwar gibt es in Neusiedl und Weiden am Nordufer des Sees große Bäder, von den Orten entlang des Leithagebirges ist der See aber nur über schmale Wege entlang der angelegten Kanäle erreichbar, und dortselbst halten sich die Badeanlagen «massenmäßig» in akzeptablen Dimensionen. Wichtiger sind sie als Schiffanlegeplätze, wie in Breitenbrunn oder Purbach. So beschränkt sich der Tourismus eher auf Radfahrer und Spaziergeher, die die Schönheit der Landschaft und der Orte sowie die Vorzüge der Winzerkunst genießen wollen, was dieses Gebiet vor der manchmal an zugänglicheren Stellen des Sees im Sommer auftretenden Urlaubs-Hektik schützt.

RADFAHREN

Seitdem die Radfahrer das Gebiet rund um den Neusiedler See entdeckt haben, haben auch die dortigen Bewohner, in erster Linie natürlich Gastwirte und Zimmervermieter, die Radfahrer entdeckt. Auf dem Abschnitt des Neusiedler-See-Radwegs B 10 zwischen Neusiedl und Donnerskirchen bietet jeder Ort genügend Stätten der Kräftigung für müde Pedaltreter an, und auch auf den dazwischenliegenden Streckenabschnitten haben sich kleinere Rad-Imbiß-Hütten und Rad-Heurige etabliert.

Angenehme Radwege am Schilfgürtel

Der durchgehend asphaltierte und weitgehend flache Radweg ist auch für ungeübte Radfahrer und für Familienausflüge mit kleineren Kindern bestens geeignet. Von Neusiedl aus führt er zwischen Schilfgürtel bzw. Wiesen auf der südlichen und zwischen Wein- sowie Obstgärten auf der nördlichen Seite abseits der Hauptstraße von Ort zu Ort. Die Strecke ist zwar nicht allzu abwechslungsreich, bietet aber ein schönes Panorama des nahen Leithagebirges. In Breitenbrunn und Purbach gibt es entlang von Kanälen Abzweigungen durch den Schilfgürtel zum See. In Breitenbrunn schließt an den Neusiedler-See-Radweg der 31 Kilometer lange Kirschblütenradweg B 12 an. Als interessante und abwechslungsreiche Alternative zum Weg am See führt er durch leicht hügeliges Gebiet am Fuße des Leithagebirges von Breitenbrunn über Purbach und Donnerskirchen und von dort über eine Schleife wieder zurück zum Radweg B 10. Die Strecke, zwischen Weingärten und Kirschbaum-Anlagen gelegen, ist vor allem im Frühjahr während der Kirschblüte überaus beliebt und dementsprechend stark frequentiert. Wer diesen Weg wählt, sollte sich Zeit lassen, nicht unbedingt den gesundheitsfördernden Sport an die erste Stelle setzen, sondern lieber die Landschaft und den schönen Blick über den See genießen und in Ruhe von den angebotenen Kirschen kosten.

WEIN

Die Landschaft zwischen Neusiedl am See und Donnerskirchen entlang des Leithagebirges gehört, der offiziellen Einteilung nach, zu zwei burgenländischen Weinbaugebieten. Neusiedl, Weiden und Jois sind demnach der Weinbauregion «Neusiedler See» zuzuordnen, deren geographisch größter Teil im Seewinkel liegt und die im Kapitel über den Seewinkel ausführlich beschrieben wird. Donnerskirchen und Purbach gehören zur Weinbauregion «Neusiedler See – Hügelland», deren Zentrum Rust ist. Ob Winden und Breitenbrunn der einen oder der anderen Region zugeordnet werden, darüber scheinen sich auch die verschiedenen Weinführer im unklaren, und manche Fachleute retten sich in die Aussage, daß die beiden Orte ohnehin nicht allzuviel Wein hätten, weil zwischen Schilfgürtel und Leithagebirge kaum Platz für Weingärten sei.

Was von Breitenbrunnern und Windenern naturgemäß – und zu Recht – aufs heftigste bestritten wird. Wie dem auch sei – die Weinbauregion «Neusiedler See – Hügelland» erstreckt sich jedenfalls an den Süd- und Osthängen des Leithagebirges und an den Hängen der Hügel um Rust bis nach Eisenstadt und Mattersburg. Abgesehen vom Blaufränkischen und vom Zweigelt dominieren hier die Weißweine wie Welschriesling und Grüner Veltliner, aber auch Müller-Thurgau, Muskat-Ottonel und Weißburgunder.

ANREISE VON WIEN – ZUG Vom Süd- bzw. Ostbahnhof fahren stündlich Schnellbahnen über Bruck an der Leitha nach Neusiedl. Direkt bis Eisenstadt weitergeführt werden nur wenige Züge in der Hauptverkehrszeit (also Haupt-Pendler-Zeit) am Abend. Von Neusiedl verkehren Anschlußzüge über Jois, Winden, Breitenbrunn, Purbach und Donnerskirchen nach Eisenstadt. Zentrale Zugauskunft, Tel. 1717. **BUS** Vom Busbahnhof Landstraßer Hauptstraße gehen Busse nach Neusiedl oder Eisenstadt, von wo aus jeweils Regionalbusse die Orte auf der Strecke Neusiedl–Eisenstadt verkehrstechnisch versorgen. Zentrale Busauskunft, Tel. 711 01. FAHRRADBUS NEUSIEDLER SEE (Linienbus der ÖBB zwischen Podersdorf und Mörbisch), verkehrt von Ende Juni bis Anfang September täglich (Auskünfte unter Tel. 02167/2418. **AUTO** A 4 Ostautobahn bis Abfahrt Neusiedl, von dort die Bundesstraße B 304 Richtung Eisenstadt, die durch alle angeführten Orte geht, oder über die B 13 von Wien-Favoriten und die neue Autobahn A 3 nach Eisenstadt und von dort Richtung Neusiedl. AUTOFAHRERCLUBS/PANNENDIENST Eisenstadt: ARBÖ, Ruster Straße 126, Tel. 02682/3883, 0663/21238, 21239; ÖAMTC, Mattersburger Straße-West 34, Tel. 02682/62035-0. Neusiedl am See: ÖAMTC (Partnerclub des ADAC), Rot-Kreuz-Gasse 29, Tel. 02167/8181; ARBÖ, Untere Hauptstraße 187, Tel. 02167/2345, 0663/21232. AUTOVERLEIH Eisenstadt: Firma Buchbinder, Wiener Straße 3, Tel. 02682/62822. Neusiedl am See: Firma Buchbinder, Obere Hauptstraße 30, M. Moser, Tel. 02167/2491.

NEUSIEDL AM SEE/NEZSIDER/NIUZALJ

Auch wenn dieses Buch eher eine Neusiedler-See-Tour per Fahrrad propagiert: Den schönsten ersten Anblick haben diejenigen, die mit dem Auto nach Neusiedl kommen. Die von der Schnellstraße nach Eisenstadt abzweigende und von Norden in die Stadt führende Wiener Straße führt über den letzten Kilometer der Parndorfer Platte, die kurz vor der Einmündung in die Hauptstraße plötzlich und ziemlich steil abbricht. Und trotz störender Häuser liegt unvermittelt der Neusiedler See vor den Augen, und man gewinnt einen ersten Eindruck von

der Weite der Landschaft. Vor allem wenn an schönen Tagen die Sicht bis in den Seewinkel reicht. Ob es Neusiedler gerne hören, wenn ihre Stadt als «Tor gzum Seewinkel» bezeichnet wird, ist allerdings mehr als fraglich. Denn zum einen nimmt es dem größten Ort am nördlichen und

Neusiedl: Tabor

östlichen Seeufer viel von der unzweifelhaft vorhandenen Eigenständigkeit als Hauptziel von Reisen bzw. Ausflügen in das Burgenland, und zum anderen ist das «Tor» zum Leidwesen der Einwohner zur Hauptsaisonzeit meist verstopft. An schönen und heißen Sonntagen ist es nur deshalb leicht, die Hauptstraße zu überqueren, weil der Verkehr die meiste Zeit ohnehin ein ruhender ist. Staus bis in die späten Abendstunden sind keine Seltenheit.

Was aber nicht heißt, daß alle, die mit aufs Dach geschnallten Surfbrettern der Kleinstadt Neusiedl nicht das angenehmste großstädtische Flair verleihen, zu oder von einem Badeort im Seewinkel fahren bzw. kommen. Ganz im Gegenteil: Neusiedl besitzt ein großes und attraktives Seebad, woselbst man sich allen freizeitlichen Wassersportvergnügungen wie Schwimmen, Surfen, Segeln, Rudern etc. zur Genüge hingeben kann. Angelegt ist es am Ende der etwa zwei Kilometer langen Seestraße, die vom Ort durch den breiten Schilfgürtel, vorbei an

Sport- und Tennisplätzen, einer Minigolfanlage und sogar einer Beauty-Farm, zum See bzw. den reichlich vorhandenen Parkplätzen führt.

Wer nicht bloß die warmen und seichten Fluten des Neusiedler Sees genießen, sondern auch ein wenig über Geschichte, Kultur und Natur der Region erfahren möchte, hat dazu praktischerweise ebenfalls am Strand die Möglichkeit. Das *Seemuseum,* nach einem Brand 1966 wiederhergestellt, zeigt Bilder und Exponate der verschiedensten Landschaften vom Leithagebirge bis zum Seewinkel, ausgestopfte Vögel, Zeichnungen, alte und neue Landkarten und sonstige Ausstellungsstücke und hält überdies eine kleine Fachbibliothek bereit.

Neusiedl, im 13. Jahrhundert «Niusidel», im 15. Jahrhundert «Civitas Neusidel» genannt, erhielt, wie es heißt, seinen Namen als neue (neu gegründete) Siedlung nach dem Mongolensturm 1241. Bewohnt war die Gegend allerdings schon wesentlich früher. Ausgrabungen auf der Zitzmannsdorfer Wiese und an anderen Stellen nahe des heutigen Ortes zeigen, daß bereits in der Jungsteinzeit und in der Bronzezeit Ansiedlungen angelegt wurden. Ein Urnenfeld sowie Funde aus der Hallstattzeit, der

Blick über Neusiedl auf den See

263

Römerzeit und der Epoche der awarischen Herrschaft über dieses Gebiet belegen die kontinuierliche Besiedelung des Ortes, der in der ersten urkundlichen Erwähnung von 1209 noch als «villa Sumbotheil» genannt wird. Die Aufständischen Bocskays, die Türken und zuletzt die Kuruzzen sorgten für die in die Annalen jedes hier gelegenen Ortes eingegangenen Zerstörungen.

Neusiedler Pfarrkirche

Heute präsentiert sich Neusiedl als moderne Verwaltungs-, Einkaufs- und Urlaubs-Stadt. Das Ortsbild wird dementsprechend weitaus mehr von den vielen Geschäften und einer Unzahl von Lokalen, Cafés, Gasthäusern und Weinschenken entlang der Hauptstraße, aber auch in manchen Nebengassen geprägt als von sogenannten «charakteristischen» burgenländischen Gebäuden. Die sind weitgehend verschwunden, die älteren Teile Neusiedls bzw. die kulturellen Sehenswürdigkeiten liegen abseits. Am Hauptplatz stehen eine schöne Dreifaltigkeitssäule aus dem Jahr 1713 und eine Florianisäule aus dem Jahr 1745. Von den im Mittelalter hier errichteten Edelhöfen ist kaum etwas übriggeblieben. Identifizierbar ist genaugenommen nur mehr einer, am Hauptplatz 30, der allerdings schon im 17. Jahrhundert zum ersten Mal völlig erneuert wurde und eine neue Fassade erhielt. Auch die ansehnlichen alten Rundbogentore oder Barockportale sind nur noch vereinzelt an Häusern am Hauptplatz erkennbar.

Der älteste Stadtteil, der sogenannte Anger, liegt hinter dem Rathaus rund um die römisch-katholische *Pfarrkirche St. Nikolaus und St. Gallus.* 1460 bis 1464 in gotischem Stil an der Stelle einer Kirche aus dem 14. Jahrhundert erbaut, wurde sie mehrmals, nach Bränden und Zerstörungen durch die Türken und die Kuruzzen, wiederaufgebaut. Ihr heutiges Aussehen erhielt sie in den Jahren 1735–1737, wobei der Anbau der Sakristei und des Oratoriums erst 1791 erfolgte. Der Hochaltar besteht aus einer freistehenden Altarwand mit einem Gemälde der Muttergottes, den beiden Kirchenpatronen und einem Landschaftsbild von Neusiedl aus dem Jahr 1738. Interessanterweise zeigt sich der Strand auf diesem Bild ohne Schilf.

Am sehenswertesten im Kircheninneren aber ist die etwa 1780 gefertigte *«Fischerkanzel»*, die in Form eines Schiffes mit Bug und Mast an der Chorwand gestaltet ist. Eine Gruppe von Figuren stellt Jesus und den im Meer versinkenden Petrus dar, und auf der Glockenhaube sind die Gesetzestafeln des Moses zu sehen.

Die Fischerkanzel

Hinter der Kirche bzw. dem Friedhof führt der Taborweg zu den ältesten Gebäuderesten Neusiedls, zur *Ruine Tabor.* Möglicherweise schon Ende des 13. Jahrhunderts errichtet, diente die Burg im 14. Jahrhundert als Witwensitz der Königinnen Agnes, der Gemahlin des ungarischen Königs Andreas III., und Maria. Die Burg wurde später zerstört und nur der Turm (Tabor) im 16. Jahrhundert zu einer 30 mal 50 Meter großen Festung umgebaut und mit Palisaden und Schanzen für die Geschütze versehen. Außerdem fand der Turm als sogenannte «Kreutfeuerstelle» (Stelle für Warnfeuer bei feindlichen Einfällen) Verwendung. Von der Ruine hat man eine wunderschöne Fernsicht über den See und weit nach Osten in die Puszta und bei klarem Wetter bis zum Schneeberg im Südwesten. Der Rückweg von der Ruine führt durch die Kellergasse, in der sich neben den typischen alten Weinkellern aus dem 19. Jahrhundert auch der Hauptanziehungspunkt für alle jugendlichen Einheimischen und Urlauber findet: die Diskothek «Check Point», deren Einzugsgebiet, so sagt man, weit über die burgenländischen Landesgrenzen hinausgeht.

Als weiterer «erhabener» Punkt für einen kleinen Spaziergang bietet sich der im östlichen Stadtteil gelegene *Kalvarienberg* an. Bei der Erlösersäule biegt die Kalvarienbergstraße links von der Hauptstraße ab. In dieser Straße findet auch jeden ersten Montag im Monat ein Krämermarkt statt, auf dem Kleidung, Kochutensilien, Werkzeug, Spielzeug und sonst allerlei Praktisches und auch Unpraktisches verkauft wird. Vorbei am kleinen privaten Pannonischen Heimatmuseum führt die Straße geradewegs zum Kalvarienberg. Die vierzehn Kreuzwegstationen stammen aus dem Jahr 1871, die Kreuzgruppe selbst mit der Pieta wurde bereits 1753 angefertigt.

Das Pannonische Privatmuseum – Tausendundein Zeugnisse des Alltagslebens

Das *Pannonische Privatmuseum* ist auf alle Fälle einen Besuch wert. Seit 1975 hat der passionierte Hobbyvolkskundler Karl Eidler, ehemaliger Paß- und Strafreferent bei der Bezirkshauptmannschaft Neusiedl, in der engeren Umgebung, aber auch aus Ungarn alles zusammengetragen, was Zeugnis von Kultur, Brauchtum und Alltag dieser Grenzregion gibt. Heute sind es mehr als 6000 Exponate, die besichtigt werden können. Von der Honigpresse über alte Weinpressen, pferdebespannte Feuerwehrwagen, Geschirr, Haushaltsgeräte, Bilder, Urkunden bis zu Musikinstrumenten und Hirtenmänteln. «Fünfzig Prozent kommt von Mistablagestätten, dreißig wurden gekauft und der Rest geschenkt», so die Angabe des in Neusiedl und Umgebung als Original geltenden Herrn Eidler über die Herkunft der verschiedenen Dinge. Prunkstück der Sammlung ist ein sogenannter «Kinderkobel», ein Korb, in den vor etwa 150 Jahren slowakische Saisonarbeiterinnen ihre Kinder legten.

Ein etwas längerer Ausflug ist die Wanderung vom Kalvarienberg weiter nach Norden durch das *Teichbachtal,* vorbei an der Sandgrube und den Lehmgstätten. An den Hängen des Tals liegen die Reste der früher weit ausgedehnten Hutweide, der bestimmenden Landschaft dieses Gebiets. Der Kalvarienberg ist außerdem Wendestelle des Burgenland-Nord-Süd-Weitwanderwegs, der, vom Norden über den Westrand der Parndorfer Platte kommend, hier nach Westen abbiegt, durch Neusiedl hindurch verläuft und weiter über die Joiser Wiesen Richtung Süden.

NEUSIEDL AM SEE/NEZSIDER/NUIZALJ

INFORMATION UND ZIMMERVERMITTLUNG Fremdenverkehrsbüro Neusiedl/See, Hauptplatz 1, Tel. 02167/2229, Montag–Freitag 8–12 und 13–17 Uhr. In der Saison (Juli, August) längere Öffnungszeiten. **JUGENDHERBERGE** Herberggasse 1, Tel. 02167/2252. Wintergarten, Volleyballplatz, Spielplatz, Tischtennis. **AUTOFAHRERCLUBS/ PANNENDIENST** ÖAMTC (Partnerclub des ADAC), Rot-Kreuz-Gasse 29, Tel. 02167/8181; ARBÖ, Untere Hauptstraße 187, Tel. 02167/2345, 0663/21232. **AUTOVERLEIH** Firma Buchbinder, Obere Hauptstraße 30, M. Moser, Tel. 02167/2491. **BAHN- UND BUSAUS-**

KUNFT Bahnhof Bad Neusiedl am See der Raab-Ödenburg-Ebenfurter Eisenbahn, Seestraße 18, Tel. 02167/8284; Bahnhof Neusiedl am See der ÖBB, Tel. 02167/2437; Busauskunft Tel. 02167/2418. **BANKEN** Sparkasse Neusiedl, Untere Hauptstraße 7, Tel. 02167/2402 (Geldausgabeautomat); Raiffeisenbank, Untere Hauptstraße 3, Tel. 02167/2564 (Geldausgabeautomat); Volksbank, Untere Hauptstraße 2, Tel. 02167/2537 (Bankomat); EB- und Hypo-Bank, Hauptplatz 26, Tel. 02167/2271; Creditanstalt-Bankverein, Obere Hauptstraße 47–49, Tel. 02167/2325 (Bankomat); Mercurbank, Untere Hauptstraße 64, Tel. 02167/2596. **GELDWECHSEL** Mo–Fr bei allen Banken; Wochenende: Wechselstube im Hotel Wende, Seestraße 40; Bankomat: Obere Hauptstraße 47–49, Untere Hauptstraße 2; Reisebüro Blaguss, Untere Hauptstraße 12, in der Saison Samstag 8–12, 15–18 Uhr. **GENDARMERIE** Gendarmerieposten Neusiedl, Peter-Florian-Gasse 2 bzw. Untere Hauptstraße 49, Tel. 02167/2233, 2700. **FREIZEIT UND SPORT** WETTER- UND WIND-INFORMATION Tel. 02167/2207, Mai–Oktober. AUSFLÜGE Das Reisebüro Blaguss bietet eine Palette von Ausflugsfahrten an. Auskunft im Reisebüro Blaguss, Untere Hauptstraße 12, Tel. 02167/8141-0. BADEN IM SEE Seeanlage, rund 500 Meter Badestrand, 40.000 Quadratmeter Liegewiese, Duschen, Umkleidekabinen, Surfbrettabstellplätze, Restaurant, Tel. 02167/2207. BADEN IN DER HALLE Hallenbad Seestraße, Tel. 02167/2620, Erholungszentrum. Hallenbad mit 25-Meter-Becken, Freibecken, Lehrschwimmbecken, Planschbecken, Solarium, Sauna, Massage, Sonnenterrasse, Liegewiese, Restaurant (Montag Ruhetag); Hotelhallenbad Wende, Seestraße 40. BILLARD Billard-Center, Café Zentral, Untere Hauptstraße 30, Tel. 02167/8695. BOOTSVERLEIH Im Seebad Neusiedl; Bootsvermietung Baumgartner, Tel. 02167/2782 (auch Seerundfahrten); Bootsvermietung Leban, Tel. 02248 oder 02160/7189; Segelschule Hofbauer, Am Segelschulhafen, Tel. 02167/8760. BOOTSLIEGEPLÄTZE der Stadtgemeinde Neusiedl (Slipanlage, Kran) Vorbestellungen im Fremdenverkehrsbüro, Tel. 02167/2229, Anfragen bei der Kassa oder der Minigolfanlage im Seebad. BÜCHEREI Gemeindeamt, Hauptplatz 1 (Öffnungszeiten laut Anschlagtafel). FISCHEN Burgenländische Fischereierlaubnis bei der Bezirkshauptmannschaft Neusiedl und während der Saison im Seebad, Tel. 02167/2207. FITNESS Fitneßcenter, Kalvarienbergstraße 22, Tel. 02167/8724. KINDERSPIELPLÄTZE Seebad im Bereich der Liegewiesen; Sportzentrum; Seestraße; Kalvarienberg; Nyikospark; Untere Hauptstraße; Hirschfeldspitz. MINIGOLFANLAGE im Seebadbereich. REITEN Reitercsárda Rüdiger Rehnke, Obere Wiesen 1, Tel. 02167/8659 (Reitpferdeverleih, Kutschenfahrten, Reitkurse).

SEGELN/SURFEN/EISSEGELN Eigener Startplatz und Liegeplatz im Seebad bei Gendarmeriehafen; Segel- und Surfschule Dkfm. K. Hofbauer, Seebad, Tel. 02167/8760, eigenes Schulungsgebäude, Surfbrettverleih- und Zubehör. TANZEN Diskothek Check Point, Kellergasse 12, Tel. 02167/8151. TENNIS UND SQUASH 6 Freiplätze im Sportzentrum (Sand) der Stadtgemeinde Neusiedl, Tel. 02167/2321; 5 Freiplätze im Sportzentrum (Sand) des UTC Neusiedl am See; 3 Freiplätze im Seebad (Sand) der Segelschule Hofbauer, Tel. 02167/8760; 3 Freiplätze (Sand) und 3 Squash-Courts bei Sporthotel Tennishalle Tittler (Sand), Tel. 02167/8866; Tennishalle mit 5 Plätzen, Restaurant, Sauna, Solarium, Sporthotel Tittler. Tennislehrer bei allen Spielorten zu erfragen. YACHTCLUB Union Yachtclub Neusiedler See, Tel. 02167/803, Regatta-Büro, Tel. 02167/2098. SPORTWOCHEN Für Kinder und Jugendliche: Reiten, Segeln, Surfen, Tennis über die Betriebe Segelschule Hofbauer, Tel. 02167/8760, Neusiedler Reitercsárda, Tel. 02167/8659, und Hotel «Haus am Tabor», Tel. 02167/2383. **RADFAHREN** Fahrradverleih: Hotel Wende, Seestraße 40–42, Tel. 02167/8111; Bahnhof Neusiedl, Tel. 02167/2437; Zweiradcenter Maurer, Eisenstädter Straße 76, Tel. 02167/2415; Pension «La Paloma», Schilfweg 3, Tel. 02167/8596; Fa. Tittler, Seegärten, Tel. 02167/8866; Rathausstüberl, Kirchengasse 2, Tel. 02167/2883; Enz Josef, Sportplatzgasse 1a. FAHRRADBUS NEUSIEDLER SEE Linienbus der ÖBB zwischen Podersdorf und Mörbisch, verkehrt von Ende Juni bis Anfang September täglich (Auskünfte unter Tel. 02167/2418). **MUSEEN/GALERIEN** WERKSTUBENGALERIE «In den Gerbgruben», Hauptplatz 50, Tel. 02167/2516. Ausstellungen von Werken moderner zeitgenössischer Künstler (ganzjährig geöffnet, täglich 17–21 Uhr, rollstuhlgerecht). SEEMUSEUM IM SEEBAD Ausstellung über die Tierwelt rund um den Neusiedler See (geöffnet von Mai bis Oktober, täglich 9–12 und 13–17 Uhr, rollstuhlgerecht). PANNONISCHES HEIMATMUSEUM Karl Eidler, Kaserngasse 11, Tel. 02167/8173. Ausstellung «Lebendige Vergangenheit des pannonischen Raumes» anhand von Trachten, handwerklichen Geräten und Werkzeugen bzw. sakralen Gegenständen (ganzjährig geöffnet, Di–Sa 14.30–18.30 Uhr, So und Feiertag 10–12 und 14.30–18.30 Uhr, Montag geschlossen, auf Wunsch Führungen auch vormittags, rollstuhlgerecht). MUSEUMEISENBAHN Bahnhof Bad Neusiedl, Seestraße 18. **VERANSTALTUNGEN** NEUSIEDLER STADTFEST Kulturelles Großereignis, organisiert von «Impulse Neusiedl am See», mit Volksmusik, Blues, Rock, Jazz, Reggae, Folklore, Theater, Animation, Tanz. (Termin: zumeist Juli/August). WEINSEMINARE Weinakademie Burgenland zweistündige Weinseminare im Juli/August, Donnerstag jeweils um 20 Uhr. Info,

Anmeldung Tel. 02685/6451. **ESSEN UND TRINKEN** GASTHÄU-
SER/RESTAURANTS Restaurant Barth-Stuben, F.-Liszt-Gasse 37,
Tel. 02167/2625 (einer der «besten Weingasthöfe» des Burgenlandes); Hotel-Restaurant «Zur alten Mauth», Eisenstädter Straße 205,
Tel. 02167/8830; Neusiedler Csárda, Obere Wiesen 1, Tel.
02167/8659; Restaurant im Hotel Wende, Seestraße 40–42, Tel.
02167/8111; Gasthof «Zur Traube», Hauptplatz 9, Tel. 02167/2423;
Gasthaus Nyikos, Untere Hauptstraße 59, Tel. 02167/2104; CAFÉ-
RESTAURANTS Café-Restaurant Pizzeria «da capo», Untere Hauptstraße 76, Tel. 02167/8542; CAFÉS Café Anna Blume, Kalvarienbergstraße 25, Tel. 02167/8231; Café Zentral, Untere Hauptstraße
30, Tel. 02167/8695; Krupbauer, Hauptplatz 32, Tel. 02167/2762.
CAFÉ-KONDITOREIEN Beil, Untere Hauptstraße 26, Tel.
02167/2251; Naglreiter-Frischmann, Untere Hauptstraße 48, Tel.
02167/2329; Wiedemann, Hauptplatz 5, Tel. 02167/2661 und Untere
Hauptstraße 75, Tel. 02167/2765. BAR Franz-Cocktail Bar, Kirchengasse 1, Tel. 02167/8654. Garten.

Der Neusiedler-See-Radweg B 10 führt angenehmerweise
nicht durchs Zentrum Neusiedls, sondern ein wenig südlich
parallel zur Bahnlinie und weiter entlang des Schilfgürtels
Richtung Weiden am See.

WEIDEN AM SEE/VÉDENY

Die Marktgemeinde hat sich im letzten Jahrzehnt aufgrund des
großzügigen Ausbaus des Seeparks Weiden vom bloßen Durchzugsort Richtung Seewinkel zu einem ansehnlichen Fremdenverkehrsort gemausert. Die Anlage mit Bad, Freizeitmöglichkeiten und mietbaren Appartements bzw. Bungalows ist über
die Seestraße erreichbar.

Aus den Nöten der einstigen – und teilweise noch immer ge-
gebenen – Rolle als Durchzugsort haben die Weidener allerdings eine noch heute aktuelle Tugend gemacht: den sogenannten Sesselmarkt. Sessel (und natürlich auch Tische) werden in der wärmeren Jahreszeit vor die Häuser gestellt und
Obst, Gemüse, Wein und Kunsthandwerk – in erster Linie
kunstvolle (Schilf-)Strohgeflechte – feilgeboten.

Weiden oder Weyden, gebildet aus dem mittelhochdeut-
schen «bi den widen» (bei den Weiden) ist, obwohl erst 1338
erstmals erwähnt, eine sehr alte Ansiedlung. Eine aus der Bronzezeit stammende Nekropole der Wieselburger Kultur
(1700–1400 v. Chr.) wurde ebenso gefunden wie ein Steinsarko-
phag aus der Römerzeit im Hof eines Hauses. Die Römer waren es auch, die den Weinbau in diesem Gebiet intensivierten
und ihn zur wichtigsten Erwerbsquelle machten. So sollen in
der Mitte des 17. Jahrhunderts bereits etwa 10.000 Hektoliter
jährlich gekeltert worden sein. Und schon damals war der bis
heute als besonderer Prädikatswein geltende «Ausbruch» die
Spezialität des Ortes. Eine Tradition, die auch durch die verschiedenen Verwüstungen und Zerstörungen, die der Gemeinde widerfuhren, nicht gebrochen werden konnte. Heute werden etwa 70.000 Hektoliter im Jahr erzeugt. Und damit die Besucher nicht bloß trinken, sondern auch wissen, was, und
gleichzeitig die feinen Unterschiede und Besonderheiten der
verschiedenen Sorten erkennen und schätzen lernen, führt die
Gemeinde wöchentlich eine für alle offene Lehrweinkost
durch.

Kunsthandwerk am Weidener Sesselmarkt

Die *katholische Pfarrkirche* des Orts ist ein Barockbau aus den Jahren 1782 bis 1786, wobei die Inneneinrichtung zum Großteil aus der aufgelassenen Kirche der Augustiner Eremiten in Bruck an der Leitha stammt. Eine weitere Sehenswürdigkeit ist das in den siebziger Jahren restaurierte Granarium in der Triftstraße – ein dreigeschoßiger Speicherbau mit Kreuzgratgewölbe im Untergeschoß aus der ersten Hälfte des 19. Jahrhunderts.

Mit dem Rad, entlang des Neusiedler-See-Radwegs, oder auch zu Fuß erreicht man die südlich von Weiden zwischen dem an dieser Stelle sehr schmalen Schilfgürtel und den Äckern bzw. Weingütern gelegenen *Zitzmannsdorfer Wiesen*. Diese Grassteppe, die heute unter strengem Naturschutz steht, wurde früher als Weidefläche für die riesigen Rinderherden verwendet, die vom Seewinkel oder von Ungarn nach Wien getrieben wurden. Wie andere Hutweide-Gebiete, so sind auch die Zitzmannsdorfer (oder, wie sie auch manchmal genannt werden, Neusiedler) Wiesen ein Refugium seltener Pflanzen und Tiere.

DIE PARNDORFER HEIDE

Gleich nordöstlich hinter Weiden steigt die Landschaft stark an, bis sie die Höhe der Parndorfer Platte, durchschnittlich 165 bis 175 Meter Seehöhe, erreicht. Der Radweg, die Verbindungsroute zwischen Neusiedler-See-Radweg und dem Donauufer-Radweg, führt, von der Hauptstraße in Weiden abzweigend, entlang eines Güterwegs nach Norden. Die Parndorfer Platte, deren südlicher Teil zwischen dem Abbruch zum Neusiedler See und der Leitha auch *Parndorfer Heide* genannt wird, ist heute ein riesiges, agrarisch genutztes Gebiet. Ursprünglich dicht bewaldet (Eichen), wurde sie, ebenso wie der Heideboden und der Seewinkel, gerodet und als Hutweide genutzt. Das letzte zusammenhängende Waldstück befindet sich heute ein wenig südlich von Zurndorf und ist als «Zurndorfer Eichenwald» unter Naturschutz gestellt. Die Umwandlung in

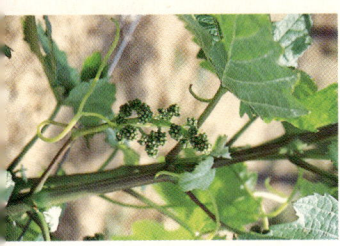

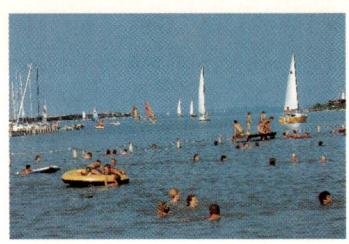

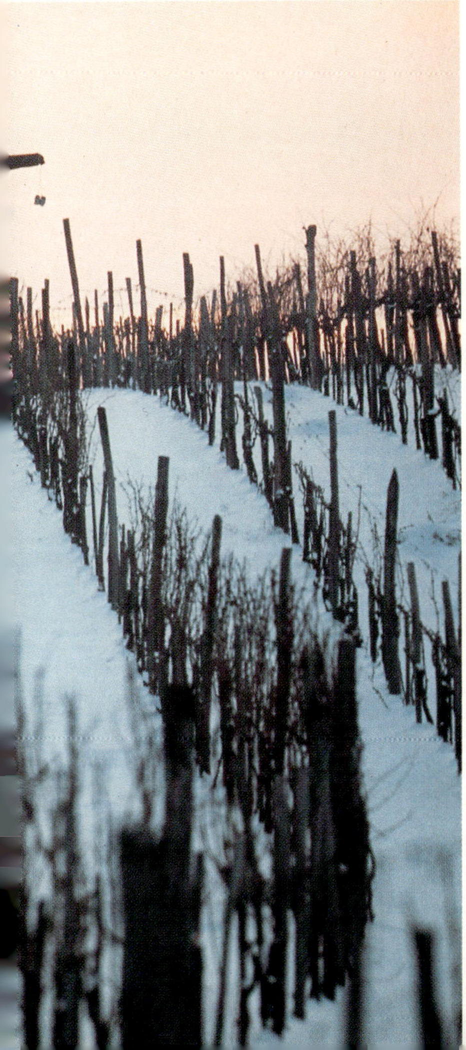

Vorhergehende Seite:
Parndorfer Heide

Fotos oben von links
nach rechts:
Breitenbrunner Wehrturm
Alter Steinbruch
bei Breitenbrunn
Junger Wein
Segel-Eldorado
Neusiedler See
Großes Foto:
Winterliche Weinberge
bei Donnerskirchen

Altar-Gemälde in
Purbach (li.)
Aussichtswarte im
Leithagebirge (re. oben)
Donnerskirchen
(re. unten)

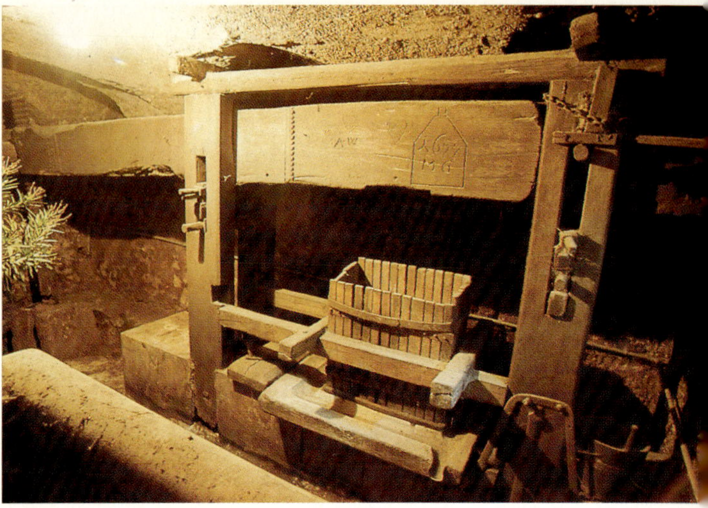

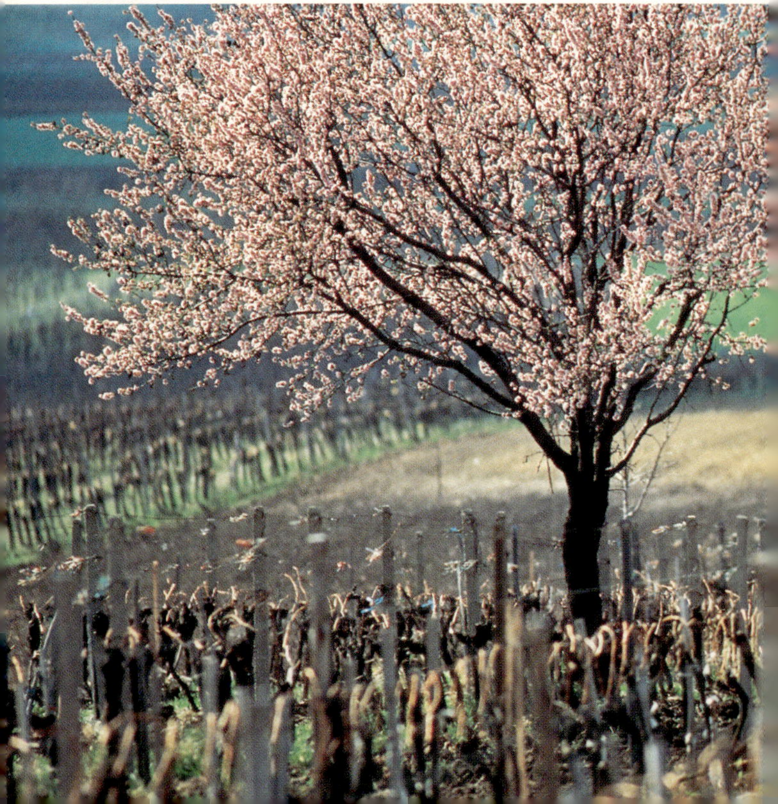

Österreichs älteste Weinpresse (li. oben)
Hauptsaison in der Kirschblütenregion (li. unten)
Segelhafen bei Breitenbrunn (re. oben)
Nikolaus-Schenke in Purbach (re. unten)

Folgende Seite: Winter am Neusiedler See

Getreide-, Mais- und Rübenfelder fand teilweise erst in den letzten Jahrzehnten statt.

Was die Parndorfer Heide vom biologischen Gesichtspunkt gesehen auszeichnet, ist die Tatsache, daß sie eine euro-asiatische Grenze für Fauna und Flora bildet. Hier gibt es Tier- und Pflanzenarten, die nur wenige Kilometer weiter westlich, wo – biologisch gesehen – Mitteleuropa beginnt, nicht mehr auftreten. Unter ihnen der Steppenfrostspanner, eine überaus seltene Falterart, oder die Trappen.

Für heiße Diskussionen hat im letzten Jahrzehnt die Planung und schließlich der Bau der Ostautobahn A 4 mitten durch diese Landschaft gesorgt, bei denen auch innerhalb der verschiedenen Naturschützer-Organisationen Uneinigkeit aufgetreten ist. So sprach sich der WWF Österreich zwar für einen Bau aus, versuchte aber gleichzeitig die Planungsverantwortlichen davon zu überzeugen, die

Die Parndorfer Heide: biologische Grenze zwischen Europa und Asien

Autobahn an den Rand der Parndorfer Heide und nicht mitten durch zu verlegen. Ohne Erfolg, wie man hinzufügen muß.

Dabei sind die heutigen Verkehrsplaner nicht die ersten, die hierorts eine schnelle West-Ost-Verbindung als Ideallösung sehen: Quer durch die Heide verläuft ein Feldweg entlang der alten Römerstraße. Und genau hier soll auch die Trasse der Autobahn angelegt werden.

Von den teils noch bewirtschafteten, teils verfallenen Gehöften auf der Parndorfer Platte hat wohl der Friedrichshof, allerdings nicht aufgrund seiner ursprünglichen, bäuerlichen Bestimmung, als einziger Berühmtheit erlangt. Von Otto Mühl und seinen Kommunarden als Zentrum ihrer Aktivitäten erwählt, von den Bewohnern der nächstgelegenen Ortschaften zuerst als Hort des Bösen schlechthin beargäugt, später aber stillschweigend akzeptiert bzw. ignoriert, sollte er zum Modell einer freieren, besseren Gesellschaft werden. Ob besser oder nicht – die Freiheit endete zumindest für Otto Mühl vor zwei Jahren ziemlich abrupt bei einem Prozeß wegen Nötigung von Minderjährigen.

Wer einen längeren Ausflug über die Parndorfer Platte unternehmen will, kann dem Radweg von Weiden, der etwa einen Kilometer westlich am Friedrichshof vorbeiführt, bis nach Zurndorf folgen, von dort entlang der Leitha und bis Nickelsdorf radeln. Von Nickelsdorf geht es über der Kleylehof und durch ein aufgeforstetes Waldstück («Karlwald») nach Halbturn und schließlich über Gols zurück nach Weiden am See und nach Neusiedl.

WEIDEN AM SEE/VÉDENY

INFORMATION UND ZIMMERVERMITTLUNG Fremdenverkehrsbüro Weiden/See, Raiffeisenplatz 5, Tel. 02167/7311; Feriendorf Seepark Weiden, Tel. 02167/7322-0 (künstlich angelegte Bucht am Neusiedler See, Ferienhäuser, Restaurant, Seemarkt, Kinderspielplatz, Tennisplätze, Surf- und Segelschule). **BANK** Raiffeisenkasse, Schulzeile 1, Tel. 02167/7337, 7833. **FREIZEIT UND SPORT** WIND- UND WETTER-TONBANDINFORMATION Tel. 02177/2244. BADEN Badeanlage mit 150 Meter Strand, Kinderspielplatz, Minigolf, Segel- und Surfschule, Bootsverleih, Restaurant, Tel. 02685/502. BOOTSLIEGEPLÄTZE Kurzmieter können im Gemeindeamt vorbestellen. BOOTSVERLEIH Fa. Gmeiner im Seebad, Tel. 02167/7236 (Ruder-, Tret- und Elektroboote, Surfbretter). BÜCHEREI Raiffeisenplatz 11, Öffnungszeit Sa 16–18 Uhr. FISCHEN Fischerkartenausgabe im Gemeindeamt, Tel. 02167/7311. PIT-PAT Anlage im Seebadgelände. RADFAHREN Fahrradverleih: Enz Josef, Sportplatzgasse 1a und Seepark Weiden, Tel. 02167/7322. FAHRRADBUS Neusiedler See: Linienbus der ÖBB zwischen Podersdorf und Mörbisch, verkehrt von Ende Juni bis Anfang September täglich (Auskünfte unter Tel. 02167/2418). SEGELN/SUR-FEN/EISSEGELN Segel- und Surfschule Wagner & Urban im Seepark Weiden, Tel. 02167/7914 (Grund-, Fortgeschrittenen-, Kinderkurse, A-Schein- und Perfektionskurse, Katamarantraining, Starkwindkurse). TENNIS 3 Sandplätze im Seepark Weiden, Tel. 02167/7322; 2 Sand-plätze des TC-Weiden. **GALERIE** Ausstellungen in den Sommermona-ten: «Fotografie und Malerei», Schulzeile 5, «Bemalte Seide und Acces-soires», Raiffeisenplatz, Informationen im Gemeindeamt, Tel. 02167/7311. **ESSEN UND TRINKEN** Blaue Gans, Seepark Weiden, Fam. Göschl, Tel. 02167/7510, geöffnet von Ostern bis Mitte Oktober; Weidnerhof, Markt 1, Tel. 02167/7338; Gasthof «Trappenhof», Obere Hauptstraße 39, Tel. 02167/7231; Restaurant Schütz, Pointgasse 2, Tel. 02167/7317; Seerestaurant Weiden am See, am See, Tel. 02167/7254.

Von Neusiedl am See führt der Neusiedler-See-Radweg B 10 in westlicher Richtung zwischen Obst-, Wein-, und Gemü-segärten Richtung Jois. Als erste Zwischenstation bietet sich etwa auf der Höhe des Bahnhofs Neusiedl/See die «Csarda» an, ein großes Gestüt mit Gasthausbetrieb und einem schö-nen Garten, der im Sommer allerdings meist überfüllt ist von bunt gewandeten Radfahr-Gruppen, die dort ihre erste oder – so es sich um G'spritzte handelt, mit denen der Durst gelöscht werden soll – manchmal auch bereits ihre letzte Ein-kehr halten.

Wer die Fahrt auf der Straße nicht scheut, sollte noch in Neusiedl die Eisenstädter Straße (Verlängerung der Haupt-straße nach Westen) als Ausfahrt wählen. Kurz vor der Abzwei-gung zum Bahnhof steht links die kleine Johanneskapelle, die 1739 an der Stelle einer früheren Einsiedelei errichtet wurde. Der Straße weiter bis zur Kreuzung mit der Schnellstraße nach Eisenstadt folgend, gelangt man «Zur Alten Mauth», einem fei-nen und empfehlenswerten Restaurant.

Zurück über den Bahnhof und einen asphaltierten Verbin-dungsweg stößt man wieder auf den Neusiedler-See-Radweg und ist in kurzer Zeit in Jois.

JOIS/NYULAS

Die kleine Markt- ist vor allem eine große Weinbaugemeinde. In den Rieden und Bergen in der unmittelbaren Nähe des erst «Nulos» (1214), dann «Jews» (1493), schließlich «Goisz. Nyulas» (1773, = ungarisch Hasenfeld), woraus sich der heutige Name ableitet, genannten Ortes wurden zahlreiche bis in die Jungsteinzeit zurückreichende Funde gemacht. So unter anderem Flach-, Hügel- und Hockergräber, die Reste eines hallstattzeitlichen Hauses und Zeugnisse frührömischer Sarkophagbestattungen.

Am Hauptplatz sowie in der Oberen und Unteren Hauptstraße und in der Joseph-Haydn-Gasse sind noch einige wenige charakteristische alte Häuser und Höfe, wie z.B. der *Wetschkahof* am Hauptplatz 7 oder der *Saliterhof,* heute ein Weinlokal, früher eine Salpetersiederei, erhalten. Am Beginn der Oberen Hauptstraße steht eine große gotische Lichtsäule *(«Lentschkreuz»)* aus dem 15. Jahrhundert mit einer barocken Nischenfigur. Die ältere, auf einer kleinen Anhöhe gelegene katholische *Pfarrkirche St. Georg* wurde an der Stelle einer ehemaligen romanischen Kirche aus dem 15. Jahrhundert, die von den Türken zerstört worden war, erbaut. Der barocke Neubau stammt aus den Jahren 1757 bis 1770. Der Hochaltar wurde ursprünglich für die Pfarrkirche in Sopron/Ödenburg angefertigt und erst 1865 nach Jois übertragen.

In der Unteren Hauptstraße 23 ist das *Ortskundliche Museum* Jois untergebracht, wo auf fast 500 Quadratmetern Ausstellungsfläche Funde aus der Umgebung, aber auch historische Haushalts- und Landwirtschaftsgeräte und vieles mehr die Geschichte des Ortes und seiner Bewohner anschaulich machen sollen.

Mitten im Joiser Schilfgürtel liegen die Reste eines großen Scheiterns. Das ehrgeizige Projekt eines Yachthafens samt dazugehörenden Freizeiteinrichtungen und Appartements gedieh zwar bis zur Aushebung eines rechteckigen Beckens und einem

Pfarrkirche St. Georg in Jois

Zufahrtskanal durchs Schilf bis zum See, dann jedoch hatte der Schuldenstand der Gemeinde einen Punkt erreicht, an dem jeder weitere Ausbau unmöglich wurde. Außerdem stellte sich heraus, daß der Wind ungünstigerweise eine Einfahrt für Segler durch den Kanal fast unmöglich macht. Aber auch im unfertigen Zustand wird das Becken genützt, wenn auch weniger von stolzen Yachtbesitzern, sondern von FKK-Freunden, die an diesem versteckten Plätzchen noch dazu gratis hüllenlose Badefreuden genießen können. Aber, da so etwas wohl nicht lange währen kann, wird in der Zwischenzeit schon versucht, für dieses unfertige Refugium Eintritt zu verlangen.

JOIS/NYULAS

INFORMATION UND ZIMMERVERMITTLUNG Tourismusverband und Gemeindeamt Jois, Untere Hauptstraße, Tel. 02160/310-0. **BANKEN** Postsparkasse Jois, Tel. 02160/260; Raiffeisenbank, Untere Hauptstraße 23, Tel. 02160/247. **FREIZEIT UND SPORT** FISCHEN Karten im Gasthaus Schnepfenhof, Fam. Steinwandtner, Bundesstraße 1, Tel. 02160/343. RADFAHREN Fahrradbus Neusiedler See: Linienbus der ÖBB zwischen Podersdorf und Mörbisch, verkehrt von Ende Juni bis Anfang September täglich (Auskünfte unter Tel. 02167/2418). TANZEN Diskothek Silver town, Hauptplatz 1, Tel. 02160/335. TENNIS Tennisclub Jois, Tel.

02160/247, 2 Sandplätze (Karten und Schlüssel erhält man in der Raiff-
eisenbank Jois). **MUSEUM** ORTSKUNDLICHES MUSEUM UND BE-
ZIRKSSCHULMUSEUM im Gebäude des Gemeindeamtes, Untere
Hauptstraße 23, Tel. 02160/7121 oder 310 (Karl Haider oder Gemeinde-
amt), Ortsgeschichte, dokumentiert durch archäologische Funde, land-
wirtschaftliche Geräte und Haushaltsgegenstände, bodenständiges
Handwerk, bäuerliches Wohnen um 1900. Führungen jederzeit gegen
Voranmeldung. **ESSEN UND TRINKEN** Gasthof Lager, Familie Wallner,
Bahnstraße 1, Tel. 02160/237; Gasthof Rausch, Obere Hauptstraße 23,
Tel. 02160/238; Gasthof «Schnepfenhof», Bundesstraße 1, Tel. 02160/
343; Weinschenke Saliterhof, Bahnstraße 2, Tel. 02160/331.

Der Radweg führt von Jois am Nordrand der Joiser Seewie-
sen weiter, südlich vorbei am *Naturschutzgebiet Hackelsberg-Junger
Berg.* Diese Bergklippen gehören geologisch zum Leithagebirge
und sind Reste der jungtertiären Senkung. Unter Naturschutz
wurden sie gestellt, weil beide auf ihren Kuppen Trockenrasen
tragen, die im Frühjahr mit den seltenen Zwergiris und Adonisröschen bedeckt sind. Außerdem befindet sich am Hackelsberg
der, wie es heißt, schönste Flaumeichen-Buschwald Österreichs. Nicht nur botanisch Interessierte sollten hier für einen
kleinen Spaziergang halten, bevor sie die kurze Strecke nach
Winden am See weiterradeln.

WINDEN AM SEE/SASONY

In Winden wurde, und das würde als Renommee hierorts wohl
schon ausreichen, die älteste römische Weinpresse Österreichs
gefunden, die heute im Landesmuseum in Eisenstadt zu bewundern ist. Und da nicht nur Adel, sondern auch Tradition
verpflichtet, gilt Winden heute als eine der besten Weingemein-
den rund um den Neusiedler See. Auch andere Funde, wie die
Baureste eines römischen Gutshofes, Teile einer Wasserleitung,
Grabsteine und Inschriften, veranschaulichen die Bedeutung
des Ortes in jener Zeit.
In Winden konnte das geschlossene Ortsbild einer typischen
Weinbaugemeinde erhalten werden. Das Schmalangerdorf mit

Bärenhöhle bei Winden

zum Teil giebelseitig zur Straße stehenden Häusern, darunter schöne Winzerhäuser aus dem 19. Jahrhundert (wenn auch mit modernisierten Fassaden). Am Südostrand des Ortes befindet sich ein Kellerviertel mit Erdkellern, von denen manche bereits Ende des 18. Jahrhunderts angelegt wurden.

Die *Pfarrkirche St. Florian,* am Südrand nahe dem Bahnhof gelegen, wurde nach der Zerstörung 1638 im Jahre 1725 vom Steinmetzmeister Elias Hügel aus Kaisersteinbruch im Barockstil neu erbaut. Zwischen den beiden Türmen befindet sich ein Volutengiebel mit Vasenschmuck. Bemerkenswert am Hochaltar aus der ersten Hälfte des 18. Jahrhunderts sind die Pilasterwand mit Gebälkkröpfen über korinthischen Säulen, das Altarbild des hl. Florian, die Seitenfiguren der Könige Stephan und Ladislaus und eine byzantinische Madonna mit einem Empire-Silberrahmen.

Einmal in Winden, sollte man zwei Ausflüge, einen kürzeren und einen längeren, einplanen. Der kürzere, nicht mehr als ein Spaziergang, führt zur *Gritsch-Mühle,* seit dem Jahr 1966 im Besitz des Künstlers Wander Bertoni, in deren Garten Skulpturen dieses Bildhauers ausgestellt sind. Eine seiner modernen

Etwa 30.000 Jahre altes Skelett eines Höhlenbären

Stahlplastiken wurde bereits 1963 auf einer Höhe über dem Ort aufgestellt. Der Weg zur Mühle führt vom Hauptplatz nach Norden bis zur beschilderten Abzweigung.

An derselben Abzweigung nach rechts führt der Weg bzw. die Straße weiter zur *Bärenhöhle* am Fuße des Zeilerbergs. Die 1924 entdeckte und 1926 bis 1932 ausgegrabene und vermessene, auch «Ludlloch» genannte Höhle steht seit 1929 unter Denkmalschutz. Sie ist etwa 60 Meter lang, durchschnittlich acht Meter breit und zwei Meter hoch. Ihren Namen erhielt die Schichtfugenhöhle, weil in ihrem Inneren neben anderen fossilen Funden auch Überreste eines 30.000 Jahre alten Höhlenbären und Knochen sowie Zähne von Höhlenhyänen entdeckt wurden. Aufgrund des relativ warmen Klimas dient sie heute noch manchen Tieren als Platz zum Überwintern. Gleich rechts von der Höhle führt ein Trampelpfad bergauf durch einen schönen Wald zum unbewaldeten Gipfel des Zeilerbergs, von dem aus man einen wunderbaren Weitblick über den Neusiedler See hat. Der Zeilerberg liegt bereits im Truppenübungsplatz von Kaisersteinbruch. Das Gebiet ist allerdings nur während der Übungen gesperrt.

WINDEN AM SEE/SASONY

INFORMATION UND ZIMMERVERMITTLUNG Gemeindeamt Winden, Tel. 02160/275. **BANKEN** Postsparkasse, Hauptstraße 8, Tel. 02160/270; Raiffeisenkasse, Neusiedler Straße 2, Tel. 02160/370; Sparkasse, Stiftgasse 1, Tel. 02160/384. **RADFAHREN** FAHRRADBUS NEUSIEDLER SEE Linienbus der ÖBB zwischen Podersdorf und Mörbisch, verkehrt von Ende Juni bis Anfang September täglich (Auskünfte unter Tel. 02167/2418). **MUSEUM** FREILICHTMUSEUM, GRITSCH-MÜHLE 1, Ausstellung des Bildhauers Prof. Wander Bertoni, jederzeit frei zugänglich. **ESSEN UND TRINKEN** Gasthaus Ali Baba, Fam. Ali Syed, Hauptstraße 2, Tel. 02160/287; Weinschenke Kurtz, Hauptstraße 46, Tel. 02160/332.

Auf dem Radweg geht es durch Weingärten weiter, vorbei am weit außerhalb des Ortes gelegenen Bahnhof Breitenbrunn bis zu einer Kreuzung. Links führt die Straße entlang des Breitenbrunner Kanals zum Seebad mit den üblichen Freizeiteinrichtungen. Rechts mündet der Kirschblütenradweg B12 von Breitenbrunn kommend in den Neusiedler-See-Radweg.

BREITENBRUNN/FERTÖSZÉLESKUT/ PATRIPRON

Von den Mauern, die Breitenbrunn vor den Türken schützen sollten, ist nichts mehr vorhanden. Und anscheinend erwiesen sie sich auch als wenig nützlich. Zweimal wurde die Ortschaft von den Türken und einmal von den Tataren zerstört. Der Schicksalsschläge nicht genug, ging Breitenbrunn dreimal in seiner Geschichte in Flammen auf, und zwar im 16., 17. und 18. Jahrhundert. Dementsprechend wenig ist vom mittelalterlichen Markt erhalten. Die im wahrsten Sinne des Wortes herausragende Sehenswürdigkeit steht in der Ortsmitte am Hauptplatz: der 22 Meter hohe *Türkenturm,* der zur Feier der Markterhebung 1688 errichtet wurde. Manche meinen sogar, der Wehr- und Wachturm stamme aus dem 16. Jahrhundert und sei 1688 nur renoviert

Türkenturm

worden. Wie dem auch sei, er diente jedenfalls nicht nur der Abwehr äußerer Feinde, sondern auch der sicheren Verwahrung heimischer Missetäter. Im Erdgeschoß befand sich ein Kotter und davor ein Pranger. Heute dient er freundlicheren Zwecken. Im Turm befindet sich ein Museum mit archäologischen und volkskundlichen Ausstellungsstücken und Dokumenten zur Ortsgeschichte, zur Geologie des Leithagebirges und

zur Entstehungsgeschichte des Neusiedler Sees. Außen führt ein laubengedeckter Stiegenaufgang auf den mit einer steinernen Brüstung versehenen Balkon. Nahe dem Turm befindet sich eine Dreifaltigkeitssäule von 1831 und auf dem Hauptplatz selbst eine Immaculatasäule aus dem Jahr 1731. Breitenbrunn besitzt daneben noch viele schöne alte, zum Teil renovierte Häuser mit typischen langen Höfen und großen Toreinfahrten. Einige davon stehen in der vom Turm zur Pfarrkirche führenden Straße. Die *Kirche*, ein Barockbau aus dem 17.

«Land-Art» bei Breitenbrunn

Jahrhundert, geht auf eine ursprünglich als Wehrkirche erbaute gotische Kirche zurück, die ihrerseits wiederum an der Stelle einer aus der Zeit der deutschen Besiedelung des Ortes im 13. Jahrhundert stammenden Kunigundenkapelle steht. Der Turm der heutigen Kirche besitzt noch einen gotischen Kern, ihr Hochaltar ist mit einem freistehenden Tabernakel ausgestattet. Neben der Kirche stehen eine kleine Kapelle aus dem Jahr 1725 und eine sogenannte «Lichtsäule», die etwa um 1500 errichtet wurde.

Von der Hauptstraße Richtung Leithagebirge abzweigend, kommt man, vorbei an einer alten Kellergasse, zum nahen, heute aufgelassenen und wildromantisch überwachsenen *Steinbruch.* Aus dem hier gebrochenen Kalkstein wurden viele Altäre, Heiligenfiguren, Säulen und andere Skulpturen gehauen. Unter anderem stammt das Material der Figuren und Altäre des Stephansdoms in Wien aus dem Breitenbrunner Steinbruch.

Nahe dem Steinbruch hat der Wiener Künstler und derzeitige Direktor des Museums für Angewandte Kunst Peter Noever auf seinem Privatgrundstück ein Beispiel für burgenländische Land-art errichten lassen. Ein in den Boden versenkter, enger und weißgetünchter Gang mit zwei von den Seiten angelegten Stiegenzugängen führt zu einer runden Vertiefung, in der sich der Eingang zu einem Weinkeller befindet. Das Ganze paßt sich, so zeitlos modern die Formgebung auch wirkt, der Landschaft und der charakteristischen alten Architektur des Gebiets auf elegante und unaufdringliche Weise an.

BREITENBRUNN/FERTŐSZÉLESKUT/ PATRIPRON

INFORMATION UND ZIMMERVERMITTLUNG Fremdenverkehrsinformationsstelle Breitenbrunn, Eisenstädter Straße 16, Tel. 02683/5054; Gemeindeamt Breitenbrunn, Tel. 02683/5213. **CAMPING** Campingplatz direkt am Strand, Tel. 02683/5213 oder 5252 (Sport- und Freizeiteinrichtungen, Restaurant). **FERIENDORF** Pusztawohnpark Breitenbrunn, Tel. 02683/5306 (Reihenhäuser am Südosthang, vom Neusiedler See ca. 6 Kilometer entfernt. **BANKEN/GELDWECHSEL** Raiffeisenkasse Breitenbrunn, Eisenstädter Straße 32a, Tel. 02683/5265; Geldwechsel in der Gäste-Informationsstelle, Tel. 02683/5054 (von Mai bis Oktober, täglich 9–12 und 13–17 Uhr). **LINIENSCHIFFE** BREITENBRUNN–PODERSDORF/SEE Fa. Gmeiner, Purbach, Tel. 02683/5538 oder 5590, Schiffsverbindung (Fahrradfähre) Breitenbrunn–Podersdorf von Mai bis 29. September täglich 9.30 und 13.30 Uhr, Samstag, Sonn- und Feiertag. Breitenbrunn–Podersdorf 9.30 und 16.30 Uhr, Podersdorf–Breitenbrunn 10.30 und 17.30 Uhr, Oktober zu den Wochenden, Breitenbrunn–Podersdorf Abfahrt 10 Uhr, Podersdorf–Breitenbrunn, Abfahrt 11 Uhr. **FREIZEIT UND SPORT** BADEN Badeanlage mit 250 Meter Strand, über eine Dammstraße (3

Kilometer lang) vom Ort aus zu erreichen, Kinderspielplatz, Restaurant, Surfschule, Tel. 02683/5252. BOOTSVERLEIH Gmeiner, Seebadanlage, Tel. 02683/5055 oder 5590. FISCHEN Angelberechtigungen bei Franz Rath, Kellerring, Tel. 02683/57 754. RADFAHREN Fahrradverleih: Rosenhof, Spitalgasse 1, Tel. 02683/5200-0; Gasthof Wein, Eisenstädter Straße 71, Tel. 02683/5214; Turmhof, Kirchengasse 1, Tel. 02683/5308. Fahrradbus Neusiedler See: Linienbus der ÖBB zwischen Podersdorf und Mörbisch, verkehrt von Ende Juni bis Anfang September täglich (Auskünfte unter Tel. 02167/2418). SEGELN/SURFEN/EISSEGELN Segelschule Martin Kempf, Auskunft: Wr. Neustadt, Bahngasse 20, Tel. 0663/023137; Surfschule Fritz Dürauer, Auskunft: Wien, Thaliastraße 128/16. TENNIS Tennisplatz mit 6 Sandplätzen – Seebadverwaltung, Tel. 02683/5255. **YACHTCLUB** Yachtclub Breitenbrunn, Tel. 02683/5398. **MUSEEN/ GALERIEN** TURMMUSEUM Eisenstädter Straße 1, Tel. 02683/5213, 5562. Ausstellung auf fünf Stockwerken, Funde aus dem Ortgebiet, Höhlenbär von Winden, Karten vom Neusiedler See. Geöffnet von Mai bis Oktober, täglich 9–12 und 13–17 Uhr. «PRANGER SCHÄNKE» Prangerstraße 1, Tel. 02683/5315. «CONFRONTATIONEN», Ausstellungen international anerkannter Avantgardisten. **ESSEN UND TRINKEN** Gasthof Wein, Eisenstädter Straße 71, Tel. 02683/5214; Restaurant Turmhof, Kirchengasse 1, Tel. 02683/5308; Gasthaus Rosenhof, Spitalgasse 1, Tel. 02683/5200.

Von Breitenbrunn aus hat der Radfahrer zwei Möglichkeiten, um nach Purbach zu gelangen. Die eine Variante: Vom Hauptplatz zurück zum Neusiedler-See-Radweg und auf diesem weiter auf flacher Strecke zwischen Weingärten auf der einen und Wiesen bzw. Schilfgürtel auf der anderen Seite. Die zweite Variante: Vom Hauptplatz kurz Richtung Nordwesten und den hügeligen, also anstrengenderen, aber dafür abwechslungsreicheren und schöneren Kirschblütenradweg entlang, vorbei an dem kleinen Naturschutzgebiet Thenauriegel (eine verkarstete ehemalige Hutweide), zwischen Wein- und Obstgärten am Fuß des Leithagebirges. Für welche Variante man sich auch entscheidet – alle, hier zumindest zwei, Wege führen nach Purbach.

PURBACH AM NEUSIEDLER SEE/
FEKETEVAROS/PORPUK

In dieser schönen Weinbaugemeinde finden sich zwei der interessantesten Verdichtungen von burgenländischer Geschichte und Gegenwart in ein Symbol. Das eine, gewissermaßen kapitalistische, ist der Platz in der Ortsmitte, der früher nach dem in Purbach 1677 geborenen Maler Josef Orient «Orientplatz» hieß; heute allerdings «Raiffeisenplatz». Das zweite ist der sogenannte «Purbacher Türke», das steinerne Wahrzeichen der Gemeinde am Haus Schulgasse 9.

Der Purbacher Türke

Der Sage nach soll ein türkischer Soldat im Jahr 1532 dem hiesigen Wein verfallen und eingeschlafen sein. Als er aus seinem Rausch erwachte, waren seine Kameraden bereits weitergezogen und die geflüchteten Ortsbewohner zurückgekehrt. Die Rauchküche bzw. der Rauchfang, in dem sich der Türke versteckt hielt, erwies sich als unvorteilhaft: Das entfachte Herdfeuer zwang ihn, beim Rauchfang herauszukriechen. Da die Burgenländer aber damals schon nette Menschen waren und damals wie heute überdies denjenigen schätz(t)en, der ihren Wein schätzt, ließen sie ihn am Leben, unter der Bedingung, daß er den christlichen Glauben annehme, was der Soldat auch tat. Er wurde Knecht beim Besitzer des Hauses, in dem er sich versteckt hatte, und konnte fortan den Wein ohne religionsbedingtes schlechtes Gewissen zu sich nehmen. Nach seinem Tod wurde die steinerne Büste am Schornstein errichtet.

Purbach wurde als «Purpach» (möglicherweise von «Burgbach») 1270 erstmals urkundlich erwähnt. Die zum Bach gehörende Burg wurde von König Ottokar aus Böhmen 1273, damals noch im Glück und fern des Endes, allerdings zerstört. Aus den Zeiten davor zeigen verschiedenste Funde (u.a. ein jungsteinzeitliches Beil, Skelettgräber, Urnengräber, Statuen und einige Münzschatzfunde), daß der Ort und seine

Umgebung bereits früh besiedelt waren. Nach den schlimmen Türkeneinfällen in den Jahren 1529 und 1532 sowie zahlreichen weiteren Überfällen (z.B. Bocskay-Aufstand 1605) entschloß man sich, den Ort mit einer Befestigungsanlage vor weiteren Verwüstungen zu schützen. In den Jahren 1630 bis 1634 errichtet, zählt diese Anlage noch heute zu den großen Sehenswürdigkeiten des nördlichen Burgenlandes. Wehrmau-

Geschütztes Purbach: Stadttor und Wehranlage

ern mit Schießscharten umgeben fast den gesamten inneren Ort. Vom Norden gelangt man durch das «Türkentor» in den Ortskern, eines der drei großen und mit Zugbrücken versehenen befestigten Tore. Die anderen sind im Osten das «Bruckertor» (oder Schlossertor) und im Westen das «Rustertor» (auch Häuslertor genannt) in der Oberen Bahngasse. Wie umkämpft diese Anlage war, darauf deutet der Name hin, den die Ungarn Purbach gegen Ende des 17. Jahrhunderts gaben: «Feketeváros», was «Schwarze Stadt» bedeutet und sich auf die durch den Pulverdampf geschwärzten Stadtmauern bezieht.

Jedenfalls scheinen die Verteidigungsanlagen ihren Zweck erfüllt zu haben. Im Ort gibt es noch viele Häuser aus dem 17. Jahrhundert, von denen manche auf ältere Bauten aus dem Mittelalter bzw. sogar aus der Römerzeit zurückgehen. Die charakteristischen Fassaden und die typischen Scheunen erzeugen ein überaus geschlossenes Ortsbild, wie es in dieser Region leider schon selten geworden ist. Vom Raiffeisenplatz mit der Frauensäule und einer mit steinernem Weinlaub umrankten Pestsäule aus dem Jahr 1713 führt die Hauptgasse weg, an deren Ende die berühmte *«Nikolauszeche»* steht. Das Gebäude aus der Renaissance hat im Lauf der Zeit verschiedenen Zwecken gedient. 1551 erstmals erwähnt, war sie eine zur Pfarrkirche Purbach gehörende geistliche Zeche. Wobei sie es, und das spricht – sollte es so etwas geben – für den Geist des Hauses, mit der Konfession nicht allzustreng nahm. Da Purbach, wie viele andere Orte der Region, mehrheitlich zum Protestantismus überwechselte und in der Kirche ab etwa 1556 ein lutherischer Pfarrer den Gottesdienst versah, versammelten sich die wenigen Katholiken in der Nikolauszeche. Später, nach der Gegenreformation, waren es die Lutheraner, die das Gebäude als Versammlungsplatz nutzten. Noch heute wird die Zeche im Volksmund als «Bethaus» oder «Kloster» bezeichnet. Heute ist die Nikolauszeche mit ihrer schönen gewölbten Toreinfahrt und einem sorgfältig restaurierten Innenhof ein bekanntes Restaurant.

Über eine kleine Brücke gelangt man in die Kirchengasse, wo im Haus Nummer 45 eine der ältesten Weinpressen des

Die Nikolauszeche in Purbach

Burgenlandes aus dem Jahr 1677 zu sehen ist. Die dem hl. Nikolaus geweihte *Kirche* wurde erstmals um 1418 errichtet, fiel aber 1673 einem Großbrand zum Opfer und wurde in den darauffolgenden Jahren wieder aufgebaut. Allein Teile der Sakristei stammen noch aus der älteren Kirche. Der vorgelagerte Kirchturm ist mit 53 Metern der zweithöchste Turm des Burgenlandes. Sehenswert im Kircheninneren ist der klassizistische Hochaltar (1785) und das Hochaltarbild mit dem hl. Nikolaus und einer Darstellung des «Wunders vom Neusiedler See». Eine Gruppe von Purbachern soll bei der Rückkehr von einer Wallfahrt nach Frauenkirchen in Seenot geraten sein. Durch die Anrufung des hl. Nikolaus wurden, wie es heißt, ein Bauer und zwei seiner Gefährten gerettet.

Nordwestlich der Türkenstraße (der durch den Ort führende Teil der Bundesstraße zwischen Eisenstadt und Neusiedl) führen zwei schön-romantische Kellergassen ein wenig bergauf. Von hier aus lassen sich kleinere und größere Ausflüge ins Leithagebirge unternehmen. So zum Beispiel eine kurze

Typische Kellergasse in Purbach

Strecke entlang des Kirschblütenwegs zum Beginn des Anger-grabens, wo sich anstelle des ehemaligen Klosters am Spitz heute ein Waldgasthof befindet. Wer eine größere Runde wagen will, kann den Wanderweg weiter zum sogenannten Großen Ochsenstand gehen, dem Burgenland Nord-Süd-Weitwanderweg nach Nordosten bis zum Kaiserbrünnl, der Quelle des Angerbaches, eines der beiden Bäche, die den Purbach bilden, folgen und über den Saugrabenberg zurück nach Purbach wandern.

Über der Bahnlinie und direkt am Schilfgürtel liegt das Erholungsgebiet Türkenhain mit vielen Freizeiteinrichtungen, das durch den Purbacher Kanal auch mit dem See verbunden ist. Diesem Kanal entlang wurde auch ein Radweg angelegt.

PURBACH AM NEUSIEDLER SEE/ FEKETEVAROS/PORPUK

INFORMATION UND ZIMMERVERMITTLUNG Fremdenverkehrs-Informationsstelle an der Bundesstraße, Tel. 02683/5920; Gemeindeamt Purbach, Schulgasse 19, Tel. 02683/5116. **CAMPING** Campingplatz Purbach, Tel. 02683/5170 oder Fa. Gmeiner, Türkenstraße 13, Tel. 02683/5538. Der Campingplatz ist dem Freizeit-, Sport- und Erholungszentrum Türkenhain angeschlossen, Einkaufszentrum, Restaurant. **FERIENDORF** Feriendorf Türkenhain, Am Schilfgürtel, Tel. 02683/5153 oder 0222/42 32 63, Seeapartements beim Sport-, Freizeit- und Erholungszentrum Türkenhain mit Warmbad, ca. 3 Kilometer zum Neusiedler See (per Fahrrad oder Boot). **JUGENDHERBERGE** Information bei Fa. Gmeiner, Türkenstraße 13, Tel. 02683/5538. **BANKEN** Erste Österreichische Spar-Casse Purbach, Schulgasse 12, Tel. 02683/5155; Raiffeisenkasse Purbach, Hauptgasse 19, Tel. 02683/5592. **GENDARME-RIE** Gendarmerieposten Purbach, Am Brucker Tor 6, Tel. 02683/5133. **FREIZEIT UND SPORT** BADEN Freibadeanlage, Freizeit-, Sport- und Erholungszentrum mit vorgewärmtem Mehrzweckbecken, Tel. 02683/5117, 50-Meter-Becken, Kinderplanschbecken, Kinderspielplatz, Rutsche, Büffet, ca. 3 Kilometer zum Neusiedler See (per Fahrrad oder Boot). BOOTSVERMIETUNG Fa. Gmeiner, Türkenstraße 13, Tel. 02683/5538; Bootsvermietung Erholungszentrum, Tel. 02683/5180. BÜCHEREI Schulgasse 12 (Mittwoch 17.30–18.30 Uhr, Samstag 13–14 Uhr). FISCHEN Fischereikarten im Erholungszentrum, Tel. 02683/5180. FITNESS Fißneßcenter Martin Schwarz, Neubaugasse 48, Tel. 02683/2148. RADFAHREN Fahrradverleih: Kaufhaus Herbert Gangl, Raiffeisenplatz 5, Tel. 02683/2285, Campingplatz Purbach, Tel. 02683/5170. FAHRRADBUS NEUSIEDLER SEE Linienbus der ÖBB zwischen Podersdorf und Mörbisch, verkehrt von Ende Juni bis Anfang September täglich (Auskünfte unter Tel. 02167/2418). REITEN Reitstall Fischer, Am Brucker Tor 10, Tel. 02683/5061. SURFEN/SEGELN/EISSEGELN Surf- und Segelschule Purbach, Erholungszentrum, Tel. 02683/2167. TANZEN Diskothek Wyborowa, Kellerplatz, Tel. 02683/5085; Tanz-Café Herbert, Lore und Herbert Lang, Kirchengasse 33, Tel. 02683/5517. TENNIS Campingplatz Purbach, Tel. 02683/5170; Günther Fizimayer, Untere Bahngasse 55, Tel. 02683/5141. **GALERIE** Chat Noir, Evamaria Klasna Hunziker, Fellnergasse 36, Tel. 02683/2124 – Portraits, Tierbilder, Landschaften; Hobbykurse «Zeichnen und Malen». **ESSEN UND TRINKEN** GASTHÄUSER/RESTAURANTS «Nikolauszeche», Bodenzeile 3, Tel. 02683/5514 (***-Weingasthof); Waldgasthof «Am Spitz», Waldsiedlung 2, Tel. 02683/5519 (**-Weingasthof); Café Restaurant «Pauli's Stuben», An der Bundesstraße, Tel. 02683/5513, kinderfreundlicher Landgasthof, **-Weingasthof; «Fischerhaus», Kellergasse 8, Tel. 02683/5524; «Martinsschenke», Bodenzeile 16, Tel. 02683/5203.

Weiter geht es auf einem der beiden Radwege, dem hügeligen, aber landschaftlich reizvollen Kirschblüten-Radweg entlang des Leithagebirges oder dem flachen Neusiedler-See-Radweg nach Donnerskirchen.

DONNERSKIRCHEN/FERTÖFEHÉREGYHAZA/ BIJELA CRIKVA

Was Purbach recht, ist Donnerskirchen billig – die historischen Reste einstiger Wehrhaftigkeit beschränken sich allerdings auf eine von einer Mauer umgebene *Wehrkirche* aus dem Jahr 1437, die Ende des 17. Jahrhunderts zum Barockbau umgestaltet wurde. Geweiht ist sie dem burgenländischen Landespatron, dem hl. Martin. Kein Wunder also, daß die Feiern zu «Martini», dem 11. November, mit der Weintaufe und dem Verzehr der Martinigans hier eine besondere Tradition besitzen. Das restaurierte ehemalige *Esterházy-Schloß* mit

Die ehemalige Wehrkirche von Donnerskirchen

einer schönen Stiegenlaube und einem an die 500 Jahre alten
Weinkeller beherbergt heute einen Winzerhof samt Heurigen-
betrieb, in dem sowohl Weinkost-Kurse wie auch Weinseminare abgehalten werden.

Ist Donnerskirchen auch archäologisch aufgrund der hier
gefundenen Hügelgräber aus der Hallstattzeit und anderer
Funde interessant, so sind es doch weniger historische oder
kulturelle Sehenswürdigkeiten, die den Reiz dieses Ortes ausmachen, als vielmehr eine natürliche: Im Frühjahr produziert die Blüte der zahllosen Kirschbäume in der ganzen
Umgebung eine weißrosa Farbenpracht. Und die Kirschern-
te selbst wird alljährlich mit einem großen Fest begangen.
Der Schönheit und damit auch touristischen Anziehungs-
kraft dieses Naturschauspiels bewußt, haben sich die Gemeinden Breitenbrunn, Purbach und Donnerskirchen zur
Kirschblütenregion zusammengeschlossen, verbunden durch
den Kirschblüten-Wander-, und eben den auf gleicher
Strecke verlaufenden Rad-Weg.

DONNERSKIRCHEN/FERTÖFEHÉREGYHAZA/
BIJELA CRIKVA

INFORMATION UND ZIMMERVERMITTLUNG Tourismusverband Donnerskirchen, Hauptstraße 29, Tel. 02683/8541. **CAMPING** Campingplatz Sonnenwaldbad, Terrassencamp mit Seeblick in ruhiger Waldrandlage, Restaurant, Tel. 02683/8670. **FERIENDORF** Terrassenwohnpark «Seeblick», Lichtenberg & Co, Tel. 02683/8167, Ferienhäuser am Südhang, Freibad mit Kinderbecken und Spielplatz, Liegewiese am Waldrand, Tennisplätze, Fahrradverleih. **BANK** Raiffeisenbank Donnerskirchen, Hauptstraße 39, Tel. 02683/8686 oder 8546. **FREIZEIT UND SPORT** BADEN Sonnenwaldbad, Badstraße, Tel. 02683/8670. 25-Meter-Becken, Kinderplanschbecken, Sprungbrett, Büffet. GOLF Golf Club Neusiedler See-Donnerskirchen, Tel. 02683/8171, 18-Loch-Golfplatz, Pitch und Put. Golf-Schnuppern (Ausrüstung im Schnupperkurs inbegriffen), Golfschule für Anfänger und Fortgeschrittene, Einzelstunden oder Gruppenunterricht für Golfeinsteiger, Trainings- und Intensivkurse für Fortgeschrittene oder individuelle Kursarrangements nach Vereinbarung. Kinder-Golfschule (Ausrüstung wird gratis zur Verfügung gestellt). RADFAHREN Radverleih im Bad und beim Campingplatz, Tel. 02683/8670; Radverleih und Radtaxi: Schemitz, Hauptstraße 66, Tel. 02683/8506. FAHRRADBUS NEUSIEDLER SEE Linienbus der ÖBB zwischen Podersdorf und Mörbisch, verkehrt von Ende Juni bis Anfang September täglich (Auskünfte unter Tel. 02167/2418). TENNIS Josef Eder, Badstraße 3a, Tel. 02683/89172, 4 Sandplätze, Flutlicht, Trainingswand, Ballwurfmaschine, Trainer auf Anfrage. **MUSEEN/ GALERIEN** HEIMATMUSEUM, Satzgasse, Tel. 02683/8541, Ausstellung über die Heimatkultur, Wanderausstellungen, Waldlehrpfad mit seltenen Pflanzen, Keltengräber. Geöffnet von Mai bis September gegen Voranmeldung; KULTURCAFÉ GERHARD, Johannesstraße 16, Tel. 02683/8673, Gemäldeausstellungen. **VERANSTALTUNGEN** MUSIKALISCHER WEINSOMMER Toni-Stricker-Konzerte und Orgel-Plus-Konzerte in der Bergkirche während der Saison. KIRSCHENCOCKTAIL Burgenlands größtes Tanzfest, Krönung der Kirschenkönigin (Anfang Juli). KIRSCHBLÜTENFEST Fest mit Radwanderung durch die Kirschblütenregion (Anfang Mai). WEINSEMINARE Weinkost im Leisserhof, Hauptstraße 57, Tel. 02683/8636 oder 8502. **ESSEN UND TRINKEN** GASTHÄUSER/RESTAURANTS Restaurant Vinarium im Leisserhof (Haubenrestaurant, ***-Weingasthof); Rotisserie Engel, rustikales Burgenlandrestaurant, Familie Engel, Hauptstraße 57, Tel. 02683/8636 oder 8502; Restaurant im Sonnenwaldbad, Tel. 02683/8141. CAFÉS Kulturcafé Gerhard, Johannesstraße 16, Tel. 02683/8673; Terrassencafé Kühnel, Keltenweg 3, Tel. 02683/8680.

Donnerskirchen ist ein geeigneter Ausgangspunkt für Spaziergänge und Wanderungen in der Umgebung. Die Wandermög-
lichkeiten im Telegrammstil: Im Südosten den Kirschblütenweg entlang in den sogenannten Tiergarten oder am nördlich
gelegenen Kirchberg vorbei den Steinerweg bis zur Kaisereiche, mit 443 Meter einer der höchsten Punkte des Leithagebirges, von wo aus sich dem Wanderer dank einer Aussichtswarte eine wunderschöne Fernsicht bietet, die den immerhin
fast zweistündigen Aufstieg jedenfalls wert ist. Ebenfalls vorbei
am Kirchberg führt ein Wanderweg in den wild-romantischen
Teufelsgraben.

Wanderweg zur Kaisereiche (2,5 Stunden), Kirschblüten-
Rundweg (1,5 Stunden), Tiergarten St. Georgen (2,5 Stun-
den), zur Seemühle (1 Stunde), Kirschblütenweg–Purbach (2
Stunden), Wolfsbrunn (2 Stunden), Ruine Scharfeneck (4
Stunden).

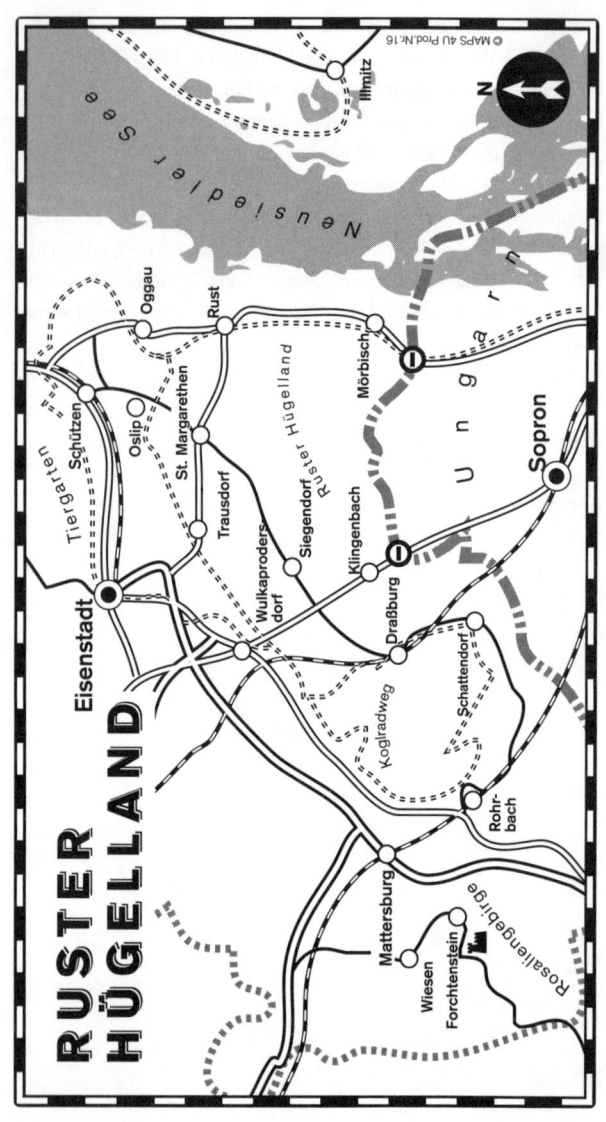

DAS RUSTER HÜGELLAND

Das Westufer des Sees hat einen ganz eigenen Charakter, unterscheidet sich in vielerlei Hinsicht von den anderen, teils schon exotisch wirkenden Gegenden. Das mag daran liegen, daß das Ruster Hügelland nur einen kleinen Teil des tatsächlichen Westufers umfaßt. Und das wiederum liegt an einem der eigenartigen Charakterzüge des Neusiedler Sees, dem Schilfgürtel.

An sich ist der Neusiedler See ja ein extrem in Nord-Süd-Richtung gestrecktes Gewässer, woraus sich logischerweise ein langes West- und Ostufer ergibt. Tatsächlich aber umfaßt die hier beschriebene Region bloß die Orte Mörbisch, Rust und Oggau. Denn bei Oggau verbreitert sich der Schilfgürtel beträchtlich, hier gibt es dann keine Ortschaften mehr am Seeufer. Die nächste Siedlung ist Donnerskirchen, immer noch an der westlichen Seite

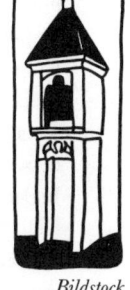

Bildstock

des Sees gelegen, aber andererseits schon am Fuß des Leithaberges, welcher sich von Südwesten nach Nordosten erstreckt und eine geologische Grenze des Seebeckens nach Norden darstellt, weshalb ihm hier ein eigenes Kapitel gewidmet wurde.

Im Süden ist die Grenze weniger logisch als politisch. Natürlich zählt Fertőrákos in jeder Hinsicht zu der hier beschriebenen Region. Zum Westufer müßte man sinnvollerweise wohl auch Sopron zählen. Die Grenzziehung nach dem Ersten Weltkrieg hatte anderes als Logik im Sinn. Und allein schon die immer noch bestehenden Formalitäten eines Grenzübertritts lassen es geboten erscheinen, das ungarische Ufer als einen eigenen Teil zu behandeln.

Das westliche Seeufer so zu behandeln wie hier macht trotzdem Sinn. Das sogenannte Ruster Hügelland ist – und das ist eines seiner charakteristischen Merkmale – das Tor hinüber ins Österreichische, wie man früher zu sagen pflegte. Im Norden stellt das Leithagebirge eine zwar nicht sehr hohe, aber doch

markante Grenze zu Österreich dar. Im Osten verläuft sich der
Seewinkel ins Ungarische hinüber.

Hier aber sind die Hügel zu sanft, um als sinnvolle Grenze
durchzugehen. Von vielen Punkten der Region geht der Blick
nicht nur weit nach Osten, sondern auch in die entgegenge-
setzte Richtung, endet erst an den mächtigen Bergen des südlichen Niederösterreich. Eine der Zufahrten in die Region heißt
denn auch «Wiener Neustädter Pforte», und auch die Strecke
über Eisenstadt gleicht bei Hornstein, am Westende des Leithaberges, einem weiten Tor, dessen zweiter Pfosten die Ab-
hänge der niederösterreichischen Thermenlinie sind.

Das Burgenland hat hier – und man kann diese Region zwischen Eisenstadt, Forchtenstein und Ödenburg mit Recht als
dessen Kernland bezeichnen – nur wenig von den klischeehaften
Bildern der weiten, verträumten, aber herben Ebene. Die gibt es
hier eigentlich nur im Wulka-Becken südlich von Eisenstadt. An-
sonsten prägen flache, niedrige Hügel die Gegend, die fast
durchwegs landwirtschaftlich genutzt wird. Die Geologie – und
wohl auch die Auswirkungen der alten Erbteilung – hat es allerdings verhindert, daß die Landschaft zur Agrarsteppe wurde. Im
Gegenteil: Kleinteilige Felder, die charakteristischen Streifen, in
denen vielerorts immer noch die zwar wunderschönen, aber
dem maschinellen Landbau höchst abträglichen Obstbäume stehen, geben der Landschaft ein Aussehen, das viele an die Toska-
na erinnert, zumindest aber an die aufs Grazer Gmüat so anre-
gend wirkende Südsteiermark. Und tatsächlich ist hier ein histo-
risches Zentrum des Obstbaus: Die Ananas aus Wiesen sind immer noch bekannt und geschätzt, daß sich die schwedische Firma Felix, traditioneller Einrexer, gerade in Mattersburg nieder-
gelassen hat, kommt auch nicht von ungefähr.

Im Ruster Hügelland verliert sich der Gebirgszug der Rosalia. Oder umgekehrt: Hier beginnt er. Das bietet die reizvolle
Möglichkeit, die Reise zum Steppensee mit einem Ausflug in
eine bergige – nicht unbedingt gebirgige, aber doch bergige –
Landschaft zu kombinieren. Südlich von Mattersburg, wo sich

Rosalia und Ödenburger Gebirge treffen, geht es, streng bewacht von der Burg Forchtenstein, auf den Sieggrabener Sattel, der die Grenze zum mittleren Burgenland, zum Blaufränkischland um Deutschkreuz, darstellt. Nicht nur, aber auch, weil sich hier als Resultat der Volksabstimmung von 1921 das Land bis auf ein paar Kilometer verengt, was zu nicht unbeträchtlichen Verkehrsproblemen geführt hat und immer noch führt, hat sich hier eine relative Unberührtheit von touristischen Entwicklungen erhalten. Die Enge des Landes und der Schatten des Eisernen Vorhangs ließen das Land ruhig bleiben, fast beschaulich, jedenfalls aber eigenartig.

Zu dieser Eigenart zählt, daß der «letzte Winkel» südöstlich von Mattersburg in unmittelbarer Nähe zu den touristischen Zentren am See liegt. Mörbisch und vor allem Rust sind zu Recht die Anlaufstationen für die allermeisten Besucher. Hier findet der Erholungsbedürftige alles, was von einem veritablen Urlaubsziel verlangt werden kann: Wasser und Sonne und Wein und noch vielerlei andere Dinge, die in jedem Prospekt aufs wunderbarste geschildert werden. Hier ist mit dieser Schilderung zurückhaltender verfahren worden, nicht aus einer grundlegenden Skepsis heraus, sondern weil das seespezifische Angebot sich – naturgemäß – nicht viel von dem anderer Seen unterscheidet. Wer baden will oder segeln oder windsurfen oder, wie man so sagt, mit der Seele baumeln, der benötigt dafür keine gesonderte Beschreibung. Alles, was davor – oder danach – kommt, kann der Interessierte hier finden. Von naturkundlichen Besonderheiten über kulturhistorische Spaziergänge bis zum Radausflug.

RADFAHREN

Wie aus der geologischen Beschreibung schon hervorgeht, ist das Radlfahren am Westufer des Sees ein wenig mühsamer als anderswo. Dafür ist die Landschaft abwechslungsreicher, kurzweiliger, wenn man will, als etwa im Seewinkel. Und so richtig schweißtreibend ist eine Radtour auch hier nicht.

Kurz hinter Mörbisch quert der Seerundweg die österreichisch-ungarische Grenze. Der Grenzübergang ist den Radfahrern und Fußgängern vorbehalten, kein Automobil stört. Der Rundweg bietet zwischen Mörbisch und Rust zwei Routenvarianten, die zur Eigenheit des Gebietes passen. Die eine verläuft unten an der Schilfgrenze, die andere oben in den Weinbergen.

Wer mehr Gusto hat aufs Hügelig-Abwechslungsreiche, für den gibt es eine wunderschöne Strecke rund um den Marzer (bzw. Rohrbacher) Kogel. Der «Koglweg» ist Teil des umfangreichen Radweg-Netzes rund um den See und durchgehend mit der Bezeichnung «B 30» markiert. Wer nicht von Mattersburg aus startet, sondern vom See aus, muß den Verbindungsweg B 13 benützen, der zwischen Oggau und Rust vom Seerundweg abzweigt und in Draßburg auf den «Koglweg» trifft.

ANREISE VON WIEN NACH RUST – AUTO Der schnellste Weg nach Rust führt über Eisenstadt und damit über die Südostautobahn. Am Wiener Laaer Berg biegt man auf die B 13, die Eisenstädter Bundesstraße, von der aus man nach Münchendorf auf die Autobahn gelangt. Einmal darauf, ist es praktisch unmöglich, nicht nach Rust zu gelangen. Man fährt einfach den grünen Pfeilen mit der Aufschrift «Neusiedler See» nach. (Vorsicht vor den Hauptverkehrszeiten: Staugefahr bei allen Ortsdurchfahrten, insbesondere in Münchendorf.) **NACH MATTERSBURG** Wer gar nicht zum See will, sondern direkt ins «toskanische» Hügelland, kann dieselbe Route wählen. In Eisenstadt fährt man dann von der Autobahn Richtung Mattersburg und gelangt nach wenigen Minuten auf der «Burgenland-Schnellstraße» an den Fuß der Rosalia. Ein anderer – gleich langer, gleich schneller, durch die Hektik der Südautobahn an der Wiener Stadtausfahrt ein wenig stressiger – Weg führt über die A 2 nach Wiener Neustadt. Dort zweigt dann die autobahnähnliche Schnellstraße nach Mattersburg ab, die über die Rosalia, vorbei an Sauerbrunn und Wiesen, nach Mattersburg führt. **BUS/ZUG** NACH RUST Das ist schwierig. Nicht unmöglich, aber schwierig, weil durch keine Eisenbahnlinie erschlossen. Busse gehen vom Busbahnhof Wien-Mitte nach Rust. Bahn- und Busauskünfte: Zentrale Zugauskunft, Tel. 1717. Zentrale Busauskunft: Tel. 711 01. Fahrradbus Neusiedler See (Linienbus der ÖBB zwischen Podersdorf und Mörbisch), verkehrt von Ende Juni bis Anfang September täglich (Auskünfte unter Tel. 02167/2418).

NACH MATTERSBURG Das ist ganz leicht. Man steigt am Wiener Südbahnhof in irgendeinen Zug und fährt nach Wiener Neustadt. Ist es ein
Schnellzug, so wartet in aller Regel bereits der Regionalzug nach Loi-
persbach/Schattendorf, Sopron Deutschkreuz oder Lackenbach. Keine
fünfzehn Minuten später ist man schon in Mattersburg, in Marz/Rohr-
bach, in Loipersbach/Schattendorf oder in Sopron/Ödenburg. Auch
möglich, wenn auch nicht nach Mattersburg, ist die Anreise mit der
Raab-Ödenburg-Bahn. Vom Südbahnhof aus geht es über die «Pottendorfer Linie» bis nach Ebenfurth. Dort beginnt die Raaber Bahn mit ihrer
Linie nach Sopron.

RUST/RUSZT/RUSTA

Rust, so sagen viele mit ironischem Augenzwinkern in Hinblick
auf die Wirrnisse der Geschichte, Rust ist neben Ödenburg die
einzige Stadt des Burgenlandes. Daran ist vieles wahr, nur
nicht die Ausmaße, die man sich gemeinhin unter dem Begriff
«Stadt» vorstellt. Rust beheimatet nicht ganz 1800
Ruster und zählt damit zu den eher kleineren Dörfern
der Region. Und das seit jeher.

Symbol Storch

Freilich, die Fülle an Einwohnern spielte in früheren Tagen nur eine geringe Rolle. Viel wesentlicher
war da schon die ökonomische Kraft und der daraus
resultierende Bürgersinn, dem es wert war, schier unglaubliche Summen für Freiheit und Selbstverwaltung
aufzuwenden. Die Ruster, durch den Wein schon bekannt und wohlgelitten an allen Höfen Europas, waren alles andere als Krämerseelen. Zwei Jahre vor dem zweiten
großen Türkensturm, im Jahr 1681 also, zahlten sie 60.000
Gulden und 500 Eimer Wein (immerhin 30.000 Liter, und
zwar Ausbruch der Sorte Furmint), wofür sie Kaiser Leopold I.
zu Bewohnern einer «königlichen Freistadt» adelte. In diesem
Sinne darf man Rust mit Fug und Recht als Stadt bezeichnen.
Und wer offenen Sinnes durch das alte Zentrum zwischen
Hauptstraße und Rathausplatz schlendert, der vermag die
Freiheit von der Knute der lokalen Herrschaft selbst heute

noch zu sehen: Am augenfälligsten wohl im weitgehend erhaltenen und mustergültig restaurierten Stadtkern, an den zahlreichen Renaissance- und Barockhäusern. Daß sie heute – mustergültig renoviert und unter Denkmalschutz gestellt – als weitgehend geschlossenes Ensemble zu bewundern sind, ist eine unmittelbare Folge des Ruster Bürgersinns. Zwei Jahre nach der «Freisprechung» von der Esterházy-Herrschaft, 1683, lagen die Türken vor Wien. Streifscharen zogen mordend und brandschatzend durchs Land. Der ungarische Palatin Paul I. Esterházy bat den bereits aus Wien geflohenen Kaiser um Hilfe zur Verteidigung seiner Untertanen, wenn aber die nicht käme, «dann mögen Eure Majestät es ihnen nicht übel nehmen, wenn sie sich den Umständen accomodieren und für ihre, ihrer Weiber und Kinder Existenz sorgen». Die direkten Untertanen des Palatin konnten sich den Umständen offenbar nicht «accomodieren», hatte der Herr selbst doch hoch und heilig geschworen: «Ich selbst werde wohl nie vor dem Baal das Knie beugen.» Nur die freigesprochenen – Ödenburg, Eisenstadt und eben Rust – erkauften sich eine türkische Wache, eine «salva guardia», und blieben so vor den türkischen «Rennern und Brennern» verschont.

Die Legende erzählt diese Geschichte bei weitem schöner. Demnach hätten die Türken auf ihrem Marsch nach Wien den Höhenrücken von St. Margarethen überquert, von wo aus man einen herrlichen Blick über Stadt und See hat. Auf der Ruster Pfarrkirche befand sich – eben erst als Quasi-Verteidigungsmethode montiert – ein Halbmond, sodaß die Türken sich entschlossen weiterzuziehen, da sie der Meinung waren, schon hier gewesen zu sein.

Daß dies nicht ganz stimmen kann, wird klar, wenn man sich vergegenwärtigt, daß mit den Osmanen ja auch viele gegen Österreich, also Habsburg und den rabiaten Katholizismus revoltierende Ungarn marschierten, die die Verhältnisse im eigenen Land natürlich bestens kannten. Ihr Anführer war Graf Emmerich Tököly, der dem Esterházy-Fürsten anbot, ihn im

Fall der Unterstützung zum ungarischen König wählen zu lassen. Der Fürst lehnte ab, bat aber, mit dem türkisch-ungarischen Druck im Rücken, den Kaiser um Schenkung der Freistadt Eisenstadt, die sich dem Feind ohne Gegenwehr ergeben hatte, sowie der Dörfer der aufständischen Ödenburger und darüber hinaus um die Annullierung der noch ausständigen Schulden von 50.000 Gulden für die Herrschaft Kapuvár. Um die Schenkung von Rust bat er nicht. Aber vielleicht wußte er, daß mit denen nicht gut Kirschen essen war. Dem Kniebeugen vor Fürsten waren sie zu lange schon entwöhnt.

Ein etymologischer Irrtum ist dem zweisprachigen Fürsten wohl nicht unterlaufen. Der Legende nach leitet sich der Name von «Rüstung» ab, der Wahrheit nach waren die Ruster aber stets der Landwirtschaft verpflichtet, wie die erste urkundliche Erwähnung beweist. 1317 ist von einem «Ceel circa stagnum Fertew», «einem Ceel am Neusiedler See» also, die Rede. Und dieses «Ceel» kommt vom ungarischen «Szil», also Ulme. Das deutsche Rust ist davon eine bloße Übersetzung ins mittelhochdeutsche «Rüster». Der Rüster-Baum muß damals schon in einem Weingarten gestanden haben. Sagen die Ruster, und die müssen es wissen.

DER RUSTER WEIN

Der Wein vom Westufer des Neusiedler Sees, aus dem Hügelland rund um Rust, kommt aus einer geologisch und klimatisch besonders begünstigten Lage. Tiefe Lößböden, das trockene pannonische Klima und der mikroklimatische Einfluß des Sees sind geradezu ideal für den Anbau und die Pflege besonderer Weine. Weltweit, so sagt man, gibt es überhaupt nur drei Weinbaugebiete, in denen die Trauben von der Botritys, der Edelfäule, befallen werden: im ungarischen Tokaj, im französischen Sauternes und eben hier am Neusiedler See.

Die Ruster Weine wurden schon früh in alle Länder Europas exportiert, bis hinaus nach Norddeutschland, nach England, nach Schweden. Seit dem Jahr 1524 haben die Ruster Winzer das Recht, ihre Produkte mit einem gekrönten R zu markieren. Und sie tun das bis heute. Das R ziert jeden Korken, der eine Flasche mit dem Wein aus dem rund 500 Hektar umfassenden Gebiet verschließt. Von diesen 500 Hektar ist etwa ein Drittel für Rotweinsorten reserviert; hier wachsen der Blaufränkische, der Zweigelt, der St. Laurent und der Cabernet. Auf den restlichen

Flächen werden der Welschriesling, der Müller-Thurgau, der Neuburger, der Weißburgunder, der Grüne Veltliner und andere Weißweine angebaut. Im Unterschied zu anderen europäischen Weinbaugebieten zieht man hier – und das ist eine allgemeine österreichische Spezialität – eine Vielzahl verschiedener Sorten heran, was einen Überblick für den Laien natürlich erheblich erschwert. Den muß man sich schon selbst ertrinken, was freilich eine durchaus lohnenswerte Urlaubsbeschäftigung sein kann.

Ruster Wein – beliebt und berühmt

Aber die verschiedenen Sorten sind noch nicht das Charakteristische des Ruster Weines. Was Rust auszeichnet, sind die verschiedenen Lesarten und der damit verbundene unterschiedliche Zuckergehalt des Mostes. Gemessen wird dieser am frischgepreßten Most mit der «Klosterneuburger Mostwaage», angegeben wird er in «Klosterneuburger Graden», die die Menge des natürlichen Traubenzuckers je Kilogramm Most bezeichnen. 20 Klosterneuburger Grade heißt demnach 200 Gramm Zucker in einem Kilogramm Most. Abhängig ist dieser Zuckergehalt unter anderem vom Zeitpunkt der Lese, und da der See das Klima so günstig beeinflußt, kann hier bis weit in den Herbst, ja sogar in den Winter hinein gelesen werden. Zwar gilt: Je später, desto süßer. Aber um wirkliche Qualitätsweine keltern zu können, muß man den Weingarten besonders penibel pflegen und die Trauben sorgfältig auslesen.

STADTRUNDGANG

Das moderne Rust ist ausgesprochen raffiniert angelegt. Wer von Eisenstadt her in die Stadt kommt, sieht vorerst einmal überhaupt nichts vom Charme des Städtchens. Die Eisenstädter Straße biegt dort, wo sie sich mit der Oggauer Straße und der Weinberggasse trifft, scharf nach rechts. Unmittelbar danach muß man schon nach links auf den verkehrsreichen Conradplatz einbiegen, über den man endlich, sich schlängelnd zwischen parkenden Autos und entgegenkommenden Bussen, in die Hauptstraße gelangt, die schnurstracks zum See hinunter führt. Und weil sie froh sind, dem Parkplatzmangel und dem automobilen Gedränge mit Hilfe der blauen Hinweistafeln, auf denen verlockend ein großes weißes P steht, entkommen zu können, vergessen die meisten das Wichtigste, benutzen Rust als Transitraum und gehen baden statt bummeln.

Die Ruster, die sich diese fast schon geniale Fremdenverkehrs-Lenkung ausgedacht haben, verlangen vom Besucher schon ein bißchen Ortskenntnis und also Respekt. Das eigentliche, das charmante, ja tatsächlich bezaubernde Rust versteckt sich südlich der Hauptstraße, die den Conradplatz nach Osten hin verlängert. Statt also motorisiert die Hauptstraße zu durcheilen, sollte man sich vor dem Kriegerdenkmal auf dem Conradplatz nach rechts wenden. Durch eine schmale Gasse neben dem Rathaus – dort befindet sich auch die zentrale Touristeninformation – kommt man auf den langgestreckten, zum See hin etwas abschüssigen *Rathausplatz,* dem Architektur gewordenen, bis heute gehegten und gepflegten Ruster Bürgerstolz.

Am westlichen Ende steht, etwas erhöht, umgeben von einem Friedhof und einer Wehrmauer, die ehemalige katholische Pfarrkirche St. Pankratius und Ägidius. Diese *«Fischerkirche»*, eine beeindruckende gotische Wehrkirche, ist das älteste Gebäude der Stadt. Der älteste, teilweise noch erkennbare romanische Teil stammt aus dem 12. Jahrhundert. Im späten 13. Jahrhundert wurde die Marienkapelle südlich der romanischen

Die Fischerkirche, das älteste Bauwerk Rusts

Apsis errichtet. Der Legende nach verdankt sie die Stadt der Königin Maria von Ungarn, die von Ruster Fischern aus heikler Seenot errettet wurde. Sollte die Legende ein Körnchen Wahrheit umschließen, so müßte die Stifterin die Gattin von König Béla IV. gewesen sein, dem Bruder der heiligen Elisabeth von Thüringen. Der nämlich mußte verbürgtermaßen mit seinem Hof 1241 vor den Mongolen fliehen. Ob er das freilich quer über den See tat, darf bezweifelt werden.

Zu Beginn des 15. Jahrhunderts begann man mit dem Bau des gotischen Pankratiuschores, der, so wie der Turm, beim Brand im Jahre 1529 – da marschierten die Osmanen erstmals Richtung Wien und also hier durch – zerstört wurde. Beim Wiederaufbau wurden der Chor und die Marienkapelle durch ein Querschiff verbunden, wodurch sich die heutige Form ergeben hatte. Naja, fast wenigstens. Das endgültige Aussehen erhielt die «Fischerkirche» nämlich erst 1879, da stürzte der nach 1532 wiedererrichtete Turm ein. Und blieb liegen, weil es zu dieser Zeit ja ohnehin schon eine andere katholische

Kirche gab: die lutheranische. Aber das ist eine andere, also auch anderswo zu erzählende Geschichte.

Die altehrwürdige Kirche, Rusts bedeutendste Sehenswürdigkeit, hat recht seltsame, nicht gerade besucherfreundliche Öffnungszeiten. Normalerweise kann man sie von Ostern bis Oktober besichtigen, dem Kunstfreund ist es freilich zu empfehlen, zuvor einmal im Rathaus nachzufragen. Für geführte Gruppen und die schon traditionellen Sommerkonzerte öffnet sich der profanierte Sakralbau auch außertourlich. Und wer wirklich nicht anders kann, wenn also eine Art kunsthistorischer Notfall vorliegt, kann sich auch an Frau Kummer in der Lenaugasse 12 (Tel. 02685/550) wenden.

Ein Besuch der Fischerkirche lohnt auf jeden Fall. Sie beherbergt den umfangreichsten mittelalterlichen Freskenbestand des gesamten Burgenlandes. Beachtenswert sind vor allem die erst nach dem Zweiten Weltkrieg freigelegten Wandbilder aus dem 12. (an

Mittelalterliche Fresken im Innern der Fischerkirche

der Nordseite des Schiffs) und 13. Jahrhundert (in der Marienkapelle). Experten erkennen an ihnen die Hand von zumindest zehn Malern, die nacheinander an diesem sakralen Schmuck gearbeitet haben. Aus der Mitte des 15. Jahrhunderts stammt die geschnitzte, nun auf einer barocken toskanischen Steinsäule stehende «Fischermadonna», zu dieser Zeit entstanden auch die Fresken des Pankratiuschores. Eine Arbeit, die sich hingezogen haben dürfte. Die Schlußsteine – sie zeigen die Zunftzeichen der Fischer und der Winzer – tragen die Jahreszahl 1515.

Gleich neben der Fischerkirche, im nordwestlichen Eck des Platzes, steht unübersehbar das *Rathaus,* das weltliche Prunkstück der Stadt. 1637 wurde dieser dreiflügelige, zweigeschoßige Bau an der Stelle des aus dem 16. Jahrhundert stammenden «Ratsgebäudes» errichtet. Hier werden auch die wertvollen Archivalien der Ruster Geschichte seit 1410 aufbewahrt, darunter die so bedeutsame Stadterhebungsurkunde aus dem Jahr 1681. Der Eingang zu Rathaus und Touristeninformation befindet sich ums Eck, am Conradplatz. Wer an die Daheimgebliebenen denkt, sollte unbedingt einen Blick hineinwerfen. In der Informationsstelle gibt es nämlich das «Storchenpostamt». Hier werden Urlaubsgrüße fachgerecht mit dem Ruster Wappentier abgestempelt. Wer danach an sich selber denkt, hat es auch nicht weit. Im selben Gebäude, wiederum ums Eck, zurück auf den Rathausplatz, befindet sich der Rathauskeller, eines der zahlreichen, empfehlenswerten Lokale der Ruster Altstadt.

Das Rathaus aus dem 17. Jahrhundert

Ein paar Schritte weiter steht eines der schönsten Häuser des Rathausplatz-Ensembles: das *«Haus zum Auge Gottes»* aus dem 18. Jahrhundert. Toskanische Pilaster, flache Wandpfeiler also, und die den ionischen Säulenkapitellen entlehnten Doppelvolutenmotive gliedern die Fassade. Den Namen verdankt das Haus dem Eckerker, dessen Giebel das Auge-Gottes-Symbol ziert.

Hausfassaden wie diese gibt es einige. Und sie sind es, die der Ruster Altstadt ein südlich anmutendes Ambiente verleihen. Und weil zu jedem Platz im Süden unbedingt auch ein

Brunnen gehört, sollte man auch durchaus einen Blick auf den *Adlerbrunnen* werfen. Der stammt aus dem Jahr 1720. In der Mitte des Rathausplatzes steht er freilich erst seit 1978. Bis dahin sprudelte er auf dem benachbarten Conradplatz.

Das charmante Ambiente von Rust hat einen handfesten und keineswegs geheimnisvollen Hintergrund: Denkmalschutz. Im Jahr 1970 wurde nach einer Initiative des Bundesministeriums für Wissenschaft und Forschung mit der Restaurierung der alten Bürgerhäuser in der Hauptstraße begonnen. Die Stadtgemeinde und die Hausbesitzer schlossen sich der Aktion an, sodaß bald das gesamte Ensemble und in weiterer Folge die ganze Altstadt behutsam wiederhergestellt war. 1975 war das «Jahr des europäischen architektonischen Erbes». Und seit damals ist Rust – neben Salzburg und Krems – eine der drei österreichischen Modellstädte des Europarates. Modell auch deshalb, weil hier nicht ein bloß auf den Endzweck Fremdenverkehr ausgerichtetes Schmuckkasterl entstanden ist, sondern eine durchaus vitale, auch auf die Lebensqualität der Bewohner Bedacht nehmende Stadt. Gerade das – Vitalität statt Revitalisierung – ist es, was so ziemlich jeden Besucher bezaubert. Und auch wenn Rust heute in der Hauptsache vom Fremdenverkehr lebt, so lebt der Charme der Stadt doch auch von der Privatheit ihrer Wohnhäuser, die sich der brachialen Besichtigungseuphorie zu Recht verweigern. Es gibt genug der Öffentlichkeit geöffnete Häuser, um einen Eindruck vom Leben der alten Ruster zu bekommen.

Vom Rathausplatz führt die Haydngasse hinüber zur Hauptstraße. Die Häuser mit ihren Laubenhöfen stammen durchwegs aus dem 17. und 18. Jahrhundert. Noch älter sind jene in der Kirchengasse, die bei der katholischen Kirche in westlicher Richtung abzweigt. Die Gebäude in dieser Gasse stehen auf den Grundmauern von Bauten aus dem 16. Jahrhundert, die wahrscheinlich den ersten Türkensturm nicht überlebt haben.

Im Osten geht der Rathausplatz in eine kleine Gasse mit dem Namen «Zum Alten Stadttor» über. Ein Rest dieses alten «*Seetors*» ist erhalten. Dieser südöstliche Teil der Stadtmauer stammt vom Beginn des 16. Jahrhunderts – eine Inschrift in der Nähe des Seetors trägt die Jahreszahl 1512. Viel ist von der alten Ruster Stadtmauer nicht mehr zu sehen. Teile davon haben sich im Süden und Norden der Altstadt erhalten. Der Innenhof des katholischen Pfarrhofes gleich neben der Fischerkirche wird von einer Bastei be-

Nur wenig ist von der ehem. Wehranlage erhalten

grenzt. Und wenn man am Ende der Hauptstraße sich nach links wendet, kommt man zum alten Pulverturm, der nordöstlichen Eckbastion des Ruster Walles.

Am Ende der Hauptstraße befand sich früher einmal das «Untere Tor», das nördliche Gegenstück zum «Seetor». Von ihm hat sich nur noch das *Torwächterhaus* aus dem 17. Jahrhundert erhalten. Heute beherbergt es ein Kultur- und Bildungszentrum des Kulturvereins Burgenland. Gleich gegenüber, auf der anderen Straßenseite, steht der «*Seehof*». Von 1643 bis 1712 befand sich hier das Rathaus, später diente es als Kaserne und Schule. Heute hat an diesem Ort die erste deutschsprachige «Weinakademie» ihren Sitz. Von hier aus kann man den See zwar noch nicht sehen, bei gutem Wind aber durchaus schon riechen. Freilich: In den Seewinkel hinüber ist es – und war es immer schon – noch ganz schön weit. An der Ecke Hauptstraße/Am Seekanal trägt der Seehof die Inschrift: «Der See ist breit 3820 Klafter Anno 1677».

DIE «LUTHERISCHEN HUND» UND DAS «KATHOLISCHMACHEN»

Zwei Gebäude der Ruster Altstadt sind auf diesem kurzen Stadtrundgang nur gestreift worden: die katholische und die evangelische Kirche. Um sie zu beschreiben, bedarf es eines weiteren Ausholens, denn gerade in Rust, der freien, ungari-schen Stadt, erzählt vieles noch vom so gestörten – und störenden – Verhältnis der religiösen Parteien, das schon um die Mitte des 15. Jahrhunderts mit den böhmischen Hussiten begonnen und erst mit den Reformen von Joseph II. am Ende des 18. Jahrhunderts eine halbwegs erträgliche Form gefunden hat.

Die evangelische Kirche

Die römisch-katholische Stadtpfarrkirche von Rust – sie liegt in der Kirchengasse, ist der Heiligen Dreifaltigkeit gewidmet und bietet vom Turm mit dem steinernen Pyramidenhelm einen wunderbaren Blick über See und Hinterland – diese römisch-katholische Pfarrkirche ist in den Jahren 1649 bis 1651 vom Zürcher Baumeister Ulrich Meyer erbaut worden. Der aber war Protestant. Und er baute die Kirche selbstverständlich für die protestantische Gemeinde von Rust, der zu dieser Zeit, so wird überliefert, nur zwei Familien nicht angehört haben. 1674, die Gegenreformation war nach dem Ende des Dreißigjährigen Krieges auch in diesem entlegenen Winkel im vollen Gang, wur-den die Protestanten enteignet, 1685, zwei Jahre nach dem Tür-kensturm, wurde sie als katholische Kirche geweiht.

Ein paar Schritte westwärts, auf dem Conradplatz, steht die heutige, klassizistische evangelische Pfarrkirche von Rust. Zwischen korinthischen Säulen befindet sich ein Altarbild mit Kreuzigungsmotiv, die Kopie eines Gemäldes von van Dyck. Die lateinische Inschrift – In honorem S.S. Trinitatis: Zur Ehre der Heiligen Dreifaltigkeit – ist einzigartig in der evangelischen Welt. Beide Ruster Kirchen, und das zeigt viel von dem

Die katholische Kirche

Bemühen, den jahrhundertelangen Streit vergessen zu machen, sind also der Dreifaltigkeit gewidmet.

Die heutige evangelische Kirche (A.B.) wurde in den Jahren 1784 und 1785 als eine «Toleranzkirche» nach dem «Toleranzedikt» von Joseph II. aus dem Jahr 1781 erbaut. Dieses Edikt beendete hochoffiziell die von den Habsburgern getragene Gegenreformation, die mit dem allseits gefürchteten «Katholischmachen» ganze Landstriche peinigte. In Ungarn hatte dieses österreichisch-habsburgische Katholischmachen freilich

durchaus auch einen gegenteiligen Effekt: den des ständigen Aufbegehrens gegen die nach den Türkenkriegen fest etablierte habsburgische Hegemonie. Im Gegensatz zu Österreich war in Ungarn die Bedeutung der Landstände bei weitem höher, und weil diese fast durchwegs protestantisch – lutheranisch, aber auch kalvinistisch – waren, übernahm der ungarische Staat nie die praktische Durchführung der Gegenreformation. Im Gegenteil: Wann immer die konfessionell-rabiaten Habsburger sich durchzusetzen drohten, formierte sich eine einheitliche, konfessionell-nationalistische Opposition dagegen, die freilich immer wieder niedergeschlagen wurde. 1670/71 scheiterte die «Magnatenverschwörung», in Preßburg wurde ein Sondergerichtshof gegen die Protestanten eingerichtet, erst 1681, auf dem Ödenburger Reichstag, gewährte man den Protestanten wieder ein paar, sehr eingeschränkte, Rechte. So wurde zum Beispiel der Stadt Ödenburg erlaubt, evangelische Predigten in deutscher Sprache zuzulassen, was Auswirkungen auf die gesamte Region des Neusiedler Sees hatte. Das Jahrzehnt zwischen 1671 und 1681 wird in der protestantisch-ungarischen Kirchengeschichte bis heute «Trauerdekade» genannt.

Die ging nicht wirklich zu Ende. Anfang des 18. Jahrhunderts kam es, als Antwort auf das katholische Roll-back im Gefolge der Türkenkriege, zum Aufstand der Kuruzzen. 1711 kam es zum Frieden von Szatmár, in welchem Ungarn eine beschränkte Selbstverwaltung, den habsburgischen Katholischmachern freilich fast unbeschränkter Zugriff erlaubt wurde. Die Zeit vom Szatmárer Friedensschluß bis zum Toleranzedikt, also praktisch das ganze 18. Jahrhundert hindurch, feierten die Katholiken auch im nachhinein als «Regnum Marianum». Den Protestanten aber galt diese Periode als «Babylonische Gefangenschaft». Diese ging 1781 teilweise zu Ende: 20 lutheranische Pfarren wurden auf dem Gebiet des heutigen Burgenlandes zugelassen, sechs weitere folgten. Aber erst die Revolution von 1848 brachte den Protestanten – in Ungarn – die völlige Gleichstellung.

RUST UND DER SEE

Wie gesagt: Der durchschnittliche Rust-Besucher wird durch die zwar sehenswerte, aber enge Hauptstraße schnurstracks zum See gelotst. Der Nachteil dabei ist der, daß man solcherart weder den Charme der Stadt noch den des Sees kennenlernt, weshalb viele fälschlicherweise behaupten, in Rust könne man segeln und ein wenig planschen – und sonst gar nichts. Segeln kann man, selbstverständlich, und planschen, wenn man will, auch. Aber das kann man natürlich an jedem x-beliebigen See genauso tun, wie man weiß.

Dadurch, daß der Neusiedler See aber alles andere als ein x-beliebiges stehendes Gewässer ist, empfiehlt sich eine den Umständen angemessene, respektvolle und genau dadurch lohnenswerte Annäherung. Der Besucher befindet sich eben nicht

an einem – wie es so durchsichtig heißt – kristallklaren Alpensee, sondern an der Grenze zur asiatischen Steppe. Und also sieht man vorerst einmal – gar nichts. Nur Schilf. Und Möwen. Und staksende Störche. Und da und dort flugfähiges Getier, bei dessen Anblick man sich – oder zumindest dem ständig fragenden Nachwuchs – ein ganz genaues ornithologisches Bestimmungsbuch wünscht.

Man verläßt also die schützende Altstadt beim ehemaligen «Unteren Tor», eingedenk der am «Seehof» festgehaltenen Tatsache, daß der

Der Seehof

See hierorts «breit ist 3820 Klafter» (also ein beachtliches Wegstück). Unmittelbar danach kann man sich sowohl nach rechts (südwärts) als auch nach links (nordwärts) wenden. Denn der See liegt, wie einem Einheimische und Ortskundige treuherzig zu versichern wissen, g'radaus vor der Nase, die verlängerte Hauptstraße entlang also, bis hinunter zum Hafen, wo freilich vom See auch noch nichts zu sehen ist außer Schilf, Schilf, Schilf und jene freigehauenen Flächen, auf denen man sich mit Schiffen bewegen kann.

Steppenseekundige wissen schon, daß der hier überall behinderte Blick aufs freie Wasser eine ganz besondere, eben dem Steppensee eigene Qualität in sich birgt. Der mit Nachwuchs gesegnete Steppenseekundige wendet sich deshalb am Ende der alten Hauptstraße nach rechts (also südwärts), spaziert – den Kindern Gusto machend – die Seezeile entlang, bis er linker Hand eine Art Park oder Wäldchen vorfindet. Dort nämlich befindet sich ein großzügig angelegter und durch keinerlei Autogehupe beeinträchtigter Spielplatz. Und während die Kleinen dort ungestört ihrem Geschäft nachgehen können, dürfen sich Vater und Mutter und Onkel und Tante dem nicht minder interessanten Geschäft des ornithologischen Ausguckens widmen. Gleich neben dem Kinderspielplatz, angrenzend im Süden und zum See hin im Osten, erstreckt sich eine weitläufige Uferwiese, die nach und nach in den Schilfgürtel übergeht. Die Ruster, stolz auf sich und ihre Symbole, nennen dieses Gebiet *«Storchenpromenade»*. Denn tatsächlich wohnen die großen Zugvögel zwar in der Stadt, da aber auch sie etwas zu essen brauchen, kommen sie hierher, wo sie nicht nur finden, was ihr Magen begehrt, sondern sich noch dazu dem von keinerlei Kinderdrängeln abgelenkten Beobachter präsentieren.

Steppenseekundige ohne Nachwuchs können sich am Ende der Hauptstraße auch gleich nach rechts (also nordwärts) wenden. Gleich nach dem Pulverturm geht's wiederum nach rechts, hinein in die Seepromenade, die nach der «Rustercsárda» wiederum scharf nach rechts (also südwärts) biegt, um endlich einen ganzen Kilometer lang kerzengerade zum gebührenpflichtigen Seebad zu führen, wo es sich all den Vergnügungen nachgehen läßt, welche ein See – egal, wo – eben bietet.

Zuvor empfiehlt es sich, beim unübersehbaren und also auch von Bussen benützten Parkplatz gegenüber der Csárda kurz innezuhalten. Dort lädt ein *Seemuseum* in die üppige – vor allem ornithologische – Fauna des Neusiedler Sees. Vom Silberreiher bis zum Löffler, von der Zwergrohrdommel bis zur Raupe des Rohrbohrers, vom Borstenwurm bis zur Sturmmöwe: See und Schilfgürtel sind voll emsigen Lebens. Erst der, der diesen Umstand erkannt und akzeptiert hat, darf gerechterweise die Dammstraße weiterfahren- oder gehen, um endlich in die «Ruster Bucht» zu gelangen, wo sich die Menschen ein kleines Platzerl in Form eines Strandbades, Campingplatzes, einer Minigolfanlage und Bootsvermietung sowie eines Seerestaurants geschaffen haben.

RUST/RUSZT

INFORMATION UND ZIMMERVERMITTLUNG Gäste-Information der Freistadt Rust, Rathaus, Tel. 02685/502, 202-18. Elektronisch gesteuerte Zimmervermittlungsanlage im Durchgang des Rathauses. **KINDERTAGESBETREUUNG** bietet: Seehotel Rust, Am Seekanal 2–4, Tel. 02685/381-385 (während der Sommermonate Juli, August). **CAMPING** Campingplatz Rust, Tel. 02685/595. Direkt am See gelegen, Sport- und Freizeiteinrichtungen, Restaurant, Einkaufsmöglichkeiten. **BANKEN** Raiffeisenkasse Rust, Rathausplatz 5, Tel. 02685/285 (Bankomat); EB- und Hypo-Bank, Hauptstraße 6, Tel. 02685/205, Mo–Fr 8–12 Uhr und 13.30–16 Uhr, Sa, So, und Feiertag geschlossen. GELDWECHSEL AM SAMSTAG Reisebüro Blaguss und Campingplatz am See. **LINIENSCHIFFE** PODERSDORF AM SEE–RUST–MÖRBISCH Fa. Knoll, Podersdorf, Tel. 02177/2431 oder 2443. Schiffsverbindung Podersdorf/See–Rust, 15. Mai bis 30. September, jeden Di und Fr, Abfahrt 13 Uhr; Rust–Podersdorf: Abfahrt 17 Uhr; Podersdorf–Mörbisch von 1. Juli bis 31. August jeden Mittwoch um 13 Uhr; Mörbisch–Podersdorf um 16.30 Uhr. Rust–Illmitz Fa. Gmeiner, Purbach, Tel. 02683/5538 oder 5590. Schiffsverbindung (Fahrradfähre) Rust–Illmitz jeden Freitag, Samstag und Sonntag 10 und 16 Uhr, Illmitz–Rust 11 und 17 Uhr. Pusztafahrten (Schiffahrt Rust–Illmitz, Pferdewagen durch das Naturschutzgebiet), Pusztanachmittag oder -abend (Grillen bei Zigeunermusik), Familienfeste auf dem Salonboot NIXE, Trauungen, Ehrungen, private Feiern. **FREIZEIT UND SPORT** AUSFLUGSFAHRTEN Reisebüro Blaguss, Conradplatz, Tel. 02685/422, 522; Reisebüro Eichberger, Oggauer Straße 4, Tel. 02685/218. BADEN Badeanlage mit 150 Meter Strand, Kinderspielplatz, Minigolf, Segel- und Surfschule, Bootsverleih, Restaurant, Tel. 02685/502. BÜCHEREI Die Stadtbücherei der Freistadt Rust ist eine Freihandbücherei und besitzt über 3000 Bände. Mo 18–19 Uhr, Hauptstraße 31, Seehof. BOOTFAHREN Holiday-Lines-Schiffahrt, Ruder-, Tret-, Elektro-, Segelboote und Motorbootrundfahrten, Fa. Gmeiner, Tel. 02685/493; Alfred Schreiner, Motorbootrundfahrten, Gartengasse 14, Tel. 02685/363; Fritz Vargyas,

Stanglboot-Fahrten, Fischergasse 4, Tel. 02685/357. FISCHEN Angel-kartenausgabe im Gemeindeamt der Freistadt Rust sowie an Samsta-gen, Sonn- und Feiertagen bei Rudolf Kleinrath, Siedlungsgasse 2a. GOLF Shuttle-Service auf Anfrage vom Seehotel Rust zum Golf-Club Donnerskirchen, Am Seekanal 2–4, Tel. 02685/385. MINIGOLF Anla-ge mit 18 Bahnen im Seebadgebiet. RADFAHREN Radwanderkarten sind in der Gästeinformation kostenlos erhältlich. FAHRRADVERLEIH Johannes Schreiner, Hauptstraße 4, Tel. 02685/436; Fa. Gmeiner, Campingplatz, Tel. 02685/595; Johann Schneeberger, Rathausplatz 15, Tel. 02685/6442 FAHRRADBUS Fahrradbus Neusiedler See (Lini-enbus der ÖBB zwischen Podersdorf und Mörbisch), verkehrt von Ende Juni bis Anfang September täglich (Auskünfte unter Tel. 02167/2418). SURFEN/SEGELN/EISSEGELN Franz Ulrichshofer, Surfinsel, Tel. 0663/80 53 33 oder 0222/56 43 38 (Surfbrettverleih); Katamaransegelschule Walter Haberl, Nattlgasse 3, Tel. 02685/575 (Segelschule). TANZEN Diskothek «Captain's House», Cocktailbar, Dancing, Feldgasse 19, Tel. 02685/6464; Storchennest Dancing Am Hafen 1, Tel. 02685/438. TENNIS Seehotel Rust, Tel. 02685/381–385. WANDERN 8 Kilometer langer Wanderweg mitten im Weinbaugebiet. **MUSEEN/GALERIEN** SEE-VOGEL-MUSEUM NEUSIEDLER SEE Herbert Vargyas, Am Hafen 2, Tel. 02685/468. TORWÄCHTERHAUS Hauptstraße 22. Wechselausstellungen von Juni bis September, täglich 17–20 Uhr, Information: Tel. 02685/502. ARKADENRAUM IM SEE-HOF Hauptstraße 31, Tel. 02685/502. Wechselausstellungen, tägl. 17–20 Uhr, rollstuhlgerecht. CAFÉ GALERIE Hauptstraße 18, Tel. 02685/379. Laufend Ausstellungen österreichischer Künstler. FISCHERKIRCHE Rathausplatz 16, Tel. 02685/295, 502. Fresken, go-tische Glasfenster, Akustikanlage (15. Jh.). Geöffnet von April bis Okto-ber, täglich 10–12 und 14–18 Uhr. **STADTFÜHRUNGEN** Rundgang durch die Altstadt von Mai bis September jeden Mittwoch und Samstag um 20 Uhr (Dauer etwa 1 Stunde), Tel. 02685/502 oder 202-18. **WEIN-SEMINARE** Weinakademie Burgenland: zweistündige Weinseminare, Juni bis September. Information, Anmeldung unter Tel. 02685/6451. **ESSEN UND TRINKEN** VINOTHEK Weinkellerei Burgenland, Am Ru-ster Berg, Tel. 02685/544-0. AUSGEZEICHNETE WEINGASTHÖFE Rusterhof, Fam. Szauer, Rathausplatz 18, Tel. 02685/6415; Wirtshaus «Zur Backstube», Fam. Giefing, Kirchengasse 3, Tel. 02685/6405; Seehotel Rust, Am Seekanal 2–4, Tel. 02685/381. GASTHÄUSER/RE-STAURANTS Hotel-Restaurant Arkadenhof, Franz-Josef-Platz 1, Tel. 02685/246; Restaurant «Alte Schmiede», Seezeile 24, Tel. 02685/467; Wirtshaus «Zur Backstube», Kirchengasse 3, Tel. 02685/6405 (eines der kleinsten Gourmetrestaurants Österreichs); Ruster Biergartl, Oggauer Straße 29, Tel. 02685/6473; Restaurant «Haydnkeller», Haydngasse 4, Tel. 02685/210; Restaurant «Hotel Stadt Rust», Rathausplatz 7, Tel. 02685/268; Rathauskeller der Freistadt Rust, Rathausplatz 1, Tel. 02685/261; «Römerzeche», Rathausplatz 11, Tel. 02685/332; Seerestaurant der Freistadt Rust, Ruster Bucht 1, Tel. 02685/250; Restaurant «Rustercsarda», Am Hafen 1, Tel. 02685/270; Rusterhof, Rathausplatz 18, Tel. 02685/6415. CAFÉS/KONDITOREI-EN Künstlercafé, Hauptstraße 18, Tel. 02685/379 (Ausstellungen); Café Mikschi, Haydngasse, Tel. 02685/416; Café Schüller, Seestraße 4, Tel. 02685/302; Café Taschler, Oggauer Straße 11, Tel. 02685/460; Tanzcafé «Damals», Am Seekanal, Tel. 02685/323. NACHTLOKAL Erichs Sektbar «Blabla», Hauptstraße 18, Tel. 02685/379 (täglich bis in die Morgenstunden geöffnet).

MÖRBISCH/FERTÖMEGGYES/MERBIS

Mörbisch war lange Jahre hindurch so etwas wie der absolute Nullpunkt des Landes, in dieser Eigenschaft nicht unähnlich den Gemeinden des innersten Seewinkels. Die gleich hinterm Ort verlaufende Grenze war tot wie Stein, vielleicht sogar noch ein bißchen mehr, denn immerhin sieht man von vielen Punkten des Ortes unbehindert hinüber nach Kroisbach, also Fertörákos, wodurch man in einem fort daran erinnert wurde, wie unsinnig und absurd die Grenze eigentlich war.

Mörbisch stand 500 Jahre lang, von 1385 bis 1848, unter der Herrschaft des nahen Sopron. Dorthin lieferten die Mörbischer Steuer und Zehent, dorthin ging Fron und Robot. 1597 kam es deshalb zur «Mörbischer Revolte». Die wurde, wie zu dieser Zeit nicht anders zu erwarten, niedergeschlagen. Aber mit der Zeit, so schien es, arrangierte man sich. Die einstige Herrschaftsstruktur hat sich – befreit von Fron und Zehent – zu einem Zusammengehörigkeitsgefühl verklärt.

Der Umbruch im Osten änderte manches; nicht alles, aber doch vieles. Die Grenze zum Beispiel ist nunmehr zumindest für Radfahrer und Fußgänger offen. Die Sperre für Automobile – und das ist für den ruhebedürftigen Besucher durchaus interessant – bewahrt den Ort vor dem Transitverkehr ins nur zwölf

Kilometer entfernte Sopron. Ins Nachbardorf Kroisbach hinüber genügen ein paar Pedaltritte. Und wer einer kleinen Wanderung nicht abgeneigt ist, kann das Auto beim Grenzübergang, von dem aus man auch wunderbar die südliche Seehälfte überblicken kann, stehenlassen und ohne weiteres die paar Schritte nach Ungarn hinein tun, die für den Besuch der Mithrasgrotte notwendig sind.

Die ziemliche Abgeschiedenheit von Mörbisch ersparte dem Ort, wie so vielen im ehemals unterentwickelten Burgenland, unter anderem das brachiale Aufbauprogramm des Wirtschaftswunders. Natürlich, auch in Mörbisch ist nach Herzenslust begradigt und modernisiert worden. Da dies aber aus finanziellen Gründen erst relativ spät in Angriff genommen wurde, gibt es in Mörbisch immer noch sehenswerte Ensembles, die, so wie sie dastehen, mehr über das Burgenland zu erzählen vermögen als trockene Beschreibungen.

Mörbisch, unverfälscht

Mehr als sonstwo gibt es hier noch jene langgestreckten Häuser, deren schmale Innenhöfe nach und nach zu Wohngassen geworden sind. Vor allem zwischen der Hauptstraße und der parallel verlaufenden Hauergasse kann man diese Hausgassen bewundern, die durch die im deutschsprachigen Raum einzigartige «Erbteilung» entstanden sind. Während sonst überall galt, daß Haus und Hof dem Erstgeborenen zustehen und die anderen sich auswärts verdingen müssen, galt hierzulande das Prinzip, daß alle ihr gerechtes Erbteil zu bekommen haben.

Das führte über die Generationen hinweg zu immer kleineren Einheiten, was auch heute noch an den schmalen bis ganz schmalen Feldern und eben an den x-fach geteilten Häusern und den sich daraus ergebenden, halböffentlichen Wohngassen zu sehen ist. Ein besonders schönes Beispiel hierfür ist auch jedem Fremden zugänglich. In der Hauptstraße (Nummer 53) befindet sich das *Mörbischer Heimathaus,* ein altes Winzerhaus aus dem Jahr 1826 mit eben dieser charakteristischen Wohngasse, mehreren Wohn- und Wirtschaftseinheiten und der originalen Einrichtung aus der Zeit der Jahrhundertwende.

Mörbisch lebte, wie die anderen Gemeinden am See, seit jeher vom Weinbau. Auf der Ruster Straße – das ist die verlängerte Hauptstraße Richtung Rust – hat ein Amateurbildhauer den goldenen Boden von Mörbisch in Stein verewigt: als einen von einem Ochsengespann gezogenen Hauerwagen. Jedes Detail wurde dabei berücksichtigt. Die Skulptur steht vor einem Winzerhaus, das in die österreichische Weinbaugeschichte eingegangen ist. Im Jahr 1969 wurde hier nämlich der mit unglaublichen 59 Klosterneuburger Graden süßeste Most gepreßt, den es in Österreich je gegeben hat. Der Most war so zuckerhaltig, daß er nicht und nicht gären wollte. Also wurde das Faß im Sommer 1970 in die gärungsfördernde Sonne gestellt. Dort zeigte sich, daß der Most so dick war, daß das Faß Risse bekam und mit feuchten Tüchern dicht gehalten werden mußte. Freilich: Das war eine – wenn auch durchaus bemerkenswerte – Ausnahme. Jedermann kann sich in Mörbisch davon überzeugen, daß der Most in aller Regel zu gären bereit ist. Die Geschichte vom Most, der nicht zum Wein werden wollte, wirft nur ein bezeichnendes Licht auf die klimatischen Bedingungen, unter denen die Trauben hier gedeihen.

Das Klima, das den Weintrauben paßt, frommt zumeist auch den Schwimmern und Planschern und Segelschiffern. Auf der Hauptstraße zweigt in östlicher Richtung die Seestraße ab, eine durch den Schilfgürtel gebaute Dammstraße, die gut anderthalb Kilometer lang ist. Kurz vor dem Ortsende mündet übrigens der

«See-Radwanderweg», sodaß also die aus Rust kommenden Wasserratten nicht nach Mörbisch hineinzufahren brauchen. Sie wenden sich gleich nach links und gelangen so an den Mörbischer Strand, ein recht weitläufig und großzügig angelegtes Areal, das viele, viele Automobile aufzunehmen imstande ist. Am Seehotel vorbei geht es über eine Brücke auf die Liegewiese, eine künstliche Insel, die zur Gänze den Badenden zur Verfügung steht.

Mörbisch ist zudem ein wichtiger Hafen für die See-Schifffahrt, Ausgangspunkt des Linien- und Rundfahrtverkehrs. Die nahe Grenze und die Tatsache, daß man auch auf dem Wasser nach Fertörákos hinüberfahren kann, machte die Einrichtung eines Zollhauses gleich neben dem Seehotel notwendig.

Wer den See in all seinen Facetten kennenlernen möchte, der kann dies mit einigem Glück in Mörbisch tun. Hin und wieder wird hier nämlich die «Seewanderung» veranstaltet, ein großes, einem Volksfest nicht unähnliches Spektakel, bei dem es gilt, den See von Mörbisch nach Illmitz hinüber zu durchwandern.

Bekannt geworden ist Mörbisch aber nicht nur dadurch. Alljährlich finden hier auf der Seebühne im nordöstlichen Eck der Strandanlage die «Mörbischer Seefestspiele» statt, in deren

Altes Haus in Mörbisch

327

Rahmen bekannte – und bei vielen beliebte – Operetten aufge-
führt werden. Die Festspiele begannen im Jahr 1957 als orts-
ansässiges Laientheater, aber mehr und mehr nahmen die an
Wiener Häusern engagierten Schauspieler die Sache in die
Hand. Heute zählen die Seefestspiele Mörbisch – zumindest
bei den Operettenliebhabern – zu den wesentlichen Sommer-
Festspielen des Landes, die, neben den Aufführungen selbst,
zwei bemerkenswerte Besonderheiten haben: Erstens hält hier
das Wetter öfter als etwa in Salzburg oder Bregenz, was die
Meteorologen versprechen. Und zweitens bevölkern die Mörbischer Seebühne, die ja mitten im Schilfgürtel liegt, nicht nur
die Schauspieler, sondern auch Millionen und Abermillionen
jener kleinen flugfähigen Tiere, die ebenfalls – und das in
schrecklich hohen Tonlagen – zu singen verstehen. Und weil
das so ist, nennen Schauspieler und Zuschauer die Mörbischer
Seebühne in Anlehnung an die Salzburger Felsenreitschule und
also in tapferer Ironie «Gelsenreitschule».

MÖRBISCH/FERTÖMEGGYES/MERBIS

INFORMATION UND ZIMMERVERMITTLUNG Fremdenverkehrsamt,
Hauptstraße 22, Tel. 02685/8430. **BANKEN** Raiffeisenbank, Hauptstraße 4, Tel. 02685/8223-0, 8878-0 (Mo–Fr 7.30–12 und 14–16 Uhr,
Juli/August auch Sa 9–11 Uhr); PSK im Postamt (Mo–Fr 8–12 und
14–18 Uhr). **GENDARMERIE** Hauptstraße 10, Tel. 02685/8233, Notruf
133. **GRENZÜBERGANG MÖRBISCH** Grenzübertritt nur für Fußgänger und Radfahrer (1. April bis 31. Mai und 1. Oktober bis November
von 8 bis 20 Uhr, 1. Juni bis 30. September von 6 bis 22 Uhr). **LINIEN-
SCHIFFE** MÖRBISCH–ILLMITZ–FERTÖRAKOS Mörbischer Schiff-
fahrtsbüro Drescher: Abfahrtsstelle hinter der Seebühne, Tel.
02685/8820 oder 8840. Linienschiffahrt nach Illmitz vom 1. Mai bis 30.
September täglich zur vollen Stunde von 9 bis 16 Uhr, Abschlußfahrt
um 16.45 Uhr. Von Illmitz nach Mörbisch etwa 30 Minuten später. Pusztafahrten, Bootsrundfahrten zur Seemitte und zur ungarischen Grenze,
Mullatschag am Neusiedler See, Neusiedler See bei Nacht, grenzüberschreitende Fahrten Österreich–Ungarn. Mörbischer Schiffahrt Kapitän
Weiss, Hauptstraße 9 oder direkt bei der Schiffstation, Tel.
02685/8324, 8224, 8011. Linienfahrt von Mörbisch nach Illmitz vom 1.
Mai bis 30. September, täglich um 10, 13 und 16.45 Uhr, von 1. Juli bis
3. August zusätzlich um 11, 12, 14 und 15 Uhr. Von Illmitz nach Mör-

bisch jeweils 30 Minuten später. Pusztafahrt, Pusztanacht, Grillparty, Fahrt ins Naturschutzgebiet. Schiffahrtsunternehnen Gangl, Illmitz, Tel. 02175/2158; Linienfahrt (Radfähre) Illmitz–Mörbisch von April bis Ende Oktober täglich um 10, 12, 13.30 und 16.30 Uhr, während der Monate Mai–September zusätzlich um 9, 11 und 17.30 Uhr. Mörbisch–Illmitz jeweils 30 Minuten später. Fahrten zur ungarischen Grenze und nach Fertörákos, Ausflugsfahrten, Grillfest an Bord. Fertö-tavi Hajózási Kft., Schiffahrtsstation Fertörákos, Tel. 0036/99/355-165. Fährenbetrieb von 1. Mai bis 30. September (10–18 Uhr), grenzüberschreitende Fahrten ins Burgenland, Grillparties, Mitnahme von Fahrrädern und Surfbrettern. Podersdorf am See–Rust–Mörbisch. Fa. Knoll, Podersdorf, Tel. 02177/2431 oder 2443. Schiffsverbindung Podersdorf/See–Rust 15. Mai bis 30. September, jeden Di und Fr Abfahrt 13 Uhr, Rust–Podersdorf Abfahrt 17 Uhr; Podersdorf–Mörbisch von 1. Juli bis 31. August jeden Mittwoch um 13 Uhr, Mörbisch–Podersdorf um 16.30 Uhr. **SPORT UND FREIZEIT** AUSFLUGSFAHRTEN Blaguss-Reisen, Hauptstraße 95, Tel. 02685/8293; Reisebüro Eichberger, Hauptstraße 59, Tel. 02685/8277. BADEN Badeanlage mit 500 Meter Strand, Kinderspielplatz, Tischtennis, Minigolfplatz, Segel- und Surfschule, Restaurant, Tel. 02167/2207. BOOTFAHREN Bootsverleih: Friedrich Lang, am See, Tel. 02685/8374. BOOTSLIEGEPLÄTZE Segelschule Lang, Weinberggasse 14 und am See, Tel. 02685/8284 oder 8440. FAHRRADVERLEIH Posch, Blumentalgasse 9, Tel. 02685/8242; Posch, am See (bei Schiffahrt Drescher); Schneeberger, Nussau 18, Tel. 02685/8365. FISCHEN Informationen beim Fremdenverkehrsamt, Hauptstraße 22, Tel. 02685/8430. FITNESS Fitneß-Studio im Gasthaus Lang, Wurditschgasse 16, Tel. 02685/8251. PFERDEWAGENFAHRTEN Johann Mad, Ruster Straße 14, Tel. 02685/8250. Pferdewagenfahrten nach Ungarn, Rückfahrt per Schiff; Evi Wenzl, Seestraße 47, Tel. 02685/8401. SEGELN/SURFEN/EIS-SEGELN Segelschule Lang, Weinberggasse 14 und am See, Tel. 02685/8284 oder 8440. TENNIS Segelschule Lang, Seebadeanlage, Tel. 02685/8440; Strnad, Blumentalgasse 46, Tel. 02685/8818. WANDERN Goldberg-Seewanderweg–Weingartenwanderweg, Waldsaumwanderweg. **MUSEUM** HEIMATHAUS Hauptstraße 55, Altes Winzerhaus mit Originaleinrichtung und Weinkeller. **VERANSTALTUNGEN** SEEFESTSPIELE MÖRBISCH, Informationen im Schloß Esterházy, Eisenstadt, Tel. 02682/66210. Aufführungen jährlich einer Operettenproduktion von Mitte Juli bis Ende August jeden Freitag, Samstag, Sonntag um 20.30 Uhr. Tageskassa Mörbisch, Seestraße 4, Tel. 02685/8232-0, 8855-0. **ESSEN UND TRINKEN** GASTHÄUSER/RESTAURANTS Bacchuskeller, Hauptstraße 9, Tel. 02685/8324; Burgenländerhof, Raiffeisenstraße 2, Tel. 02685/8691; Andreas-Csarda, Nussau 27, Tel. 02685/8355; «Michlhof», Nussau 1, Tel. 02685/8418. CAFÉS Café Monika, Hauptstraße 9, Tel. 02685/8835; Café-Konditorei Pannonia, Hauptstraße 84, Tel. 02685/8210; Café Sommer, Wurditschgasse 2, Tel. 02685/8290.

St. Margarethen – Oslip – Oggau

Wie gesagt: Das nördliche Burgenland und ganz besonders die Gegend rund um den See ist ein geradezu ideales Radlergebiet. Das heißt aber nicht, daß es immer und überall nur flach

dahingeht. Natürlich, ein der Glocknerstraße vergleichbares Wegstück ist hier nirgends zu bezwingen, aber das Ruster Hügelland heißt nicht umsonst «Hügelland», und so muß man sich bei einer Ausflugstour am westlichen Seeufer auf die eine oder andere Steigung gefaßt machen. Diese freilich sind meist nur kurz und im Rahmen des Erträglichen und lohnen in der Regel durch einen wunderbaren Blick über den See.

Von Mörbisch aus führen zwei markierte Radwege nach Rust. Der eine – flach – am See –, also Schilfufer entlang bis zur Ruster Storchenpromenade. Der

Der Pranger in St. Margarethen

andere heißt zu Recht «Höhenweg» und führt seeblickadäquat durch die Weingärten. Wer von Mörbisch oder Rust nach St. Margarethen radeln will, wählt sinnvollerweise diesen Weg. So ziemlich in der Mitte der beiden Orte zweigt westwärts ein markierter und durchgehend asphaltierter Güterweg ab. Oben auf der Hügelkuppe kann man auf dem nach rechts abzweigenden «Weingartenweg» zum Römersteinbruch fahren. Hügelabwärts und also durchaus rasant geht es direkt nach St. Margarethen.

ST. MARGARETHEN/
SZENTMARGITBANYA/MARGERETA

Der Etwa-2600-Einwohner-Ort auf der anderen Seite des Ruster Hügelzuges ist bekannt und geschätzt wegen seiner exzellenten Weine. An vielen Häusern gibt es den unmißverständlichen Hinweis «Flaschenweine», und wer Lust, Liebe und eine entsprechende Unterlage hat, sollte dem Hinweis auch folgen. Schon aus Gründen der Traditionspflege. Im Jahr 1618 wurde den Margarethenern von Kaiser Matthias I. das noch heute verwendete Brandzeichen verliehen und das damit verbundene Privileg, ihren Wein in die Länder der böhmischen Krone zu exportieren.

Apropos Traditionspflege: Die Margarethener Winzer haben eine rund 200 Jahre alte, aus Steinquadern erbaute «Hirta-Hittn» – die Sommerunterkunft für die bis weit in dieses Jahrhundert hinein übliche Weingarten-Bewachung – restauriert

St. Margarethen – authentisches Burgenland

331

und umgewidmet. Jetzt finden dort regelmäßig kommentierte Verkostungen statt. Auf jeden Fall aber sollte man im «Weinforum» an der Hauptstraße vorbeischauen, wo man sich einen ersten Überblick über das Weinangebot verschaffen kann.

Zentrum des Ortes ist die katholische *Kirche,* die Johannes dem Täufer geweiht ist. Der gotische Bau mit Spitzbogenfenstern und Kreuzrippengewölbe mußte freilich des öfteren neu aufgebaut werden. 1529, 1532 und 1683 wurde der Ort von den Türken, 1704 von den ungarischen Kuruzzen verwüstet. Beim Wiederaufbau wurde die Kirche jeweils auch verändert, so zum Beispiel stand der auf das 13. Jahrhundert zurückgehende Turm ursprünglich frei. Die letzte Renovierung fand 1960 statt, dabei ist die Kirche quasi umgedreht worden: Das ehemalige Seitenschiff wurde zur Vorhalle, das Haupt- zum Querschiff und der Chor zu einer Seitenkapelle. Die aus dem 17. Jahrhundert stammende steinerne Kanzel wird allgemein als eines der Hauptwerke der Margarethener Steinmetzschule bezeichnet, die durch den nahen Steinbruch eine uralte Tradition hat. Der neben der Kirche stehende sechseckige Karner mit seiner runden Apsis stammt aus dem 14. Jahrhundert.

ST. MARGARETHEN/SZENTMARGITBANYA/ MARGERETA

INFORMATION UND ZIMMERVERMITTLUNG Fremdenverkehrs- und Informationsstelle St. Margarethen, Hauptstraße 20, Tel. 02680/2101, Gemeindeamt, Hauptplatz 1, Tel. 02680/2202. **BANKEN** Raiffeisenbank St. Margarethen, Prangergasse 6–8, Tel. 02680/2246; Erste Österreichische Spar-Casse, Hauptstraße 77, Tel. 02680/2131. **FREIZEIT UND SPORT** BADEN Freizeitzentrum mit Badeteich, Fitneßparcours und Kinderspielplatz, Tel. 02680/2101. AUSFLUG MIT KINDERN Müllers Märchenwald mit Tierpark, Freizeitpark St. Margarethen, Am Ruster Berg, Tel. 02685/303. **BESICHTIGUNG** RÖMERSTEINBRUCH St. Margareten, Tel. 02680/2188, 2207 (siehe auch S. 305 ff.). PASSIONSSPIELE St. Margarethen (nächster Termin: Sommer 1996), Tel. 02680/2100. **ESSEN UND TRINKEN** Die Eselmühl, Mühlgasse, Tel. 02680/2800; Weinstube Sonnenhof, Hauptstraße 18, Tel. 02680/2266; Taverne Römersteinbruch, Tel. 02680/2207; WEINKELLEREI Weinkellerei Burgenland, Am Ruster Berg, Tel. 02685/544-0.

DIE DREI MÜHLEN

St. Margarethen liegt direkt an der ehemaligen «Bernsteinstraße», die später von den Römern zu einer Fernverkehrsstraße
in die nordöstlichen Provinzen an der Donau ausgebaut worden
ist. Sie verlief ungefähr dort, wo sich heute die Straße nach Oslip befindet, die im Ortsgebiet von St. Margarethen von der
Hauptstraße nach Norden abzweigt. Es ist dies eine normale,
nicht nur dem Radverkehr vorbehaltene Straße, sie trägt deshalb auch keinen der hier für die Radwege üblichen klingenden
Namen. Falls jemand dies beabsichtigt, so würde sich eine Bezeichnung geradezu aufdrängen: Drei-Mühlen-Weg.

Die alte Bernsteinstraße verbindet nämlich auf dieser kurzen
Strecke hinüber nach Oslip drei ehemalige Mühlen, die ihrerseits
sehr rührig und gelungen Kultur und Kulinarisches zu verbinden
suchen: Die Eselmühle, die Storchmühle und die Cselleymühle.
Alle drei sind – mehr oder weniger bemerkenswerte – Gastwirt-
schaften und – mehr oder weniger bemerkenswerte – Kulturver-
anstaltungsorte in alten, sorgsam restaurierten Gebäuden.

Die *Eselmühle* hat sich ein wenig versteckt: Man fährt auf der
Margarethener Hauptstraße Richtung Eisenstadt, am Ortsende zweigt die Mühlgasse nach rechts ab, und von da an geht es
noch einen guten Kilometer weit. Das Haus wurde 1819 erbaut, die kleine Maria-Lourdes-Kapelle stammt aus dem Jahr
1895. Eine Mühle ist jedoch schon aus dem 15. Jahrhundert
urkundlich verbürgt. Sie gehörte einem gewissen Lienhart Few-
stel, einem Bürger Ödenburgs «von Sand Margareten», weshalb sie auch lange danach noch «Feustlin Müll» genannt wurde. Unter dem heutigen Namen war sie seit Beginn an ein weit
über St. Margarethen hinaus bekanntes Restaurant. Seit einigen Jahren werden hier auch immer wieder Ausstellungen,
Konzerte und Lesungen veranstaltet.

Kurz vor dem Ortsanfang von Oslip – also rund drei Kilometer von St. Margarethen entfernt – kreuzt der Radweg B 13,
die Verbindung des Neusiedler-See-Weges zum Koglweg, die

Straße. Hier biegt man am besten nach links, am südlichen Ortsende entlang bis in die Sportplatzgasse. Dort befindet sich die *Storchmühle,* ein beliebtes Ausflugslokal, das vor allem jene zu verwöhnen weiß, welche die sogenannte Zigeunermusik lieben. Über dem Hofportal wacht in einer bequemen Nische der heilige Nepomuk, assistiert von zwei kleinen Engeln. Im Innenhof, in dem vor allem der alte Radbrunnen auffällt, finden hin und wieder auch musikalische Frühschoppen statt.

Wer die Abzweigung versäumt, braucht sich nicht zu grämen. Es genügt, so um die anderthalb Kilometer weiterzuradeln, Oslip im Wortsinne links liegenzulassen, bis sich linker Hand ein Feldweg ausmachen läßt, an dessen Ende die *Cselleymühle* steht. Sie ist nicht gerade das, was man eine kulinarische Sensation nennen könnte, aber eine Art von Sensation ist sie allemal. Die Cselleymühle ist einer der wohl profiliertesten kulturellen Veranstaltungsorte der gesamten Region und darüber hinaus. Gerade in der warmen Jahreszeit ist hier jedes Wochenende, wie man so sagt: der Bär los. Nicht nur deshalb pilgern Kulturinteressierte auch von weit weg hierher. Der große Innenhof mit seinen Hofarkaden im Obergeschoß und dem alten Taubenkobel bietet ein

Die Cselleymühle – sanft renoviert und als Kulturzentrum genutzt

wunderbares Ambiente: entspannte Kultur. Der vielleicht einzige Nachteil ist der Umstand, daß es den meisten wohl sehr schwer fällt, sich von hier wieder wegzubewegen. Vielleicht ist das der Grund dafür, daß zwar viele die Cselleymühle kennen, nur wenige aber den dazugehörigen Ort, also

INFORMATION Restaurant Die Eselmühl, Mühlgasse, St. Margarethen, Tel. 02680/2800; Restaurant Storchmühle, Sportplatzgasse 4, Oslip, Tel. 02684/2127; Kultur-Aktionszentrum Cselley-Mühle, Sachsenweg, Oslip, Tel. 02684/2812.

OSLIP/OSZLOP/UZLOP

Dieses typische burgenländische Straßendorf wurde unter dem Namen «Zazlop» erstmals im 14. Jahrhundert urkundlich erwähnt. Der Name – in diesem Fall ist die etymologische Spitzfindigkeit durchaus interessant – ist eine magyarisierte Form des altslawischen «Stlupu», welches soviel bedeutet wie: Säule oder Turm. Die Präposition «za» meint «hinter». «Oslip» heißt also nichts anders als: «Hinter dem Turm». Das von Oslip aus gesehen auf der anderen Seite des Höhenrückens am Seeufer gelegene Oggau, welches urkundlich erstmals im Jahr 1344 als «villa Scaka» erwähnt ist, leitet sich, sagen die Etymologen, vom altslawischen «Cakova» her, was soviel heißt wie: Wachtposten. Es darf also füglich angenommen werden, daß sich hier in früheren Zeiten eine Art Aussichtsturm befunden hat – höchstwahrscheinlich oben auf dem Gipfel des «Goldberges».

Warum das hier so ausführlich abgehandelt wird? Nun, weil Oslip ein sehr gutes Beispiel dafür ist, wie wenig selbst der beste Turm einem im Fall des Falles nützen kann. (Auch die mittelalterliche Burg, im 15. Jahrhundert Sitz des «Raubritters» Bartholomäus Trochmann und zuletzt 1486 erwähnt, ist spurlos verschwunden.) Der erste Türkensturm fegte die Ortschaft samt seinen Bewohnern hinweg. Danach wurden die ebenfalls von den Osmanen nach Norden gescheuchten, unter der Stephanskrone Schutz suchenden Kroaten hier angesiedelt. 67 Familien wurden im Jahr 1569 gezählt, 61 davon nannten die Wulka «Graba».

Und daran hat sich bis heute nur wenig geändert. Oslip ist eines der Zentren der nordburgenländisch-kroatischen Traditionspflege. Und aus diesem Grund seit jeher katholisch.

Die Kirche stammt aus dem 14. Jahrhundert, wovon das Langhaus mit dem gotischen Kreuzrippengewölbe und der Westturm zeugen. Nach Osmanen und Kuruzzen ging man, wie vielerorts, ans Renovieren; unter kroatischer Federführung. Gegen Ende des furchtbaren Jahrhunderts, 1668, ist dann die Pestsäule mit den Sockelfiguren der drei Pestheiligen und der Marienstatue errichtet worden.

INFORMATION Gemeindeamt Oslip, Hauptstraße 7, Tel. 02684/2208-0.

Der schon erwähnte Radweg B 13, die Verbindung von der Rosalia zum See, führt von Oslip westwärts über den Höhenzug, kreuzt dann die Straße zwischen Oslip und Rust und trifft kurz danach auf den Neusiedler-See-Rundweg, der direkt ins Ortszentrum von Oggau führt.

OGGAU/OKA/COKULA

Vor dem Ortsanfang sollte man freilich noch kurz Station machen. Immerhin rühmt sich Oggau, die älteste Rotweingemeinde Österreichs zu sein. Wenn dem tatsächlich so ist – und was sollte dagegen sprechen? –, dann darf man von einem profunden Wissen der Oggauer Weinhauer ausgehen, das diese dankenswerterweise auf dem «Ersten burgenländischen Weinwanderweg» aufbereitet haben. Ein Teil dieses Wanderweges liegt auf dem Radweg und ist somit nicht zu übersehen. An den Stationen wird dem angehenden Weinkenner ein Überblick über die Weinkultur am See geboten. Der Weg ist zweieinhalb Kilometer lang und führt mitten durch die Oggauer Rieden, welche in den Oggauer Kellern ihre logische Fortsetzung finden.

Oggau ist, das ist bereits gesagt worden, uraltes Siedlungsgebiet. Unter Archäologen bekannt geworden ist der Ort vor allem durch die Funde aus der Jungsteinzeit, der durch die Form ihrer Tongefäße sogenannten Glockenbecherkultur. Auch auf Reste von keltischen und römischen Siedlungen ist man gestoßen, sodaß man allgemein davon überzeugt ist – und die Oggauer selbst am meisten –, daß es hier über die Jahrtausende hinweg eine kontinuierliche Besiedelung gegeben hat.

Seltsamerweise – oder auch nicht seltsamerweise, je nachdem – fehlt bislang jede menschliche Spur zwischen dem achten und dem 15. Jahrhundert: keine Funde, keine Aufzeichnungen – bis zu dem bereits erwähnten Dokument, das von der «villa Scaka» berichtet. Es gibt Leute, die der Überzeugung sind, daß im Ur-Oggau jene «öde Kirche von Lehndorf» gestanden sei, die der Legende nach im See versunken ist. Alte, ganz alte Oggauer erzählen zuweilen, daß ihnen erzählt worden sei, eine alte, verfallene Kirche, die bei

Die Oggauer Kirche

niedrigem Wasserstand zu sehen gewesen sei, habe man in früheren Zeiten als Steinbruch benutzt. Auch wenn Skeptiker meinen, daß eine ganze Kirche nicht wirklich in einen Steppensee hineinpasse: Die Geschichte klingt so bezaubernd, daß sie einfach wahr sein muß.

Demzufolge wäre also das den Osmanen zum Opfer gefallene Gotteshaus bereits die zweite Oggauer Kirche gewesen, die im 18. Jahrhundert abgebrannte somit die dritte. Und jene, die man heute noch besichtigen kann, die vierte des Ortes, der tatsächlich wie kaum ein anderer unter Kriegen und Katastrophen gelitten hat. Kriegszerstörungen: 1529, 1532, 1605, 1683, 1705. Großbrände: 1732, 1843. Auf der Straße nach Donnerskirchen liegt eine Kaserne des Bundesheeres. Ab 1934 bis 1945 ist hier der scharfe Schuß mit den Fliegerabwehrkanonen geübt worden.

Die «vierte Oggauer» Kirche, um auf ein freundlicheres Thema zurückzukommen, wurde in den Jahren 1727 bis 1731 errichtet. Bezahlt wurde der Bau von einem nach Wien ausgewanderten Oggauer, Matthias Weißenbeck, der den Baumeister Franz Pilgram beauftragt hatte, etwas Kathedralenartiges zu entwerfen. Aus der Kathedrale ist nichts geworden, nur die recht unproportionierte Erscheinung deutet noch darauf hin, daß ursprünglich ein weit längeres Bauwerk geplant war.

OGGAU/OKA/COKULA

INFORMATION UND ZIMMERVERMITTLUNG Gemeindeamt Oggau, Hauptstraße 52, Tel. 02685/7201, sowie Fremdenverkehrsinformation, Tel. 02685/7744. **CAMPING** Camping- und Mobilheimplatz mit 400 Mobilheimplätzen und 150 Plätzen für Kurzcamper, ca. 900 Meter vom Neusiedler-See-Ufer entfernt. Saison: 1. April bis 31. Oktober. Kinderspielplatz, Restaurant, Selbstbedienungskaufladen. Neben dem Campingplatz gibt's einen Bootsanlegeplatz samt Seezufahrtskanal. Tel. 02685/7271. **BANKEN** Raiffeisenbank Oggau, Tel. 02685/7244; Postsparkasse, Tel. 02685/7220. **FREIZEIT UND SPORT** BADEN Freischwimmbad: An den Campingplatz angeschlossen, Sportbecken mit Sprunganlage, Erholungsbecken, Kinderplanschbecken, Tischtennis, Büffet, Tel. 02685/7267. BOOTFAHREN Bootshafen, Tel. 02685/7270 oder 7271, Elektro-, und Tretbootevermietung, Vermietung von Anlegeplätzen für Segelboote (Slipanlage mit Kran). FISCHEN Tageskarte, Wochenkarte, Zweiwochenkarte, Jahreskarte bei der Geschäftsstelle des Burgenländischen Fischereiverbandes Oggau, Seegasse 58a, Tel. 02685/7223. RADFAHREN Fahrradverleih im Büro des Campingplatzes, Tel. 02685/7271. TENNIS Campingplatz, Tel. 02685/7271. 4 Tennisplätze (Sand). WANDERN Die Wanderwege führen durch das Weinbaugebiet mit Ausblicken auf den See. 1. Burgenländischer Weinwanderweg (Weinlehrpfad). Der Weinwanderweg schlängelt sich mit zweieinhalb Kilometer Länge durch die Oggauer

Weingärten und gibt Einblick in die «Weinkultur» und Werkstatt der Winzer. Info 02685/7201. **MALER-ATELIERBESUCHE** werden gegen vorherige Anmeldung bei den akademischen Malern Josef Michels, Weissenböckgasse 30 und Hauptstraße 51, sowie Christoph Pallitsch, Hauptstraße 39, ermöglicht. **ESSEN UND TRINKEN** GASTHÄUSER/ RESTAURANTS Restaurant Dorfstube, Fam. Reinprecht, Hauptstraße 54a, Tel. 02685/7440 (einer der besten Weingasthöfe); Sebastiankeller, Sebastianstraße 68, Tel. 02685/7297. KONDITOREI Josef Migschitz, Hauptstraße 24, Tel. 02685/7214.

Auf dem Neusiedler-See-Radweg kann man, gestärkt durch Geschichte und Geschichterln, die fünf Kilometer zurück nach Rust radeln. Der Güterweg «Mitterkräfte-Gmerk» mündet am Ortsanfang von Rust in die Feldgasse. Wenn man die entlangfährt, trifft man am Franz-Josefs-Platz auf die Eisenstädter Straße. Und von dort ist es nur noch ein Katzensprung in die Ruster Altstadt.

STEINE UND MÄRCHEN UND WEINE – EIN KINDERFREUNDLICHER AUSFLUG INS RUSTER HÜGELLAND

Nicht weit entfernt von Rust – direkt an der Straße nach Eisenstadt, ein wenig außerhalb des Ortes, aber innerhalb der Gemeinde St. Margarethen – liegt ein Steinbruch, der sich langsam an die Superlative, mit denen man über ihn spricht, gewöhnt haben wird: Weltberühmt soll er sein, die «monumentalste Steinlandschaft Europas» soll er darstellen, auf jeden Fall ist er «die frequentierteste Sehenswürdigkeit des Burgenlandes». Wie auch immer: Fremdenverkehrspolitisch bedingte Lobpreisungen sollten auch große Skeptiker nicht vom Besuch dieses «größten von Menschenhand geschaffenen Kraters» abhalten. Er lohnt aus mehreren Gründen. Daß hier «der heißeste Platz Österreichs» zu finden ist, ist nur einer darunter.

Der *Römersteinbruch von St. Margarethen* ist – ähnlich dem von Fertörákos – ein kulturhistorisch tatsächlich äußerst interessantes Monument. Die in Pannonien heimisch gewordenen Römer begannen hier, den leicht bearbeitbaren Kalksandstein für ihre aufblühenden Städte Carnuntum und Scarbantia zu brechen. Später holte man von hier das Baumaterial für den Wiener Stephansdom, noch später das für die Ringstraße. Insgesamt, so schätzt man, wurden hier vier Millionen Kubikmeter Stein weggeschafft, mit mittlerweile 100.000 Quadratmetern offener Fläche ist es einer der größten Steinbrüche Europas geworden.

Ein Nebenprodukt der mühseligen Arbeit der Steinmetze ist heutzutage eine der wichtigsten Atttraktionen des großen Lochs. Der tiefe Schnitt durch den Stein gewährt einen interessanten Blick in die Erdgeschichte. Im Kalksandstein fand und findet man zahlreiche Fossilien, unter anderem ein versteinertes Delphinskelett und die versteinerten Köpfe zweier Seekühe, die heute im Landesmuseum in Eisenstadt zu sehen sind.

Der Steinbruch ist immer noch in Betrieb. Denn seit ein paar Jahrzehnten bildet er nicht nur den monumentalen Rahmen, sondern liefert auch den Rohstoff für eine mittlerweile fest etablierte Institution der modernen Bildhauerei.

Karl Prantl, ein Bildhauer aus dem nahen Pöttsching, initiierte im Jahr 1959 die Gründung des «Bildhauersymposions St. Margarethen». Hier sollte ein Ort geschaffen werden, an dem sich alljährlich Künstler aus aller Welt treffen: zum Gespräch, zum Kennenlernen, zum Arbeiten abseits des Alltags. Nach dem Vorbild von St. Margarethen gibt es solche «Bildhauer-Symposien» heute auf der ganzen Welt, von Israel bis Kanada, von Japan bis Polen.

Zahlreiche, zum Teil monumentale Plastiken, die hier im Lauf der Jahre geschaffen wurden, stehen auf dem weitläufigen Gelände oberhalb des Steinbruchs. Ein Spaziergang durch diese Freiluftgalerie vermittelt nicht nur einen Einblick in die moderne Bildhauerei. Wer zwischen den Plastiken, quer über die Wiese, hinauf zur Hügelkuppe schlendert, kann einen der schönsten Rundblicke über den See genießen, an klaren Tagen bis weit hinüber in den Seewinkel, bis weit hinein nach Ungarn und bis weit hinauf zum Leithaberg.

Der monumentale Steinbruch bietet eine weitere Besonderheit, die freilich nur selten genossen werden kann und deshalb so etwas wie eine Rarität ist: die St. Margarethener Passionsspiele. Anders als etwa im nahen Mörbisch blieb man hier dem System des Laientheaters treu. 1926 wurden die Spiele vom St. Margarethener Pfarrer und einem Jungbauern begründet. 1933 legten die darstellenden und bei der Aufführung mithel-fenden Bewohner des Ortes das Gelöbnis ab, alle fünf Jahre das Leiden des Herrn, die Passio Christi, darzustellen. Ein Versprechen, das im wesentlichen bis heute gehalten wurde. 1961, da feierte das Burgenland die 40jährige Zugehörigkeit zu Österreich, fanden die Spiele erstmals in der gigantischen Kulisse der Felsenbühne statt. Und seither zählen sie zum fixen Bestandteil des Kataloges österreichischer Kulturbesonderheiten.

Der Römersteinbruch bei St. Margarethen

Der Römersteinbruch zu St. Margarethen mit seiner für jede Karl-May-Verfilmung geeigneten Kulisse, ist eines der selten gewordenen Ausflugsziele, mit dem man Kinder nicht quält. (Nur: Achtung beim Spaziergang oberhalb des Steinbruchs!) Wenn aber das kindliche Ferienbedürfnis sich trotz allem gegen einen kulturgeschichtlichen Rundgang zur Wehr setzt, dann müssen stärkere Argumente herhalten. Zum Beispiel der nahe Märchenwald.

Wer von Rust gekommen ist, kennt ihn schon. Wer aus Richtung Eisenstadt zum Steinbruch angereist ist, muß nur über die Hügelkuppe und dann bergab. Linker Hand gibt es einen großen Parkplatz, ein heiliger Georg kämpft dort mit dem Drachen, und gleich dahinter befindet sich der Eingang zum sogenannten *Märchenwald*.

Das Konzept ist ganz einfach. Auf einem weitläufigen, bewaldeten Areal wurde von den Betreibern versammelt, was Kinder von null bis 100 faszinieren kann. In durchaus adäquaten Gehegen laufen eine Menge Tiere herum. Keine Exoten –

Hans im Glück im Märchenwald

Gott sei Dank –, sondern von Gans und Fasan über Hirsch und Ziege bis zu Esel und Wildschwein alles, was die heimische Fauna hervorzubringen imstande ist. An der Kassa kann man Futtersackerl mit Kukuruz erstehen, sodaß es den Kindern leicht gelingt, die Tiere anzulocken und sich von ihnen abschlecken zu lassen. Durch den Tierpark führt ein nicht allzu langer Rundweg, und weil er durch den Wald führt, braucht auch niemand Angst vor Sonnenbrand zu haben oder diese als Ausrede vorzuschützen. Am Wegrand erzählen bunt bemalte Figuren die charakteristischen Episoden aus den bekanntesten Märchen. Dornröschen wartet auf den erlösenden Prinzen, die Bremer Stadtmusikanten erschrecken die Räuber, Rapunzel läßt ihren Zopf vom Turm hinunter. Am Ende des Weges, den man im Uhrzeigersinn hinter sich bringen sollte, gelangt man wieder zum Ausgangspunkt, wo eine Reihe von Wurstelprater-Lustbarkeiten den Erlebnischarakter des Kinderausflugs komplettieren. Die Geräte funktionieren nach dem Einwurf eigener Jetons. Und während der

Nachwuchs diesem Vergnügen frönt, kann der Vorwuchs es sich an einem Tisch im Büffet gemütlich machen.

Was den Kindern ihr Ringelspiel, ist den Eltern ein Besuch in der «Weinkellerei Burgenland». Das Gebäude liegt halbwegs zwischen Märchenwald und Römersteinbruch auf der Anhöhe des Ruster Berges, linker Hand, wenn man in Richtung Eisenstadt unterwegs ist. In der dortigen Weinboutique erhält man einen kompletten Überblick über das burgenländische Weinangebot, alle Sorten, alle Prädikate und, so noch vorhanden, auch alte, besondere Jahrgänge, sodaß sich dieser Ausflug mit einer kleinen Expedition ins weite Land des Rebensaftes beschließen läßt.

INFORMATION MÜLLERS MÄRCHENWALD mit Tierpark, Freizeitpark St. Margarethen, Am Ruster Berg, Tel. 02685/303; RÖMERSTEIN-BRUCH St. Margarethen, Tel. 02680/2188, 2207; PASSIONSSPIELE ST. MARGARETHEN Tel. 02680/2100; WEINKELLEREI BURGEN-LAND, Am Ruster Berg, Tel. 02685/544-0.

Vom See in die Rosalia

Es ist hier schon einiges gesagt worden über den Grenzcharakter dieser Region, daß am Neusiedler See in vielerlei Hinsicht Mitteleuropa aufhört und – vice versa – Osteuropa beginnt. Wer diese Grenzlandschaft im Wortsinn «erfahren» will, der sollte sich aufs Rad schwingen und vom Steppensee hinauf in die Alpen radeln. Einen ganzen Tag sollte man sich schon Zeit nehmen dafür, am besten wäre einer dieser prächtigen Frühfrühlingstage Ende März, Anfang April. Denn da beginnen die Kirschen zu blühen und die Marillen und die Pfirsiche und die rosa Mandeln, was auf eine ganz eigenartige und kaum erzählbare Weise die in dem langen Winter eingemotteten Lebensgeister weckt.

Eine empfehlenswerte Sache ist dies für alle Wiener und Wienbesucher. Vom Südbahnhof ist man in knapp einer Stunde in der Gegend, durch welche eine der historischen Spezialitäten des Grenzlandes führt: die an anderer Stelle beschriebene Raaber Bahn, die über alle Wirrnisse des Heißen und anschließenden Kalten Krieges hinweg österreichisch-ungarisch gebliebene RÖEE/GySEV (Raab-Ödenburg-Ebenfurther Eisenbahn/Györ-Sopron-Ebenfurti Vasut). Der Ordnung halber wird die Radtour hier beschrieben mit dem Ausgangspunkt Rust, wer mit der Bahn anreist und in Wulkaprodersdorf, Draßburg oder Baumgarten zu radeln beginnt, hat noch genug vor sich, um auf seine Kosten zu kommen.

In Rust macht man sich über die B 13 auf den Weg, der nach Oslip hinüber führt. Dort biegt der Weg nach Südwesten, und auf einer recht angenehmen, weil flachen, asphaltierten und – selbstverständlich – markierten Strecke gelangt man nach Trausdorf.

TRAUSDORF/DARAZSFALU/TRAJSTOF

Trausdorf an der Wulka ist eine kroatische Gemeinde. In den letzten Jahren ist Trausdorf vor allem durch seinen Flugplatz bekannt geworden und ins Gerede gekommen. Die Urbarialgemeinde – die Gemeinschaft der Trausdorfer Bauern also – wollte das Gelände nicht mehr weiter verpachten, die Betreiber des Flugplatzes bemühten die Gerichte und ihre teils recht prominenten Kunden. Der Streit zog sich hin, und wider Erwarten obsiegten die Einheimischen: Jedenfalls gibt es den «Eisenstädter Flughafen» nicht mehr.

Im Ort gibt es noch eine ganze Reihe der für die Gegend hier recht charakteristischen Giebelhäuser mit – und das ist nicht unbedingt ein Charakteristikum – auffälligem farbigem Ornamentschmuck an den Fassaden. Auffällig, aber nicht überraschend im streng katholischen Dorf, sind auch die überall zu findenden Spuren des religiösen Lebens, vor allem die zahlreichen Bildstöcke, die man in und um den Ort findet.

Im Süden des Ortes – der Radweg kreuzt die Zufahrtsstraße – liegt die *Parisermühle,* über die es ein Dokument aus dem Jahr 1515 gibt. Im 17. Jahrhundert gingen hier, ein paar Kilometer außerhalb der Eisenstädter Residenz, die Fürsten Esterházy ihren ruralen Vergnügungen nach, worin immer diese auch bestanden haben mögen.

INFORMATION Gemeindeamt Trausdorf an der Wulka, Obere Hauptstraße 2, Tel. 02682/4272.

Durch die Wulka-Ebene geht es weiter in südwestlicher Richtung. Der Radweg kreuzt die nach Sopron führende Bundesstraße 16, und wenig später zweigt nach links eine Straße ab nach Siegendorf.

SIEGENDORF/CINFALVA/CINDROF

Wie Oslip, Trausdorf und die nahen Ortschaften Wulkaprodersdorf und Zagersdorf ist auch Siegendorf eine kroatische Gemeinde, bekannt geworden durch die besonders intensive Brauchtumspflege zu einer Zeit, als es schien, als würden sich die burgenländischen Kroaten als Volksgruppe auflösen – still und ohne Widerspruch. Daß dem nicht so war, verdankt Österreich – nicht nur natürlich, aber sicher auch – der Frau Schulrat Kröppel, Lehrerin in Siegendorf. Sie war es, die in den fünfziger Jahren die Eltern ihrer Schüler dazu überredete, Tamburizzas zu kaufen, auf daß ihre Kinder das Spiel auf diesem traditionellen kroatischen Instrument, das mit der russischen Balalaika und der italienischen Mandoline verwandt ist, erlernen. Die Kinder lernten, an der Hauptschule wurde ein eigener Freigegenstand «Spielmusik» eingeführt. Der Zagreber Professor Slavko Jankovits machte die Schüler mit den Grundbegriffen vertraut, und mittlerweile ist das Siegendorfer Tamburizza-Orchester weit über die Grenzen der kroatischen Sprachinsel hinaus bekannt, unter anderem durch die LP «Die schönsten Lieder der pannonischen Heimat», die vom Burgenländer Toni Stricker und vom Wiener Franz «André» Heller produziert wurde. Im Sommer finden hier regelmäßig Tamburizza-Abende statt,

Badehütten am Schilfgürtel

durchaus gedacht als Attraktion für den Fremdenverkehr, allerdings, anders als in so manchen alpinen Regionen, nicht ausschließlich. Die Hauptaufgabe der Musikanten besteht wohl darin, zu verhindern, daß das Kroatische irgendwann einmal im Museum landet.

Die kleine Gemeinde Siegendorf hat noch eine weitere Persönlichkeit der Musikwelt vorzuzeigen. Der international anerkannte Komponist Professor Jenö Takásc wurde hier geboren. Nach vielen Auslandsaufenthalten kehrte er vor einigen Jahren wieder in seine Heimatgemeinde zurück.

Mit Museen haben die Siegendorfer Erfahrungen genug. Im Osten des Dorfes (Abzweigung von der Straße nach St. Margarethen), im sogenannten Schuschenwald, ist der «Siegendorfer Schatz» gefunden worden, der im Eisenstädter Landesmuseum zu bestaunen ist. Dabei handelt es sich um umfangreiche bronzezeitliche Grabbeigaben, Äxte, Armreifen, Waffen. An der Fundstelle wurde ein kleines Freilichtmuseum eingerichtet.

Ein anderes Museum befindet sich im Ort selbst, neben dem Rathaus, im sogenannten Kastell, einem aus dem 16.

Jahrhundert stammenden Adelssitz. Südwestlich des Ortes, links und rechts der B 16, steht unübersehbar die alte, 1852 gegründete Zuckerfabrik. Vor einigen Jahren wurde sie aus Rentabilitätsgründen geschlossen, das «Österreichische Zuckermuseum» hält die Erinnerung daran wach.

Apropos Museum: Vor dem Kastell steht, als weithin sichtbares Wahrzeichen, eine sogenannte Diffusionsbirne, eine Apparatur, in welcher der Zucker aus der geschnitzelten Runkelrübe gelaugt wird. Sie ist ein Geschenk aus der DDR. Ein Geschenk von Museum zu Museum sozusagen.

SIEGENDORF / CINFALVA / CINDROF

INFORMATION UND ZIMMERVERMITTLUNG Gemeindeamt Siegendorf, Rathausplatz 1, Tel. 02687/8261. **BANKEN** Die Erste österreichische Spar-Casse, Hauptstraße 18, Tel. 02687/8247; Raiffeisenbank, Rathausplatz 2, Tel. 02687/8217. **FREIZEIT UND SPORT** BADEN Freibad Siegendorf, Badgasse 4, Tel. 02687/8251, Sprungtürme und Freirutsche, 50-Meter-Becken, Kinderplanschbecken, Minigolfplatz, Restaurant. MODELLFLIEGEN am Modellflugplatz. TANZEN Café-Bacardi-Club Pinter, Dr.-Ludwig-Leser-Gasse 43. TENNIS ASKÖ-Tennisclub Siegendorf, Badgasse, 5 Tennisplätze. WANDERN Weinwanderweg Siegendorf–Zagersdorf. **MUSEEN** Österreichisches Zuckermuseum, Rathausplatz 2, Tel. 02687/8186, 8361. Entwicklungsgeschichte der Zuckergewinnung. Geöffnet von 1. April bis 30. September, Di–Fr 16–19 Uhr, Sa und So 10–12 und 16–19 Uhr. FREILICHTMUSEUM «SCHUSCHENWALD» Spätbronzezeitliche Hügelgräber. Information: Gemeindeamt, Tel. 02687/8261. Ganzjährig geöffnet. **VERANSTALTUNG** Tamburizza-Abende im Juli und August. **ESSEN UND TRINKEN** Gasthof Kruisz, Hauptstraße 29, Tel. 02687/8253; Prior's Café-Restaurant «Kaffeemühle», Eisenstädter Straße 11, Tel. 02687/8218; Rudi's Heuriger «Zur Pferdekutsche», Eisenstädter Straße 80, Tel. 02687/84443.

Südwestlich von Siegendorf, jenseits der B 16, liegt *Zagersdorf / Zárány / Cogrštof,* nordwestlich *Wulkaprodersdorf / Vulkapordány / Vulkaproderstof,* beides ebenfalls kroatische Gemeinden. Hier befindet sich somit das Zentrum der kroatischen Sprachinsel im nördlichen Burgenland.

DIE KROATEN IM BURGENLAND

Die burgenländischen Kroaten sind, wie die anderen Volksgruppen auch, einer jener Akzente, die zum Selbstverständnis, zur Identität aller Burgenländer unabdingbar dazugehören. Ihre pure Anwesenheit erzählt jedem, der es hören will, Geschichten aus den früheren Tagen einer stets unruhigen Region. Geschichten, die weit hinüber und hinunter reichen nach Osteuropa und zu den Wirrnissen des Balkans.

Kroatien stand, nachdem es sich aus der Oberhoheit von Byzanz gelöst hatte, ab 1102 unter dem Einfluß Ungarns, der durch Grundherrschaften ungarischer Magnatengeschlechter manifest wurde. Einige dieser Geschlechter – die Batthyány, die Erdödy, die Nádasdy – waren auch Grundherren in der westlichen Grenzregion, die im 16. Jahrhundert von den Auswirkungen der spätmittelalterlichen Wirtschaftskrise schwer getroffen wurde. Die Landschaft verödete. Und was die Wirtschaftskrise nicht schaffte, vollbrachten die Osmanen in den Jahren 1529 und 1532. Seit der Mitte des 15. Jahrhunderts stießen die Türken über den Balkan nach Norden vor. Schon 1389 gewannen sie die heutzutage noch immer so schändlich mißbrauchte «Schlacht auf dem Amselfeld»: Sieben Jahre später wird Serbien osmanischer Vasall, ein halbes Jahrhundert darauf türkische Provinz. Ein Schicksal, das auch die Kroaten ereilte. 1493 verloren sie die Schlacht auf dem Krbava-Feld, in deren Folge die erste Auswanderungswelle einsetzte.

Das Zusammentreffen dieser beiden Situationen – Entvölkerung in Westungarn, Vertreibung in Kroatien – führte zu einer von oben gelenkten und gewünschten Ansiedlungspolitik im heutigen Burgenland, die das ganze 16. Jahrhundert hindurch beibehalten wurde. Eigens ausgesandte Werber versprachen in den Flüchtlingslagern Ungarns Siedlungsmöglichkeiten in den verödeten Dörfern der Grenzregion und, wie auch bei anderen Neusiedlungen üblich, Steuerbefreiung. Was es nicht gab, war die Befreiung von den alltäglichen Reibereien mit den – meist deutschen – Nachbarn, die kulturellen und wohl auch religiösen Unterschieden entsprangen. Die Kroaten organisierten sich im Verband der Großfamilie, die Deutschen innerhalb der vom Grundherrn vorgegebenen Feudalstruktur. Die Deutschen neigten dem Protestantismus zu, die Kroaten beharrten auf ihrem Katholizismus, der ihnen – bis weit ins 20. Jahrhundert hinein – die kulturelle Eigenständigkeit sicherte. Von groben Konflikten freilich und erbitterten Auseinandersetzungen ist nichts überliefert. Man hatte sich, innerhalb kürzester Zeit und unter dem Druck der Verhältnisse, arrangiert. Kroatische Dörfer und deutsche Dörfer lebten weitgehend friedlich mit- oder wenigstens nebeneinander. Immerhin taten sie das unter demselben Herrn.

Freilich: Ziemlich bald riß der Kontakt zum Mutterland ab, nach der Schlacht bei Mohacs verlor Ungarn seine Selbständigkeit, mit Ungarn kam auch Kroatien unters «türkische Joch». Und als Prinz Eugen zu Beginn des 18. Jahrhunderts zum dritten großen Türkenkrieg blies (1717 schlug er die berühmte «Bruck'n nach Belgerad»), war die Erinnerung an die alte Heimat wohl nur noch vage vorhanden. Burgenlands Kroaten sprechen deshalb ein urwüchsiges Kroatisch, freilich immer wieder versetzt mit Ausdrücken der sie umgebenden Sprachen.

Um die Mitte des 18. Jahrhunderts ist unter der Führung der Franziskaner der Versuch zu einer Verschriftung als Vereinheitlichung der burgenländisch-kroatischen Sprache gestartet worden. Die Franziskaner betreuten den Kalvarienberg zu Eisenstadt, zu dem vor allem auch die Kroaten pilgerten. Die Wallfahrten hierher und ins nicht weit entfernte Loretto hatten, neben der religiösen Erbauung, auch den praktischen Effekt der Kommunikation über die engen Dorfgrenzen hinweg, was nach und nach zu so etwas führte, was man heute Volksgruppen-Bewußtsein nennen würde. Um das mußte in den letzten beiden Jahrhunderten ständig gekämpft werden. Bis heute ist das Überleben als Volksgruppe nicht wirklich gesichert. Der

Versuch der offiziellen zweisprachigen Beschilderung scheitert immer wieder am Widerstand der Dümmlichen, der bekanntlich zäh sein kann und hartnäckig. Da die Dummheit nichts anderes verteidigen kann als sich selbst, wird dies zuweilen als Selbstverteidigung ausgelegt.

Zagersdorf, Wulkaprodersdorf und Siegendorf liegen etwas abseits vom Radweg. Von wo immer man dann wieder aufbricht – das nächste Ziel heißt *Antau/Selegszántó/Otava*. Dort trifft der Radweg B 13 auf den «Koglweg». In Antau kann man im Bedarfsfall den Weg in die Rosalia, hinauf nach Forchtenstein abkürzen, über Stöttera, Zemendorf und Pöttelsdorf nach Walbersdorf und Mattersburg radeln. In *Zemendorf/Zemenye/Cemindrof* sollte man einen Abstecher vom Abschneider machen und Richtung Wiener Neustadt zur *Wallfahrtskirche Kleinfrauenhaid* radeln. Zehn Jahre nach der Zerstörung durch die Türken im Jahr 1683 ist sie in barockem Stil errichtet worden. An der Apsiswand hängt das Ziel der Wallfahrer: die «Schwarze Madonna», ein Gnadenbild, das im Besitz der Esterházys war und 1736 von Forchtenstein hierher gebracht wurde. Neben der Kirche befindet sich der alte Friedhof, dessen Kapelle auf romanischen Grundmauern steht. Manche meinen, daß es sich bei dieser Friedhofskapelle um die urkundlich belegte Kirche zum Heiligen Geist aus dem 13. Jahrhundert handelt. Die zweite, nicht minder wichtige Station liegt in der Nachbargemeinde Pöttelsdorf.

PÖTTELSDORF/PETÖFALVA

Pöttelsdorf ist das Zentrum des nordburgenländischen Rotweingebietes – ein zweites, nicht minder besuchenswertes liegt südlich des Sieggrabener Sattels und nennt sich Blaufränkisch-Land. Weinkenner loben nicht nur die rubinrote Farbe, sondern vor allem das leicht herbe und milde Bukett des Pöttelsdorfer Blaufränkischen. Außerdem ist er nicht ganz so schwer wie andere burgenländische Rotweine. Ein kurzer Abstecher zur Umfahrungsstraße Richtung Eisenstadt bringt den Besucher zur Winzergenossenschaft, wo man immer wieder gerne jene Geschichte erzählt, wie der Pöttelsdorfer Rote zu seinem Namen gekommen ist.

Schuld daran war der Eisenstädter Weinhändler Alexander Wolf, der Geschäftsbeziehungen bis weit hinauf nach Berlin pflegte. Dort gelangte der Blaufränkische durch Zufall an die Zunge des Fürsten Otto von Bismarck, der davon so angetan war, daß er ihn dann regelmäßig orderte, wovon umgekehrt die Pöttelsdorfer wiederum begeistert waren und dem deutschen Einiger ein würdiges Denkmal setzten. So kam es, daß es nun nicht nur Heringe mit dem fürstlichen Namen gibt, sondern auch den «Pöttelsdorfer Bismarckwein», und das, mit Einverständnis der Bismarckschen Nachkommen, sogar markenrechtlich geschützt.

Abkürzungen haben gewisse Vorteile, verbinden sich aber zumeist mit einem entscheidenden Nachteil. Die hier beschriebene Abkürzung zum Beispiel den, daß man eine der besonders reizvollen Landschaften links liegenläßt. Der Koglweg bezieht seinen Namen vom Marzer Kogel, einer markanten Er-

hebung, die der Radweg umrundet, sodaß man also ohne weiteres den Bismarckschen Keller auf dem Rückweg besuchen kann.

INFORMATION Gemeindeamt Pöttelsdorf, Hauptstraße 64, Tel. 02626/ 5214. **WEIN** Weinkellerei, Weinboutique Fürst Bismarck, Kellerweg 15, Tel 02626/5151.

Wenn man in Antau dem Koglweg in südöstlicher Richtung folgt, kommt man nach einigen Kilometern nach Draßburg.

DRASSBURG / DARUFALVA / RASPORAK

Die Besonderheit Draßburgs ist das barocke, schon ein wenig angegriffen wirkende *Schloß*. Schon im 15. Jahrhundert gab es hier einen Herrensitz. Im 17. Jahrhundert ließ Franz Nádasdy – ein Angehöriger des bekannten ungarischen Adelsgeschlechts – ein «Castrum» errichten, das in der zweiten Hälfte des 18. Jahrhunderts zu einem barocken Landschloß umgebaut wurde. Barockisiert wurde auch der terrassenförmig angelegte Schloßgarten. Die Pläne dazu stammten von Le Notre, dem Gartenarchitekten Versailles'.

INFORMATION Gemeindeamt Draßburg, Eisenstädter Straße 7, Tel. 02686/2203.

Etwa einen Kilometer südöstlich von Draßburg liegt Baumgarten.

BAUMGARTEN / SOPRONKERTES

Das kulturgeschichtlich Interessante befindet sich allerdings kurz vor dem Ort: das *Paulinerkloster* aus dem 15. Jahrhundert mit der gotisch erbauten und barock eingerichteten Wallfahrtskirche zum Heiligen Kreuz, in der sich eine Nachbildung der berühmten Mariazeller Madonna befindet. Die sakrale Anlage – die Kirche, die heute als Lourdes-Kapelle ausgestattete gotische Kapelle und das dazwischen liegende Kloster – ist bereits zweimal verlassen worden. Mitte des 18. Jahrhunderts ist es erstmals, heute würde man sagen: revitalisiert worden. Vital

Vorhergehende Seite:
Freistadt Rust aus der
Vogelperspektive

Weinkeller in Rust (li.)
Alte Bäuerin (re. oben)
Die beiden Kirchen von
Rust (re. unten)

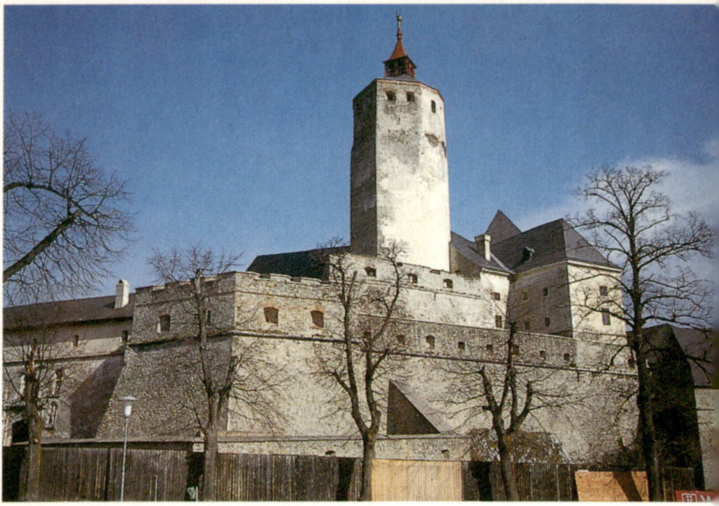

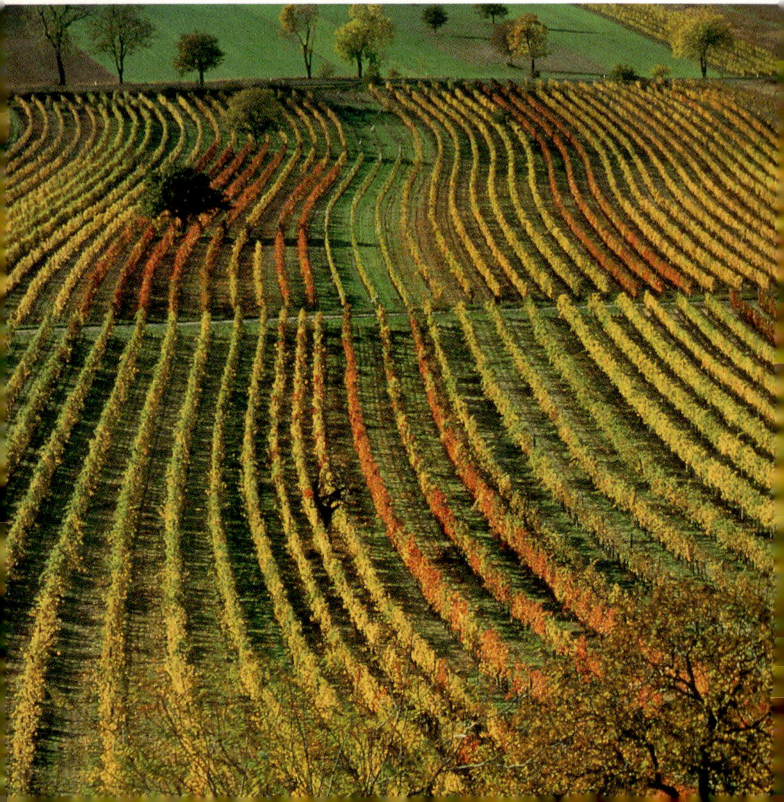

Burg Forchtenstein (li. oben)
Weinfelder von Oggau (li. unten)
Seebühne in Mörbisch (re. oben)
Fußgeher- und Radfahrer-Grenzübergang
bei Mörbisch (re. unten)

*Zufahrt zum
Neusiedler See durch
den Schilfgürtel (li.)
Kalvarienberg in
Eisenstadt (re. oben)
Jüdischer Friedhof in
Eisenstadt (re. unten)*

*Folgende Seite:
Hofgasse in Mörbisch*

war es freilich nur kurze Zeit. Kaiser Joseph II. löste im bekannten Reformjahr 1782 das Kloster auf, danach verkam es für anderthalb Jahrhundert zum «öden Kloster», bis es 1925 erneut revitalisiert wurde.

INFORMATION Gemeindeamt Baumgarten, Florianplatz 10, Tel. 02686/2216.

In Baumgarten biegt der Radweg erst nach Süden, dann nach Westen, dann wieder nach Süden, um solcherart das an der Grenze liegende

SCHATTENDORF/SOMFALVA/SUNDROF

zu erreichen. Der Koglweg führt am westlichen Ortsrand entlang. Ein Abstecher ins Dorf hinein – und durchs Dorf durch – lohnt vor allem dann, wenn im Nachbardorf *Agfalva/Agendorf* ein Fest steigt. Dann nämlich stellen sich, so wie früher, die Grenzer beim alten Zollhaus auf, lassen Radler und Fußgänger passieren, und ehe man sich's versieht, ist man mitten drin in grenzüberschreitenden Festivitäten. Von Agfalva sind es nur noch sieben Kilometer bis ins Zentrum von Sopron. Aber wer will schon vom Dorf-Fest hinein in die Großstadt?

Schattendorf selbst ist nicht unbedingt das, was man einen Fremdenverkehrsort nennen könnte. Aber Schattendorf ist immerhin jedem österreichischen Schulkind ein Begriff. Der historische Zufall hat es gewollt, daß genau hier die Erste Republik aus den Angeln gehoben wurde. Am 30. Jänner 1927 schossen konservative «Heimwehrler» in eine Demonstration sozialistischer «Schutzbündler». Ein Kriegsinvalide und ein achtjähriges Kind wurden getötet. Die Schützen wurden am 15. Juli desselben Jahres in Wien freigesprochen. Unmittelbar nach der Urteilsverkündung kam es zu Massendemonstrationen, der Justizpalast wurde in Brand gesetzt, die Polizei schoß in die Menge, 89 Menschen verloren das Leben. Von da an ging es mit der Republik steil bergab, direkt hinein in die Ständediktatur des Klerikalfaschisten Dollfuß, die ihrerseits direkt –

über den Umweg Schuschnigg («Gott schütze Österreich») – in
den Nationalsozialismus mündete.

INFORMATION Gemeindeamt Schattendorf, Fabriksgasse 44, Tel.
02686/2125-0. BADEN Freibad in der Pfarrgasse.

Von Schattendorf aus führt der Weg in das teilweise unter Naturschutz stehende Gebiet des Marzer Kogels. Die Ortschaften
Loipersbach/Lépestalva und *Rohrbach/Fraknónádasd/Orbuk* werden
umgangen, lohnen einen Abstecher dorthin aber durchaus. In
Loipersbach kann man ein – mit nur wenigen Abstrichen – ty-
pisches nordburgenländisches Straßendorf bewundern, die
Giebelfronten der schmalen Streckhöfe bilden ein zumindest so
weit erhaltenes Ensemble, daß sich das ursprüngliche Ortsbild
noch erahnen läßt.

Wer keine Kinder bei sich hat, sollte aus historischen Gründen nicht den Koglweg wählen, sondern die dem – zum Glück
dünnflüssigen – Autoverkehr vorbehaltene Straße. Diese führt,
von Schattendorf entlang des Aubaches, über Loipersbach und
eine nicht wirklich atemberaubende Steigung nach Rohrbach.
Links davon zieht sich die Grenze zu Ungarn hin, früher
strengstens bewacht durch Stacheldraht, Minen und anderen
«technischen Grenzsperren». Vor ein paar Jahren war die un-
übersehbare Landmarke dieser Strecke ein hoch aufragender
Wachturm drüben im Warschauer Pakt. Heute verkehren hier
hauptsächlich Präsenzdiener des österreichischen Bundesheeres, die sich – vergeblich – bemühen, die alte Undurchlässigkeit
wiederherzustellen.

Das Bemerkenswerte dieser schon hügeligen Gegend ist allerdings die Flora. Von Loipersbach an zieht sich, über die
Ausläufer des «Ödenburger Gebirges» bis hinauf zur Rosalia,
der nördlichst gelegene Wald an *Edelkastanien*. Mehr als jede
meteorologische Statistik beweist dies die klimatische Bevorzu-
gung der gesamten Region. Der «Maronibaum» ist in Österreich ein eher seltener Gast, der sonst nur noch im Weststeiri-
schen Hügelland vorkommt. Denn er benötigt – wie der Urlauber – eine ausgesprochene Sommertrockenheit. Nur so kann

er, nach rund zwanzig Jahren Wachstum, die bekömmlichen, auf Holzkohlenöfen gerösteten Kastanien hervorbringen, welche unabdingbar zum spätherbstlichen und winterlichen Erscheinungsbild von Wien gehören.

Wer mit Kindern unterwegs ist, dem empfiehlt sich die markierte Route über den Marzer Kogel, wo es genauso die floristischen Belege des pannonischen Klimas gibt.

Den Status des Teilnaturschutzgebietes verdankt der Kogel – geologisch gesehen ein Korallenriff aus Leithakalk – dem schon selten gewordenen Trockenrasen. Am Südostfuß des Kogels liegt das Naturschutzgebiet der *«Rohrbacher Teichwiesen»*, mit Schilf verlandete ehemalige Fischteiche, die eine charakteristische Sumpfflora und seltene Vögel beheimaten.

Der Koglweg streift das Dorf *Marz/Marcfalva*, wo sich eine der ältesten Wehrkirchen des Landes (11. Jahrhundert) befindet.

Bei der Bahnunterführung biegt der Radweg scharf nach rechts. Nach rund einem Kilometer gelangt man so nach Walbersdorf, einem eingemeindeten Vorort von Mattersburg.

MATTERSBURG/NAGYMARTON/MATRSTOF

Mattersburg ist die Bezirkshauptstadt der Rosalia-Region, dem südlichsten Distrikt des nördlichen Burgenlandes, der sich dann auf dem Sieggrabener Sattel als Resultat der Ödenburger Abstimmung auf viereinhalb Kilometer verengt. Mit rund fünfeinhalbtausend Einwohnern ist es die drittgrößte Stadt des Burgenlandes, verkehrsmäßig durch zwei autobahnähnliche Schnellstraßen (von Wiener Neustadt und Eisenstadt) und die Bahnlinie Wiener Neustadt – Sopron gut erschlossen und deshalb gerade für Ausflügler eine nahezu ideale Anlaufstation.

Nach dem Anschluß an Österreich – und dem Ausschluß Ödenburgs – rechnete sich der Markt Mattersdorf gute Chancen aus, Hauptstadt des neuen Bundeslandes zu werden. Immerhin war hier schon der Regierungssitz der im Dezember 1918 ausgerufenen «Republik Heinzenland», welcher freilich

Burgenländisches Stilleben – sanfte Architektur mit Kukuruz

nur ein kurzes – also eigentlich gar kein – Leben beschieden
war. 1924 gab man sich einen neuen, stattlicheren Namen. Aus
Mattersdorf wurde Mattersburg. Daß letztendlich Eisenstadt
zur Hauptstadt wurde – das altdeutsche «Wenig Mertendorf»,
abgeleitet vom ungarischen «Kismarton» –, ist ein ironischer
Wink des Schicksals an Groß Mertendorf/Nagymarton. Wer
heutzutage durch Mattersburg – oder eben Mattersdorf, wie
die Leute aus den umliegenden Dörfern immer noch starrköp-
fig sagen – bummelt, dem wird wohl der dörfliche Charakter
auffallen, kaum aber das kleinstädtische Ambiente. Und das,
obwohl es hier ein in der gesamten Gegend als Orientierungs-
hilfe bekanntes Hochhaus gibt.

In Mattersburg gab es – bis zum Unglücksjahr 1938 – eine
weit über die Grenzen Österreichs hinaus bekannte jüdische
Gemeinde, von der heute nur noch Schaustücke im Städtischen Museum und der Judenfriedhof mit zum Teil sehr alten,
zu Schauwänden zusammengestellten Grabsteinen zeugen.
Wer Erinnerungen sucht, sucht zumeist vergeblich, aber das ist
hier nicht anders als anderswo. Bekannt war Mattersburg vor
allem für seine Jeschiwa, die hebräische Hochschule für Thora-

und Talmudkunde, unter dem Rabbinat des aus Frankfurt ge-
bürtigen Mosche Soyfer (1798–1806) galt diese Schule als Zentrum der jüdischen Orthodoxie in ganz Europa.
INFORMATION Stadtgemeindeamt Mattersburg, Brunnenplatz 4, Tel.
02626/623 32-0. BADEN Freibad in der Michael-Koch-Straße 56.

Am Hauptplatz, bei der barocken Pestsäule aus dem Jahr
1714, zweigt in südlicher Richtung die Straße nach Forchtenstein ab.

FORCHTENSTEIN

Nicht mehr als zwei Kilometer nach Mattersburg erhebt sich,
vom Eindruck her schroffer, als es wirklich ist, das bis zu den
Gipfeln bewaldete Rosaliengebirge. Auf halber Höhe steht das
Ziel des Radausfluges: die *Burg Forchtenstein,* eines der zentralen
Baudenkmäler des Burgenlandes.

Man betritt die mittelalterliche Wehranlage über eine frühe-
re Zugbrücke und eine Torhalle, die in den Vorhof mit einem
barocken Neptunbrunnen mündet. Den Brun-
nen schmückt das Wappen des Fürsten Nikolaus Esterházy und seiner Gattin.

Errichtet wurde die Burg Anfang des 14.
Jahrhunderts von den Grafen von Mattersdorf,
einem Adelsgeschlecht, das im 13. Jahrhundert
aus Spanien eingewandert war.

Am Eingang zum Bergfried, dem ältesten
Teil der Burg, befindet sich das Wappen der
Burg Forchtenstein

Mattersdorfer. Der Adler aus diesem Wappen ist heute das
Landeswappen des Burgenlandes.

Forchtenstein lag so günstig, daß es in zwei Türkenkriegen
nie eingenommen werden konnte. Sehr wohl eingenommen
wurde die alte Burg der Mattersdorfer, die sich auf dem Berg
vis-à-vis der jetzigen Burg befand (heute gibt's dort einen
Kreuzweg mit sieben Wegkapellen aus dem frühen 18. Jahrhundert). Herzog Albrecht I. von Österreich eroberte sie im

Zuge einer Loyalitäts-Auseinandersetzung im Jahr 1289 und machte sie dem Erdboden gleich. Kurz danach wurde mit der Errichtung von Forchtenstein begonnen, und die Mattersdorfer beschlossen, ein neues Kapitel in der Beziehung zum Haus Österreich aufschlagend, sich in Hinkunft Forchtensteiner zu nennen. Nach mehreren Besitzerwechseln – ausschlaggebend dafür war jeweils die Falschheit der Seite, auf der die jeweiligen Burgherren standen – wurde sie 1622 von Kaiser Ferdinand II. an die Esterházys vergeben, die sie bis zum heutigen Tage verwalten.

Ein Teil der Burg ist der Öffentlichkeit als Museum zugänglich. Darin befindet sich unter anderem eine der größten österreichischen Sammlungen an alten Waffen, Rüstungen und Beutestücken aus den Türkenkriegen. Da, wie gesagt, Forchtenstein nie den Türken in die Hände gefallen war, konnten sich die gefangengenommenen Osmanen hier in aller Ruhe dem Schicksal aller Kriegsgefangenen widmen. Von 1660 bis 1690 schlugen sie einen 142 Meter tiefen Brunnen durch Felsen, der danach durch ein sechs Meter großes Tret-

Burg Forchtenstein bei Mattersburg

rad in Betrieb gehalten wurde. Mit Forchtenstein verbindet sich – wie es sich für eine alte Burg eben gehört – eine wunderbare und schaurige Geschichte über Liebe, Rache, Grausamkeit und Strafe. Und, so hört man, noch heute kann es geschehen, daß unbedarfte Besucher auf einmal von rätselhaften Stimmen angerufen wurden: «Salah he!»

INFORMATION Burg Forchtenstein, Burgplatz 1, Tel. 02626/812 12. Waffensammlung, Gemälde und Kutschen der Esterházys, Rauchkuchl, Rittersaal, Kapelle, Türken-, Preußen-, Franzosenbeutestücke (geöffnet von April bis Oktober, täglich 8–11.30 und 13–16 Uhr). BADEN Badestausee-Campingplatz Forchtenstein-Paradies (geöffnet von 1. Mai bis 30. September), Tel. 02626/631 78.

DIE GRAUSAME ROSALIE

Rosalie, die Gattin des friedliebenden Fürsten Giletus von Forchtenstein, war eine grausame Frau. Als der Fürst einmal in den Krieg gezogen war, unterdrückte sie ihre Bauern herz- und mitleidlos. Viele starben. Die einen im schwarzen Burgturm, die anderen an Hunger.

Als Giletus heimgekehrt war, klagten die Bauern ihm ihr Leid. Bei einem Festmahl erzählte er dann – in Anwesenheit seiner Frau – den Gästen, daß er im fernen Land eine gottlose Frau kennengelernt habe, die ihr Volk herzlos und grausam behandelt habe. Und er erzählte eine Unzahl von Einzelheiten, die er von den Bauern erfahren hatte. Dann fragte er in die Runde, welche Strafe ein so rohes Weib verdiene. Die einstimmige Antwort: «Den Tod!» Und Rosalie selbst ergänzte: «Ich würde sie auf eine Querstange binden und in einem tiefen Schacht verhungern lassen.» Da erhob sich Giletus und sprach: «Salah, du hast eben dein eigenes Urteil gesprochen.»

Die Burgfrau wurde an ein Seil gebunden, in den schwarzen Turm hinabgelassen, wo sie, über den Leichen ihrer Opfer schwebend, verhungern mußte. Jede Viertelstunde trat die Burgwache vor eine Turmluke und rief hinunter: «Salah he!» Und jedesmal drang ein herzzerreißender Schrei aus der Tiefe empor. Am achten Tag aber war es im Turm still geworden. Seitdem erschien um Mitternacht Rosalies Geist am schwarzen Turm von Forchtenstein. Jahrhundertelang mußte dann die Burgwache hervortreten, wieder und wieder «Salah he!» rufen, erst darauf verschwand der Spuk. Erst als im 15. Jahrhundert ein Burgherr die Rosalienkapelle – sie steht auf der höchsten Stelle der Rosalia und bedankt sich beim Besucher mit einem überwältigenden Rundblick von den Kalkalpen bis über den Neusiedler See hinaus – errichten ließ, war die grausame, arme Salah erlöst. Aber, so die Zweifler: «Ganz genau kann man das nicht wissen.»

Forchtenau, das Dorf am Fuße von Forchtenstein, sollte man nicht verlassen, ohne zuvor zwei «Geheimtips» besucht zu haben: den Badesee und die «Ananas».

An der Hauptstraße zweigt linker Hand eine kleine, asphaltierte Straße ab, die sich rund zwei Kilometer bergauf schlängelt. Die für Radler durchaus wadelbeißende Tour lohnt freilich: Versteckt in einem Taleinschnitt des Rosaliengebirges, liegt, umgeben von einem Eichen- und Kastanienwald, der *Forchtensteiner Stausee,* ein nur des Badevergnügens wegen errichteter Teich. Wer also will, kann an einem Tag sowohl im Steppensee als auch in einem «Gebirgssee» planschen. Der Stausee – unterhalb der Staumauer liegt ein Campingplatz – ist ein gebührenpflichtiges Strandbad, dafür gibt's dort auch die entsprechende Infrastruktur: vom Büffet bis zur Kinderrutsche.

Das zweite lohnenswerte Ziel ist jahreszeitabhängig. Wer aber im Mai oder Juni hierher kommt, wird sich wohl oder übel auch dem bekanntesten Produkt der Gegend widmen müssen: der Erdbeere, hierorts allgemein Ananas genannt. Am Straßenrand, gleich bei den Feldern, haben die Bauern ihre Verkaufsstände aufgebaut, sodaß der Gourmet zum Anhalten geradezu gezwungen wird. Und wer nur wegen dieser Früchte hierher kommt, wendet sich, von Forchtenstein kommend, am besten nach links, um so in das Nachbardorf Wiesen zu gelangen, das Zentrum des «Ananasgürtels». Die kleinen Straßen rund ums Dorf nennen viele auch Ananas-Straßen. Und wer zur Saison da durchkommt, wird wissen, warum.

Musikfreunden ist Wiesen ohnehin ein Begriff. Internationale Jazz-Größen und Stars der Pop- und Rockszene zieht es auf das Festgelände in Wiesen. Musikalische Höhepunkte sind jeden Sommer das mehrtätige «Jazz-Festival» sowie das «Reggae-Sun-Splash-Festival».

INFORMATION Jazz-Festival (Juli), Sun-Splash-Festival (August) sowie laufend Konzertereignisse mit internationaler Besetzung. Jazz-Pub Bogner und Festgelände Hirmäcker, Wiesen, Tel. 02626/81848, 81815, 81816.

Eisenstadt/Kismarton/Zelezno

Naja: Hauptstadt ist schon eine sehr hochtrabende Bezeichnung für ein 10.000-Einwohner-Städtchen. Aber andererseits ist es eben genau das fürs Burgenland so charakteristische. Das jüngste Bundesland Österreichs ist eben ein ausschließlich von Dörfern – und deren Eigen- und Besonderheiten – geprägtes Land. Wer zum ersten Mal nach Eisenstadt kommt, der wird angesichts des alten Zentrums den Eindruck nicht los, daß auch Eisenstadt nichts anderes ist als ein Dorf. Und dieser Eindruck stimmt auch irgendwie.

Dabei ist Eisenstadt eine durchaus alte – wenn auch nicht wirklich ehrwürdige – Stadt. 1373 erhält der Ort das Stadtrecht, ein paar Jahre später auch das Recht, Märkte abzuhalten, und im Schlußjahr des Dreißigjährigen

Eisenstadt: Haydn-Kirche

Krieges, 1648, erhebt Kaiser Ferdinand III. die Stadt zur Freistadt. Aber allein schon die Namensgebung ist von solcher Bescheidenheit gekennzeichnet, daß man von einem unerschütterlichen Realismus der Eisenstädter Bürger ausgehen kann. Das Ungarische hält bis heute daran fest. «Kismarton» sagen die Magyaren, und das heißt nichts anderes als «Klein Martin» (im Gegensatz zu Groß Martin, also Mattersburg beziehungsweise eigentlich Mattersdorf). Zwar spricht eine Urkunde aus dem Jahr 1118 von einem «castrum ferreum», aber das war eine Erwähnung aus den Berichten über den Feldzug von Leopold III. gegen die Ungarn, im Zuge dessen dieses «castrum ferreum» dem Erdboden gleichgemacht wurde, das durchaus auch Eisenburg/Vasvár gewesen sein könnte. Die erste unzweifelhafte Erwähnung der jetzigen burgenländischen Hauptstadt stammt aus dem Jahre 1264, da wurde von einer «Capella sancti Martini de minore Mortin» gesprochen, also von einer Kapelle des heiligen Martin in Klein Martin. Und rund 100 Jahre später sagt man schon sachlich «Wenig Mertersdorf» – ein Name, der für Eisenstadt, dem heutigen Eisenstadt, immer noch passend scheint. Ein Name, der viel davon ausdrückt, was das Burgenland so sympathisch macht, weil es sich so auffallend von der vielerorts gültigen Maxime des Wichtigmachens unterscheidet.

Wer Eisenstadt also ein bißchen näher kennenlernen will, muß sich schon von der Vorstellung urbaner Geschäftigkeit freimachen. Und das, obwohl die Stadt nach Ödenburg ein ziemlich logisches Landes-Zentrum ist. Hier residierten seit dem Jahr 1622 die Esterházys, auch heute noch die einflußreichste Familie des Burgenlandes, der unter anderem große Teile des Neusiedler Sees gehören. Aber irgendwie lief die Entwicklung von Stadt und Residenz nicht synchron, die Bedeutung jener hinkte dieser immer ein bißchen nach, wohl auch auf Wunsch der Bürger, die darauf drängten, daß auch ihre, die Wenig Mertersdorfer Luft, frei machen solle. 1445 gingen Burg und Stadt an die Habsburger, die bekanntermaßen ständig mit kaiserthronbedingter Finanznot zu kämpfen hatten, weshalb sie ihren Besitz immer wieder um gutes Geld verpfändeten und die Pfandnehmer immer wieder versuchten, ihr gutes Geld von den Eisenstädtern zurückzuholen. Besonders schlimm blieben den Stadtvätern ein gewisser Herr Weißpriach und dessen Pfandherrschaft von 1554 bis 1571 in Erinnerung. Ihr Heulen und Zähneknirschen war so eindringlich, daß Kaiser Maximilian II. schließlich versprach, seine Herrschaft nie mehr zu verpfänden. Weil sich das nicht durchhalten ließ, nahm Ferdinand III. 1622 die Stadt kurzerhand aus dem Pfand heraus, das dem Grafen Nikolaus Esterházy übertragen worden war. Sein Nachfolger Ladislaus erwarb die Herrschaft 1648 als Eigentum, und zeitgleich dazu wurde die Stadt zur Freistadt erhoben, die sie auch heute noch ist. Diese Geschichte ist insoferne recht lehrreich, weil sie zeigt, wie ernst man in früheren Zeiten zuweilen politische Versprechungen genommen hat. Aber das ist vielleicht eine Lehre, die man nur der aktuellen Zeitkritik wegen zu ziehen bereit ist.

Die Esterházys wurden als kaisertreue und also streng katholische Familie bald zu einem der bedeutendsten Adelsgeschlechter Ungarns, und dem hatte sich die Eisenstädter Residenz anzupassen, weshalb nach und nach jener Bau entstand, der heute zu sehen ist. Zwischen 1663 und 1672 errichtete der italienische Barockbaumeister Carlo Martino Carlone anstelle der geschleiften mittelalterlichen Burg das *Schloß,* das um 1800 herum noch mit der strengen, klassizistischen Gartenfront aufpoliert wurde, seither aber unverändert blieb. Ziemlich zeitgleich zum Schloß-

Das Schloß der Esterházys

bau entstand in der heutigen Hauptstraße – die tatsächlich eine lebendige, nämlich die wichtigste und zentrale Straße der Stadt ist – das *Rathaus*, das bügerliche Gegenstück zum Schloß. Es ist dies ein bemerkenswerter Renaissancebau, der da auf den Grundmauern eines alten Brauhauses aus dem 16. Jahrhundert errichtet wurde. Später fuhr noch der unvermeidliche Hobel des Barock darüber. Wie eine politische Manifestation – und wohl als solche auch gemeint – zieht sich ein Freskenband über die Fassade. Neben biblischen Szenen sprechen hier Allegorien zu den unten vorbeieilenden Bürgern, die auch heute in keiner Wahlrede fehlen dürfen: Mäßigkeit, Stärke, Weisheit, Gerechtigkeit, Mildtätigkeit, Hoffnung, Treue.

Die Bürgermeister und die Fürsten aus dem Hause Esterházy sind nach und nach einem gerechten Vergessen anheimgefallen. Die Erinnerung an sie ist pauschal geworden, manifest nur in den Bauwerken. Einen Mann aber gibt es, an den Eisenstadt in einem fort individuell erinnert: Joseph Haydn. Eine Haydn-Gasse gibt es da (zwischen Esterházy- und Hyrtl-Platz), einen *Haydn-Gedenkstein* vor dem Landhaus mit steinernen Urnen aus ganz Deutschland, die anläßlich einer Sternfahrt im Haydn-Gedenkjahr 1932 hierher gebracht wurden. Eifrige Haydn-Hüter gibt es auch, die den Meister vor der Unbill der Geschichte in Schutz – und zuweilen auch in Pfand – nehmen wollen. Der Gedenkstein trug einst die Aufschrift: «1932. Jugend kam von allen Marken und brachte Erde der Heimat. Joseph Haydn, dem Sänger des Liedes der Deutschen zur Ehre, dem ewigen Reiche der Deutschen zum Pfand.» Was immer auch der letzte Satz bedeuten hätte sollen, 1962 empfanden ihn die meisten als große Peinlichkeit, also schliff man ihn weg. Weitere 20 Jahre später – wieder gab es ein Haydn-Jahr – schrieb man erneut. Und zwar: «Meine Sprache versteht man durch die ganze Welt. Joseph Haydn.» Naja, da bekanntlich in Deutschland über alles die Grammatik schwer ist, kann man das so stehenlassen, wenn man die Geschichte der Inschrift dazuerzählt, weil sie ein schönes Beispiel dafür ist, wie ein kleines ungarisches Provinzstädtchen auf einmal mitten im Zentrum treudeutschen Gedenkens steht, und man sich dann am liebsten aufs Österreichische zurückziehen möchte: «Gott erhalte, Gott (be)schütze!» Wie man weiß, ist das auf Grund der Streicher nicht einmal musikalisch dasselbe, woraus man ersehen kann, daß die Musik durchaus nicht jene Sprache ist, die man durch die ganze Welt versteht.

Haydn-Geschichten gibt es unzählige. Und es ist durchaus empfehlenswert, den Besuch in Eisenstadt als einen Besuch bei Joseph Haydn anzulegen, welcher eventuell sogar ins nahe niederösterreichische Rohrau führen könnte (oder sollte), wo in Haydns Geburtshaus ein kleines Museum eingerichtet worden ist. In Eisenstadt möge man sich dann dem *Esterházyschen Schloß* zuwenden, durchs Hauptportal in den Innenhof gehen. Rechter Hand gelangt man in den aus naheliegenden Gründen «Haydn-Saal» benannten Raum. Hier, im Festsaal der fürstlichen Familie, gab der Komponist seine Vorstellungen unter den Augen der fürstlichen Gesellschaften und jenen der an den Wänden verewigten ungarischen Könige und Heerführer. Hinter dem Schloß erstreckt sich der fast 50 Hektar große Schloßpark, den wohl auch Haydn schon zur Erbauung und Erholung nutzte. Ursprünglich gab es hier nur einen kleinen Nutz- und Tiergarten, der 1754 vom Hofgärtner Matthias Pöltl in einen französischen Park umgewandelt wurde, aus dem 1805 der heutige, sogenannte englische Garten geworden ist. Zwei Jahre zuvor, 1803, besorgte sich der Fürst als Bewässerungshilfe für seine im Park errichteten Treibhäuser, von denen man jetzt noch die Orangerie sehen kann, eine der ersten Dampfmaschinen der Welt, direkt vom Erfinder. Das Gerät, das pro Minute 31 Eimer Wasser heben konnte, wurde von David Watson höchstpersönlich zusammengebaut und – als erste in ganz Mitteleuropa – hier in Eisenstadt aufgestellt. Das Haus, das ihr als Unterkunft diente, gibt es noch (gleich neben dem Parkbad). Die Maschine selbst wurde ausquartiert und steht heute im Technischen Museum in Wien.

Eine weitere Haydnsche Mußestrecke verläuft am Westrand des Schloßparks entlang. Vom Esterházy-Platz führt in ungefähr nördlicher Richtung die Gloriette-Allee bergan zu der 1806 erbauten *Gloriette,* eine Art Jagdschloß des Fürsten. Unweit davon, auf dem höchsten Punkt der «Parapluie-Wiese», stand früher einmal das sogenannte Parapluie, eine Aussichtswarte in der Form eines großen Regenschirms. Die heutige

Aussichtswarte hat eine andere Form, aber dieselbe Funktion: den Blick schweifen zu lassen über die Wulkaebene und den See, bis hinunter zum Ödenburger Gebirge und zur Rosalia.

Der Weg, den Joseph Haydn tagtäglich zu seinem Arbeitsplatz im Schloß zurücklegen mußte, war kurz, wie sich jeder, der ihn heute noch besuchen will, überzeugen kann. Parallel zur Hauptstraße, direkt am Rand des Schloßparks und den Resten der alten Stadtmauer, verläuft die Joseph-Haydn-Gasse.

Alte Weinpresse im Landesmuseum

Dort, auf Nummer 21, wohnte der Komponist von 1766 bis 1778. Zweimal brannte das Haus ab, zweimal half der Fürst seinem Hofkapellmeister finanziell beim Wiederaufbau. 1938 kaufte es der Burgenländische Heimat- und Naturschutzverein, um darin ein kleines *Haydn-Museum* einzurichten. Allerlei Accessoires aus dem Besitz des Meisters, Manuskripte und Notenblätter, Bilder, Dirigentenstäbe und ähnliches befinden sich dort. Daneben widmen sich einige Ausstellungsgegenstände auch dem Andenken an Franz Liszt und die aus Eisenstadt stammende Tänzerin Fanny

Elßler. Eine weitere, über Haydn hinausgehende, aber immer wieder auf ihn Bezug nehmende Erinnerungsstätte ist das *Burgenländische Landesmuseum* in der Museumgasse 5. Insgesamt 70.000 Objekte erzählen die Geschichte des Landstriches, der sich heute Burgenland nennt. Eine eigene Abteilung ist dem Weinbau gewidmet, eine andere den archäologischen und paläontologischen Fundstücken: Fossilien aus dem Steinbruch von St. Margarethen, das Skelett des Höhlenbären von Winden und anderes mehr. Eine sehr spezielle Sammlung befindet sich in der Leithabergstraße 41 im Burgenländischen *Feuerwehr-Museum*, welches die Geschichte der Brandbekämpfung von der Antike bis zur Gegenwart erzählt.

Haydn hatte, folgt man der Legende – und warum sollte man das nicht tun? –, noch einen zweiten Arbeitsplatz. Den eigentlichen, denn dort, so erzählen die hier durchaus zahlreichen Haydn-Experten, hat er komponiert. Von der damals noch nicht Haydn-Gasse heißenden Straße mußte der «Compositeur» sich nach Osten, also in die dem Schloß entgegengesetzten Richtung, wenden. Über den Hyrtlplatz (nach dem 1810 in Eisenstadt geborenen Anatomen Josef Hyrtl) und die Permayerstraße geht es zum Freiheitsplatz und zum Landhaus, den Sitz der burgenländischen Landesregierung. Dort steht – genau – der bereits erwähnte *Haydn-Gedenkstein*. Schräg gegenüber zweigt die Bürgerspitalgasse Richtung Süden ab, und an deren Ende befindet sich rechter Hand das Gartenhäuschen Haydns.

Die Bürgerspitalgasse mündet in die Neusiedler Straße, die führt, wendet man sich nach rechts, also nach Westen, zurück ins Stadtzentrum. Über die Lisztgasse erreicht man den parallel zur Hauptstraße verlaufenden Pfarrplatz, wo der dem burgenländischen Landesheiligen Martin geweihte *Dom* steht. Zu dem aus dem 15. Jahrhundert stammenden Bau hatte Haydn als sehr religiöser Musiker naturgemäß ein recht inniges Verhältnis. Freilich, ein weit innigeres verband ihn mit der Bergkirche «Maria Heimsuchung», die das realisierte Relikt eines

Die sogenannte Haydn-Kirche

wahrhaft barocken fürstlichen Projekts darstellt. Der Volksmund nennt den Bau schlicht «Haydn-Kirche». Und da ist – immerhin befindet sich hier das Haydn-Grab, ja ein richtiggehendes *Haydn-Mausoleum,* und immerhin steht hier auch die «Haydn-Orgel» – was Wahres dran. Fürst Esterházy initiierte die religiöse Anlage. Die Kirche entstand in den Jahren 1715 bis 1722 und sollte gigantische Ausmaße haben, den in der bürgerlichen Freistadt stehenden Dom übertreffen. Die heutige Kirche sollte bloß das Presbyterium sein. An der Ostseite der Kirche befindet sich der 1701 bis 1707 errichtete Kalvarienberg, eine halbkugelige künstliche Erhebung, an deren Fuß die «Gnadenkapelle Maria Einsiedeln» (nach der Nachbildung des Gnadenbildes von Maria Einsiedeln) steht. In einer Nische hinter dem Hochaltar findet man die erste Kreuzwegstation. Zu den weiteren gelangt man über Treppen und gewundene, dunkle Gänge, die sich durch den *Kalvarienberg* ziehen. Lebensgroße, realistisch geschnitzte Figuren symbolisieren das Leiden Christi. Und endlich gelangt man zu der achteckigen Kreuzkapelle auf der Spitze des künstlichen Berges. Südlich davon stehen – denn das ist ja der großartige Abschluß, der Sinn der

Passion – zwei Kapellen. Die eine gewidmet der Auferstehung, die andere der Himmelfahrt.

Ein geeigneter Rahmen für die letzte Ruhestätte Joseph Haydns – sollte man meinen. Aber sowohl in Österreich als auch in Ungarn ist vieles oftmals nicht so, wie es scheint. Haydns Tod hat deshalb einen recht makabren Streit zur Folge gehabt, der sich über mehr als ein ganzes Jahrhundert hingezogen hat: Der Meister war 1809 in Wien gestorben. Bis zum November 1820 dauerte es, bis in der Bergkirche eine geeignete Gruft hergerichtet wurde. Bei der Überstellung der Gebeine bemerkte man, daß das Herzstück des Genialen, der Kopf, fehlte. Es stellte sich heraus, daß der Schädel des Musikers von Johann Peter (Verwalter des Polizeistrafhauses in Wien) und Karl Josef Rosenbaum (Sekretär des Fürsten Esterházy), beide Anhänger der sogenannten Gallschen Schädellehre, kurzerhand gestohlen und präpariert worden war. Dem heftigen Urgieren, den Haydn-Kopf doch herauszugeben, gaben die beiden nach, allerdings auch das nur scheinbar. Später kam man darauf, daß der nach Eisenstadt überführte Kopf irgendeiner, keineswegs aber der des Musikanten gewesen war. Der Schädel des Komponisten wechselte im Lauf des 19. Jahrhunderts noch oftmals den Besitzer. Von 1895 bis 1954 befand er sich in einer Schauvitrine im Wiener Museum der Gesellschaft der Musikfreunde, weshalb die fürs Haydn-Jahr 1932 geplante feierliche Wiederbestattung im neuerrichteten Haydn-Mausoleum nicht stattfinden konnte. Erst am Pfingstmontag des Jahres 1954 wurde der Schädel im feierlichen Kondukt von Wien nach Eisenstadt überführt. Und heute ruht der komplette Meister im Marmorsarkophag. Wie zur Absicherung gegenüber weiteren Fährnissen des Schicksals vermerkt eine Inschrift in der Vorhalle: «Die süßen Klänge der Melodien werden das Andenken des unsterblichen Meisters bewahren, sollten diese Steine auch zerstört werden.»

Andenken und Zerstörung haben hier in Eisenstadt eine zusätzliche, weit aktuellere und grauslichere Bedeutung. Spaziert man vom Kalvarienberg-Platz im Stadtteil Oberberg, der

Die Unterberggasse im ehemaligen jüdischen Ghetto

bis 1939 eine selbständige Gemeinde gewesen war, ein paar Schritte Richtung Zentrum durch die Esterházystraße, so gelangt man in den Stadtteil Unterberg, der ebenfalls – von 1732 bis 1938 – eine selbständige Gemeinde gewesen ist. Da zerstörte der braune Mob das jüdische Ghetto der Stadt, dessen erste urkundliche Erwähnung aus dem Jahr 1296 stammt. Eine der letzten authentischen datiert vom 27. September 1938. Durch Zufall – aber kennt die Geschichte Zufälle? – wurde sie in Saint Germain en Laye, wo knapp zwanzig Jahre zuvor die Idee des Burgenlandes mit dem Segen der Siegermächte die ersten konkreten Formen angenommen hatte, verfaßt. Die Erwähnung stammt aus dem Tagebuch der Alma Mahler-Werfel: Franz Werfel, so nannte sie ihren Gatten in den privaten Notizen, habe hier in St. Germain eine merkwürdige Sache angefangen. «Es soll ein Roman werden, heißt ‹Cella› und behandelt, um eine Pianistin herum, den Untergang Österreichs und die Machtergreifung Hitlers. Das Judenproblem, die Emigration natürlich im Vordergrund. Er konnte aber nicht weiterschreiben, da die Vorgänge in der Welt seine Arbeit überflügelten. Es war eben alles zu nah.» Der Roman wurde tatsächlich nicht fertig, «Cella» blieb ein Fragment, aber ein sehr eindringliches.

«Das Land, aus dem wir vertrieben wurden, heißt das Burgenland, die Hauptstadt dieses Landes, in der wir lebten, Eisenstadt. Diese Hauptstadt ist nur ein lächerliches Landstädtchen, eine Stunde von Wien entfernt. Niemand in der Welt kennt auch nur den Namen. Wenn jetzt in der Fremde dieser Name unter uns fällt, dann zucken wir die Achseln und sagen: Drecknest. Wer diese Heimat verloren hat, der hat nicht viel verloren. Trotzdem geschieht es bis zum heutigen Tag oft, daß ich vom Burgenland und von Eisenstadt träume. (...)

Erst jüngst wieder ist mir ‹der Park› erschienen, ein wenig vom Traum verwildert, was ja meist geschieht, aber wirklich der Park, wie er leibt und lebt. Noch heute bin ich fest überzeugt davon, daß kein anderer auf der Welt außer ihm den Namen Park verdient. Ich meine den Schloßpark, der sich wie ein dicker grüner Feuerbrand den Berg hinan zieht. (...)

Ich bin in einem längst verschwundenen Hause gegenüber der sogenannten Haydnkirche aufgewachsen. Eine schöne Aussicht für ein recht nachdenkliches Kind, diese Wallfahrtskirche mit ihren vielen Kuppeln, Buckeln und muschelartigen Auswüchsen. Die Kirche meiner Kindheit war mir etwas unheimlich, und doch liebte ich sie aufrichtig, obwohl meine Eltern nichts mit einer Kirche zu tun hatten und uns, sie zu besuchen, wenn man's genau nimmt, sogar verwehrt war. (...)

Seit Menschengedenken ist den unsrigen in Eisenstadt eine eigene Gasse eingeräumt. Sie besteht zum größten Teil aus schönen, gepflegten Barockhäuschen. An ihren beiden Enden kann man noch heute die schweren, schmiedeeisernen Ketten sehen, mit denen während des Sabbats die Fahrbahn abgesperrt wurde. (...)

Wir werden in die Heimat zurückkommen. Sicher ist der Tag, unsicher welcher Tag.»

Dieser Schlußsatz aus Werfels Romanfragment hat sich freilich nicht erfüllt. Heute ist das jüdische Eisenstadt eine museale Einrichtung, alles ist «ehemalig». Die schönen barocken Häuser im *ehemaligen Judenviertel* (Museumsgasse, Wolfgasse, Unterberggasse und Wertheimergasse). Die ehemalige Synagoge in der Esterházystraße, die 1938 devastiert wurde und an deren Stelle jetzt der Österreichische Gewerkschaftsbund zu Hause ist. Und natürlich der *ehemalige Judenfriedhof* am Ende der Wertheimergasse. Die alten Nazis hatten ihn verwüstet, die Grabsteine zum Teil als Panzersperren in der Stadt verwendet. Nach

und nach wurde der Friedhof – so wie sein kleinerer Vorgänger unweit davon – wieder hergerichtet, soweit man das sagen kann. Im sogenannten Bedenkjahr 1988 wurde die Restaurierung unter höchster Regierungsbeteiligung und dem Segen des Wiener Oberrabbiners feierlich beendet. Und nur kurze Zeit später haben die jenseits der Verrücktheitsgrenze Lebenden wieder zugeschlagen, Grabsteine umgeworfen, mit Hakenkreuzen und den Todesrunen der SS besudelt.

Die Erinnerungen an das jüdische Eisenstadt sind gesammelt und für jedermann zugänglich gemacht worden. In der Unterbergstraße 6 steht das im Jahr 1719 errichtete Wertheimerhaus, darin befindet sich seit 1982 das *Jüdische Museum;* und an der Fassade immer noch der Holzpflock für die von Werfel erwähnte Kette, mit der am Sabbat die Straße abgesperrt worden ist. Das Haus und die Gasse haben ihren Namen von Samson Wertheimer, einem 1658 in Worms geborenen Bankier und Rabbiner, der gute Beziehungen zum Kaiserhaus pflegte und so unter anderem erreichte, daß die 1708 von den

Der jüdische Friedhof

ungarischen Kuruzzen vertriebenen Juden nach Eisenstadt zurückkehren konnten. In seinem Haus errichtete er eine eigene Synagoge, die – äußerlich – den Nazi-Sturm überstand und heute das Museum beherbergt.

EISENSTADT/KISMARTON/ZELEZNO

INFORMATION UND ZIMMERVERMITTLUNG Landesfremdenverkehrsverband für das Burgenland, Schloß Esterházy, Tel. 02682/63384. **AUTOFAHRERCLUBS/PANNENDIENST** ARBÖ, Ruster Straße 126, Tel. 02682/3883, 0663/212 38, 212 39; ÖAMTC, Mattersburger Straße-West 34, Tel. 02682/620 35-0. **AUTOVERLEIH** Firma Buchbinder, Wiener Straße 3, Tel. 02682/628 22. **BAHN- UND BUSAUSKÜNFTE** Zentrale Zugauskunft, Tel. 1717; Zentrale Busauskunft, Tel. 711 01; Bahnhof, Bahnhofplatz 3, Tel. 02682/626 37; Busauskunft Tel. 02682/623 60. **FREIZEIT UND SPORT** BADEN Hallenbad, Bad-Kissingen-Platz 1, Tel. 02682/676 00. REITEN Reitschule Haidehof, Siegendorfer Straße Tel. 02682/615 81. **KINDER-ATELIER** In der Druckgraphischen Werkstätte Edition NN, Haydngasse 26, Tel. 02682/623 31, Di–Fr 15–17.30 Uhr, Sa 9.30–11.30 Uhr. **MUSEEN/GALERIEN** BURGENLÄNDISCHES LANDESMUSEUM Museumgasse 1–5, Tel. 02682/626 52, 627 15. Römische Mosaike, Münzen, Höhlenbärskelett aus Winden, Kunstgeschichte, Vogelwelt, Weinmuseum. Ganzjährig geöffnet, Di–So 9–12 und 13–17 Uhr. HAYDNMUSEUM (Joseph Haydns Wohnhaus), Haydngasse 21, Tel. 02682/626 59-29. Musikdrucke, Autographe, Originalinstrumente, Gedenkstücke. Geöffnet von Ostern bis Oktober täglich 9–12 und 13–17 Uhr. BURGENLÄNDISCHES FEUERWEHRMUSEUM Leithabergstraße 41, Tel. 02682/621 05. Feuerwehrfahrzeuge und -ausrüstungsgegenstände. Ganzjährig geöffnet, Mo–Do 9–12 und 13–16 Uhr, Fr 9–12 Uhr. DIÖZESANMUSEUM (Franziskanerzkloster), Haydngasse 31, Tel. 02682/629 43, 625 25-234. Kirchengeschichte und kirchliche Kunstgeschichte, Wallfahrtswesen. Geöffnet von Mai bis September, Mi–Sa 10–13 und 14–17 Uhr, So und Feiertag 13–17 Uhr. MUSEUM ÖSTERREICHISCHER KULTUR Haydngasse 1, Tel. 02682/5040. Österreichische Geschichte von der Urzeit bis Ende des Mittelalters, Sonderausstellung «Zauberkunst Einst und Jetzt». Geöffnet von April bis Oktober, Di–So 10–17 Uhr. SCHLOSS ESTERHAZY Tel. 02682/633 84-16. Haydnsaal, Empiresaal, Repräsentationsräume, Galerie. Ganzjährig geöffnet, Mo–Fr 8.30–17 Uhr, Ostern bis September auch Sa, So, Juni bis September 8.30–18 Uhr. ÖSTERREICHISCH-JÜDISCHES MUSEUM Unterbergstraße 6, Tel.

02682/5145. Wechselausstellungen, Synagoge. Geöffnet von 20. Mai bis 26. Oktober, Di–So 10–17 Uhr. HAYDNMAUSOLEUM AUF DEM KALVARIENBERG Tel. 02682/626 38. Geöffnet von 1. April bis 31. Oktober, täglich 9–12 und 14–17 Uhr. LANDESGALERIE Schloß Esterhá zy, Tel. 02682/636 75-3018. Wechselausstellungen zeitgenössischer Kunst. Ganzjährig geöffnet, Di–Fr 10–12 Uhr, So und Feiertag 13–17 Uhr. GALERIE 1990 Joachimstraße 9, Tel. 02682/627 47. Ölgemälde, Aquarelle, Plastiken, Skulputuren anerkannter Künstler. Ganzjährig geöffnet, Mo–Sa 10–12 und 15–18 Uhr. rollstuhlgerecht. EDITION NN Haydngasse 26, Tel. 02682/62331. Druckgraphische Werkstätte. Geöffnet Mi 16–19, Sa 10–13 Uhr, Kinderatelier Di–Fr 15–17.30 Uhr, Sa 9.30–11.30 Uhr. **VERANSTAL-TUNGEN** HAYDN-MATINEEN im Schloß Esterházy (Mai bis Oktober jeden Di und Fr um 11 Uhr). KURKONZERTE des Haydn-Quartetts in Originalkostümen, Schloß Esterházy (Mai, Juni, September, Oktober jeden Samstag um 19.30 Uhr, Juli und August jeden Donnerstag um 20 Uhr). INTERNATIONALE HAYDN-TAGE Schloß Esterházy (2. Woche im September). «FEST DER 1000 WEINE» im Park des Schlosses Esterházy (jeweils im August), Information: Burgenländischer Ausstellungsverein Eisenstadt, Tel. 02682/2396 oder 4255. Verkostung der besten Weine aus den Kellereien des Burgenlandes. **ESSEN UND TRINKEN** G'würzstöckl (Hotel Burgenland), Schubertplatz 1, Tel. 02682/696, exzellenter Weingasthof. Haydnbräu, Rudolf Golubich, Pfarrgasse 22, Tel. 02682/61561, besonders kinderfreundliches Lokal. Gasthof-Restaurant Ohr, Ruster Straße 51, Tel. 02682/62460, radfahrerfreundliches Lokal.

DIE JUDEN IM BURGENLAND

Das Burgenland hatte einst eine blühende jüdische Kultur. Und das, sozusagen, seit Menschengedenken. Schon zu Beginn des 13. Jahrhunderts wird sie in einer Urkunde erwähnt, tatsächlich freilich dürften Juden schon weit länger hier gelebt haben. Und bis ins grauenhafte 20. Jahrhundert haben sich hier zahlreiche orthodoxe Traditionen erhalten, über alle Stürme der Geschichte hinweg, die immer wieder heftig waren und unnachsichtig.

Die älteste jüdische Gemeinde war die in Eisenstadt. 1388 gewährte König Sigismund das erste Sonderrecht für eine jüdi-

Jüdisches Museum

sche Ansiedelung in Eisenstadt, die, mit kurzen Unterbrechungen bis 1938 bestand. Um die Mitte des 16. Jahrhunderts wurden die Juden aus Eisenstadt ausgewiesen, zwischen 1564 und 1569 kehrten sie freilich zurück. Damals wurde auf dem sogenannten Schloßgrund das erste Ghetto erbaut.

Im Dezember 1666 kam Margarete Therese, spanische Infantin und nunmehr Gattin von Kaiser (und König von Ungarn) Leopold I., nach Wien. Der Einfluß der radikalkatholischen Spanierin und ihrer geistlichen – wenn auch wenig geistreichen – Berater führte zur ersten systematischen und großangelegten Judenverfolgung. Am 1. März 1670 begannen die Ausweisungen in Wien, in Nieder- und Oberösterreich, inklusive jener Gebiete, die zwischen Niederösterreich und Ungarn umstritten waren. Paul I. Esterházy – bereits sehr einflußreich und auf dem Weg zum Reichsfürsten – intervenierte beim Kaiser, seinem König. Und um die Mitte des Jahres 1671 rief er die Juden nach Eisenstadt zurück. Neben dem Meierhof wurden ihnen Bauplätze zugewiesen. Und dort entstand das zweite Ghetto in Unterberg, in welchem mehr als 200 Jahre später auch Franz Werfel aufwuchs.

Die dumpf-katholische Radikalität des ersten Habsburger Leopold – die sich in der Namensgebung der von ihm leergemachten Ghettos von Wien und Budapest (Leopoldsstadt und Luitpoldváros) bis heute erhalten hat – war freilich nicht allumfassend. Sein Oberhof- und Kriegsfaktor hieß Samson Wertheimer, und der war zugleich Berater von Paul Esterházy und Oberrabbiner von Eisenstadt, das auf hebräisch «Asch» genannt wurde. Die auf Esterházyschem Grund liegenden jüdischen Gemeinden wurden – wohl unter dem Einfluß von Wertheimer – zu einem Gemeindeverband zusammengeschlossen. Eisenstadt, Mattersdorf, Kobersdorf, Lackenbach, Deutschkreuz, Frauenkirchen und Kittsee bildeten die «Schewa Kehiloth», die «Siebengemeinden». Diese grundherrliche Förderung ließ das kulturelle Leben florieren und machte die Gegend für Juden in anderen Gebieten der Monarchie attraktiv. Unter dem Druck antisemitischer Regelungen kam es immer wieder zu Einwanderungswellen. So zum Beispiel zu Beginn des 18. Jahrhunderts aus Böhmen und Mähren, wo eine Heirat nur für den Erstgeborenen gesetzlich erlaubt war.

Die größten und wichtigsten Gemeinden der Schewa Kehiloth waren Eisenstadt und Mattersdorf, welche durch ihre Schulen weit über die Esterházyschen Grenzen hinaus bekannt wurde. In Eisenstadt lehrten etwa der Kabbalist Rabbi Benjamin Wolf, der Talmudist Lemel Lewy und der berühmte Dr. Israel Hildesheimer. 1851 begründete dieser gemeinsam mit Michael Lewy, dem Sohn des Talmudisten, in Eisenstadt die Jeschiwa, die neben der seit 1700 bestehenden Talmudschule in Preßburg die bedeutendste der Monarchie war.

In Mattersdorf bestand seit der ersten Hälfte des 17. Jahrhunderts eine Jeschiwa. Um die Wende zum 19. Jahrhundert, unter dem Rabbinat von Mosche Sofer, entwickelte sie sich zu einem der Zentren der jüdischen Orthodoxie in Europa. Diese Stellung behielt sie bis heute. Zwar existiert von der Kehilla, der jüdischen Gemeinde, nichts mehr. Aber die Mattersburger Jeschiwa gibt es noch: in Bne Brak, einem Vorort von Tel Aviv.

Nach dem Anschluß – dem des Burgenlandes an Österreich – gab es für die jahrhundertelang gepflegten orthodo-
xen Traditionen keine entsprechende Institution. Also gründete man im Mai 1922 den «Verband der autonomen ortho-
doxen israelitischen Kultusgemeinden des Burgenlandes»,
dem die Rabbiner von Frauenkirchen und Mattersburg vor-
standen. Und im Oktober 1938 mußte die Wiener Kultusgemeinde in Wien verlautbaren, daß es im Burgenland keine
Kehilla mehr gebe.

SCHÜTZEN AM GEBIRGE/SÉRC/CESNO

Topographische Bezeichnungen haben nicht selten etwas Ver-
wirrendes an sich. Bei «Schützen» denkt wohl kaum einer an
ein recht friedliches Schmalangerdorf. Und bei «Schützen am
Gebirge» fällt es schwer, sich dazu ein Dorf an der Wulka vorzustellen, neun Kilometer östlich von Eisenstadt, an der Kreuzung zwischen der B 50, der Straße nach Neusiedl, und der
Neusiedler-See-Weinstraße nach Oslip und St. Margarethen.
Wenig südlich von Schützen liegt der Goldberg, die höchste Erhebung der Ruster Hügel und deshalb zum «Über-den-See-
Schauen» ideal geeignet.

Das namengebende Gebirge aber, der Leithaberg, weicht
gerade hier ein wenig zurück – beziehungsweise: die Straße
entfernt sich ein wenig nach Süden –, sodaß man das Gefühl
bekommt, ab hier in die Ebene hinauszufahren. Mag sein, daß
der Beiname gerade deshalb so gewählt worden ist: Wanderer,
kommst du nach Schützen, bedenke, daß der Leithaberg sich
noch lange nicht verflüchtigt hat.

Schützen ist ein stilles, beinahe aufreizend beschauliches
Dorf. Es ist der Eckpunkt der hier getroffenen geographischen
Einteilung, in Schützen trifft sich das Westufer – mit den Touri-
stenzentren Rust und Mörbisch – mit dem Nordufer des Sees,
dessen zentrale Einrichtungen sich um einiges weiter westlich
befinden. Sozusagen im Rücken liegt Eisenstadt und das einge-

meindete St. Georgen am Leithagebirge/Lajtaszentgyörgy, wo die «Datschas» der Landesverwaltung stehen.

Schützen ist nicht gerade das, was man einen «Touristen-magnet» nennen möchte, lädt auf den ersten Blick eher zum Durchfahren als zum Verweilen ein. Da aber die Kunst des Ausfliegens gerade darin besteht, dem ersten Blick nie zu trau-en, bietet sich Schützen als Ausflugsziel – mag sein: als Abste-cher – geradezu an. Der historisch Interessierte findet hier ge-nauso sein Auskommen wie der des Herummarschierens Kun-dige und der dem Kulinarische nicht wirklich Abholde. Und wer alles in einem ist, kann an Schützen am Gebirge eigentlich überhaupt nicht vorbei.

Schützens alter Name lautete «Gschieß», und niemand kann folgerichtig widerlegen, daß die Bezeichnung vom nicht enden wollenden Geschieße herrührt, das im Dorf zu hören war. Nörd-lich der Ortschaft, jenseits der Langwiesen-Äcker, erstreckte sich vormals – und als Areal tut das bis heute – das fürstlich-esterházysche Jagdgebiet, der sogenannte Tiergarten, in dem sich alles zuhauf tummelte, was als schießbar galt. Hierher ent-führte der Fürst seine Gäste zu jagdlicher Lustbarkeit. Und wenn das Schießen ein Ende hatte, setzte man sich im «Rendez-vous» zusammen, einem kleinen, achteckigen Jagdschloß, von dem heute nur noch eine Ruine steht. Nur der Blick hinüber zum See ist heute wie damals fürstlich. Das ummauerte Jagdgebiet gleicht in weiten Teilen eher einem Park als einer wildgewachsenen Landschaft. Waldstücke wechseln mit weiten, gut einsehbaren, also mit Schrot- und Kugelbüchsen gut bestreichbaren Wiesen, beim Forsthaus an der südlichen Mauer gibt es zwei Fischteiche, die dem Ganzen einen gewissen idyllischen Charakter verleihen. Es fehlen eigentlich nur die Schäfer zum vollkommenen Bild von Arkadien, welches freilich, sagt man, auch einen ganz bestimm-ten, gnostischen Sinn haben soll, sodaß der Fürst sich aus Glau-bensgründen Arkadien nicht erlaubt haben wird.

Wer mit dem Rad unterwegs ist und einem Stündchen Park-wanderung nicht abgeneigt, der fährt sinnvollerweise am Abhang des Leithaberges den Kirschblütenweg entlang, denn der verläuft entlang der Nordgrenze des Tiergartens.

Wie immer aber man sich fortbewegt, eines sollte keiner versäumen, der der Gaumenfreude zugeneigt ist. Mitten in Schützen nämlich, ganz in der Nähe der heiligen Maria Magdalena (auch sie nicht ohne gnostische Nebenbedeutung), steht das über die Grenzen der Region hinaus bekannte Restaurant «Zum Taubenkobel», welches über die sogenannten Hauben hinaus auch Atmosphäre bietet, die sich aus den Tiefen eben dieser Region nährt.

INFORMATION Gemeindeamt Schützen, Eisenstädter Straße 6, Tel. 02684/2203. **ESSEN UND TRINKEN** Restaurant Taubenkobel, Walter Eselböck, Hauptstraße 33, Tel. 02684/2297.

LORETTO/LORETTOM/LOVRETA

Mitte September ist eine gute Reisezeit. Nicht nur hier, unterm pannonischen Klima, aber hier natürlich auch. Und wer so um den 15. September in die Gegend kommt, sollte sich den ersten Sonntag nach dem 15. September für einen besonderen Ausflug reservieren. Dies ist nämlich der «Kroatische Sonntag». Und weil die Kroaten stets tiefkatholische Leute gewesen sind, begehen sie ihn, so sie der Tradition folgen, mit einer feierlichen marianischen Wallfahrt ins Leithagebirge hinauf. Tausende Pilger machen sich auf den Weg zum Gnadenbild der «Schwarzen Madonna», nein, nicht von Tschenstochau, sondern zu der weitaus berühmteren von Loretto. Und nichts spricht dagegen, auch der Pfarrer nicht, daß sich Urlauber, Reisende, Ausflügler und andere Wanderer unter die Pilger mischen. So sie das Traditionelle daran respektieren, versteht sich.

Der rund 300 Einwohner kleine Ort, nur ein paar Kilometer nördlich von Eisenstadt gelegen, hat eine recht merkwürdige Geschichte, die einen nach Italien führt und weiter ins Heilige Land. Die Geschichte beginnt 1291. In diesem Jahr fällt Akkon, die letzte christliche Bastion im Heiligen Land. Drei Jahre später, da sah jedermann in Europa, daß es mit den wackeren Kreuzrittern ein für alle Mal vorbei war, haben, so heißt es, Engel des Herrn das Haus der Heiligen Familie aus Nazareth fortgetragen, um es vorm Zugriff der Sarazenen zu schützen. Das Haus landete in der italienischen Stadt Loreto nahe Ancona. Später wurde rundherum eine Renaissance-Kirche erbaut, die einer der berühmtesten Wallfahrtsorte des Abendlandes werden sollte.

Nun begab es sich aber, daß ein Herr Hans Rudolf von Stotzingen über die Alpen nach Süden fuhr und unter anderem auch ebendieses Loreto, Ausgangspunkt aller lauretanischen Marienhuldigungen, besuchte. Der Eindruck, den dieser Besuch hinterließ, war so nachhaltig, daß Herr von Stotzingen kurzerhand ein zweites Loreto, eben Loretto, gründete. 1644 wurde hier eine «Capella Lauretana» errichtet, kurz darauf eine erste klösterliche Ansiedlung, Lauretten. Beides rund um die getreue Kopie der Gnadenstatue von Loreto, die bald die Pilger in solchen Massen anzog, daß schon 1659 ein vergrößerter Neubau der Kapelle notwendig wurde.

1683 kamen, wie als ironischer Wink des Schicksals, erneut die Muselmanen, das Heilige Haus zu bedrohen. Die Kirche wurde gebrandschatzt, die Schwarze Madonna aber ist – nicht von Engeln, aber es hätten wohl auch Engel sein können – auf Burg Forchtenstein gebracht worden, wo sie den letzten islamischen Ansturm schadlos überdauerte, um 1707 in die neuerrichtete Kirche zu übersiedeln, wo sie bis heute steht. Bedroht nur einmal noch am Ende des 18. Jahrhunderts, als Kaiser Joseph II. das Kloster auflöste und das Wallfahren nach Loretto kurzerhand – aber auch nur kurzfristig – untersagte. Die italienische Madonna hat den Lauf der Geschichte nicht überlebt: Sie wurde ein Raub der Flammen. Somit ist die burgenländische Kopie inzwischen das ältere Gnadenbild als das italienische Original.

Die Kirche liegt im Zentrum des kleinen Ortes, am Rand des charakteristischen Breitangers. Man gelangt zur Kirche durch einen großen Vorhof. Den Zugang bewachen – no, na – eine steinerne Marienfigur und die zehn Meter hohe Mariensäule im Hof. Über die Kirche selbst – geweiht der Unbefleckten Empfängnis – wachen in ihren Nischen am unteren Teil der Turmfassade die heiligen Ungarnkönige Stephan und Ladislaus. Die beiden finden sich auch links und rechts des Altarbildes. Der Gnadenraum selbst befindet sich im inneren Kirchhof, den man von der Kirche aus betritt. Die 1659 geweihte Kapelle, jetzt umgeben von einem Kreuzgang aus dem 18. Jahrhundert, ist die zweite Nachbildung des «Casa Santa». Die erste, kleinere, stand im äußeren Hof, dort, wo jetzt die Mariensäule ihren Platz hat. Die Kapelle ist durch ein Holzgitter geteilt. In dem einen Teil steht der 1750 errichtete «Gnadenaltar» mit Tabernakel, im anderen steht sie: die silbergekrönte Schwarze Muttergottes, die – und darauf darf man ruhig verweisen – vom polnischen Papst noch nicht besucht worden ist, obwohl er einmal in der Gegend war, wie das von der Papstmesse übriggebliebene Papstkreuz in Trausdorf beweist.

INFORMATION Gemeindeamt Loretto, Nr. 9, Tel. 02255/8260. PFARR-AMT Loretto, Tel. 02255/8256.

AUSFLUGS-FAHRTEN

nach Wien, Budapest, an den Plattensee, in das südliche Burgenland, mit der Dampf-lokomotive nach Fertöszent-miklós, Brünn, Bratislava, in die Wachau, Wienerwald sowie Theaterfahrten u.v.m. Buchungen in:

ILLMITZ Reisebüro Blaguss, Obere Hauptstraße 17, Tel. 02175/2106.

MÖRBISCH Blaguss-Reisen, Hauptstraße 95, Tel. 02685/8293; Reisebüro Eichberger, Hauptstraße 59, Tel. 02685/8277.

NEUSIEDL AM SEE Blaguss-Reisen, Untere Hauptstraße 12, Tel. 02167/8141-0.

PODERSDORF Blaguss-Reisen, Seestraße 91, Tel. 02177/2406.

RUST Reisebüro Blaguss, Conradplatz, Tel. 02685/422, 522; Reisebüro Eichberger, Oggauer Straße 4, Tel. 02685/218.

SOPRON bei den Fremden-verkehrs- und Reisebüros Ciklamén Tourist (Fremden-verkehrsamt des Komitats Sopron), Ogabona tér 8, Tel. 0036/99/312-040, 312-694; Budapest Tourist, Höflányi utca 10, Tel. 0036/99/317-404;

Ibusz Rt., Várkerület 41, Tel. 0036/99/312-455; Locomotiv Tourist, Uj utca 1, Tel. 0036/99/312-077.

AUTOFAHRERCLUBS/PANNENDIENST

FERTÖD Ipacs János, Vaci M. utca 44, Tel. 0036/99/371-776 (Mo–Fr 6–22 Uhr, Sa 6–14 Uhr).

EISENSTADT ARBÖ, Ruster Straße 126, Tel. 02682/3883, 0663/212 38, 212 39; ÖAMTC, Matters-burger Straße-West 34, Tel. 02682/620 35-0.

NEUSIEDL AM SEE ÖAMTC (Partnerclub des ADAC), Rot-Kreuz-Gasse 29, Tel. 02167/8181; ARBÖ, Untere Hauptstraße 187, Tel. 02167/2345, 0663/212 32.

SOPRON Autóklub Sopron, Lackner K. utca 60, Tel. 0036/99/311 352 (Mo–Fr 6–22 Uhr, Sa 6–14 Uhr).

AUTOVERLEIH

EISENSTADT Firma Buch-binder, Wiener Straße 3, Tel. 02682/62822.

NEUSIEDL AM SEE Firma Buchbinder, Obere Haupt-straße 30, M. Moser, Tel. 02167/2491.

BADEN IM NEUSIEDLER SEE

BREITENBRUNN Badeanlage mit 250 Meter Strand, über eine Dammstraße (3 Kilometer lang) vom Ort aus zu erreichen, Kinderspielplatz, Restaurant, Surfschule, Tel. 02683/5252.

FERTÖRAKOS Badeanlage mit 400 Meter Strand, Minigolf, Kinderspielplatz, Surfschule, Bootsverleih, Büffets, Restaurant, Tel. 0036/99/355-340.

ILLMITZ Badeanlage mit 400 Meter Strand, Kinderspielplatz, Restaurant, Surfschule, Tel. 02175/2230.

MÖRBISCH Badeanlage mit 150 Meter Strand, Minigolfplatz, Tischtennis, Restaurant, Tel. 02685/8430.

NEUSIEDL AM SEE Badeanlage mit 500 Meter Strand, Kinderspielplatz, Tischtennis, Minigolfplatz, Segel- und Surfschule, Restaurant, Tel. 02167/2207.

PODERSDORF Badeanlage 3000 Meter Strand, Kinderspielplatz, Minigolfplatz, Surfschule, Bootsverleih, Restaurant, Tel. 02167/2227-0.

RUST Badeanlage mit 150 Meter Strand, Kinderspielplatz, Minigolf, Segel- und Surfschule, Bootsverleih, Restaurant, Tel. 02685/502.

WEIDEN Badeanlage mit 250 Meter Strand, Kinderspielplatz, Minigolfplatz, Tischtennis, Segel- und Surfschule, Restaurant, Tel. 02167/7917.

BADEN IN DEN LACKEN UND TEICHEN

ANDAU Badesee mit 700 Meter Strand, Sprungbrett, Tennisplatz, Minigolfplatz, Sauna, Restaurant, Tel. 02176/2180.

APETLON Badeanlage in einer ehemaligen Schottergrube unweit der Langen Lacke und des Darscho am Rande des Vollnaturschutzgebietes. 300 Meter langer Strand, Büffet.

PAMHAGEN Badesee mit 850 Meter Strand, Feriendorf Pannonia, Kinderspielplätze, Minigolfplatz, Tennisplätze, Tischtennis, Büffet.

ST. ANDRÄ AM ZICKSEE Badeanlage am Zicksee mit 300 Meter Strand, Liegewiese, Büffet, Tel. 02176/3168.

ST. MARGARETHEN Freizeitzentrum mit Badeteich, Fitneßparcours, Kinderspielplatz, Büffet, Tel. 02680/2101.

TOMALOM Tómalom fürdö, Teichmühlbad (auf dem Weg von Fertörákos Richtung Sopron), Tel. 0036/99/312-893 (geöffnet von 15. Mai bis 15. September 9–19 Uhr), Verleih von Tretbooten, Katamaranen, Büffet.

WALLERN Badeteich mit 400
Meter Strand, Minigolfplatz,
Tischtennis, Restaurant,
Tel. 02174/2200.

BADEN IM FREIBAD

DONNERSKIRCHEN Sonnen-
waldbad, Badstraße,
Tel. 02683/8670, 25-Meter-
Becken, Kinderplanschbecken,
Sprungbrett, Büffet.

FRAUENKIRCHEN Erlebnisbad
«Paula», Bundesstraße 51
(Mönchhofer Straße 52),
Tel. 02172/2878, 33-Meter-
Becken, Kinderplanschbecken,
Restaurant.

GOLS Erlebnisbad mit Sportbecken, Wildwasserströmungskanal, Kinderplanschbecken,
Rutsche, Büffet,
Tel. 02173/2301.

OGGAU Freischwimmbad
(an den Campingplatz an-
geschlossen), Sportbecken mit
Sprunganlage, Erholungs-
becken, Kinderplanschbecken,
Tischtennis, Büffet,
Tel. 02685/7267.

PURBACH Freibadeanlage,
Freizeit-, Sport- und Erholungszentrum mit vorgewärmtem
Mehrzweckbecken,
50-Meter-Becken, Kinder-
planschbecken, Kinderspielplatz,
Rutsche, Büffet, ca.
3 Kilometer zum Neusiedler See
(per Fahrrad oder Boot),
Tel. 02683/5117.

SIEGENDORF Freibad
Siegendorf, Badgasse 4,
Tel. 02687/8251, Sprungtürme
und Freirutsche, 50-Meter-
Becken, Kinderplanschbecken,
Minigolfplatz, Restaurant.

SOPRON Löver-nyitott
strand, Löver körút 82,
Tel. 0036/99/312-777
(Öffnungszeit: 1. Juni bis 15.
September 9–20 Uhr, Sport-
plätze, Büffets.

BADEN IN DER HALLE

EISENSTADT Hallenbad,
Bad-Kissingen-Platz 1,
Tel. 02682/676 00.

NEUSIEDL AM SEE Hallenbad
Seestraße, Tel. 02167/2620,
Erholungszentrum, Hallenbad
mit 25-Meter-Becken, Frei-
becken, Lehrschwimmbecken,
Planschbecken, Solarium, Sau-
na, Massage, Sonnenterrasse,
große gepflegte Liegewiese.
Restaurationsbetrieb. Montag
Ruhetag; Hotelhallenbad
Wende, Seestraße 40.

SOPRON Löver fedett
uszoda, Löver körút 82,
Tel. 0036/99/312-777 (Öffnungszeit: ganzjährig 6–20 Uhr),
Sauna, Solarium, Massage.

BAHN-AUSFLÜGE

**NEUSIEDLER-SEE-RUND-
FAHRT** Neusiedl am See – Jois –
Winden – Breitenbrunn –

Purbach – Donnerskirchen – Schützen am Gebirge – Eisenstadt – Wulkaprodersdorf (ÖBB mündet in die Raab-Ödenburg-Bahnstrecke) – Sopron – Kopháza – Nagycenk – Fertöszentmiklós – Fertöszeplak – Pamhagen – Wallern – St. Andrä am Zicksee – Frauenkirchen – Mönchhof – Gols – Weiden am See – Neusiedl am See. ANFAHRTEN: Wien-Ostbahnhof – Neusiedl am See; Wien-Südbahnhof (Südbahnsteig) – Ebenfurth (Raab-Ödenburg-Bahn) – Sopron; Wien-Südbahnhof – Wr. Neustadt – Sopron.

NOSTALGIEFAHRT Mit der Dampflokomotive von Neusiedl am See über Pamhagen nach Fertöszentmiklós. Dieser Zug fährt während der Sommermonate einmal pro Woche. Die Fahrzeit beträgt ca. 2 Stunden. Rückreise per Autobus. (Auskünfte und Anmeldungen bei Blaguss-Reisen Neusiedl am See, Untere Hauptstraße 12, Tel. 02167/8141-0).

BIBLIOTHEKEN

ILLMITZ In der Hauptschule Illmitz, Zickhöhe-Sportzentrum (Di 15–16.30 Uhr, Do 16.20–17.30 Uhr).

NEUSIEDL AM SEE Gemeindeamt, Hauptplatz 1, Öffnungszeiten laut Anschlagtafel.

PODERSDORF (Bernardinum) Moderne Katholische

Volksbücherei mit über 2000 Bänden, Seestraße 67; geöffnet von Mai bis September: Mi und So 19–20 Uhr, Oktober bis April: Mi und So von 17–18 Uhr.

PURBACH Bücherei Schulgasse 12, (Mi 17.30–18.30 Uhr, Sa 13–14 Uhr).

RUST Die Stadtbücherei der Freistadt Rust ist eine Freihandbücherei und besitzt über 3000 Bände. Mo 18–19 Uhr, Hauptstraße 31, Seehof.

WEIDEN Bücherei am Raiffeisenplatz 11, Öffnungszeit Sa 16–18 Uhr.

BILLARD

NEUSIEDL AM SEE Billard-Center, Café Zentral, Untere Hauptstraße 30, Tel. 02167/8695.

PODERSDORF Nova Tenne, Hauptstraße 4, Tel. 02177/2941.

BOOTFAHREN

(Verleih von Segel-, Elektro-, Ruder- oder Tretbooten)

BREITENBRUNN Bootsvermietung Gmeiner, Seebadanlage, Tel. 02683/5055 oder 5590.

FERTÖRAKOS Bootverleih in der Seebadeanlage, Tel. 0036/99/355-340.

ILLMITZ Bootsverleih Gangl, Seebad Illmitz, Tel. 02175/2158.

MÖRBISCH Friedrich Lang, am See, Tel. 02685/8374; Segelschule Lang, Weinberggasse 14 und am See, Tel. 02685/8284 oder 8440

NEUSIEDL AM SEE Baumgartner, Berggasse 17, Tel. 02167/2782; Leban, Schilfweg 1, Tel. 02167/2248 oder 02160/7189; Segelschule Hofbauer, Am Segelschulhafen, Tel. 02167/8760.

OGGAU Bootshafen, Tel. 02685/7270 oder 7271.

PODERSDORF Knoll Friedrich, Hauptdamm, Tel. 02177/2431, 2443; Peisser Josef, Nordstrand, Tel. 02177/2320; Peisser Lorenz, beim Sportplatz-Südstrand, Tel. 02177/2381.

PURBACH Fa. Gmeiner, Türkenstraße 13, Tel. 02683/5538; Pumot Schiffahrts GesmbH, Erholungszentrum, Tel. 02683/5180

RUST Holiday-Lines-Schiffahrt Gmeiner, Tel. 02685/493

TOMALOM Teichmühlenbad (Tófürdo), Tel. 0036/99/312-893.

WEIDEN Fa. Gmeiner im Seebad, Tel. 02167/7236.

BOOTSRUND-FAHRTEN MIT MOTORBOOTEN

BREITENBRUNN Holiday Lines, Tel. 02683/5590.

RUST Fa. Gmeiner, Tel. 02685/493; Fa. Schreiner, Gartengasse 14, Tel. 02685/363.

NEUSIEDL AM SEE Fa. Baumgartner, Tel. 02167/2782.

PURBACH Fa. Gmeiner, Tel. 02685/5590, 5538.

BOOTSFAHRTEN MIT DEM STANGLBOOT

RUST Fritz Vargyas, Fischergasse 4, Tel. 02685/357.

BOOTSLIEGEPLÄTZE
können gemietet werden in:

ILLMITZ Gemeindeamt Illmitz, Alois Wegleitner, Obere Hauptstraße 2–4, Tel. 02175/2303.

MÖRBISCH Segelschule Lang, Weinberggasse 14 und am See, Tel. 02685/8284 oder 8440.

NEUSIEDL AM SEE Im Fremdenverkehrsbüro, Tel. 02167/2229 (Vorbestellungen oder Anfragen im Seebad an der Kassa), Slipanlage, Kran.

OGGAU Bootshafen, Tel. 02685/7270 oder 7271, Slipanlage mit Kran.

PODERSDORF Am Nord- und Südstrand, Tel. 02177/2320, 2381 (Wasser, Trocken), Slipanlage (Kran beim Yachtclub).

WEIDEN Kurzmieter können im Gemeindeamt vorbestellen, Tel. 02167/7311-0.

CAMPING

Die Campingplätze sind von Mai bis September geöffnet.

ANDAU Campingplatz und Mobilheimplatz am Badesee, Tel. 02176/2180.

BALF Campingplatz Heilbad Balf, Tel. 0036/99/314-266.

BREITENBRUNN Campingplatz direkt am Strand, Tel. 02683/5213 oder 5252, Sport- und Freizeiteinrichtungen, Restaurant.

DONNERSKIRCHEN Campingplatz Sonnenwaldbad, Terrassencamp mit Seeblick in ruhiger Waldrandlage, Restaurant, Tel. 02683/8670.

FRAUENKIRCHEN Campingplatz «Paula», Bundesstraße 51 (Mönchhofer Straße 52), Tel. 02172/2878.

HEGYKÖ Campingplatz, Thermalbad, Nyárfa sor, Tel. 0036/99/376-917.

KAPUVAR Campingplatz Veszkényi út 17, Tel. 0036/97/341 524.

OGGAU Camping- und Mobilheimplatz mit 400 Mobilheimplätzen und 150 Plätzen für Kurzcamper, ca. 900 Meter vom Neusiedler-See-Ufer entfernt. Saison: 1. April–31. Oktober. Kinderspielplatz, Restaurant, Selbstbedienungskaufladen. Neben dem Campingplatz gibt's einen Bootsanlegeplatz und einen Seezufahrtskanal. Tel. 02685/7271.

PODERSDORF AM SEE Strandcamping Podersdorf am See, Tel. 02177/2279. Mobilheimplatz Tel. 02177/2309, Saison: 1. April–31. Oktober. Der Campingplatz hat ein Ausmaß von rund 7 Hektar mit über 600 Stellplätzen und liegt direkt am Ufer des Sees. Kinderspielplatz, eigenes Surfrevier, Restaurants und Kaufhäuser, Boots- und Surfbrett- sowie Fahrradverleih am Platz bzw. in unmittelbarer Nähe. Platzreservierungen sind nur begrenzt möglich.

PURBACH Campingplatz Purbach, Tel. 02683/5170. Der Campingplatz ist dem Freizeit-, Sport- und Erholungszentrum Türkenhain angeschlossen, Einkaufszentrum, Restaurant.

RUST Campingplatz Rust, Tel. 02685/595. Direkt am See gelegen, Sport- und Freizeiteinrichtungen, Restaurant, Einkaufsmöglichkeiten.

SOPRON Campingplatz Pócsidomb, Tel. 0036/99/311-715 (geöffnet: 15. April–15. Oktober); Campingplatz Ozon, Sopron Bánfalva, Erdei Malom Köz 3, Tel. 0036/99/331-143 (geöffnet: 15. April–15. Oktober), Restaurant, Schwimmbad, Sauna.

ST. ANDRÄ AM ZICKSEE

Campingplatz mit direktem und freiem Zugang zum Strandbad, Tel. 02176/2144 (geöffnet: 1. Mai–30. September).

CASINO

SOPRON Liszt-Ferenc-Kulturzentrum, Liszt F. utca 1, Tel. 0036/99/314-172, 314-475. Französisches und amerikanisches Roulette, Black Jack, Glücksrad, Spielautomaten, Bar, täglich 16–3 Uhr.

DISCOS Siehe unter Tanzen.

EISLAUFEN, EISSEGELN

Auskunft über den Eiszustand gibt der akutelle Wetterdienst:

NEUSIEDL AM SEE Info-Telefon 02167/2207.

PODERSDORF AM SEE Windsurfing-Club «Seewirt Karner», Podersdorf, Tel. 02177/2244.

WEIDEN AM SEE Tonbandinformation 02177/2244.

FERIENDÖRFER

APETLON Feriendorf «Vogelparadies», Tel. 02175/2560, 24 Bungalows an Privatbadesee mit Kinderspielplatz, Bibliothek, Fahrradverleih.

BREITENBRUNN Pusztawohnpark Breitenbrunn, Tel. 02683/5306, Reihenhäuser am Südosthang, zum See ca.

6 Kilometer, Einkaufsmöglichkeit ca. 3 Kilometer entfernt.

DONNERSKIRCHEN Terrassenwohnpark «Seeblick», Lichtenberg & Co, Tel. 02683/8167, Ferienhäuser am Südhang, Freibad mit Kinderbecken und Spielplatz, Liegewiese am Waldrand, Tennisplätze, Fahrradverleih.

PAMHAGEN Feriendorf Pannonia, Storchengasse 1, Tel. 02175/2180, Hotel mit Hallenbad und Seminarräumen, 130 Bungalows, Sport- und Freizeitanlagen, Badesee, Kinder-Betreuung und -animation.

PURBACH Feriendorf Türkenhain, Am Schilfgürtel, Tel. 02683/5153 oder 0222/42 32 63, Seeappartements beim Sport-, Freizeit- und Erholungszentrum Türkenhain mit Warmbad, ca. 3 Kilometer zum Neusiedler See (per Fahrrad oder Boot).

WEIDEN Feriendorf Seepark Weiden, Tel. 02167/7322-0, künstlich angelegte Bucht am Neusiedler See, Ferienhäuser, Restaurant, Seemarkt, Kinderspielplatz, Tennisplätze, Surf- und Segelschule.

FISCHEN

APETLON Kartenausgabe für den Neusiedler See bei: Wolfgang Thell, Wallerner Straße 24, Tel. 02175/2296.

BREITENBRUNN Angelberechtigungen bei Franz Rath, Kellerring, Tel. 02683/57 754.

FERTŐRAKOS Information bei Ciklámen-Tourist, Fö utca 1, Tel. 0036/99/355-026.

ILLMITZ Angelberechtigung bei Johann Haider, Obere Hauptstraße 40, Tel. 02175/2109.

JOIS Karten im Gasthaus Schnepfenhof, Fam. Steinwandtner, Bundesstraße 1, Tel. 02160/343.

MÖRBISCH Informationen beim Fremdenverkehrsamt, Hauptstraße 22, Tel. 02685/8430.

NEUSIEDL AM SEE Burgenländische Fischereierlaubnis bei der Bezirkshauptmannschaft Neusiedl/See und während der Saison im Seebad, Tel. 02167/2207.

OGGAU Tageskarte, Wochenkarte, Zweiwochenkarte, Jahreskarte bei der Geschäftsstelle des Burgenländischen Fischereiverbandes Oggau, Seegasse 58a, Tel. 02685/7223.

PURBACH Fischereikarten im Erholungszentrum, Tel. 02683/5180.

RUST Angelkartenausgabe im Gemeindeamt der Freistadt Rust sowie an Samstagen, Sonn- und Feiertagen bei Rudolf Kleinrath, Siedlungsgasse 2a.

WEIDEN Fischerkartenausgabe im Gemeindeamt, Tel. 02167/7311.

UNGARN Informationen über Angelberechtigungen geben die Informationsbüros von Ciklámen Tourist.

FITNESS

MÖRBISCH Fitneß-Studio im Gasthaus Lang, Wurditschgasse 16, Tel. 02685/8251.

NEUSIEDL AM SEE Fitneßcenter, Kalvarienbergstraße 22, Tel. 02167/8724.

PODERSDORF Fitneßparcours für Freizeitsportler beim Mobilheimplatz.

PURBACH Fißneßcenter Martin Schwarz, Neubaugasse 48, Tel. 02683/2148.

SOPRON Soproner Sport- und Freizeitzentrum, Lackner K. utca 48, Tel. 0036/99/311-250.

GASTHÖFE/ RESTAURANTS

Die burgenländischen Gastronomiebetriebe bieten auf ihren Speisekarten zumeist gutbürgerliche Küche, burgenländisch-pannonische Küche mit Fisch-, Wildspezialitäten, zum Teil aber auch vegetarische Gerichte und leichte Kost für die Radwanderer sowie ausgezeichnete burgenländische Weine. Zu den besten «Weingasthöfen» mit ideenreicher Küche, hochwertigen

burgenländischen Weinen, allerdings auch gehobeneren
Preisen, zählen etwa:

DONNERSKIRCHEN Weinforum
Leisserhof, Familie Engel,
Hauptstraße 57,
Tel. 02683/8636 oder 8502,
Hauben-Restaurant.

GOLS Landgasthof Birkenhof,
Familie Beck, Festwiese 14,
Tel. 02173/2346 oder 2425.

NEUSIEDL AM SEE Restaurant
Barth-Stuben, Franz-Liszt-
Gasse 37, Tel. 02167/2625.

OGGAU Restaurant
Dorfstube, Fam. Reinprecht,
Hauptstraße 54a,
Tel. 02685/7440.

PODERSDORF AM SEE
Gasthaus zur Dankbarkeit,
Fam. Lentsch, Hauptstraße 39,
Tel. 02177/2223.

PURBACH Nikolauszeche,
Uwe Kohl, Bodenzeile 3–5,
Tel. 02683/5514.

RUST Rusterhof,
Fam. Szauer, Rathausplatz 18,
Tel. 02685/6415;
Wirtshaus «Zur Backstube»,
Fam. Giefing, Kirchengasse 3,
Tel. 02685/6405;
Seehotel Rust, Am Seekanal 2–4,
Tel. 02685/381.

SCHÜTZEN Restaurant
Taubenkobel, Hauptstraße 33,
Tel. 02684/2297,
Hauben-Restaurant.

Empfehlenswerte Gasthöfe/
Restaurants am Südufer:

FERTÖBOZ Gloriette, Fö út 11,
Tel. 36/99/357-027.

FERTÖD Haydn, Fö utca 3,
Tel. 36/99/370-977.

FERTÖRAKOS Mithras,
Fö utca 1, Tel. 36/99/355-246;
Roland, Fö utca 175/G,
Tel. 36/99/355-064.

NAGYCENK Hotel-Restau-
rant-Café Kastélyszálló, im
Széchenyi-Schloß,
Tel. 0036/99/360-061.

SOPRON Aranyfácán
Restaurant, Gesztenyés utca 23,
Tel. 0036/99/313-585;
Bécsikapu, Becsi utca 6,
Tel. 0036/99/311-210,
Gasthaus und Weinbar;
Korona, Szt.Mihály utca 4,
Tel. 0036/99/333-030;
Soproni Halászcsárda,
Fövényverem út 15,
Tel. 0036/99/312-142,
prämierte Meisterküche;
Tokaji Borozó, Várkerület 47,
Tel. 0036/99/340-644,
Tokajer Weine.

GÄSTEKARTE

Die Gästekarte Neusiedler
See ist kostenlos und
bietet zahlreiche Begünstigun-
gen: Auskunft erteilen die
Gästeinformationen.

GOLF

DONNERSKIRCHEN Golf-Club Neusiedlersee-Donnerskirchen, Tel. 02683/8171, 18-Loch-Golfplatz, Pitch und Put. Golf-Schnuppern (Ausrüstung im Schnupperkurs inbegriffen), Golfschule für Anfänger und Fortgeschrittene, Einzelstunden oder Gruppenunterricht für Golfeinsteiger, Trainings- und Intensivkurse für Fortgeschrittene oder individuelle Kursarrangements nach Vereinbarung. Kinder-Golfschule (Ausrüstung wird gratis zur Verfügung gestellt).

RUST Shuttle-Service auf Anfrage vom Seehotel Rust zum Golf-Club Donnerskirchen, Am Seekanal 2–4, Tel. 02685/385.

GRENZÜBERGÄNGE

ANDAU Grenzübertritt ebenfalls nur für Fußgänger und Radfahrer (1. April–31. Mai und 1. Oktober–Ende November 7–20 Uhr, 1. Juni–30. September 7–22 Uhr).

MÖRBISCH, Grenzübertritt nur für Fußgänger und Radfahrer (1. April–31. Mai und 1. Oktober–November 8–20 Uhr, 1. Juni–30. September 6–22 Uhr).

PAMHAGEN, Tel. 02174/2790 oder auf ungarischer Seite 0036/99/371-411.

HALLENBAD
Siehe unter Baden.

JUGENDHERBERGEN

APETLON Auskünfte bei Frau Weinhandl, Tel. 02175/2203.

NEUSIEDL AM SEE Herberggasse 1, Tel. 02167/2252, Wintergarten, Volleyballplatz, Spielplatz, Tischtennis, Lagerfeuerplatz, Sauna.

PURBACH Freizeitanlage Türkenhain, Tel. 02683/5170.

RUST Auskünfte bei Gästeinformation, Tel. 02685/502.

SOPRON Information: Ciklámen Tourist, Ogabona tér 8, Tel. 0036/99/312-040.

KINDERFREUNDLICHE EINRICHTUNGEN

Der Neusiedler See gilt als der am wenigsten gefährliche Badesee Europas. Das hat ihn für Urlaube mit Kindern besonders attraktiv gemacht. Die Fremdenverkehrsbetriebe rund um den Neusiedler See haben darauf reagiert und bieten zahlreiche kinderfreundliche Einrichtungen und Attraktionen:

DONNERSKIRCHEN Kinder-Golfschule (die Ausrüstung wird gratis zur Verfügung gestellt).

EISENSTADT Kinderatelier in der Druckgraphischen Werkstätte Edition NN, Haydngasse 26, Tel. 02682/623 31,

Di–Fr 15–17.30 Uhr, Sa
9.30–11.30 Uhr;
Kinder-Jeunesse-Konzerte im
Schloß Esterházy.

NAGYCENK Rundfahrt mit der
Museumseisenbahn, Eisenbahn-
ausstellung.

NEUSIEDL AM SEE Sport
wochen (für 10- bis 18jährige)
mit Segeln, Surfen, Tennis,
Surf-, Segel- und Tennisschule
Hofbauer, Tel. 02167/8760,
Unterbringung im Jugendferien-
hotel «Am Segelhafen» –
Sportprogramm und Freizeit-
gestaltung mit geprüften Sport-
lehrern und pädagogisch
geschulten Betreuern.

OSLIP Kindertheatervorstellun-
gen in der Cselley-Mühle,
Sachsenweg, Tel. 02684/2812.

PAMHAGEN Steppentierpark
Pamhagen.

ST. MARGARETHEN
Märchenwald mit Tierpark,
Freizeitpark St. Margarethen,
Tel. 02685/303.

KINDERFREUNDLICHE
GASTHÖFE

Sehr viele Gasthöfe verfügen
über einen Gastgarten, Spielplatz und genügend Bewegungs-
raum für Kinder. Besonderer
Service wie familiengerechte
Tische im raucherfreien Bereich,
Hochsessel, Kindergeschirr,
Kindermenüs, Malsets, Spiele
und Bücher wird z.B. geboten in:

FRAUENKIRCHEN Gasthof
Kobor-Lass, Hauptstraße 39,
Tel. 02172/2307.

ILLMITZ Heurigenrestaurant
Weingut Rosenhof,
Florianigasse 1,
Tel. 02175/2232.

NEUSIEDL AM SEE
Rasthaus zur Alten Mauth,
Eisenstädter Straße 205,
Tel. 02167/8830.

OGGAU Restaurant Dorfstube,
Hauptstraße 54a,
Tel. 02685/7440.

PURBACH Restaurant
Weinhof Pauli's Stuben,
An der Bundesstraße,
Tel. 02683/5513.

SIEGENDORF Landgasthof
Gartenlaube Kruisz,
Haupt-straße 29,
Tel. 02687/8253.

WEIDEN AM SEE Seepark
Weiden, Blaue Gans,
Tel. 02167/7510.

KINDER-
TAGESBETREUUNG
bieten:

Feriendorf Pannonia, **PAM-
HAGEN,** Storchengasse 1,
Tel. 02175/2180, Kinder-
betreuung und Animation.

Seehotel **RUST,** Am Seekanal
2–4, Tel. 02685/381-385,
während der Sommermonate
(Juli, August).

KUR- UND HEILBÄDER

BALF Kur- und Heilbad Balf, Tel. 0036/99/14-266. Becken-, Wannen- oder Streckbäder in schwefelwasserstoffreichem Heilwasser gegen Erkrankungen des Bewegungs- und Stützapparates, des Nervensystems; Heilgymnastik, -massage, Hallenbad zum Schwimmen und zur Unterwassergymnastik, Wassertemperatur 28 Grad Celsius.

HEGYKÖ Thermalbad, Tel. 0036/99/376-917.

MÖNCHHOF Kurhaus-Entspannungszentrum Marienkron – Kneippkurhaus der Zisterzienserinnen, Tel. 02173/802 05-0. Sämtliche Kneippanwendungen, Massagen, viele Diätkostformen, Fastenkuren, Gymnastik, Sauerstoffkuren sowie vielfältiges ärztliches Zusatzangebot, medizinisches, kulturelles und religiöses Rahmenprogramm.

MINIGOLF

FERTÖRAKOS Minigolf in der Seebadeanlage.

ILLMITZ Minigolfanlage in der Seebadeanlage.

MÖRBISCH Minigolfplatz in der Seebadeanlage.

NEUSIEDL AM SEE Im Seebadbereich.

PODERSDORF AM SEE Kleingolfplatz am Strandplatz.

RUST Minigolfanlage mit 18 Bahnen im Seebadgebiet.

MODELLFLIEGEN

SIEGENDORF Modellflugplatz.

NATUR

APETLON Filmvorführungen über die Tierwelt des Seewinkels im Restaurant Tschida, Apetlon, Wasserzeile 14, Tel. 02175/2214; WWF-Infohaus, Seewinkelhof, Güterweg, Apetlon, Tel. 02175/3149.

ILLMITZ Naturlehrpfad in der Nähe der Biologischen Station. Auf 8 Tafeln wird die Fauna und Flora des Seewinkels beschrieben. Informationen und Pläne im Informationsbüro Illmitz erhältlich. Naturkundliche Führungen mit Ornithologen zum Nationalpark Neusiedler See. Führung mit dem Fahrrad: jeden Montag um 8.30 Uhr, Treffpunkt: Fahrradverleih Mürner, Obere Hauptstraße 56. Fußwanderung im Nationalpark: jeden Dienstag um 8 Uhr, Dauer ca. 3 Stunden. Führung zu den Großtrappen im Hanság: jeden Donnerstag um 8 Uhr, Dauer 3,5 Stunden. Bootsfahrt zum Nationalpark: jeden Mittwoch am Spätnachmittag ab Strandbad Illmitz. Die Fahrt geht entlang des Schilfgürtels bis zur Absperrung des Nationalparks Neusiedler See-Seewinkel (Dauer

1,5 Stunden). Führung zum ungarischen Nationalpark: jeden Freitag um 8 Uhr (Dauer ca. 4 Stunden, Reisepaß mitnehmen!). Für Gruppen und Schulklassen Termine auch nach Vereinbarung. Diavorträge im Gasthof Zentral: Vorträge eines Ornithologen des Illmitzer Vereins für Vogel- und Landschaftsschutz zum Thema «Vogelwelt und Landschaft des Nationalparks Neusiedler See-Seewinkel»: jeden Dienstag um 21 Uhr (Terminänderungen werden auf Plakaten im Ort angekündigt.).

PODERSDORF Natur- und Tierlehrpfad: Park an der Ortseinfahrt Nord mit 30 Vogel- und Tierfigurengruppen. In Podersdorf existiert die letzte Kolonie der Gestreiften Heideschnecke in Österreich.

PIT-PAT

PODERSDORF AM SEE
Georgshof, Tel. 2177/2764.

WEIDEN AM SEE Pit-Pat-Anlage im Seebadgelände.

RADWANDERN

Radwanderkarten sind in den Gemeindeämtern, Fremdenverkehrsbüros und vielen Gaststätten erhältlich.

Der **NEUSIEDLER-SEE-RAD-WANDERWEG B 10** führt rund um den See, 95 Kilometer in Österreich, 38 Kilometer in Ungarn.

APETLON Wanderweg (zu Fuß oder per Rad) im Naturschutzgebiet um die «Lange Lacke».

BREITENBRUNN Kirschblüten-Radwanderweg Donnerskirchen–Purbach–Breitenbrunn mit 32 Kilometer Länge, vorbei an idyllischen Kellergassen, durch Weingärten, Schilfgürtel, an Waldrändern und am Seeufer.

DONNERSKIRCHEN Kirschblüten-Radwanderweg Donnerskirchen–Purbach,–Breitenbrunn; Riesling-Wanderroute.

ILLMITZ Lackenradweg B 20, 48 Kilometer, Radwanderung zu den Naturschutzgebieten und rund um die Lange Lacke.

JOIS Radweg Weinlehrpfad.

MÖNCHHOF Kulturradweg B 23, 26 Kilometer, Frauenkirchen–Mönchhof–Halbturn und nördlicher Seewinkel.

NEUSIEDL AM SEE Verbindungsradweg B 21 zum Donauradweg in Bad Deutsch Altenburg; Radwanderung in das Naturschutzgebiet «Zitzmannsdorfer Wiese» und Lange Lacke, Jungerberg und Hackelsberg.

OGGAU Verbindungsradweg B13, 18 Kilometer, zum Koglweg B 30, 34 Kilometer rund um den Rohrbacher Kogel.

PODERSDORF Lackenradweg B 20, 48 Kilometer, Radwanderung in das Naturschutzgebiet «Zitzmannsdorfer Wiese» und Lange Lacke.

PURBACH Kirschblüten-Radwanderweg Donnerskirchen–Purbach–Breitenbrunn.

RUST Weinwanderweg mit erläuternden Tafeln.

TADTEN Radweg «Rund um Tadten», asphaltierte Radwanderwege in das Hansággebiet.

REITEN UND PFERDE-WAGENFAHRTEN

APETLON Reitstall «Pusztarössl», Rudolf Joch, Wallerner Straße 19, Tel. 02175/2274. 25 Warmblutpferde, Ponies, Stunden- und Tagesritte, Kutschen-, Wagen- und Schlittenfahrten, Reitplatz, Reitbahn. In der Reithalle: Reitunterricht, Dressurreiten, Gesellschaftsreiten, Reitkurse u.a.; Reiterhof «Sonja», Quergasse 36, Tel. 02175/2345; Johann Tschida, Krotzen 55, Tel. 02175/2191. Pferdewagenfahrten ins Naturschutzgebiet.

EISENSTADT Reitschule Haidehof, Siegendorfer Straße, Tel. 02682/615 81.

FERTÖRAKOS Pferdekutschenfahren, Information im Fremdenverkehrsbüro Ciklámen Tourist Tel. 0036/99/55034.

FRAUENKIRCHEN Reitstall «Althof», Puszta, Güterweg Richtung Apetlon, Tel. 02172/2109. Pferdeverleih, Reitstunden und Wagenfahrten.

ILLMITZ Reitstall Elfriede Mann, Seegasse 9, Tel. 02175/2334. Ganzjähriger Reitbetrieb, Ausritte und Wagenfahrten im Nationalpark; Gerhard Gangl, Ufergasse 34, Tel. 02175/2382. Pferdewagenfahrten; Vinzenz Gangl, Untere Hauptstraße 13, Tel. 02175/2277. Pferdewagenfahrten rund um die Lacken und Naturschutzgebiete im Seewinkel; Hilde Rauchwarter, Obere Hauptstraße 10, Tel. 02175/2181. Pusztafahrten mit Pferdewägen und Ponykutschen.

MÖNCHHOF Reitstall Johann und Elfriede Schwarz, Angergasse 43, Tel. 02173/806 32. Reiten und Kutschenfahrten während des ganzen Jahres.

MÖRBISCH Johann Mad, Ruster Straße 14, Tel. 02685/8250. Pferdewagenfahrten nach Ungarn, Rückfahrt per Schiff; Evi Wenzl, Seestraße 47, Tel. 02685/8401. Pferdewagenfahrten.

NAGYCENK Reiterhof beim Schloß MMI.Méntelep, Kiscenki utca 3, Tel. 0036/99/360-026; Reitschule (lovasiskola) Nemeth Csaba, Dózsa krt. 52, Tel. 0036/99/360196.

NEUSIEDL AM SEE Reitercsárda Rüdiger Rehnke, Obere Wiesen 1, Tel. 02167/8659. Reitpferdeverleih, Kutschenfahrten, Reitkurse.

PODERSDORF AM SEE Reitstall Frankl, Hausgärten 15, Tel. 02177/2251. 15 Reitpferde, Ponies, Reitkurse für Anfänger und Fortgeschrittene, Halbtagesritte, Tages-, Dreitagesritte, Nachtritte, Kutschenfahrten (auf Wunsch mit Musik); «Georgshof», Fam. Lang, Im Karmazik, Tel. 02177/2764.

PURBACH Reitstall Fischer, Am Brucker Tor 10, Tel. 02683/5061.

SOPRON Patkó Panzió, Somfalvi út 24, Tel. 0036/99/314-648.

ST. ANDRÄ AM ZICKSEE Reitschule Gögh-Hof, Adi Hummel. Schulbetrieb, Ausritte, Ein- und Mehrtagesritte, Ponyreiten, Wagenfahrten, Tel. 02176/3178.

SAUNA

NEUSIEDL AM SEE Hallenbad; Hotel Wende; Fitneßcenter; Sporthotel Tittler; Seegärten, Tel. 02167/8866.

SOPRON Löver fedett uszoda, Löver körut 82, Tel. 0036/99/312-777; Soproner Sport- und Freizeitzentrum, Lackner körut 48, Tel. 0036/99/311-250.

SCHLITTENFAHRTEN

APETLON Reitstall «Pusztarössl», Rudolf Joch, Wallerner Straße 19, Tel. 02175/2274. Reiten, Pferdewagen- und -schlittenfahrten.

SEGELN/SURFEN/ EISSEGELN

BREITENBRUNN Segelschule Martin Kempf, Auskunft: Wr. Neustadt, Bahngasse 20, Tel. 0663/023137; Surfschule Fritz Dürauer, Auskunft: Wien, Thaliastraße 128/16.

FERTÖRAKOS Surfbrettverleih in der Seebadeanlage, Tel. 0036/99/355-340.

ILLMITZ Surfschule TSA-Turn- und Sportanstalt, Michael Yurlowskiy, Schönbrunner Straße, Wien, Tel. 0222/813 93 93.

MÖRBISCH Segelschule Lang, Weinberggasse 14 und am See, Tel. 02685/8284 oder 8440.

NEUSIEDL AM SEE Eigener Startplatz und Liegeplatz im Seebad bei Gendarmeriehafen; Segel- und Surfschule Hofbauer, Seebad, Tel. 02167/8760. Eigenes Schulungsgebäude, Grundschein, A-Schein, Kinderkurse, Urlaubssegeln, Surfbrettverleih- und Zubehör.

PODERSDORF Knoll
Friedrich, Hauptdamm,
Tel. 02177/2431, 2443.
Surfbrettverleih; Surf-Segel-
schule Josef und Elfi Peisser,
Nordstrand, Tel. 02177/2320;
Surf-Segelschule Lorenz und
Helga Peisser, beim Sportplatz-
Südstrand, Tel. 02177/2381,
4tägige Surf- und Segelkurse,
Grundschein, VÖYWS, Kinder-
und Schnupperkurse, auch
Brettverleih. Für Surfer mit
eigenem Brett Surfrevier am
Nordstrand und Südstrand
(beim Fußballplatz).

PURBACH Surf- und Segelschule Purbach, Erholungszentrum, Tel. 02683/2167.

RUST Franz Ulrichshofer,
Tel. 0663/80 53 33 oder
0222/56 43 38. Surfschule,
Surfbrettverleih, Katamaran-
segeln, Surfinsel; Walter Haberl,
Nattlgasse 3, Tel. 02685/575.
Segelschule.

WEIDEN Segel- und Surfschule
Wagner & Urban im Seepark
Weiden, Tel. 02167/7914.
Grund-, Fortgeschrittenen-,
Kinderkurse, A-Schein- und
Perfektionskurse, Katamaran-
training, Starkwindkurse.

SPORTWOCHEN FÜR KINDER UND JUGENDLICHE

NEUSIEDL AM SEE Reiten,
Segeln, Surfen, Tennis über die
Betriebe Segelschule Hofbauer,

Tel. 02167/8760; Neusiedler
Reitercsárda, Tel. 02167/8659,
und Hotel «Haus am Tabor»,
Tel. 02167/2383.

STANGLBOOTFAHRTEN

RUST Fritz Vargyas, Fischergasse 4, Tel. 02685/357.

TANZEN

APETLON Diskothek «Flash»,
Quergasse 20,
Tel. 02175/2250.

FRAUENKIRCHEN Diskothek
«Palme», Franziskanerstraße 16,
Tel. 02172/2259.

JOIS Diskothek Silver town,
Hauptplatz 1, Tel. 02160/335.

NEUSIEDL AM SEE
Check Point, H. Neumann,
Kellergasse 12, Tel.
02167/8151.

PODERSDORF Diskothek
«Nova-Tenne», Hauptstraße 4–8,
Tel. 02177/2941.

PURBACH Diskothek
Wyborowa, Kellerplatz,
Tel. 02683/5085; Tanz-Café
Herbert, Lore und Herbert Lang,
Kirchengasse 33,
Tel. 02683/5517.

RUST Diskothek «Captain's
House», Cocktailbar Dancing,
Feldgasse 19, Tel. 02685/6464;
Storchennest Dancing, Am Ha-
fen 1, Tel. 02685/438.

SIEGENDORF Café-Bacardi-Club Pinter, Dr.-Ludwig-Leser-Gasse 43.

SOPRON Arény Dancing, Selmeci utca 15–17; Disco Patkó, Somfalvi út 24; Soproner Sport- und Freizeitzentrum, Lackner K. utca 48; Hotel Galéria, Baross utca 4–6.

TENNIS, SQUASH

ANDAU Fa. Wurzinger, Hauptgasse 4, Tel. 02176/2344. 3 Sandplätze.

APETLON Tennisplatz beim Sportplatz, Reservierung: Gasthof Weinzettl, Quergasse 20, Tel. 02175/2250. 2 Freiplätze; Johann Wegleitner, Frauenkirchener Straße 24, Tel. 02175/2156. 2 Sandplätze.

BREITENBRUNN Tennisplatz, Seebadverwaltung, Tel. 02683/5255. 6 Sandplätze, Ballwurfmaschine, Trainer auf Anfrage.

DONNERSKIRCHEN Josef Eder, Badstraße 3a, Tel. 02683/891 72. 4 Sandplätze, Flutlicht, Trainingswand, Ballwurfmaschine, Trainer auf Anfrage.

FRAUENKIRCHEN Ewald Bruck, Franziskanerstraße 25, Tel. 02172/2264.

GOLS Tennisplatz Akazienweg, Tel. 02173/3102.

ILLMITZ Richard Haider, Auskunft und Kartenverkauf bei Fam. Zehentner, Apetloner Straße 49, Tel. 02175/2301. Tennisplätze im Sportzentrum.

JOIS Tennisclub Jois. 2 Sandplätze. Karten und Schlüssel in der Raiffeisenbank Jois, Tel. 02160/247.

MÖNCHHOF Tennishalle Kirschner, Tel. 02173/802 74. Freiplätze neben dem Sportplatz, Tennishalle mit zwei Sandplätzen.

MÖRBISCH Lang, Am See, Tel. 02685/8440; Strnad, Blumentalgasse 46, Tel. 02685/8818.

NEUSIEDL AM SEE Stadtgemeinde Neusiedl, Tel. 02167/2321. 6 Freiplätze im Sportzentrum (Sand); UTC Neusiedl am See. Freiplätze im Sportzentrum (Sand); Segelschule Hofbauer, Tel. 02167/8760. 3 Freiplätze im Seebad (Sand); Sporthotel Tennishalle Tittler (Sand), Tel. 02167/8866. 3 Freiplätze (Sand) und 3 Squash-Courts. Tennislehrer bei allen Spielorten zu erfragen.

OGGAU Campingplatz, Tel. 02685/7271. 4 Tennisplätze (Sand).

PODERSDORF AM SEE Haus Burgenland, Steinbruch I/36, Tel. 02177/2913. 5 Sandplätze, 3 Hallenplätze, 2 Squashcourts, 4 Badmintonplätze.

PURBACH Campingplatz
Purbach, Tel. 02683/5170;
Günther Fizimayer, Untere Bahn-
gasse 55, Tel. 02683/5141.

RUST Seehotel Rust,
Tel. 02685/381-385.

SIEGENDORF ASKÖ-Tennisclub Siegendorf, Badgasse.
5 Tennisplätze.

ST. ANDRÄ AM ZICKSEE Gasthof zur Linde, Haniflgasse 1,
Tel. 02176/2279.

TADTEN 5 Tennisplätze.
Anmeldung bei: Gasthaus
Robert Etl, Untere Haupstraße
2, Tel. 02176/2317, und
Gasthaus Richard Hautzinger,
Obere Hauptstraße 28,
Tel. 02176/2253.

WEIDEN AM SEE Seepark
Weiden, Tel. 02167/7322.
3 Sandplätze; TC-Weiden,
2 Sandplätze.

UNGARN Informationen
beim Fremdenverkehrsamt
Ciklamén tourist, Sopron,
Ogabona tér 8,
Tel. 36/99/312-040 oder
312-694.

TIERPARK

PAMHAGEN Steppentier-
park Pamhagen,
Tel. 02174/2489.

ST. MARGARETHEN Müllers
Märchenwald mit Tierpark, Tel.
02685/303.

VERANSTALTUNGEN

Die Veranstaltungskalender
liegen in den örtlichen Fremdenverkehrsbüros auf. Traditions-
reiche Großveranstaltungen
sind:

BREITENBRUNN «Confrontationen», Ausstellungen international
anerkannter Avantgardisten.
Information: «Pranger Schänke»,
Tel. 02683/5315.

DONNERSKIRCHEN Musikalischer Weinsommer:
Toni-Stricker-Konzerte und
Orgel-Plus-Konzerte in der Bergkirche während der Saison;
Kirschencocktail: Burgenlands
größtes Tanzfest, Krönung der
Kirschenkönigin (Anfang Juli);
Kirschblütenfest: Fest mit Radwanderung durch die Kirschblütenregion (Anfang Mai).

EISENSTADT Haydn-Matineen
im Schloß Esterházy (Mai bis
Oktober jeden Di und Fr um
11 Uhr); Kurkonzerte des
Haydn-Quartetts in Originalko-
stümen, Schloß Esterházy (Mai,
Juni, September, Oktober jeden
Samstag um 19.30 Uhr, Juli und
August jeden Donnerstag um
20 Uhr); Internationale Haydnta-
ge, Schloß Esterházy (2. Woche
im September); «Fest der 1000
Weine» im Park des Schlosses
Esterházy (jeweils im August).
Information: Burgenländischer
Ausstellungsverein Eisenstadt,
Tel. 02682/2396 oder 4255.
Verkostung der besten Weine

aus den Kellereien des Burgenlandes.

FERTÖD Haydn-Konzerte
im großen Musiksaal des
Esterházy-Schlosses (Juni–
September).

FERTÖRAKOS Opern-,
Theateraufführungen, Konzerte
im Steinbruch als Teil der
Soproner Festwochen (Ver-
anstaltungszeitraum Juni, Juli).

GOLS Golser Volksfest,
Pannonische Wirtschaftsmesse,
Bezirksweinkost, Ausstellungen,
Vergnügungspark (Termin:
10 Tage im August).

MÖRBISCH Seefestspiele
Mörbisch, Informationen im
Schloß Esterházy, Eisenstadt,
Tel. 02682/66210. Aufführungen
jährlich einer Operettenproduk-
tion von Mitte Juli bis Ende
August jeden Freitag, Samstag,
Sonntag um 20.30 Uhr. Tages-
kassa Mörbisch, Seestraße 4,
Tel. 02685/8232-0, 8855-0.

NEUSIEDL AM SEE Neusiedler
Stadtfest. Ein kulturelles Groß-
ereignis, organisiert von «Impul-
se Neusiedl am See», mit Volks-
musik, Blues, Rock, Jazz,
Reggae, Folklore, Theater,
Animation, Tanz (Termin: zumeist
Juli/August).

NICKELSDORF Jazz-Festival
«Nickeldorfer Konfrontationen»,
Gasthaus Falb, Untere Haupt-
straße 13, Tel. 02146/2359
(Juli).

OSLIP Kultur-Aktionszentrum
Cselley-Mühle, Sachsenweg,
Tel. 02684/2812. Musik,
Theater, Kabarett, Tanz, Aus-
stellungen.

RUST Konzerte in der Fischer-
Kirche; Ruster Hofkonzerte,
veranstaltet vom Kulturverein der
Freistadt. Informationen im Rathaus, Tel. 02685/502, 202-18.

SIEGENDORF Tamburizza-
Abende im Juli und August.

ST. MARGARETHEN Passions-
spiele im Römersteinbruch von
Mai bis September im 5jährigen
Turnus (nächster Termin: 1996),
Tel. 02680/2100.

SOPRON Soproner Frühlingsfestival: Theatervorstellungen,
Konzerte, Ausstellungen, Literatur, Filme (Veranstaltungszeitraum: März); Soproner Festwochen: Opern-, Theateraufführungen, Konzerte, Ausstellungen (Veranstaltungszeitraum:
Juni, Juli) (Auskünfte bei örtlichen Fremdenverkehrsämtern).

WIESEN Jazz-Festival (im Juli);
Sun-Splash-Festival (im August)
sowie laufend Konzertereignisse
mit internationaler Besetzung,
Information: Jazz-Pub Bogner
und Festgelände Hirmäcker, Tel.
02626/81848, 81815, 81816.

VINOTHEKEN

DONNERSKIRCHEN Leisserhof,
Fam. Engel, Hauptstraße,
Tel. 02683/8636.

FRAUENKIRCHEN Vinothek
Kaisergarten, Kirchenplatz 27,
Tel. 02172/3318.

HALBTURN Schloßkellerei
Halbturn, Kirchenplatz 3,
Tel. 02172/8685 (tel. erreichbar
Mo–Fr 8–12, 13–16 Uhr).

RUST Weinkellerei Burgenland,
Am Rusterberg, Tel. 02685/544-0;
Weinakademie Burgenland,
Seehof Rust, Tel. 02685/6451.

VIP-CARD

VIP-Cards werden in den
Gästeinformationsbüros oder an
den Strandbadeingängen ausgestellt. Sie bieten Begünstigun-
gen in zahlreichen Sport- und
Kultureinrichtungen.

WANDERWEGE

Karten liegen in Gemeindeämtern oder Fremdenverkehrsbüros auf.

DONNERSKIRCHEN Wanderwege zur Kaisereiche (2,5 Stunden), Kirschblüten-Rundweg
(1,5 Stunden), Tiergarten
St. Georgen (2,5 Stunden), zur
Seemühle (1 Stunde), Kirschblütenweg nach Purbach (2 Stunden), Wolfsbrunn (2 Stunden),
Ruine Scharfeneck (4 Stunden).

ILLMITZ Wanderung zu den
Naturschutzgebieten Nationalpark Neusiedler See-Seewinkel
mit Fremdenführer, Gehzeit ca.
3 Stunden.

JOIS Rundwanderweg um
das Vollnaturschutzgebiet
Hackelsberg, Gehzeit ca.
2 Stunden; Rundwanderweg
durch das Weinbaugebiet
um den Ort, Gehzeit ca.
4 Stunden; Weinlehrpfad: Interessantes und Wissenswertes
über Weinbau und Ortsge-
schichte. Gehzeit
ca. 1,5 Stunden.

MÖNCHHOF Vollnaturschutzgebiet «Steinbruch-Hutweide».
Hier befindet sich der bedeutendste Halbtrockenrasenstan-
dort der Parndorfer Platte mit
Juwelen wie: Zwergmandel-
strauch, Schwarze Kuhschelle
oder Frühlingsadonis.

MÖRBISCH Goldberg-Seewanderweg; Weingartenwanderweg;
Waldsaumwanderweg.

OGGAU Wanderwege führen
durch das Weinbaugebiet mit
Ausblicken auf den See.
1. Burgenländischer Weinwanderweg (Weinlehrpfad): schlängelt sich mit 2,5 Kilometer Länge
durch die Oggauer Weingärten
und gibt Einblick in die «Weinkultur» und Werkstatt der Winzer.
Info: Tel. 02685/7201.

PODERSDORF Spazierwege im
Seegelände und rund um den
Ort. Beschilderte Wander- bzw.
Spazierwege nach Norden zur
«Zitzmannsdorfer (oder Neusied-
ler) Wiese», nach Süden zur

«Illmitzer Hölle» oder zu den Stinkerseen.

PURBACH Rundgang durch Purbach.

RUST 8 Kilometer langer Wanderweg mitten im Weinbaugebiet. Stadtführungen, Rundgang durch die Altstadt von Mai bis September jeden Mittwoch und Samstag um 20 Uhr (Dauer etwa 1 Stunde), Tel. 02685/502 oder 202-18.

SIEGENDORF Weinwanderweg Siegendorf–Zagersdorf.

WEINSEMINARE

Weinakademie Burgenland bietet zweistündige Weinseminare in **ILLMITZ, NEUSIEDL AM SEE, FRAUENKIRCHEN** und **RUST**. Info, Anmeldung: Tel. 02685/6451; Weinseminare im Leisserhof **DONNERSKIRCHEN**.

WETTER UND WIND

Auskunft über den aktuellen Wetterstand, über Wassertemperaturen bzw. über den Eiszustand im Winter geben:

NEUSIEDL Info-Telefon 02167/2207 (Mai–Oktober).

PODERSDORF Windsurfing-Club «Seewirt Karner», Podersdorf, Tel. 02177/2244.

WEIDEN AM SEE Tonbandinformation 02177/2244.

YACHTCLUBS

BREITENBRUNN Yachtclub Breitenbrunn, Tel. 02683/5398.

NEUSIEDL AM SEE Union Yachtclub Neusiedlersee, Tel. 02167/803, Regatta-Büro, Tel. 02167/2098.

PODERSDORF Yachtclub Podersdorf, Tel. 02177/2376.

LITERATUR – AUSWAHL

Viktor **Csordás,** György **Fehér:** Radurlaub in Ungarn.
   Budapest 1992.
Dezsö **Dercsényi,** Balázs **Bercsényi:** Kunstführer durch Ungarn.
   Budapest 1974.
August **Ernst:** Geschichte des Burgenlandes.
   Wien–München 1991.
Gerhard **Frisch:** Das Buch vom Burgenland.
   Wien 1975.
György **Kriszt:** Nagycenk.
   Budapest 1982.
Hans **Lajta:** Burgenland – Ein Kunst- und Kulturlexikon.
   Wien 1983.
Anton **Mailly,** Adolf **Parr,** Ernst **Löger** (Hg.): Sagen aus dem Burgenland.
   Wien–Leipzig 1931.
James A. **Michener:** Die Brücke von Andau.
   Frankfurt/M. 1957.
Margit **Pflagner:** Streifzüge durch Westungarn.
   Eisenstadt 1978.
Wolfgang **Polte:** Reiseratgeber Ungarn.
   Berlin–Leipzig 1981.
Othmar **Pruckner:** Mit der Eisenbahn durch Österreich.
   Wien 1992.
Denis **Silagi:** Der größte Ungar. Graf Stephan Széchenyi.
   Wien–München 1967.

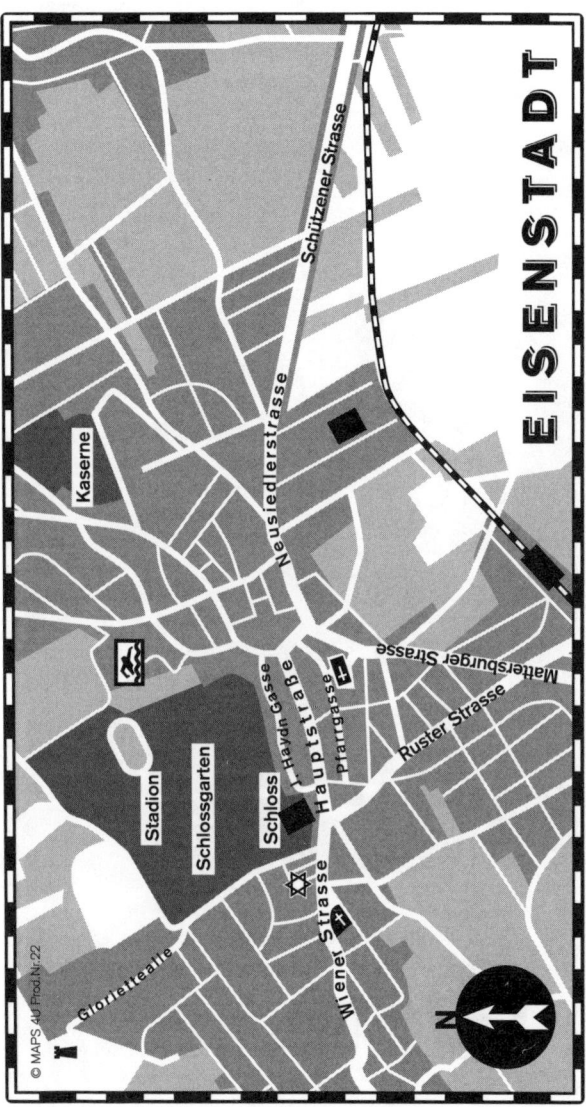

EISENSTADT

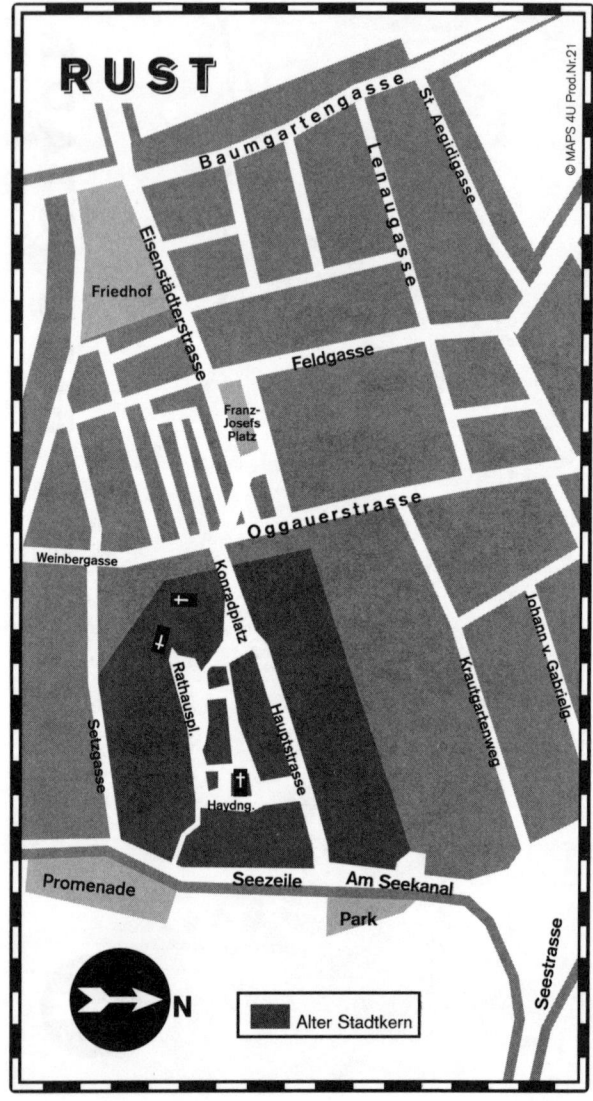

SOPRON

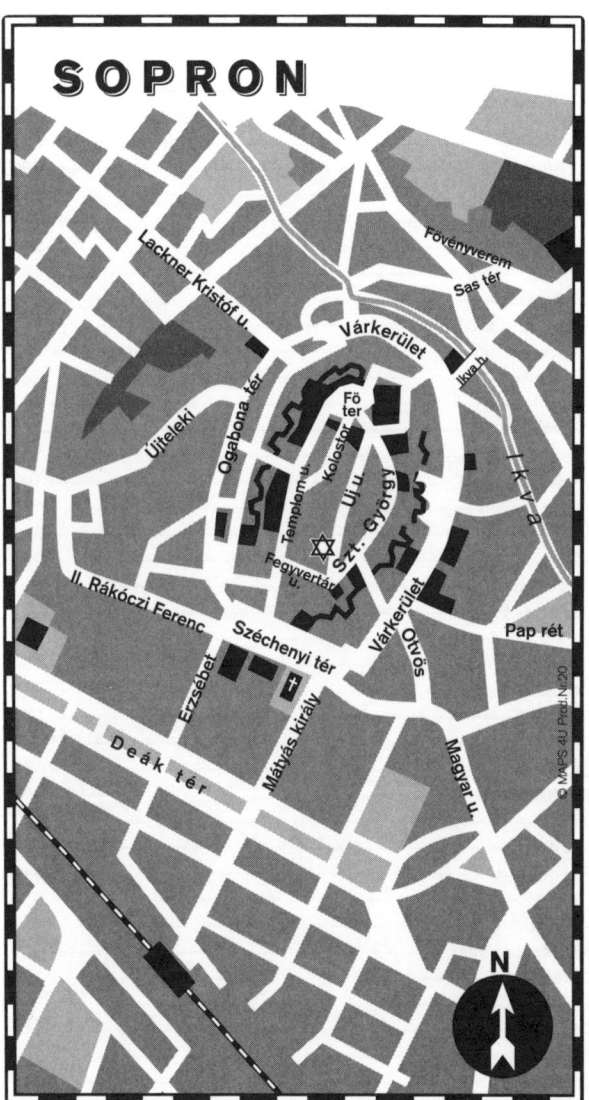

N

ORTSREGISTER

1 Zurndorfer Eichenwald
2 Hackelsberg, Junger Berg
3 Thenauriegel
4 Goldberg
5 Siegendorfer Puszta
6 Waasen
7 Lange Lacke, Wörthenlacke
8 Illmitzer Kirchsee
9 Fuchslochlacke
10 Stinkerseen
11 Zitzmannsdorfer Wiesen

Mannersdorf

Hof

3 W Breiter brun

Purbach

Stotzing

Donners-kirchen

Schützen

Eisenstadt

Oggau

4

Trausdorf

Wulkapro-dersdorf

St. Marga-rethen

Rust

Siegendorf

5

Klingenbach

Mörbisch

Wiesen

Mattersburg

Draßburg

Schattendorf

Fertörákos

Sopron

N